ANDERS REISEN

HERAUSGEGEBEN VON LUDWIG MOOS

Im Reisen steckt die Sehnsucht nach der besseren Welt. Wir suchen nach unverdorbener Natur, geselligen Lebensformen, gewachsener Kultur. Nichts davon ist falsch, falsch ist nur, wie wir suchen. Entweder reisen wir touristisch, konsumieren das Angebot einer Industrie, die das Ursprüngliche längst zur Ware verfälscht hat. Oder wir gehen auf den alternativen Trip, jagen voller Sozialromantik dem Unberührten, Unverbrauchten nach – und bilden doch nur die Vorhut des organisierten Tourismus.

ANDERS REISEN beschreibt andere Wege. Oft nur einen Schritt abseits der üblichen Routen, erschließen sie den anderen Alltag. Anders Reisen heißt, sich einzulassen auf das tägliche Leben anderswo, zu lernen, welche historischen Wurzeln und gegenwärtigen Bedingungen es hat. Die soziale Isolation und politische Enthaltsamkeit des Touristen aufzuheben, die fremde Wirklichkeit unverstellt und mit Lust zu erleben, hat verändernde Kraft über die Reise hinaus.

**EIN REISEBUCH
IN DEN ALLTAG
VON GÜNTER LIEHR**

Süd
FRANKREICH

Rowohlt

23.–26. Tausend
August 1993

Originalausgabe
Umschlaggestaltung
Alexander Urban
(Foto: Eberhard
Grames/Bilderberg)
Layout und Grafik
Christa Petersen
Veröffentlicht im
Rowohlt Taschenbuch
Verlag GmbH,
Reinbek bei Hamburg,
Juli 1989
Copyright © 1989 by
Rowohlt Taschenbuch
Verlag GmbH,
Reinbek bei Hamburg
Satz Times
(Linotron 202)
Gesamtherstellung
Clausen & Bosse, Leck
Printed in Germany
1990-ISBN 3 499 17582 7

Inhalt

GESCHICHTE UND POLITIK

Blick zurück
Geschichte einer Unterwerfung 11

Wandel in Wirtschaft und Gesellschaft
Die Wüste lebt 30

Das Ende des roten Südens
Rechtsradikaler Vormarsch 44

Versuche in Regionalismus
Volem viure al païs 53

KULTUR UND KONSUM

Kultur im Süden
Sammlungen, Stars, Spektakel 64

Die Literatur
Nicht nur Heiteres 74

Das Kino
Filme mit Akzent 82

Vom Essen im Midi
Feste der Sinne 91

Die Weine Südfrankreichs
Wende zur Qualität 98

UNTERWEGS

Ardèche und Cevennen
Entvölkerte Berge 110

Durch das westliche Languedoc
Im Land der Ketzer 135

Toulouse
Zwischen High-Tech und Tradition 155

Roussillon
Das französische Katalonien 172

Nîmes und Montpellier
Zwei Städte trumpfen auf 192

Camargue
Land der unklaren Verhältnisse 208

Marseille
Puzzle aus Widersprüchen 224

Vaucluse
Im Reich der Päpste und Raketen 245

Die Haute-Provence
Einsam und herb 270

Die Côte d'Azur
Ein beschädigter Mythos 282

Nizza
Sonnenstadt mit Schlagschatten 298

SERVICETEIL

Kartenskizze 314

Wissenswertes für unterwegs 316

Regionale Tips 332

Bildnachweis 355

Register 356

Vorweg

«Südfrankreich» – eine etwas vage Bezeichnung. Wo fängt das an, wo hört das auf? Klare Grenzen gibt es nicht, doch allgemein dürfte darunter wohl der Einflußbereich des mediterranen Klimas verstanden werden. Für die Franzosen ist es «Le Midi», was auch nichts anderes als «Süden» heißt, dort, wo die Sonne am Mittag steht. Ersparen wir uns hier erst einmal langwierige historio-geographische Verrenkungen: Das Gebiet, um das es in diesem Buch gehen soll, entspricht in seiner Ausdehnung ungefähr den alten Provinzen Languedoc, Roussillon und Provence, dazu kommt die Grafschaft Nizza – eine pragmatische Eingrenzung ohne Anspruch auf wissenschaftliche Stichhaltigkeit.
Der Midi, diese spezielle Mixtur aus Mittelmeerklima und französischer Lebensart, hat schon Generationen von Reisenden aus den sonnenschwachen und nebelreichen Zonen Europas Anlaß zum Schwärmen geboten: das helle Licht des Südens, die intensiven Farben, der Duft von Pinienharz und aromatischen Kräutern, die umwerfende Erfahrung der gewalttätigen Winde Mistral und Tramontane, der spezielle Akzent der Menschen, platanenbeschattete Plätze, ein glucksender Brunnen und ein kleiner Aperitif – der Midi ist vor allem anderen ein Ensemble sinnlicher Wahrnehmungen. Das ist alles sehr schön, aber es lockt auch Jahr für Jahr Millionen von Menschen an, weshalb es mit der Beschaulichkeit in den Sommerferienmonaten oft nicht weit her ist. Die Küste entlang zieht sich eine Randstadt, aus der synthetische Bettenburgen emporragen, in die schnuckeligen Bergdörfer des Hinterlandes haben sich Feinschmecker, Rechtsanwälte und Oberstudienräte aus Paris, Frankfurt, Brüssel oder Den Haag eingenistet.

Dennoch ist Südfrankreich nicht bloß ein großer Freizeitpark. Es ist eine Region voller krasser Gegensätze, mit quirligen Großstädten, industriellen Ballungszentren und verwilderten Hochplateaus, mit High-Tech-Spezialisten, Flugzeugbauern und einsamen Hirten, die ihre Schafherden über verlassene Berge treiben – ein Land verwirrender Ungleichzeitigkeit, in dem Archaik und Moderne nebeneinander existieren, dessen alte demokratische Traditionen kontrastieren mit neueren Ausbrüchen von Rassismus und politischer Dummheit.
Ich habe in diesem Buch versucht, einiges von den widersprüchlichen Realitäten des Midi einzufangen und beim Beschreiben der Städte und Landschaften auch mal hinter das glänzende Ansichtskartenbild zu schauen. Bei der Auswahl von Themen und Touren haben – zugegebenermaßen – subjektive Vorlieben und Interessen hineingespielt. Es mögen also ein paar touristische «Highlights» fehlen, dafür werden manche weniger bekannte Nebenwege eingeschlagen.
Großen Anteil am Zustandekommen dieses Buches hat Angela Schwarz, die an vielen Kapiteln mitgearbeitet und die praktischen Tips beigesteuert hat. Sie lebt seit 1985 in Frankreich und ist in den Bereichen PR und Journalismus tätig. Bedanken möchte ich mich auch bei Maurice Arlaud, Adrienne Bagdalian, Pierre Bury, Corinne Castanier, Ahmed Issaoui sowie allen anderen, die mir mit Tips und Informationen geholfen haben. Was mich selbst betrifft: Ich lebe seit 1977 in Paris, anfangs als Deutschlehrer, jetzt als Journalist, und habe für die Reihe «Anders reisen» die Bücher «Paris» und «Frankreich» geschrieben.

Paris, im April 1989
Günter Liehr

GESCHICHTE

UND POLITIK

Blick zurück

GESCHICHTE EINER UNTERWERFUNG

Der Midi gehört zu Frankreich, das scheint selbstverständlich. Wenn man sich die Landkarte anschaut, erscheint Frankreich als kompaktes, abgeschlossenes Gebilde. Wegen seiner harmonischen, fast perfekten Form nennen die Franzosen ihr Land auch gern «l'Hexagone», das Sechseck. Klarer Fall, der Midi ist ein integraler Bestandteil dieses französischen Kuchens, und die Menschen, die ihn bevölkern, sind Franzosen und sprechen französisch. Freilich: Das Zustandekommen dieses Hexagons, das Zusammenschweißen verschiedener Einzelteile zu solch einem wohlgeformten, einer Zentralmacht untergeordneten Staatsgebiet war ein langwieriger und teilweise extrem gewaltsamer Prozeß. Seine Spuren sind nicht gänzlich verschwunden, sie leben in den Landschaften und Städten, in der Mentalität und auch in der Sprache fort: Die charakteristische Akzentfärbung, die das Französische im Süden besitzt, deutet auf das Drama einer kulturellen Unterwerfung hin.

Der Midi, selbst wenn es ihn in seiner Geschichte nie als zusammenhängende politische Einheit gegeben hat, weist Merkmale auf, die ihn vom übrigen Frankreich abgrenzen. Das fängt bei der Bevölkerung an: Sie ist ein Produkt all der Wanderungen, Vermischungen und Einflüsse, wie sie den mediterranen Raum kennzeichnen. Stets war die Mittelmeerzone ein «carrefour», ein Wegkreuz und Durchzugsgebiet verschiedenster Händler, Heere und Völker, die alle das ihre zur meridionalen Mixtur beigetragen haben. Weniger dominant als in anderen Teilen Frankreichs waren hier die Kelten, die aus dem Norden kommend auf eine zahlenmäßig bedeutende iberisch-ligurische Urbevölkerung stießen und sich mit ihr vermischten. Die kulturell bereits höherentwickelten Griechen, die 600 vor Christus aus Kleinasien übers Meer kamen, gründeten die Handelsstädte Marseille, Arles, Nizza, Antibes, Agde (Massalia, Arelate, Nikäa, Antipolis, Agathe) und gaben, wie der römische Geschichtsschreiber Pompeius Trogus vermerkt, den ruppigen Kelto-Ligurern Unterricht in gehobener Mittelmeerzivilisation: «Die Phokäer milderten die Barbarei der Gallier und lehrten sie ein angenehmeres Leben. Sie brachten ihnen bei, die Erde zu bebauen und die Städte mit Mauern zu umgeben, unter der Herrschaft von Gesetzen zu leben statt unter der von Waffen, den Weinstock zu beschneiden und den Ölbaum zu pflanzen.»

Die Römer machten dann aus dem Midi die auserwählte Provinz ihres Weltreiches. Die «Gallia Narbonnensis» befand sich lange vor dem übrigen Gallien unter römischer Herrschaft, galt als eine Verlängerung Italiens und genoß entsprechende Privilegien. «Provincia» wurde sie auch genannt, was ihre Sonderrolle als «die» Provinz schlechthin unterstreicht. Für einen Teil des Gebiets hat sich bis heute der Name «Provence» erhalten. Die 400jährige Zugehörigkeit zum römischen Imperium hat ihre Spuren hinterlassen: Überreich ist Südfrankreich bestückt mit Römerbauten, die oftmals besser erhalten sind als in Rom selbst. Triumphbögen, Tempel, Theater, Thermen, Brücken, Aquädukte – fast jede Stadt hat irgend etwas aufzuweisen.

Der Pax Romana folgten die wirren Zeiten der Völkerwanderung. Unter anderem traten die Westgoten auf den Plan und gründeten das große Reich von Tolosa, das zeitweilig bis in den Süden Spaniens reichte und auch die «Provincia» einschloß. Von Spanien kamen später arabische Invasoren herüber, setzten sich eine Weile entlang der Küste fest und hinterließen zahllose «Sarazenentürme» in der Landschaft sowie eine Menge schwarzgelockter Kinder. In jüngerer Zeit wurde das Bevölkerungsgemisch durch Ströme politisch wie wirtschaftlich motivierter Einwanderer aus Italien, Spanien und Nordafrika angereichert. Es ist noch gar nicht lange her, da zweifelten Pariser Dichter und Denker, ob man den Midi als richtig französisch ansehen könne. Als «unseßhaften und barbarischen Pöbel, unruhige keltisch-griechisch-arabische Mischrasse mit italienischer Beimengung» bezeichnete der berühmte Historiker Michelet die Südfranzosen und folgerte: «Das wahre Frankreich ist das des Nordens». Für Hippolyte Taine gehörte der Provenzale «zu einer sinnlichen, cholerischen und groben Rasse, ohne intellektuelle oder moralische Qualitäten». Der Romanautor Huysmans befand kurzerhand: «Diese Schokoladenrührer und Knoblauchfresser sind überhaupt keine Franzosen, sondern Spanier und Italiener». Prosper Merimée äußerte sich über die Mädchen von Nîmes, sie seien ja «recht hübsch, aber dumm und unsauber wie alle Provenzalinnen». Und Louis-Ferdinand Céline schließlich setzte noch einen drauf: «Zone des Südens, bevölkert von degenerierten mediterranen Bastarden, Handlangern, vertrottelten Heimatdichtern, arabischen Parasiten, die Frankreich lieber hätte über Bord werfen sollen. Jenseits der Loire nichts als Fäulnis, Faulenzerei, schmuddelige Vernegerung...»

Was diese Schöngeister da abließen, erinnert an das verächtlich-herablassende Gebaren von Kolonialherren. Als in den sechziger Jahren die linken Regionalisten auf den Plan traten, war denn auch die Rede von einer inneren Kolonialisierung des Südens, Sprüche wie die erwähnten galten nun als arrogante Begleitmusik zur fortgesetzten wirtschaftlichen und kulturellen Unterdrückung durch den Norden. Mit der regionalistischen Offensive ver-

Kolonialismus im fremden und im eigenen Land

band sich eine neue beziehungsweise wiedergefundene Bezeichnung: «Occitanie», Okzitanien. In diesem Namen kristallisierten sich der Wunsch nach Wiederaneignung der eigenen, verschütteten Geschichte und die Wiederbesinnung auf alte Traditionen politischer Rebellion, daneben auch ein gutes Maß von utopischen Träumereien.

Kulturraum Okzitanien

Mit «Occitanie» wird ein geographischer Raum bezeichnet, der von den Pyrenäen zur italienischen Grenze reicht und etwa das südliche Drittel Frankreichs ausmacht. Nie war dies ein einheitliches Staatsgebiet: Hier gehörte ein Stück zum Königreich Aragon, da zur Grafschaft Toulouse, dort zum Heiligen Römischen Reich Deutscher Nation. Dennoch macht es Sinn, von Okzitanien zu sprechen, denn der Name bezieht sich auf das Ausbreitungsgebiet der okzitanischen Sprache und damit auf einen Kulturraum. Im Mittelalter wurde das jeweilige Wort für «ja» benutzt zur Unterscheidung einer «langue d'oil» im nördlichen Teil des heutigen Frankreich (aus dem «oil» wurde später «oui») und einer «langue d'oc» im Süden. Der Einflußbereich dieser Sprache geht weit über das Gebiet der Provinz Languedoc hinaus und umfaßt auch Limousin, Gascogne, Auvergne und Provence.

Das Okzitanische ist keineswegs ein französischer Dialekt, sondern eine eigenständige romanische Sprache, die enger mit dem Katalanischen als mit dem Französischen verwandt ist. Früher als die Sprache des nördlichen Frankreich hatte sie sich zu einer Kultursprache herausgebildet. Mit der Troubadour-Dichtung, die sich bereits im 11. Jahrhundert zu voller Pracht entfaltet hatte, wurde sie zur ersten europäischen Literatursprache des Mittelalters. Die «Trobadors» bereisten die Höfe und Burgen des Südens und sorgten mit ihrer Liebeslyrik für eine bis dahin nie gekannte Hochform ritterlicher Kultur. Für ihre Dichtung perfektionierten und vereinheitlichten sie die Sprache und förderten so eine zusammenhängende okzitanische Zivilisation. «Die südfranzösische Nationalität war im Mittelalter mit der nordfranzösischen nicht verwandter, als die polnische es jetzt mit der russischen ist. Die südfranzösische, vulgo provenzalische Nation hatte im Mittelalter nicht nur eine ‹wertvolle Entwicklung›, sie stand sogar an der Spitze der europäischen Entwicklung. Sie hatte zuerst vor allen anderen Nationen eine gebildete Sprache. Ihre Dichtkunst diente sämtlichen romanischen Völkern, ja den Deutschen und Engländern zum unerreichten Vorbild», schrieb Friedrich Engels. Heute sprechen nur noch ein paar abseits lebende alte Bauern und Schafhirten die «langue d'oc», bald wird die Sprache aus dem alltäglichen Gebrauch völlig verschwunden sein. Übrig bleibt sie als Gegenstand akademischer Sprachpflege sowie als Folklore in Gestalt okzitanischer Straßenschilder oder von Restaurantnamen wie «Lou Cigalou» und «l'Oustau». Eine bleibende Spur hat sie mit dem Akzent des Midi hinterlassen, in dem sich die «unfranzösische» Intonation des Okzitanischen bewahrt hat – als «Substrat», wie das bei den Linguisten heißt.

Zur Zivilisation des Midi gehörte aber mehr als Sprache und Literatur. Er war auch von anderen Regeln des sozialen Zusammenlebens bestimmt als der Norden, was zu einem großen Teil wohl auf die frühere und intensivere Romanisierung des Südens zurückzuführen ist. So war die gesellschaftliche Organisation des Midi deutlich durch das Fortleben von Grundsätzen des römischen Rechts geprägt. Charakteristisch war die weitgehende Abwesenheit feudaler Formen im Sozialgefüge. Nicht der Lehenseid, sondern die «convenientia», die vertragliche Übereinkunft, regelte die Beziehungen. Zur Besonderheit des mittelalterlichen Rechts im Midi, das sich aus römischen Prinzipien herausentwickelt hatte, gehörten die Autonomie des individuellen Eigentümers, der öffentliche Charakter des Rechts, das für alle zu gelten hatte, und die Respektierung der vertraglichen Absprache. Vom grundsätzlich egalitären Geist dieses Rechts war auch das Verhältnis zwischen Männern und Frauen betroffen. In allen Gesellschaftsschichten genossen die Frauen hier eine Freiheit, wie sie im feudalistischen Norden undenkbar war: Sie konnten als gleichwertige Zeugen auftreten, über ihr Eigentum nach Gutdünken verfügen und großen Besitztümern vorstehen. Für das Eheverhältnis galt das Prinzip einer rechtlichen Gleichstellung der beiden Partner, während anderswo die «gottgewollte» Unterwerfung des Weibes die Regel war. Seit langem hatten sich im Midi die Gesetze des Kaufens und Verkaufens, Leihens und Verleihens etabliert. Männer wie Frauen, Einheimische wie Fremde, Christen wie Juden kamen in dieser Gesellschaft gleichermaßen in den Genuß der Vertragsfreiheit. Respekt vor dem Eigentum, Respekt

Nachhall der Troubadoure

vor dem Individuum – die modernen bürgerlichen Freiheiten wurden hier im Ansatz vorweggenommen. In diesen Zusammenhang gehört auch der ausgeprägte kommunale Geist des Midi, die Tradition der lokalen Autonomie, in der sich wiederum Spuren der römischen Gemeindeordnung finden. In vielen Städten, Marktflecken und Dörfern Okzitaniens wurde früh schon eine Art kommunaler Selbstverwaltung praktiziert. Manche okzitanischen Städte ähnelten kleinen Republiken, die von gewählten Konsuln regiert wurden.

Der Herr erkennt die Seinen

In Etappen wurde der Midi mit seiner vergleichsweise fortgeschrittenen Zivilisation der Herrschaft des Nordens unterworfen. Besondere Bedeutung kommt dem blutigen Eroberungskreuzzug des 13. Jahrhunderts zu, durch den sich die französische Krone, unter tätiger Mithilfe des Papstes, den ausgedehnten Machtbereich der Grafen von Toulouse aneignete. Den Vorwand dazu lieferte die Bekämpfung der Katharer, einer christlich-ketzerischen Gegenkirche, deren Anhänger in den Geschichtsbüchern häufig auch «Albigenser» genannt werden, nach der Stadt Albi, einer ihrer Hochburgen. Der Katharismus beschränkte sich keineswegs auf den Midi, aber die Häresie war hier auf besonders günstige Verbreitungsbedingungen gestoßen: Sie hatte bei den Burgherren, dem kleinen Lokaladel, wie auch bei einigen höheren Herrschaften Sympathisanten und Beschützer gefunden.

Bei heutigen Esoterik-Fans stehen die Katharer nach wie vor hoch im Kurs, allerlei Mythen-Gefasel wird über sie verbreitet. Von manchen Oc-Regionalisten werden sie auch als Märtyrer für die okzitanische Sache vereinnahmt, und ihre Doktrin wird gelegentlich mit dem spezifischen Geist des Midi in Verbindung gebracht, was freilich ein ziemlicher Unfug ist, denn ihre Lehre stammte von weither, mindestens aus Osteuropa, wenn nicht gar aus Asien. So sind eindeutige Verbindungen zur bulgarischen Sekte der Bogomilen nachgewiesen worden. Kennzeichnend für ihren Glauben war das dualistische Prinzip einer Gegenüberstellung von Gott und Satan, Licht und Finsternis, was an die orientalische Religion der Manichäer denken läßt. Die Katharer, die zwar keine eigenen Kirchengebäude besaßen, aber komplexe Strukturen mit Diakonen und Bischöfen entwickelt hatten, teilten sich in normale Anhänger, «croyants», und Eingeweihte, die «parfaits» oder «bonshommes» genannt wurden. Die Eingeweihten waren gewissermaßen die Aktivisten des Katharismus, die sich in einem Aufnahmeritual verpflichtet hatten, asketisch zu leben, besitzlos, keusch und bei fleischloser Kost die Reinheit der Lehre zu verkörpern. Kernpunkt der Katharer-Doktrin: Die Welt ist nicht das Werk Gottes – der hätte so einen Horror nie geschaffen –, sondern das Werk des Teufels. Als Reich des Satans ist die Welt verderbt und nichtig, von ihr und in ihr ist nichts zu erwarten, man kann sie nur in Bausch und Bogen ablehnen. Weder Jesus als Erlösergestalt, noch die Heiligen, noch die Sakramente der katholischen Kirche wurden anerkannt, da sie ja einer Erhöhung des irdischen Lebens dienen.

Dieser so streng wirkende und weltverneinende Glauben hatte für seine Anhänger gleichwohl etwas Attraktives. Für die Adligen war der Katharismus politisch interessant, denn er bot die Möglichkeit, sich dem Machtanspruch der katholischen Kirche zu widersetzen. Viele Burgherren unterstützten die Katharer, sei es aus antiklerikaler Haltung, sei es, weil sie selber aktiv zu diesem Konkurrenzglauben übergeschwenkt waren. Beim gemeinen Volk kam dieser Glauben an, weil hier im Gegensatz zum komplizierten, mit Bußen, Strafen und Gnadenakten anstrengend-erdrückenden Regelwerk des Katholizismus ein simples, leicht verständliches Christentum gelehrt wurde. Und noch etwas: Der Askese der «bonshommes» entsprach auf der anderen Seite eine erstaunliche Freizügigkeit bei vielen einfachen «croyants», etwa in der Sexualmoral. Da das Ehesakrament nicht galt und die Welt eh des Satans war, mußte man sich nicht wundern, daß das Fleisch schwach wurde. Lothar Baier: «Die katharischen Gläubigen konnten, in Übereinstimmung mit ihrer dualistischen Lehre, die Welt verachten und sich gleichzeitig auf die Welt einlassen, ohne daß sie dort bei jedem Schritt über Gebote und Verbote stolperten. Denn wenn die Welt die Hölle war, konnten die darin aufgestellten Gesetze nicht göttlichen Ursprungs sein und göttliche Autorität beanspruchen.» Sie hatten daher bei Seitensprüngen weniger Gewissensbisse als ihre gut katholischen Nachbarn.

«Erhebt euch, Soldaten Christi! Erhebt euch, christliche Fürsten... Vernichtet durch Gewalt und Schwert diese Häretiker, die viel gefährlicher sind als die Sarazenen.»

Quéribus – letzte Fluchtburg der Ketzer

So agitierte Papst Innozenz den französischen Adel. Der Kreuzzug gegen die Häresie des Südens war von beispielloser Grausamkeit. Unter Führung eines wüsten Kriegers aus der Ile de France namens Simon de Montfort und begleitet von Vertretern des Papstes zog das Kreuzfahrerheer eine blutige Spur durch den Midi. Als erstes nahm man sich die Stadt Béziers vor und machte zum Auftakt der heiligen Mission gleich die ganze Bevölkerung nieder, egal ob Katholiken oder Ketzer. Berühmt geworden ist der Ausruf des Kirchenmannes Arnaud-Amaury: «Tötet sie alle, der Herr wird die Seinen erkennen.» Noch heute ziert diese Aufforderung zum Massenmord Söldner-T-Shirts: «Kill em all, God will sort them out!» Eine Stadt nach der anderen mußte dran glauben. Manchmal ließen sich die Krieger Gottes etwas Besonderes einfallen: Der gefangengenommenen Besatzung der Stadt Bram zum Beispiel wurden auf Montforts Geheiß die Augen ausgestochen und die Nasen abgehackt. Einer mußte die so Zugerichteten dann vor die Festung Cabaret führen, um deren Verteidiger zur Aufgabe zu bewegen. Das Kreuzzugsgeschehen zog sich mit einigen Unterbrechungen und Rückschlägen über Jahre hin. In der Schlacht von Muret, 1213, brachte Montforts Heer dann den verbündeten okzitanischen und katalanischen Truppen unter Raimond von Toulouse eine entscheidende Niederlage bei. Die Einnahme von Toulouse besiegelte die Niederwerfung des Südens. Die «parfaits» und ihre Beschützer igelten sich noch eine Weile in unzugänglichen Felsenburgen ein, von denen Montségur legendäre Berühmtheit erlangte. 1244 wurde dann auch dieses Häretikernest eingenommen. Viele Katharer flohen nach Norditalien oder Katalonien ins Exil, in den Städten und Dörfern wütete die Inquisition. Der letzte bekannte «parfait», ein gewisser Guillaume Bélibaste, starb 1321 in der Nähe von Carcassonne auf dem Scheiterhaufen. Aber der Kampf gegen die Häresie war im Laufe des Kreuzzuges immer mehr in den Hintergrund getreten. Letztlich ging es um die militärische Eroberung der okzitanischen Gebiete. Nichts war, wie Lothar Baier schreibt, an diesem Krieg heilig «außer den Insignien, die ihm vorangetragen wurden: Simon de Montfort hatte ihn in einen Kolonialkrieg zugunsten der französischen Feudalaristokratie verwandelt.»

Nach der Eroberung des Languedoc war das Interesse der französischen Könige am Mittelmeerraum stark gewachsen. Stück für Stück erweiterten sie das Staatsgebiet nach Süden hin. Ohne gewaltsame Invasion fiel die Provence dem französischen Herrschaftsbereich zu. Zunächst war sie Teil des Königreichs Burgund, das nach der Stadt Arles auch Arelat genannt wurde. Im Jahre 1033 wurde das Arelat dem Heiligen Römischen Reich deutscher Nation angegliedert, 1246 kam die Grafschaft Provence durch Heiratskungelei an das Haus Anjou. Über die so hergestellten verwandtschaftlichen Bande hatte der französische König nun schon einen Fuß in der Tür. 1481, nach dem Tode des «guten Königs René», wurde die Provence denn auch per Testament der französischen Krone vermacht. Eine Ausnahme bildeten allerdings Avignon und das Comtat Venaissin, das heutige Departement Vaucluse. Sie unterstanden als «päpstliche Staaten» dem Vatikan und vollzogen ihre

Aigues Mortes – Hafen der Kreuzfahrer, Kerker für Hugenotten

Vereinigung mit Frankreich erst im Zuge der Französischen Revolution. Das Roussillon, quasi identisch mit dem heutigen Departement Pyrénées Orientales, zuvor Teil des Königreichs Aragon, wurde durch den Pyrenäenvertrag von 1659 annektiert. Und die Grafschaft Nizza schließlich kam nach einigem Hin und Her erst 1860 endgültig an Frankreich, auf sanftem Wege, durch eine Volksabstimmung.

Midi rouge

Der politischen folgte die kulturelle Unterwerfung, die Französisierung der hinzugekommenen Gebiete. Zunächst ging das eher langsam, fast unmerklich vor sich, denn die Durchsetzung der französischen Sprache war anfangs noch kein politisches Anliegen. Der Albigenserkrieg etwa hatte allenfalls einen indirekten Einfluß auf diesen Prozeß: Der Kreuzzug ruinierte die kleinen Höfe Okzitaniens, an denen die Liederdichtung der Troubadoure geblüht hatte. Die Sänger selbst machten sich, ähnlich wie die verfolgten Katharer, nach Italien oder Katalonien davon. Mit dem Niedergang der Oc-Literatur splitterte sich die «langue d'oc» in Einzeldialekte auf, wohingegen sich das Französische als Sprache der Hauptstadt und des Kapetinger-Hofes zunehmend vereinheitlichte und zur Hochsprache entwickelte. Als folgenreich erwies sich die Durchsetzung des Buchdrucks. Die meisten Bücher kamen auf französisch heraus, weshalb der Historiker Emmanuel Le Roy Ladurie etwas überspitzt formulieren konnte: «Es ist nicht Simon de Montfort, es ist Gutenberg, der das

Languedoc französisiert hat.» Noch folgenschwerer aber war die Wende, die 1539 mit der Ordonnanz von Villers-Cotterets einsetzte, in der Französisch zur offiziellen und einzigen Amtssprache deklariert wurde. Die Einheit der Sprache galt von da an als Grundlage der königlichen Autorität, die Regionalsprache wurde zum niederen Idiom abgewertet. Sie blieb zwar noch für lange Zeit Alltags- und Umgangssprache, Schriftsprache und Idiom der städtischen Gesellschaft wurde nun aber das Französische. Der Nationalstaat entwickelte sich im ständigen Kampf gegen Abweichungen und Eigenheiten, in einem Prozeß der Angleichung. Systematisch wurden etwa die Sonderrechte ausgedünnt, die bei der Annexion der Provence den dortigen Ständen noch eingeräumt worden waren. Mit Zuckerbrot und Peitsche versuchte sich die Zentralmacht auch im Süden ungefiltert durchzusetzen, gegen den aufmuckenden Adel ebenso wie gegen Widerstände aus dem Volk. Intendanten der Justiz, Polizei und Finanzen, treu dem König ergeben, wurden von Paris aus in die ewig unbotmäßigen Provinzen des Midi geschickt, wo sie als Vertreter der Zentralgewalt oft genug auf Ablehnung stießen.

Die im Midi verbreitete Neigung zu religiöser Abweichung gab auch nach der Katharer-Epoche mehrfach Anlaß zu bewaffneten Interventionen. Von den Religionskriegen waren zwar weite Gebiete Frankreichs betroffen, aber im Süden, wo der Protestantismus große Durchbrüche erzielte, wüteten sie besonders grausam. Das Massaker an den Waldensern des Luberon, 1545, für das François I. verantwortlich war, und der Krieg gegen die Hugenotten der Cevennen unter Ludwig XIV. sind Beispiele für die Brutalität, mit der man diesem Gebiet seine Partikularismen und Eigenwilligkeiten auszutreiben suchte. Solche schmerzvollen Erfahrungen verstärkten bei der Bevölkerung das Mißtrauen gegenüber dem Zentralstaat und förderten die Bereitschaft zu Rebellion und zivilem Ungehorsam. Mit Steuerverweigerung, Nichterscheinen zum Militärdienst oder Desertion verteidigte sich der Süden gegen Übergriffe der Staatsmacht.

Wo es soviel zu klagen gab über die Zumutungen der Monarchie, ist es nicht verwunderlich, daß der Midi sich recht aktiv an der Französischen Revolution beteiligte. Im Namen eines Revolutionsliedes, der «Marseillaise», hat sich zum Beispiel das Engagement der Bürger von Marseille verewigt. Freilich setzten die Provinzen des Südens als gebrannte Kinder des Absolutismus eher auf ein föderales Modell, was zunächst auch gar nicht so chancenlos erschien. Erst nachdem sich die Jakobiner gegen die föderalistisch gesonnenen Girondisten durchgesetzt hatten, wurden solche Möglichkeiten verbaut. Die Republikaner traten das Erbe des Zentralismus an, wie er in der absoluten Monarchie vorgebildet war. Die Verfechter der anderen Linie fielen dem «terreur» zum Opfer. Dies war der Ausgangspunkt einer unglückseligen Polarisierung: Der föderale Regionalismus wurde mit unwesentlichen Ausnahmen für lange Zeit eine Sache der Ultra-Rechten, das Jakobinertum hingegen monopolisierte den Fortschritt, und das Vehikel für den Fortschritt war die französische Sprache – in ihr allein fanden Denken und Aufklärung statt. Der Abbé Grégoire, Mitglied der Verfassunggebenden Nationalversammlung, verfaßte 1790 einen Bericht, in dem er die Ausmerzung der «Dialekte» befürwortete: «Es ist wichtiger als man denkt, diese Verschiedenheit von groben Idiomen auszulöschen, die nur die Kindheit der Vernunft und das Alter der Vorurteile verlängern.» Drei Jahre später wandte sich der Konvent an die Gemeinden mit der Aufforderung: «Bürger, ihr haßt den politischen Föderalismus, schwört auch dem Föderalismus der Sprache ab. Die Sprache muß einheitlich sein wie die Republik.»

Es dauerte noch einige Zeit, bis sich die Republik nach verschiedenen Anläufen und Rückschlägen endlich durchsetzen konnte. Erst in der Dritten Republik wurde Ernst gemacht: Die 1882 eingeführte allgemeine, freie und laizistische Schule räumte auf mit dem Analphabetismus, zugleich aber auch mit den «groben Idiomen». Als «Husaren der Republik» machten sich die Schullehrer daran, ihren Schülern den «patois», die Mundart, auszutreiben und ihnen die Sprache der Revolution, der Vernunft und des Fortschritts einzutrichtern, die ihnen in der Tat erst den Zugang zum Wissen und zu sozialem Aufstieg ermöglichte. Die Lehrer, die der angestammten Sprache den Garaus machten, wurden von der Bevölkerung keineswegs als Gegner betrachtet, sondern genossen im Gegenteil großes Prestige. Die Eltern waren stolz, ihre Kleinen französisch sprechen zu hören, denn das bedeutete, daß man ihnen eine Chance gab, etwas zu werden. Gerade im Languedoc war zudem eine republikanische, «linke» Gesinnung, deren Herolde die Lehrer waren, von Anfang an sehr verbreitet. Um 1900 kam der Ausdruck «Midi rouge» in Gebrauch, es bildete sich eine nahezu unverrückbare politische Geographie heraus.

Der rote Midi – das war zunächst die Orientierung an der «radikalen» Doktrin. Die Radikale Partei war eine linksbürgerliche, sozialreformerische Kraft, sie verkörperte Treue zu den demokratischen Traditionen, Laizismus und blauweißroten Nationalstolz. Die Gegner, das waren die «Weißen», das heißt die Rechten, die Antirepublikaner, jene Kräfte, die der Kirche und den vordemokratischen Traditionen verpflichtet waren. In den Städten und in den Weinbaugebieten der Ebene stellten sie eine Minderheit, aber es gab auch traditionell weiße Enklaven, wie die Gebirgs-Départements Lozère, Ardèche oder Haut-Var, die stramm katholisch geblieben waren und mehrheitlich rechts wählten. Rot contra weiß: zwei unversöhnliche Lager, samt der zugehörigen Lagermentalität. Mit Haut und Haaren gehörte man seiner politischen «Kultur» an und empfand inbrünstige Feindschaft gegen die andere Seite. Zwei parallele Systeme entstanden, zwei «Zivilisationen», mit jeweils verschiedenem Verhaltenskodex. Zu allen kirchlichen Einrichtungen gab es nun laizistische Pendants, ob Suppenküchen für die Armen, Sportvereine oder Laientheatergruppen. Die Jungverheirateten aus den traditionalistischen Bergen machten gut katholisch ihre Hochzeitsreise nach Lourdes, die Paare aus dem «roten» Teil des Languedoc fuhren nach Paris, was auch ein Ausdruck des sozialen Erfolges war. Gegen die Rugby-Begeisterung, die von republikanischen Unternehmern geschürt wurde, versuchten die Pfarrer, als katholischen Gegensport den Fußball einzuführen.

Besonders in den Dörfern der Weingebiete hatte die Republik demonstrativ Einzug gehalten. Da stand die Schule, als Palast der befreiten Kultur (befreit aus den Klauen des Klerus), da der Gemeindebrunnen, der alle mit «republikanischem» Wasser versorgte, denn häufig war die Wasserversorgung – im Süden von höchster Bedeutung – ein Ergebnis der republikanischen Gemeindeverfassung von 1884. Und dann war da als Element des wirtschaftlichen Fortschritts die Cave coopérative. Die Kirche ließ man zwar im Dorf, nutzte ihre Dienste auch noch gelegentlich bei Hochzeit und Beerdigung, aber man verzierte sie mit den Insignien der Republik und schrieb «liberté-égalité-fraternité» übers Portal. Der Antiklerikalismus, wie ihn die «radicaux» vertraten, nahm in diesem Midi mit seinen häretischen Traditionen geradezu folkloristische Züge an. Verbreitung fand er in radikalen Zeitungen, die bei frommen Katholiken als Gazetten des Satans galten, wie der Toulouser «Dépêche» oder dem «Petit Méridional», unterstützt wurde er von den aufblühenden Freimaurerlogen und Freidenker-Vereinigungen. In den Jahren, die der 1905 vollzogenen Trennung von Staat und Kirche vorausgingen, kam es öfter zu gewalttätigen Auseinandersetzungen. Am Wegesrand und von öffentlichen Gebäuden wurden die Kreuze abgeschlagen, es erschienen Pamphlete mit Titeln wie «Zwölf Beweise für die Inexistenz Gottes», und am Karfreitag veranstalteten die Erzrepublikaner Anti-Aberglauben-Bankette, bei denen «Gras double», ein Gericht aus Kaldaunen, auf der Speisekarte stand. Viele Gemeinden tauften ihre zuvor nach Heiligen benannten Straßen um und erließen Verbote gegen Prozessionen. Bei Zuwiderhandlung wurden die frommen Umzüge mit dem Feuerwehrschlauch auseinandergespritzt. Der Antiklerikalismus mit seinen Ritualen fungierte eine Zeitlang als Bindekitt. Er verwischte soziale Interessenkonflikte und lenkte die Klassenauseinandersetzung auf einen Nebenkriegsschauplatz um. Im Konfliktfall erwies sich freilich die radikale Partei eher als bürgerlich denn als sozialistisch. Mit dem Antiklerikalismus allein ließen sich bald nicht mehr alle Anhänger bei der Stange halten. Im Süden verloren die Radikalen an Einfluß nach den Ereignissen von 1907, die als große «Revolte des Midi» in die Geschichte eingingen.

Krieg der Winzer

In der zweiten Hälfte des letzten Jahrhunderts waren die Weinbaugebiete des Südens fast vollständig einer epochalen Reblaus-Plage zum Opfer gefallen. Mit Hilfe neuer amerikanischer Rebstöcke wurden die «vignobles» wieder neu angepflanzt, aber im Weinbau war nun nichts mehr wie vorher. Es war in dieser industriellen Aufbruchsphase das städtische Kapital, das in die Weinwirtschaft investierte. Der Weinbau wurde für einen beträchtlichen Teil der Bourgeoisie des Südens zum Industrieersatz und war den entsprechenden Normen industrieller Produktion unterworfen. Wein wurde, was er vorher nicht gewesen war: ein Massenprodukt. Die Voraussetzungen für diesen Wandel waren ideal. Der Ausbau des Eisenbahnnetzes schuf just zu dieser Zeit einen nationalen Markt, der es gestattete, Billigwein in großen Mengen abzusetzen. Nirgendwo sonst in Frankreich

Im Languedoc, im Roussillon, in der Provence, in jedem Weindorf streiften Verrückte umher. Von ihrem Schicksal wurde den Weinbauern berichtet, die darüber wie elektrisiert waren. In Bize hatte sich ein verzweifelter Winzer auf seinen Wein gestürzt, wie einst Chanou, hatte ihn innerhalb einer Woche in einem unseligen Taumel herausgerissen und auf einem Hügel ein Beinhaus aus Weinstöcken errichtet, Gottvater ins Angesicht. In Cassagnes hatte ein anderer seinen Ernteertrag auf den Dorfplatz geschafft und Bütten und Fässer mit dem Beil zertrümmert. In Coursan versperrte eine Barrikade aus Weinfässern die Nationalstraße. In Roque d'Orb flossen Ströme von Wein flußabwärts. Ein Selbstmord erschütterte jeden Kanton wie Kanonendonner. Erregung, Furcht, Haß, alle Ängste von Herz und Eingeweide ergriffen nach und nach auch das letzte Fleckchen eines Landes, in dem der Wein und hitziges Blut regieren.

Ludovic Massé: Katalanischer Wein. publica / manholt

hatte man ein derart begnadetes Klima, in dem die Reben so schnell und problemlos wuchsen. Nun wurden auch bis dahin anders genutzte Ländereien in Weinfelder umgewandelt. Bauern, die früher Polykultur betrieben hatten, konvertierten zu Vollzeit-Winzern. Ein immenses Weinmeer breitete sich über den Midi aus. Zwanzig Jahre nach Ankunft der Eisenbahn hatte sich die produzierte Menge verdreifacht.

Vor allem den Städten des Languedoc bescherte das Geschäft mit dem Wein ein «goldenes Zeitalter». Die Prosperität der Wein-Bourgeoisie ließ prachtvolle Villen und neue städtische Anlagen entstehen, grandiose Promenaden wie die Allée Paul Riquet in Béziers oder die Esplanade in Montpellier. Luxuriöse Cafés, Theater und Music-Halls schossen empor, die wohlhabenden Bürger der Weinhändlerstadt Béziers amüsierten sich beim Stierkampf, im Café-Concert oder in einem der neuen Bordelle des Bahnhofsviertels. Aber der neue Wohlstand auf der Basis von Monokultur und Massenproduktion war instabil. Große wie kleine Winzer waren von den Schwankungen des Marktes abhängig. Zwei Rekordernten nacheinander, und die Katastrophe war da: eine Überproduktionskrise mit verheerenden Folgen für den gesamten Landstrich. Die Preise fielen in den Keller, viele Winzer mußten ihren Wein fortschütten, die Landarbeiter wurden Opfer der Arbeitslosigkeit, im Handwerk und Einzelhandel blieben die Kassen leer. Mahnungen und Pfändungen häuften sich, es mehrten sich die Zeichen der Verarmung. Erste Großversammlungen fanden statt. Man protestierte gegen die «Weinverfälscher», die panschenden Großhändler und die Zuckerbarone des Nordens, die schuld seien an der Krise, und man forderte ein Einschreiten des Staates.

In Paris waren seit 1906 die Radikalen an der Macht, mit Georges Clemenceau als Regierungschef. Aber Paris machte keine Anstalten, winzerfreundliche Maßnahmen zu treffen. Die ignorante Haltung der Regierung steigerte die Wut. Die Demonstrationen wurden zahlreicher, und sie bekamen immer mehr Zulauf. «Von Woche zu Woche, zwei Monate lang, von Versammlung zu Versammlung, durchzogen bis zu fünfhunderttausend Menschen den Süden wie ein Unwetter», schreibt Ludovic Massé in seinem Roman «Katalanischer Wein». Der Unmut schaukelte sich zur Revolte hoch. Regierungsbeamte wurden gefangengesetzt, in Perpignan ging die Präfektur in Flammen auf, Telefonleitungen und Eisenbahnstrecken wurden unterbrochen. Zahlreiche Bürgermeister traten in einen Solidaritätsstreik und machten ihre Rathäuser dicht. Angesichts des allgemeinen Aufruhrs verhängte Paris den Ausnahmezustand, Gendarmerie- und Armee-Einheiten wurden mobilisiert. In Narbonne kam es zu bürgerkriegsähnlichen Straßengefechten mit mehreren Toten. In Agde weigerten sich die Soldaten des 17. Linienregiments gegen die Demonstranten einzuschreiten. Vielmehr drehten sie den Lauf ihrer Gewehre nach unten und verbrüderten sich mit den Aufrührern. Sie stammten selbst aus der Gegend, viele von ihnen waren Söhne von Winzern. Es mußten erst 30000 Soldaten aus anderen Regionen herbeigeschafft werden, um die Meuterei zu ersticken. Die profiliertesten Meuterer wurden in ein Strafbataillon nach Tunesien deportiert. Ihre Aktion lebte noch lange fort im populären Lied von den «braves soldats du 17e».

Durch militärische Befriedung, geschicktes Ausmanövrieren der Führer der Weinrevolte und ein paar verspätete Kompromisse gelang es Clemenceau schließlich, die Zerreißprobe im Midi zu beenden. Aber viele der Betroffenen hatten bei dieser Gelegenheit wieder einmal deutlich die Arroganz des Nordens gegenüber dem Süden erfahren, die Unfähigkeit des zentralistischen Staates, den Besonderheiten des Midi Rechnung zu tragen. Die radikale Presse der Hauptstadt hatte in der Wein-Revolte nichts anderes gesehen als die «reaktionäre Anarchie der Massen» und einen Angriff auf die nationale Souveränität. Kein Wunder, daß die Radikalen im Gefolge der Krise deutlich zugunsten der Sozialisten an Einfluß verloren. Im «roten Midi» triumphierte nun die SFIO (Section française de l'Internationale ouvrière). Dieser Sozialismus unterschied sich in der Praxis stark von dem des Nordens. Größere Industriebetriebe waren dünn gesät, es fehlten die Massen des Industrieproletariats. Es war ein Sozialismus der Bauernsyndikate und Kooperativen, durchdrungen von den Traditionen der lokalen Demokratie in den ländlichen Gemeinden. Seine Symbolfigur war Jean Jaurès, der die Einigung der verschiedenen sozialistischen Parteien Frankreichs geschafft hatte. Er stammte aus Castres und saß als Abgeordneter von Carmaux in der Nationalversammlung, war also dem Midi innig verbunden. Er war es auch, der die erste Cave coopérative einweihte. Die Genossenschaftskellerei galt als Sozialismus in Aktion, als Zelle lokaler Selbstverwaltung.

Daran zeigen sich aber auch die Grenzen dieses Midi-Sozialismus: Die Kollektivierung zu kommerziellen Zwecken ging einher mit eifersüchtigster Beachtung des jeweiligen Eigentums. Diese «Roten» des Südens, Kleinbauern, Handwerker, Landarbeiter, scherten sich wenig um marxistische Positionen und revolutionäre Doktrin. Das gilt auch für die Folgezeit, als die brav gewordene SFIO von der Kommunistischen Partei beerbt wurde. Manche Historiker und Politologen meinen, dieses Linkssein habe weniger zu tun mit einer positiven revolutionären Option als vielmehr mit einem entschiedenen «Dagegensein» auf die jeweils radikalste Weise – Ausdruck eines fortdauernden Protests des Südens gegen «die da oben» in Paris.

Deutsche Spuren

«Wenn ich ... von Paris mit dem Nachtzug zurückkommend, des Morgens das blaue Ufer wiedersah, die Berge, das Meer, die Pinien und Ölbäume, wie sie die Hänge hinaufkletterten, wenn ich die aufgeschlossene Behaglichkeit der Mittelmeermenschen wieder um mich fühlte, dann atmete ich tief auf und freute mich, daß ich mir diesen Himmel gewählt hatte, unter ihm zu leben.» Dieses Lob des Südens von Lion Feuchtwanger ist trügerisch. Die aufgeschlossene Behaglichkeit der Menschen hatte, wie sich bald zeigen sollte, ihre Grenzen, und gar so frei war auch der Himmel nicht gewählt. Das Zitat stammt aus Feuchtwangers autobiographischem Buch «Der Teufel in Frankreich», das über einen Zeitabschnitt berichtet, in dem sich auf unterschiedliche Weise auch deutsche Geschichte mit Südfrankreich verband.

Jean Jaurès, Sozialist aus dem Süden

Ab 1933 wurde der Midi zur Zuflucht für viele Emigranten aus Nazideutschland. Unter ihnen waren etliche Intellektuelle, die sich in dem damals noch halbwegs verträumten Fischerdorf Sanary nahe der Hafenstadt Toulon niederließen. Seit kurzem erst ist in Sanary an der Mauer des Boule-Platzes eine Tafel angebracht, die an die illustren Gäste von einst erinnert. Neben Feuchtwanger haben sich dort zumindest zeitweilig aufgehalten: Thomas Mann, Arnold Zweig, Ernst Toller, Alfred Kerr, Bert Brecht, Erwin Piscator, Arthur Koestler, Hermann Kesten, Bruno Frank und viele andere. Für die Wohlhabenderen unter ihnen, wie Thomas Mann, der sich mit seiner Familie in der «Villa Tranquille» einquartierte, war das Exil anfangs noch recht komfortabel: «Wir sind in unserem hübschen, kultivierten Haus, und schon schreibe ich diese Zeilen nach persönlich fast vollkommener Installierung in meinem sympathischen Arbeitszimmer...» Viele andere aber waren vor allem deshalb in den Süden gekommen, weil das Leben hier billiger war als in Paris. Von denen, die da in den Cafés der Uferpromenade herumhockten, lebte manch einer von der Hand in den Mund.

Mit Kriegsbeginn wurde es aber für alle, die sich dann noch in Frankreich aufhielten, gleichermaßen schlimm: Obwohl die deutschen Flüchtlinge den Behörden als Antifaschisten bekannt waren, galten sie nun als feindliche Ausländer und wurden unterschiedslos mit deutschen Nazis in Internierungslager zusammengesteckt. Eines dieser Lager, eine Ziegelei in Les Milles bei Aix-en-Provence, wird von Feuchtwanger in seinem Erlebnisbericht ausführlich beschrieben. Tausende waren dort unter miserablen Bedingungen zusammengepfercht. Mit dem Vorrücken der deutschen Wehrmacht wurde ihre Situation immer bedrohlicher. Niemand wußte, wozu diese Internierung gut sein sollte. Niemand fragte aber auch danach im allgemeinen bürokratischen Chaos. Der Midi wurde in jenen Wochen Aufnahmeland für die hereinströmenden Flüchtlingsmassen aus Belgien und Nordfrankreich, wer scherte sich da um diese Ausländer! Feuchtwanger merkt dazu an: «Die Franzosen bezeichneten ihre Schlamperei, ihre Art, die Dinge gehen und treiben zu lassen, als ‹Jem'en-foutisme›, als eine Lebensanschauung, die sich ausdrücken läßt in der Wendung: ‹Je m'en foue›, ich scheiße darauf. Ich glaube denn auch nicht, daß böse Absicht an unserm Unheil schuld war.» Noch heute will man in Frankreich von dieser unrühmlichen Phase nicht viel wissen. Die alte Ziegelei von Les Milles, in der unter anderem Max Ernst einsaß und in der sich Max Hasenclever das Leben nahm, liegt inmitten einer Industriezone und ist weiter in Betrieb. Im Inneren sind an den Wänden noch die teilweise recht professionellen Malereien und Zeichnungen der Häftlinge erhalten. Aber Maßnahmen der Denkmalspflege sind nicht zu erwarten, an solchen Erinnerungen scheint wenig gelegen zu sein.

Mit dem deutsch-französischen Waffenstillstand vom Juni 1940 wurde das besiegte Frankreich in zwei Zonen geteilt. Die nördliche Zone inklusive Paris war von den Deutschen besetzt, der Süden blieb formell autonom und wurde aus dem Kurort Vichy durch das Regime des Marschall Pétain verwaltet, des greisen Helden aus dem Ersten Weltkrieg, in dessen Hände die Mehrheit der französischen Abgeordneten die Geschicke des Landes gelegt hatte. Die Emigranten hatten sich, wenn immer möglich, in die Südzone geflüchtet. In Sicherheit waren sie dort allerdings auch nicht, denn gemäß dem Waffenstillstandsabkommen mußte Pétains «Etat français» ausliefern, wen die Nazis haben wollten. Die Flüchtlinge hatten also ein vitales Interesse daran, Frankreich irgendwie zu verlassen. Zur Drehscheibe für all diese Herumirrenden wurde die Hafenstadt Marseille. Von dort aus war eventuell eine Schiffspassage zu bekommen, dort gab es Konsulate, auf denen die unerläßlichen Visa beantragt werden konnten. Marseille wurde zu einem riesigen Wartesaal, in dem sich die unterschiedlichsten Schicksale kreuzten. Menschliches Treibgut aus aller Herren Ländern war hier gestrandet, Künstler, Intellektuelle, Politiker, Geschäftsleute, Spanienkämpfer, Deserteure, von Café zu Café wandernd, untergekrochen in schäbigen Hotels, ausgeliefert an Geschäftemacher und Schieber, konfrontiert mit einer undurchsichtigen, monströsen Bürokratie. Und bei all der Suche nach Visa, Stempeln, Dokumenten mußte man auch noch Geld auftreiben, von irgendwas leben. Die Stimmung war apokalyptisch. «Es gab Pläne mit Phantasiebooten und Fabelkapitänen, Visa für Länder, die auf keiner Karte zu finden waren, und Pässe aus Staaten, die es gar nicht mehr gab. Man war es gewohnt, durch Flüsterpropaganda zu erfahren, welcher todsichere Plan an diesem Tag wieder wie ein Kartenhaus zusammengefallen war.» Die das schrieb, Lisa Fittko, war selbst Emigrantin und arbeitete in Marseille für das Emergency Rescue Committee, eine amerikanische Hilfsorganisation zur Rettung von Emigranten. Deren Leiter, Valerian Fry, versuchte, seine Schutzbefohlenen auf jede erdenkliche Weise außer Landes zu schleusen, per Schiff oder zu Fuß über die Pyrenäen. Um an Visa oder falsche Pässe zu kommen, scheute er sich nicht, notfalls die Dienste der Marseiller Unterwelt in Anspruch zu nehmen. Alfred Döblin, Siegfried Kracauer, Golo Mann oder Marc Chagall gehörten zu denen, die Fry ihre Rettung verdanken.

Ganz Südfrankreich war «Vichy-Frankreich», aber was das bedeutete, blieb zunächst unklar. Nicht jeder Beamte war ein überzeugter Pétainist, aber wie sollte man das wissen? Wer war gefährlich, wer nicht? Der «Maréchal» genoß anfangs fast überall in der Bevölkerung große Sympathien, die meisten Franzosen betrachteten ihn als Retter, als Vaterfigur in schwerer Zeit, der zumindest einen Teil der Nation vor direkten Kontakten mit den Besatzern bewahrt hatte. Man bereitete ihm triumphale Empfänge, gleich ob in Toulouse, in Montpellier oder in Marseille, wo anläßlich seines Besuchs 20 000 unsichere Gestalten – Emigranten, Surrealisten, Juden und anderes verdächtiges Volk – vorübergehend festgenommen und auf Schiffen eingesperrt wurden. Galt Pétain in der Bevölkerung als positive Vaterfigur, so beschränkten sich die aktiven Anhänger seiner «Révolution nationale» im wesentlichen auf die «weißen» Milieus: rechtsextreme Bünde, Royalisten und große Teile des katholischen Klerus. Endlich war Buße fällig für die Sünden der gottlosen Republik!

Der Antisemitismus, der sich nun im Namen des Vichy-Regimes austobte, war kein Tribut an den Sieger, sondern durchweg hausgemacht: ein traditioneller Bestandteil jenes «anderen» Frankreich, das nun an der Macht war. Juden wurden durch «Vichy» administrativ erfaßt, man vertrieb sie aus ihren Berufen und entzog ihnen in vielen Fällen ihre französische Staatsbürgerschaft. Nach der Besetzung der Südzone durch die Deutschen im November 1942 arbeitete das Vichy-Regime den Nazis oft genug ungefragt in die Hände und ergriff eigene Initiativen zur Auslieferung ausländischer Juden an die Besatzer. Hand in Hand mit der Miliz des «Etat français» veranstalteten die NS-Organe nun wie im übrigen Nazi-besetzten Europa ihre Razzien. Unter diesen Umständen kam es vielerorts zu spontanen Hilfeleistungen für die Verfolgten. Besonders im protestantischen Milieu der Cevennen begann man ohne viel Aufhebens, Juden zu verstecken. Daraus entwickelten sich heimliche Netzwerke mit den Pfarrhäusern als Schaltstellen, die gruppenweise Kinder und ganze Familien auf entlegene Dörfer verteilten. Mehrere tausend Menschen wurden so vor der Deportation in die Vernichtungslager bewahrt. Auch in den Reihen der katholischen Kirche, die in der Mehrheit Vichy-treu blieb, kam es zu Hilfsaktionen. In mehreren Diözesen wurden Juden in Klöstern und Altersheimen untergebracht. Eine katholische Minderheit um die illegale Zeitschrift «Témoignage chrétien» engagierte sich aktiv in den Reihen des Widerstands gegen die Besatzer.

Eine Fluchtmöglichkeit schien auch die italienisch besetzte Zone Südfrankreichs zu bieten, die sich von der Côte d'Azur bis in die Alpen erstreckte. Unter der Mussolini-Herrschaft ließ man trotz des deutschen Drängens die Juden weitgehend in Ruhe. Als aber Italien im September 1943 nach dem Sturz Mussolinis mit den Alliierten einen Waffenstillstand vereinbarte, rückten die Deutschen auch hier ein, und unter dem Eichmann-Mitarbeiter Alois Brunner, heutiger Wohnsitz: Damaskus, begann eine erbarmungslose Judenhatz an der Côte d'Azur. Allein in Nizza hatten rund 20 000 Juden Zuflucht gesucht. Auf dem dortigen jüdischen Friedhof, der neben dem christlichen schön auf dem Burgberg über der Stadt gelegen ist, erhebt sich gleich am Eingang rechts ein Grabmal mit einer Urne. Auf dem Sockel ist zu lesen: «Diese Urne enthält Seife aus Menschenfett, hergestellt von den Deutschen des Dritten Reiches aus den Leichen unserer deportierten Brüder.» Spuren deutscher Geschichte im sonnigen Süden... ∎

Wandel in Wirtschaft und Gesellschaft

DIE WÜSTE LEBT

Stagnation, Unterentwicklung, agrarisch-rückständige Mentalität: Mit solchen und ähnlichen Ausdrücken wurde der Midi noch nach dem Zweiten Weltkrieg charakterisiert. «Le Désert français», die französische Wüste, so hieß ein erfolgreiches Buch aus dem Jahre 1947, das die Ungleichgewichte in Frankreich beklagte; der Titel wurde zum geläufigen Schlagwort. Einen wesentlichen Teil dieser «Wüste» machte der Süden aus; der industrielle Fortschritt fand anderswo statt, dies hier unten war das Frankreich der Unbeweglichkeit, eine periphere Zone, die weitgehend von der großen wirtschaftlichen Entwicklung des 19. und 20. Jahrhunderts vergessen worden war.

Doch die Wüste lebt! In nur wenigen Jahrzenten hat der vordem so unbewegliche Süden tiefgreifende Wandlungen seiner wirtschaftlichen, sozialen und politischen Landschaft erfahren. Die Anforderungen der europäischen Wirtschaftsgemeinschaft führten zu einschneidenden Strukturveränderungen. Auch der Midi sah sich dem Diktat des EG-Produktivismus unterworfen, krass verschärfte sich nun der Gegensatz zwischen den fruchtbaren, maschinell leicht zu bewirtschaftenden Ebenen und der bescheidenen landwirtschaftlichen Mischkultur der Berge. Gigantische neue Bewässerungssysteme wie das Kanalsystem von der Rhone bis Béziers oder der 3000 Kilometer lange Canal de Provence, ein zum großen Teil unterirdisches, durch Bergmassive gebohrtes, in Europa beispielloses Wasserverteilungssystem, machten riesige Obstplantagen und intensiven Gemüseanbau möglich; sie sorgten dafür, daß die ländliche Produktion der industriellen Logik unterworfen werden konnte.

Parallel dazu vollzog sich die Ent-

völkerung des «Haut Pays»: Die mühselige Terrassen-Landwirtschaft an den Berghängen galt nun als unrentabel, der Lebensstandard war dürftig, die Jüngeren wanderten ab, das Bergland fiel an die Natur zurück. Die ausharrten, waren vor allem alte Leute. Widerborstig, undynamisch, unfähig zur Anpassung an die neue wettbewerbsorientierte Arbeits- und Lebensweise hielten sie an ihren althergebrachten Methoden fest, rackerten sich wie gehabt auf ihren kleinen Parzellen ab. Noch gibt es einige von ihnen. Isoliert und oft mißtrauisch leben sie vor sich hin als letzte Zeugen der Vergangenheit. Die urigen Alten geben ein bevorzugtes Postkartenmotiv ab, sind zu Objekten der Folklore geworden – ein sicheres Zeichen für ihr reales Verschwinden.

Ein bedeutender Faktor bei der Mutation des Südens war der massenhafte Zuzug der «Pieds noirs», der Algerienfranzosen. 1962, nach dem Ende des algerischen Unabhängigkeitskrieges, kamen sie ins Mutterland hinüber, das sie oft nur vom Hörensagen kannten – anderthalb Millionen Menschen auf einen Schlag, die größte Wanderbewegung im Frankreich der Neuzeit. Da standen sie plötzlich mit Koffern und Säcken, Kind und Kegel, an den Hafenquais von Marseille, Toulon oder Sète, eine verunsicherte, unglückliche, wütende Menge, die das Gefühl hatte, betrogen worden zu sein, der man obendrein keinen sehr freundlichen Empfang bereitete. Die Algerienfranzosen, die sich patriotischer als irgendwer sonst fühlten, mußten erleben, daß sie von den alteingesessenen Landsleuten geschnitten wurden. Man rümpfte die Nase über sie, machte sich lustig über ihre laute, heftige Art zu reden, über ihren Akzent, ihre spanischen oder italienischen Familiennamen. Sie galten als Franzosen zweiter Klasse, mit denen sich die mißliebige Erinnerung an einen schmutzigen und überdies verlorenen Krieg verband. Das Gros der Pieds noirs blieb gleich in Südfrankreich, das klimatisch der verlorenen Heimat am ähnlichsten war. Von denen, die zunächst versucht hatten, weiter nördlich Fuß zu fassen, kamen die meisten bald wieder zurück in die Sonne. Die Mehrzahl der Schwarzfüße gehörte keineswegs zum Typ des reichen Kolonialherrn, es waren häufig kleine Leute, die wieder ganz von vorne anfangen mußten. Sie begannen, verbissen zu arbeiten, um sich den Respekt zu verschaffen, den man ihnen versagte. Die Pied-noir-Bevölkerung entfaltete eine ungeahnte Dynamik, erwies sich als ein höchst aktives wirtschaftliches Ferment in der Gesellschaft des Midi.

Viele versuchten ihr Glück in der Landwirtschaft, wo sie wertvolles Know-how mitbrachten. Sie waren innovativ im Obst- und Gemüseanbau, führten neue Techniken im Weinbau ein und brachten, zum Beispiel in Sète, den Fischfang auf industrielles Niveau. Andere bauten sich eine neue Existenz in den Städten des Südens auf und erweckten sie gleichzeitig aus dem ökonomischen Dämmerschlaf. Den Pieds noirs gehört inzwischen ein Großteil der Läden in den Hauptgeschäftsstraßen von Marseille, Toulon oder Montpellier, die erfolgreichsten Anwaltskanzleien, die meisten Transportunternehmen und eine Vielzahl von Restaurants. Sie hatten Glück im Unglück: Ihre Ankunft war in die Boom-Phase der sechziger Jahre gefallen, bis auf wenige Ausnahmen nutzten sie ihre Chance.

Die Bergdörfer sterben aus

Wein oder Gemüse?

Wie eine Konstante wirken trotz aller Veränderungen die immer wieder hochkochenden Krisen im Weinbau des Südens. «Le midi viticole» – seit 1907 auch ein politischer Begriff – signalisiert weiterhin Unruhe, Konflikte, periodische Gewaltaktionen. Zuerst waren es Weine aus Algerien, dann italienische Importe, die Verkaufskrisen auslösten. Ein besonders dramatischer Winzerkrieg ereignete sich 1976. Damals schritten erstmals Stoßtrupps der «Comités d'action viticole» (CAV) zur Tat, errichteten Straßensperren, unterbrachen Eisenbahnlinien, führten Touristen in die Irre. Im Weinbauerndorf Montredon kam es zu einer Schießerei zwischen Wein-Aktivisten und CRS-Polizisten, der zwei Menschen zum Opfer fielen. Von außen, aus Pariser Sicht, werden den rabiaten Winzern Sturheit und Neigung zur Gewalttätigkeit unterstellt.

Dabei geht es für die meisten zuallererst um die reale Bedrohung ihrer Existenz. Zahlreich sind die Winzer, deren Einkommen unter dem SMIC, dem staatlich festgesetzten Mindestlohn liegt. Es ist also nicht einfach nur fröhlich-folkloristische Randale, wenn vermummte Gestalten eine Eisenbahnlinie sprengen oder einen Supermarkt hochgehen lassen, der italienischen Billigwein im Sonderangebot führt. Die CAV, der militante Arm der Languedoc-Winzer, behauptet, nicht ganz zu Unrecht, nur durch solche medienwirksamen Aktionen würde man auf ihre Probleme aufmerksam. Die sind einer historischen Konjunktur geschuldet, die vor einem Jahrhundert die Monokultur des «midi viticole» hat entstehen lassen. Seitdem lebt die Region im Rhythmus der Weinpreise.

Zumal die Region Languedoc-Roussillon ein einzigartiges Weinmeer ist: Sie allein bringt fast die Hälfte des französischen Weins hervor, ein Fünftel des EG-Weins, fast ein Zehntel der gesamten Weinproduktion der Welt. Das meiste davon ist seit hundert Jahren «gros rouge», billiger Vin de table für den Massenkonsum. Der ist nicht nur der ausländischen Tischwein-Konkurrenz ausgesetzt. Seit einiger Zeit macht sich außerdem ein deutlicher Wandel im Konsumentenverhalten bemerkbar: Der Verbrauch von Tischwein geht rapide zurück, die Franzosen trinken statt dessen mehr Softdrinks oder Bier, und wenn Wein, dann lieber was Besseres. Der durch drohende Konflikte und die wilden Männer des CAV zum Handeln gezwungene Staat nahm Zuflucht zu Notlösungen und kaufte Überschüsse zur Destillation auf. Das ist nichts anderes als eine verkappte Form der Vernichtung und obendrein maßlos teuer: Um 100 Liter Industriesprit aus Wein zu gewinnen, müssen 75 Liter Heizöl verfeuert werden. Im übrigen besteht für den Agrar-Alkohol kaum Bedarf. So ist man auf die großartige Idee gekommen, ihn als Benzinzusatz zu verwenden, das Produkt der südlichen Rebstöcke durch den Vergaser zu jagen. Die Scheinlösung der Destillation verführte etliche Winzer dazu, ihren Wein in großen Mengen zu produzieren, zum einzigen Zweck der Vernichtung.

Eine andere staatliche Maßnahme besteht darin, Prämien für das Ausreißen von Rebstöcken zu zahlen. Damit soll eine Umorientierung der Landwirtschaft auf andere Produkte stimuliert werden. Für alle aber, die

Winzer bleiben wollen, bietet sich als vernünftigste Perspektive die Umstellung von Quantität auf Qualität an, das Anpflanzen edlerer Rebsorten, die Verringerung der Erträge und das Bemühen um eine sorgfältige Weinbereitung. Viele Weinbauern sind bereits diesen Weg gegangen, obwohl er mit erheblichen Risiken verbunden ist. Denn die Umbildung der Weinberge erfordert Investitionen und Kreditaufnahme. Mittlerweile wurden viele Winzer für ihre Anstrengungen immerhin durch Zuerkennung der begehrten «Appellation contrôllée» belohnt, aber es dauert seine Zeit, bis sich dieser Wandel auch bei den Konsumenten herumspricht. Die Lage bleibt vorerst prekär für die oft hochverschuldeten Winzer.

Andere haben, begünstigt durch die neuen Bewässerungssysteme, umgesattelt auf Obst- und Gemüseanbau. Das klappte anfangs recht gut, schnell dehnten sich die Plantagen aus, man konnte mit Äpfeln, Aprikosen und Tomaten mehr Geld verdienen als mit Rotwein. Aber die goldenen Aufbruchszeiten sind vorbei, auch hier wird inzwischen zuviel produziert. Im Schwemmland der Durance gibt es eine Kiesgrube, wo zur Erntezeit ein emsiges Kommen und Gehen von Hunderten von LKWs herrscht: Frischgeerntete Äpfel werden dort tonnenweise auf Halden gekippt, «aus dem Markt genommen», wie es im EG-Deutsch heißt. Dafür gibt es Geld. Brüssel zahlt Wegwerfprämien, was manche Obstbauern wiederum zur Mehrproduktion ermuntert. Der Versuch, die Abhängigkeit vom Wein zu beenden, stößt also an Grenzen. Auf der Suche nach marktgängigen Produkten wird bereits mit allerlei exotischen Früchten und Gemüsesorten experimentiert. Problemlos haben sich die Kiwis durchgesetzt, eine Kooperative im Gard hat nun mit dem Anbau von «Pak Choy», einem chinesischen Gemüse begonnen. Das landwirtschaftliche Forschungsinstitut INRA arbeitet mit Feuereifer daran, weitere fremdländische oder vergessene Pflanzen ausfindig zu machen und biotechnologisch in Form zu bringen. Topinambur, Zuckerwurz und Pastinake wurden ins Visier genommen, ebenso die kalifornische Riesenbohne, der japanische Knollenziest oder die peruanische Blasenkirsche. Man darf gespannt darauf sein, was alles demnächst beim «Händler der vier Jahreszeiten» auftaucht.

Für die klassischen Produkte ist der Markt eng geworden, vor allem seit Spanien und Portugal in der EG mitmischen. «Non à l'Espagne!» ist noch an Mauern und Brücken zu lesen. Vor dem Beitritt verging keine Woche ohne Meldungen über neue Anti-Spanien-Aktionen: LKWs wurden überfallen, ausgekippt, angezündet. Solche Zornaufwallungen der verängstigten Gemüsebauern haben die Regierung zu einer Verzögerung der Aufnahme beider iberischer Länder in die EG und zum Auskungeln einer längeren Übergangsregelung bewogen. Dazu gehören vorerst noch Schutzmaßnahmen gegen die Überschwemmung mit spanischem Billigwein. Wenn man aber die bisherigen Meisterleistungen der EG-Bürokratie auf dem Gebiet der Landwirtschaft betrachtet, darf man wohl skeptisch sein, ob es gelingen wird, in Zukunft Überproduktion, Preisverfall und periodische Gewaltausbrüche zu vermeiden.

Ruhrgebiet am Mittelmeer

Der Anteil der Industrie an der wirtschaftlichen Entwicklung des Südens ist sehr gering. Eine kurze industrielle Blütezeit erlebte der Midi während des Ersten Weltkriegs. Da fand die kriegswichtige Produktion zum großen Teil hier unten statt, weit weg von Front und Feindeinwirkung. Das Uniformtuch kam aus Mazamet und Castres, die Kohlenbergwerke von Carmaux liefen auf vollen Touren, und in der Pulverfabrik von Toulouse malochten 10000 Kolonialarbeiter aus Indochina. Aber mit dem Waffenstillstand war die Boom-Periode schon wieder vorbei. Die industriellen Strukturen verfallen seither zusehends. In Décazeville im Aveyron haben nach den Kohle- und Zinkgruben nun auch die Stahlschmelzen dichtgemacht. Auf dem Hauptplatz der kleinen Industriestadt steht vernachlässigt das Denkmal des Stahlfabrik-Gründers. Die Inschrift ist halbverwittert: «Für François Cabrol, seine dankbaren Arbeiter». Teile der Kohlengruben von Alès sind in ein Museum verwandelt, geschlossen ist der Werft von La Seyne, und auch in La Ciotat ist Schluß damit. Der Schiffsbau war 300 Jahre lang der Lebensnerv dieser kleinen Hafenstadt, die vom großen Torkran der Werft überragt wird. 1988 wurde noch das Containerschiff «Monterrey» nach Mexiko ausgeliefert, und das war's dann.

Als das Frankreich de Gaulles nach dem Algerienkrieg mit großer Kraftanstrengung begann, sich zu modernisieren, das heißt: nach der endlich überwundenen Kolonialära den verspäteten Sprung in den modernen Industriekapitalismus zu vollziehen, da beschloß man auch, den Süden mit einem Industriekomplex erster Ordnung auszustatten. Am Reißbrett entstand ein gewaltiges Projekt: In der Nähe des verpennten Städtchens Fos, in der Crau-Ebene zwischen Camargue und Marseille, sollte eine Industrielandschaft in beispiellosen Dimensionen aus dem Boden gestampft werden. Das Vorhaben war schlichtweg genial, jedenfalls nach Meinung der Planer: ein Tiefwasserhafen für Erzfrachter aller Größen und gleich am Wasser ein ultramodernes Stahlwerk, das unter anderem den Markt des Mittelmeerraums und des Nahen Ostens bedienen könnte. Um diesen Kern würden sich zunächst sechs weitere große Industrieanlagen gruppieren, die wiederum gemeinsam die Keimzelle eines neuen Entwicklungspools bilden sollten. Bis 1985 entstünden so 160000 neue Arbeitsplätze, in der Folge würde die Bevölkerung des Gebiets von Fos auf 500000 Menschen anwachsen. Das bedeutete auch: Auf dieser Riesenfläche wären Zehntausende neuer Wohnungen zu bauen, eine komplette Infrastruktur aus Verkehrs- und Kommunikationseinrichtungen, Schulen, Krankenhäusern, Supermärkten würde entstehen. Propaganda-Kampagnen machten diese phantastischen Pläne im In- und Ausland bekannt, denn nicht nur wollte die «Operation Fos» gebührend bewundert werden, es ging auch darum, Investoren anzulocken. Frankreich war ja nun auf Europa hin orientiert, und Fos sollte eine Kombination aus «mediterranem Ruhrgebiet» und «Europort des Südens» werden, sollte Rotterdam den Rang ablaufen. Fos verkörperte den Willen zur Modernität, hier vermählten sich französische Weitsicht und der Anspruch auf Weltgeltung.

«Fos ist das größte Abenteuer Frankreichs», hatte uns ein Journalist in Marseille erklärt, «seit dem Kreuzzug gegen die Albigenser. Der war nämlich nur ein Vorwand des Nordens, um Südfrankreich zu okkupieren. Und Fos ist was Ähnliches!»

Was er mit dem Abenteuer wirklich meinte, merkten wir erst, als wir alles gesehen hatten. Nun aber führte uns eine Straßenumleitung an dem Steilhang landeinwärts, von dem wir einen faszinierenden Ausblick hatten: Vor uns lag einer der größten Brackwasserseen Südfrankreichs, Etang de Berre, noch im Deltagebiet der Rhone, eine mehrere Kilometer weite grünblaue Fläche, eingefaßt von den Perlenketten grell erleuchteter Straßen, Brücken, Hafenanlagen und den aus Tausenden Scheinwerfern angestrahlten Kraftwerken und Raffinerien, wie auch dem Flughafen von Marseille.

Einen heftigeren Schock als beim Anblick dieser utopischen Landschaft kann man sich nicht denken, nach der Öde und wüstenhaften Stille der Chaîne de l'Estaque. Das kleine Fischerstädtchen Martigues, am Fuße des Berges, auf dem wir stehen, wird zerschnitten von Eisenbahntrassen, Pipelines, Kanälen und einer Autobahnbrücke, die wie ein Spinnfaden in schwindelnder Höhe von einer Bergkette zur andern über Wasser und Stadt hinwegführt.

Der Himmel im Westen ist blutrot bis orange von der untergehenden Sonne gefärbt, mit dunkelbraunen, phosphorgelben und grünen Flecken dort, wo die Raffinerien ihren verpesteten Atem ausstoßen und die Rauchwolken leuchten und heftig quirlen von den Luftwirbeln der brennenden Gase.

Fred und Maxi Wander: Provenzalische Reise. Leipzig 1978

Die Vision hatte was Grandioses: Die Technokraten als Götter, die eine neue Welt nach ihrem Willen und ihrer Vorstellung schufen – erinnert das nicht an die biblische Schöpfungsgeschichte? Zumal die Landschaft, die dazu auserkoren ward, die «Plaine de la Crau», über weite Strecken aussieht wie die Erde zur Stunde Null: teils Sumpfgebiet mit Brackwasserseen, teils von Steinen übersätes Ödland. Der lothringische Stahlkonzern Wendel-Sidélor, privilegierter Partner bei der Unternehmung, hatte hier die reizvolle Möglichkeit, sich in einer vermeintlichen Wüste niederzulassen, wo man Staub und Schwefel einfach in die Luft pusten und auch sonst wunderbar herumschmutzen konnte – so sah man das jedenfalls am Anfang.

So ging man denn ans Werk und begann, breite Hafenbecken ins Land hinein zu fräsen, 35 Kilometer Kaimauern in Beton zu gießen. Mächtig wuchs die neue Eldorado der Provence in den blauen Mittelmeerhimmel. Es war die größte Baustelle der Welt. Stolz verkündeten die Macher, hier werde ein «industrielles Erdbeben» stattfinden. Es wurde dann aber nur ein Rülpser. Kaum waren die zentralen Anlagen halbwegs fertig, kam die weltweite Öl- und Stahlkrise über das Renommierobjekt der zentralistischen Wirtschaftspolitik. Die Götter hatten sich schrecklich verkalkuliert, waren Opfer ihrer blinden Wachstumseuphorie geworden. Bald mußte einer der beiden ultramodernen Hochöfen wieder abgeschaltet werden, der Wunschtraum vom Schwerindustrie-Zentrum erwies sich als Anachronismus, was blieb, war ein häßliches Schrumpf-Ruhrgebiet unter südlicher Sonne. Die massive Ansiedlung großer Betriebe kam nicht zustande, die meisten der riesigen numerierten Terrains blieben leer, der Hafenbau wurde unterbrochen, alles mußte zurückgeschraubt werden. Der Vorzeigebetrieb, die Stahlfabrik Solmer, läuft mit sechzig Prozent der Kapazitäten, Ugine-Aciers, die modernste französische Kugellagerfabrik, ist permanent von Schließung bedroht, die Rettungsmanöver laufen meist auf den Abbau von Arbeitsplätzen hinaus – eine bittere Enttäuschung für die Stahlarbeiter, von denen viele aus Lothringen stammen. Durch blumige Versprechungen haben sie sich in den Süden locken lassen, aber besser ist hier allenfalls das Klima. Aus den großsprecherisch angekündigten urbanen Zentren ist nicht viel geworden. Zur ständigen Angst um den Arbeitsplatz kommen teilweise unglaublich lange Anfahrtswege. Trostlos stehen vor den Werkstoren auf staubigen Terrains die Imbiß-Karren und Bretterbuden-Cafés. Im Niemandsland neben Schnellstraßenzubringern bröckeln noch die Ruinen aufgegebener Höfe vor sich hin, zwischendurch etwas Restlandschaft: Tümpel, Wasserläufe, Sanddünen, rissige Erde und Salzgewächse. Ein letztes Pferd grast surrealistisch vor der Kulisse von Raffinerien und Öltanks. In der Ferne ragen die Masten einiger Tanker und Erzfrachter empor. Aber mit Hafenromantik ist es hier nichts, man kommt nicht ran, alles ist abgesperrt. «Centre de Vie» steht auf einem Wegweiser in der leeren Industrie-Pampa. Mittelpunkt des Lebens? Dies sollte wohl mal das «Herz» eines der vorgesehenen urbanen Komplexe werden. Nun steht da ein Informationszentrum, es ist geschlossen. Daneben verlieren sich ein paar mickrige Verwaltungs-Fertigbauten im Gelände – Potemkinsches Dorf inmitten einer geopferten Landschaft.

Urlaubsglück aus der Retorte

So rabiat dieser Eingriff auch war, er blieb doch begrenzt. Sehr viel intensiver erfaßt und umgestaltet wurde der Süden durch den Wirtschaftsfaktor Tourismus. Seine Anfänge reichen ins 18. Jahrhundert zurück, als britische Aristokraten die «Côte» als Winterquartier entdeckten. Bald wurde es bei der europäischen Oberschicht Mode, die kalte Jahreszeit in Nizza, Cannes oder Hyères zu verbringen. Phantasie-Schlößchen und Grand Hotels sprossen empor, aber dieser luxuriöse Fremdenverkehr blieb lange das Privileg der Happy few und beschränkte sich auf einige wenige Plätze, auch dann noch, als sich das Ferientreiben stärker in den Sommer verlagerte. 1936 kam die Volksfrontregierung und führte die «congés payés» ein, den bezahlten Urlaub für alle. Skandalös! Zum Entsetzen der besseren Herrschaften tauchten nun auf einmal Arbeiter aus den nahegelegenen Städten am Strand auf und drückten aufs Niveau. Familiäre Badeorte entstanden als Ableger der Großstädte im Hinterland, denn lange Reisen konnten sich diese neuen Urlauber nicht leisten. Der durch die Volksfront ermöglichte Ferienbetrieb spielte sich also noch in bescheidenen Ausmaßen ab. Die wirkliche Explosion ereignete sich erst nach dem Zweiten Weltkrieg. Fortschreitend eroberte sich der Tourismus seit den fünfziger Jahren ganze Landschaftszonen, unterwarf sie dem Geschäft mit der Sonne und gab ihnen ein neues Gesicht. Als erstes war der Küstenstreifen der Provence dran. Bis zur italienischen Grenze erstreckte sich das neue Paradies der Bauunternehmer, die aus charmanten Fischerdörfern Mittelmeer-Vorstädte von Paris machten. Wucherungen aus Hotelblöcken und Ferien-Reihenhäusern breiteten sich quasi unkontrolliert über die Hügel aus. Der Tourismus verwandelte das Aussehen wie das Leben der betroffenen Gebiete und führte ein neues Zeitmaß ein: Der Daseinszweck der Landschaft schien sich nun auf die Monate Juli und August zu beschränken.

Anfang der sechziger Jahre war die Côte d'Azur saturiert, sprich: überbelegt. Aber da gab es noch die andere Seite, die Küste des Languedoc. Da war nichts außer weiten, leeren Stränden, Lagunen, ein paar Fischerhütten und improvisierten Feriensiedlungen der kleinen Leute aus der Gegend. Dieses Gelände nahmen sich die gaullistischen Raumplaner vor und heckten am grünen Pariser Tisch einen zünftigen Erschließungsplan aus. Die Urlauberströme, die bislang nach Spanien durchrauschten, sollten durch ebenso gigantische wie perfekte Ferienzentren geködert werden, die auf den zweihundert Kilometern Küste zwischen Camargue und spanischer Grenze zu schaffen waren. Zuvor gab es ein kleines Problem: Die jungfräuliche Sandstrandküste war wegen der dahinterliegenden Haffseen und Sümpfe arg von Mücken verseucht. Gegen die mußte zunächst Krieg geführt werden, im Stil von «Apocalypse now» mit Hubschrauberstaffeln und biologischen Kampfstoffen. Nach der Entmückung konnte es dann aber richtig losgehen. Acht autonome Urlaubsstädte mit Yachthäfen für Tausende von Booten wuchsen aus dem Nichts, dazu entstand ein Netz von autobahnähnlichen Verbin-

Feriengroßstadt La Grande Motte

dungsstraßen. Unkontrollierter Wildwuchs, wie er vorher die Côte d'Azur entstellt hatte, sollte hier durch zentrale Planung verhindert werden. Gemäß dem Willen der Planer würde die Küste zwischen den neuen Stationen aus der Retorte unbebaut bleiben. Das klappte leider nicht so ganz. Viele kleine Gemeinden wollten auch ihr Scheibchen vom großen Tourismuskuchen haben, und so verzieren chaotische Immobilien und Camping-Areale ohne Zahl die strandnahen Gefilde; wie mittelständische Betriebe liegen sie zwischen den Kolossen der touristischen Schwerindustrie.

«Nach zwanzig Jahren präsentiert sich das Küstengebiet Languedoc-Roussillon mit neuem Gesicht und international anerkanntem Renommee», heißt es in einer Werbebroschüre. Tatsächlich sind die «Stationen» im Unterschied zur «Operation Fos» ein geschäftlicher Erfolg geworden. Hunderttausende vertauschen Jahr für Jahr ihre heimischen Großstadt-Betonklötze gegen diese Mittelmeer-Betonklötze. Alles ist bestens organisiert und autofreundlich. Es ist wie zu Hause, nur ohne «Metro-boulot-dodo»: Supermärkte, Pizzerien, Boutiquen, «Pressing», Postamt, Video-Kassettenverleih und Annahmestelle für die Pferdewette. Jede dieser acht Trabantenstädte, die im Sommer zwischen 60 000 und 100 000 Menschen beherbergen, ist von einem anderen Architekten gestaltet worden. So hat jede ihre persönliche Note. In La Grande Motte sind es futuristische Hochhaus-Pyramiden, die «Chéops» oder «Inka» heißen. Gruissan-Plage bietet Freizeit-Kasernen in gelb-braunen Tönen mit maurischen Bögen, während das nebenan übriggelassene putzige Dörfchen Gruissan wie ein ethnologisches Freilichtmuseum wirkt, das den Leuten aus der Großanlage die archaische Vergangenheit der Küste vorführt.

In Cap d'Agde gibt es ein Zentralgebäude in Gestalt einer runden Festung, eine Art monströses Amphitheater mit nach innen gestaffelten Sonnenterrassen. Dies ist der Kernbereich einer FKK-City, denn Cap d'Agde ist primär für Anhänger der textilfreien Lebensweise vorgesehen. Wer das 40000 Einwohner fassende Nackten-Ghetto betreten will, muß Eintritt bezahlen, rund drei Mark. Manch ein Bürger aus der Umgegend leistet sich diesen Spaß gelegentlich – ist billiger als Zoo oder Kino. Auch Cap d'Agde wurde ein großer Erfolg, wenngleich nicht ganz so, wie sich das die Schöpfer gedacht haben mögen. Es geht dort ein wenig zu hoch her, mehrere Diskos für «nonkonformistische Paare», sprich Clubs für Partnertausch (französisch: «partouze») mußten jüngst geschlossen werden. Das Kommissariat von Agde hat ein Auge auf das muntere Treiben der Hüllenlosen geworfen und schickt, wenn nötig, ein nacktes Polizistenpaar, Flic-Bub und Flic-Mädel, in den brodelnden Sündenpfuhl. «40000 nackte Ärsche zusammen – klar, daß sich da einiges abspielt!» meint kennerhaft ein Taxifahrer. Seit die Schummerlicht-Diskotheken schärfer überwacht werden, treiben es die enthemmten Freikörper-Adepten schamlos am Dünenstrand «Le petit bois», sehr zur Freude der Voyeure, aber sehr zum Kummer des Bürgermeisters von Agde. Er macht sich Sorgen um das Image seiner Gemeinde, sie soll nicht zum Sodom und Gomorrha des Südens werden. Mit dem neuen Wasser-Amüsierpark «Aqualand» und anderen sauberen Vergnügungen für die ganze Familie will man ein dezenteres Publikum anziehen.

Ein paar Kilometer Küste ohne «Infrastruktur» gibt es noch hier und da. An der Mündung des Flusses Aude zum Beispiel liegt ein idyllisches Fleckchen mit verschilfter Uferzone, Wasservögel-Brutplätzen und einer Handvoll hölzerner Fischerhütten, den Cabanes de Fleury – eine der letzten unbebauten Ekken. Aber nicht mehr lange, denn hier will ein linker Renommier-Architekt zeigen, was er kann. Roland Castro ist einer von diesen Achtundsechzigern, die rechtzeitig die Kurve gekriegt und ihr Recycling zum Positiv-Denker hinter sich gebracht haben. Inzwischen ist er Mitterrands bevorzugter Postmodernist und Ansprechpartner für Fragen des Urbanismus. Der Mann ist Architekt, also will er bauen. Und warum nicht bei den Cabanes de Fleury, wo noch Platz ist? Denn was nützt schließlich ein Idyll, das niemandem nützt? Übertriebene Natur-Duselei ist dem Ex-Maoisten fremd. Eine «Station» soll da hin, aber eine ganz originelle, eine Urlauberstadt aus Pfahlbauten. Die etwas unberechenbare Aude wäre zu regulieren, damit dieser Fluß, der bisher langweilig und zweckfrei dahinfließt, durch Yachten und Ausflugsschiffchen belebt werden kann. Castro will in seine Landschaftsgestaltung auch die nahe «Autoroute» mit einbeziehen. Wo die Autobahn den Fluß überquert, schwebt ihm eine Art Aktivrastplatz vor, von dem aus man gleich auf gemächliche Boote umsteigen kann. Es werde dort, so philosophiert der geläuterte Revolutionär, die «Begegnung des sehr Langsamen mit dem sehr Schnellen» stattfinden. Die Chancen stehen nicht schlecht, daß auch dieses Genie seine architektonische Duftmarke an

41

der Küste hinterlassen darf. Es könnte höchstens sein, daß ihm der Bürgermeister von Montpellier in die Quere kommt. Der möchte nämlich an die Aude-Mündung lieber eine Raketen-Abschußbasis für kommerzielle Satelliten-Transporte hinsetzen. Aber vielleicht läßt sich ja beides harmonisch miteinander verbinden.

Region mit Zukunft

Noch kaum abzuschätzen sind die Folgen einer Veränderung, die erst in den achtziger Jahren eingeleitet wurde: der Dezentralisierung. Immer deutlicher war im Lauf der letzten Jahrzehnte die Polemik gegen die jakobinischen Strukturen zu vernehmen. «Die Provinz entkolonialisieren!» lautete eine Parole, die Michel Rocard 1966 lancierte, damals als Chef der linkssozialistischen PSU. Schon lange hatte man über die Schwerfälligkeit der Pariser Bürokratie und ihre Borniertheit gegenüber der fernen Provinz geklagt. Über Raumplanung, Industrieansiedlung und Straßenbau, über jeden Kleckerkram wurde in Paris entschieden – ein System, das lokale Initiativen lähmte und letztlich weder den Anforderungen der Demokratie noch denen der Wirtschaft angemessen war. Schon 1972 sind die aus mehreren Departements bestehenden Regionen eingeführt worden, für den Midi sind dies «Provence-Alpes-Côtes d'Azur», «Languedoc-Roussillon» und «Midi-Pyrénées». Allerdings hatten sie zunächst kaum mehr als symbolische Bedeutung.

Erst unter Mitterrand gab es dann mit den Dezentralisierungsgesetzen von 1982 wirklich neue Regeln der Machtausübung, wurden die Pariser Kompetenzen und Gelder umverteilt auf Kommunen, Départements und Regionen. Im Departement wurde die Macht des Staatsvertreters, des bis dahin übermächtigen Präfekten, entscheidend eingeschränkt zugunsten des gewählten Generalrats. Die Region wurde aufgewertet durch eigene Befugnisse bei Raumentwicklung, Straßenbau, Verkehr und Berufsbildung; sie kann nun selbst über Industrieansiedlungen entscheiden und kulturelle Initiativen entfalten. 1986 wurden erstmals die Regionalräte, Vorformen regionaler Parlamente, direkt gewählt. Die Regionen sind zwar keineswegs auf eine Stufe mit den deutschen Bundesländern zu stellen, doch zum erstenmal gibt es für die Betroffenen demokratische Einflußmöglichkeiten und mit Marseille, Montpellier und Toulouse eigene «Hauptstädte» des Südens. Das ist alles noch sehr neu, ist nichts «Gewachsenes», und es wird noch eine Weile dauern, bis eine wirkliche regionale Identität entstanden ist.

Wie sehr die ökonomischen Prozesse selbst dem Prinzip der Dezentralisierung entgegenkommen, zeigt eine aktuelle Entwicklung. Zwar ist der Midi weiterhin ein Krisengebiet, dessen Arbeitslosenquote über dem nationalen Durchschnitt liegt, zugleich aber zeichnet sich ein industrieller Aufbruch neuen Typs ab. In jüngster Zeit entsteht eine Art französischer «Sun belt», bei der Hightech-Industrie ist ein deutlicher Trend nach Süden zu erkennen. Wo die Ansiedlung neuer Unternehmen nicht mehr von Rohstoffen, Verkehrswegen und Energieträgern abhängig ist, orientiert sie sich an Lebensqualität: an Freizeitwert und angenehmem Klima. Dem Midi wird auf einmal die lange Unterindustria-

Neues Image mit Stilanleihen

lisierung zum Vorteil; ihr ist die relative Unversehrtheit von Städten und Landschaften zu danken. Unbestreitbarer Star unter den neuen High-tech-Metropolen ist Toulouse, aber andere Städte holen auf. Die «villes futures» leiern in der in- und ausländischen Presse Image-Kampagnen an. Montpellier etwa rühmt sich in Hochglanzanzeigen als «la surdouée», die Hochbegabte, in Gestalt eines weiblichen Babies, das mit einem Computer spielt. Im Hinterland von Antibes wächst, umgeben von Pinien und Zikaden-Gezirp, die Kunst-Stadt Sophia Antipolis heran, ein Wissenschafts- und Technologiepark mit Forschungszentren, Ausbildungsstätten und zukunftsorientierter Industrie. Zweihundert Betriebe haben sich dort bisher angesiedelt, mit 6500 Arbeitsplätzen. Es ist eine schöne neue Welt für glückliche Computerfachleute, ohne Dreck und Lärm, dafür mit Wiesenflächen und Waldarealen, Schwimmbädern und Tennisplätzen, dem Meer und den Alpen in Reichweite. Viele andere Städte des Südens sind dabei, solche Technopolen vor ihren Toren zu errichten. «Wir sind Frankreichs Zukunftsregion!» brüsten sich neuerdings Lokalpolitiker und Leitartikler. «Nicht im Norden Europas, sondern bei uns bereitet sich die Zukunft vor!» hört man sie auftrumpfen. Gewiß wird es noch ein Weilchen damit dauern, aber die Anzeichen für eine Verlagerung der Gewichte sind nicht zu übersehen. Der Süden ist spürbar dabei, seine Komplexe gegenüber dem Norden zu vergessen; ein neues Selbstbewußtsein, begleitet von euphorisch-schmetternden Tönen, reift heran. Man könnte fast meinen, dabei seien Untertöne einer historischen Revanche herauszuhören. ∎

Das Ende des roten Südens

RECHTSRADIKALER VORMARSCH

Auch die politische Landschaft ist in den letzten Jahren gründlich durcheinandergeraten, der alte «Midi rouge» kaum mehr wiederzuerkennen. Immer wurde hier seit dem Ende des 19. Jahrhunderts mehrheitlich links gewählt, unangreifbar saß die Linke auf ihren Erbhöfen, die Wahlgeographie schien für alle Zeiten festgeschrieben. Aber in kurzer Zeit ist das alles anders geworden, selbst scheinbar unverrückbare Bastionen wie Nîmes oder Toulouse sind nach rechts gekippt. Besonders stark gerupft wurden die Kommunisten, die den größten Teil ihres angestammten Terrains verloren. Nur noch wenige solide Stützpunkte wie die Industriegemeinden rund um Alès blieben ihnen erhalten. Die spektakulärste Neuheit der achtziger Jahre ist aber das Auftrumpfen der Nationalen Front des Rechtsextremisten Jean-Marie Le Pen. Nirgendwo sonst in Frankreich sind die Erfolge dieser Partei so groß wie im ehedem roten Süden. In vielen größeren Städten kommt die «Front National» bei Wahlen auf rund zwanzig Prozent. Von den Pyrenäen bis zu den Alpen hat sich ein schwarzer Halbmond aus ihren neuen Hochburgen gebildet. 1972 war die «Front» gegründet worden als Nachfolgeorganisation der verbotenen «Ordre nouveau»: ein Sammelbek-

ken für Pétain-Nostalgiker, Antisemiten, alte Kämpfer der Terrororganisation OAS und junge Neo-Faschisten. Dieser saubere Verein, der bis 1983 die Randexistenz einer kaum beachteten Splittergruppe führte, ist zu einer wichtigen politischen Größe des Südens geworden.

Begleitmusik zum Aufstieg des französischen Arturo Ui ist das Ballern der Jagdgewehre Marke «22 Long rifle», im jagdfreudigen Frankreich eine weitverbreitete Waffe, die nicht nur gegen Rebhühner und Hasen, sondern immer öfter auch gegen Araber zum Einsatz kommt. Südfrankreich ist davon besonders betroffen. Die Serie rassistischer Gewaltakte, vor allem gegen Jugendliche, will nicht mehr abreißen: Aziz in Menton wird von zwei nervösen Bürgern umgelegt, weil er mit einer «weißen» Frau spricht. «Wir mögen keine Araber», lautet die knappe und klare Begründung. Noureddine fällt in Miramas einem schießwütigen Kneipenwirt zum Opfer. Habib, sechzehn Jahre, wird von drei Typen aus dem fahrenden Schnellzug Bordeaux-Ventimiglia geschmissen, nachdem sie ihn bewußtlos geprügelt haben. Einer sagt hinterher zur Entschuldigung: «Ich war betrunken, er war ein Araber, und ich hasse Araber.» Logo. Ähnlich klingt es auch in Nizza, wo sechs junge Typen «aus anständigem Hause» einen Tunesier, der ihnen über den Weg läuft, aus Jux mit Fußtritten umbringen. «Klar haben wir den Araber umgebracht. Na und?» Manchmal geht es auch etwas harmloser ab, wie in der Garnisonsstadt Carcassonne, wo sich eine Gruppe von Fallschirmjägern, stramme Jungs mit kahlgeschorenen Birnen, einen netten Freizeitspaß ausgedacht hatten: Bei ihren Kneipentouren schlugen sie systematisch sämtliche Nordafrikaner krankenhausreif, die ihnen begegneten. Woche für Woche gibt es neue Meldungen dieser Art, fast gewöhnt man sich schon dran. Manchmal handelt es sich auch um Bombenanschläge. In Cannes geht ein Sprengsatz in einem Wohnheim von Immigranten hoch, ebenso in einem von Arabern besuchten Café in Toulon, in einem billigen Araber-Hotel in Marseille und in einer orientalischen Metzgerei in Nizza. Auch die Buchhandlung «Lo Pais» in Draguignan und ein Schallplattenladen in Fréjus müssen dran glauben. Beide hatten es gewagt, Tickets für eine Veranstaltung von «SOS Raçisme» zu verkaufen. Zu diesen Anschlägen bekannte sich mal eine ominöse «nationale Bewegung gegen die maghrebinische Invasion», mal die «Commandos de France».

Dahinter stand ein eingetragener Verein namens «SOS France», ein rassistischer Schutz- und Trutzbund. Das kam im August 1986 raus, als in Toulon vier seiner Aktivisten in ihrem Auto mit einer Bombe hochgingen, die sie im Araberviertel der Stadt deponieren wollten. Einer von ihnen war der SOS France-Vorsitzende und frühere Front-National-Kandidat Claude Noblia, überdies ein enger Freund des damaligen Bürgermeisters von La Seyne, einer Nachbarstadt von Toulon. Der ließ es sich nicht nehmen, zusammen mit anderen lokalen Würdenträgern der Beerdigung des Patrioten Noblia und seiner Mitstreiter beizuwohnen. Ein wackerer Polizist hielt eine Grabrede und bezeichnete die tragisch Verstorbenen als «Märtyrer der französischen Sache und Kämpfer in einem gerechten Kampf». Der Kampf geht weiter, im Dezember 1988 explodiert eine Killerbombe im Ausländerwohnheim von Cagnes-sur-Mer.

Die Nationale Front hat mit derlei Exzessen natürlich nichts zu schaffen. Die Nationale Front verabscheut Gewalt. Sagt sie. Sie ist eine seriöse Partei und führt einen rein politischen Kampf gegen den Niedergang Frankreichs, gegen Sittenverfall und Überfremdung. Sie versteht sich als das letzte Bollwerk gegen den schleichenden Völkermord an den Franzosen, gegen die artfremde Überschwemmung. Le Pen und die Seinen verteidigen das Abendland gegen Marxismus, Islamisierung und die Clique der «Kosmopoliten», die in Politik, Business und Medien die Fäden in der Hand halten, die Libanisierung Frankreichs betreiben und die man leider nicht mehr beim Namen nennen darf. Wie einst die von ihm verehrte Jeanne d'Arc kämpft der einäugige

Hüne gegen die heimtückische Ausländerinvasion. «Das Vaterland ist kein Puff für sechs Millionen Immigranten, von denen nur ein kleiner Teil arbeitet, während die Mehrheit sich aushalten läßt. Wir müssen Frankreich den Franzosen reservieren!» Genau. Damit trifft er den richtigen Ton, der blonde Führer.

«Ich sage ganz laut, was alle ganz leise denken!» und schon lösen sich die Zungen. «Ich will niemandem was Schlechtes, Monsieur», sagt die freundliche Zeitungsfrau in Nîmes. «Aber die Araber, wissen Sie, die sind einfach eine schlechte Rasse!» Faul, kriminell, geil sind sie, das kann man überall an den Theken der Cafés erfahren. Die schlachten ihre Hammel in der Badewanne. Und überall werden sie bevorzugt. «Die machen ihren Fatmas Kinder wie die Karnickel, und dann leben sie von unseren Sozialbeiträgen.» Nicht jeder greift gleich zur Flinte. Der verbale Rassismus tut's erstmal für die meisten. «Ich bin kein Rassist, aber...» ist zu einer Standardwendung geworden. Aber darin steckt noch ein letzter Rest von Scham, der inzwischen auch mehr und mehr abhanden kommt. Durch die geballte politische Präsenz der Front National hat der zuvor noch schamhafte Fremdenhaß seine Legitimation bekommen. Der zum «Staatsmann» aufgerückte Le Pen bietet allen die Möglichkeit, ihre bisher tabuisierten Regungen endlich ungezwungen zu äußern, die Schleusen zu öffnen. Was man vor kurzem bloß im privaten Kreis oder hinter vorgehaltener Hand zu flüstern wagte, kann nun laut, frisch und hemmungslos abgelassen werden – ah, was für ein Befreiungserlebnis! Le Pen ist für viele eine Art Erlösergestalt. «Jean-Marie» wird verehrt wie ein Idol, mobilisiert Tausende, füllt Riesenzelte und das Fußballstadion von Marseille. «Ich bin Super-Dupont, der Zorro der Armen!» hat er zynisch verkündet. Aber warum ausgerechnet im einstmals doch so roten Midi dieser große Erfolg?

Rattenfänger

Hoch ist der Anteil der Front-Wähler in den Städten, dort wo die Arbeitslosigkeit und auch der Bevölkerungsanteil der Nordafrikaner am größten ist. Wenig Erfolg haben die Lepenisten im traditionell rechten, ländlich-katholischen Milieu, etwa im Département Lozère. Rekordergebnisse erzielen sie in Marseille, Toulon, Nizza oder Perpignan. Besonders fruchtbare Keimzellen für den politisch ausschlachtbaren Rassismus sind die verslumten «Cités», jene monströsen Blocks und Wohnriegel, die an den Rändern der Städte wuchern. Dort gedeiht auf dem Nährboden von Arbeitslosigkeit und Misere sowohl Kleinkriminalität wie Drogensucht. Die Jugendlichen der zweiten oder dritten Einwanderergeneration, ohne Perspektive ins Abseits gedrängt, sind tatsächlich unter den Delinquenten häufig vertreten, wie sollte es auch anders sein. Sie geben die Sündenböcke ab für das verbreitete Unbehagen aus Angst und sozialer Unsicherheit, in ihnen läßt sich der Feind benennen.

Auch den vielen alten Leutchen, die im sonnigen Süden ihren Lebensabend verbringen, kann man mit der Beschwörung der Ausländergefahr einen zünftigen Schrecken einjagen. Zumal an der Côte d'Azur häufen sich die Einbruchsdiebstähle, schnell ist da die Gleichung zwischen Unsicherheit und Araber vollzogen. Besonders anfällig für die Le-Pen-

Botschaft sind außerdem die ehemaligen Algerienfranzosen, die in den Städten des Midi stark vertreten sind. Bei vielen schlummern antiarabische Ressentiments, leicht lassen sich Revanche-Gefühle gegen die Algerier wecken. Die aktivsten «Algérie française»-Kämpfer hatten schon früher Verbindungen zur extremen Rechten. Zirkel von ehemaligen Aktivisten der OAS, jener Terrortruppe, die mit Bombenattentaten die algerische Unabhängigkeit in letzter Minute vereiteln wollte, haben ihren Sitz in den Städten des Südens. Die Statistik spricht eine deutliche Sprache: In Quartiers mit hohem Pied-noir-Anteil erreicht die Front Traumergebnisse zwischen dreißig und vierzig Prozent.

Diese Besonderheiten erklären zwar einiges, aber nicht alles. Die Nationale Front profitiert generell davon, daß in den letzten Jahren traditionelle politische Anhaltspunkte weggefallen sind. Die althergebrachte Rechts-Links-Polarisierung ist schwammig geworden; klare Trennlinien verschwimmen bei der technokratischen, jungdynamischen Macher-Generation in den großen Parteien. Hinzu kommt der Niedergang der Kommunistischen Partei. Die Le-Pen-Bewegung verfügt zwar über eine treue Kundschaft in den bourgeoisen Vierteln, aber es ist ihr auch der Einbruch in die Stadtteile der Benachteiligten gelungen. Dort beerbt sie die KPF, die früher das Protestpotential gebunden hat. Die Journalistin Anne Tristan hat das in ihrer Reportage «Au Front» (deutscher Titel: «Von innen») deutlich gemacht. Sechs Monate lang hat sie unter falschem Namen als angeblich arbeitslose Stenotypistin in einem «quartier populaire» des Marseiller Nordens gelebt und sich dort in Wallraff-Manier unter die FN-Aktivisten gemischt. Sie stellte fest, wie wichtig für die Front-Anhänger das Gefühl des Aufgehobenseins in einem sozialen Zusammenhang ist. Wo die einstigen lokalen Vereinsstrukturen der Linken sich auflösen, springt die FN in die Bresche. Man hat ihr das Feld überlassen. So kann sie ihre einfachen Lösungen an Mann und Frau bringen, ihnen eine «politische Familie» bieten, für ihre Ängste und Aufbegehren ein Ventil finden. «Die Hoffnungslosigkeit ist in diesem Quartier eingewurzelt. Die Nationale Front braucht nur diese ganze Hoffnungslosigkeit aufzufischen. Denn es gibt zur Zeit keinen anderen politischen Ausdruck dafür als sie», sagt Anne Tristan. So ist selbst im Hochschwappen des Rechtsextremismus noch ein Rest vom aufbegehrenden Süden zu erkennen – auf perverse Weise setzt der einstige «Midi rouge» seine Tradition fort, der jeweiligen Pariser Politik auf die radikalst mögliche Art seine Gefolgschaft zu verweigern.

Seltsame Ironie des Schicksals: Viele der Front-National-Anhänger und auch viele der führenden Vertreter dieser Partei sind italienischer Abstammung. Ihre Vorfahren waren ab Mitte des 19. Jahrhunderts eingewandert. In Frankreich, wo die Bevölkerung stagnierte, wurden wegen des zunehmenden Arbeitskräftebedarfs Ausländer in großen Mengen ins Land gerufen. Um 1900 waren über ein Fünftel der Einwohner Marseilles Italiener, und diese Immigranten hatten damals schon unter rassistischen Ausschreitungen zu leiden. Wie heute die Araber als «bougnoules», so wurden sie als «ritals» beschimpft. In Marseille zeterte die Zeitung «Le Petit Provençal»

Die meisten Aktivisten aus unserer Sektion haben sich an die Demonstrationsspitze gedrängt, um in die Nähe Le Pens zu kommen und ihn leibhaftig zu berühren. Der Zug ist enorm und schlängelt sich wie ein träger Fluß bis zum Alten Hafen. Zwischen den einzelnen Sektionen gibt es immer einen Abstand von zehn bis zwanzig Metern, wir ziehen uns in die Länge, jeder unterhält sich ruhig mit seinem Nachbarn.

Der strategische Punkt, die Stelle, wo der Fluß plötzlich ins Stocken gerät, ist die Mündung in die Canebière.
Die Canebière! Mythische Straße, Symbol von Marseille, imaginäre Grenze. «Sie», die Araber, sind in sie eingefallen. «Sie» geben sich nicht damit zufrieden, in ihrem Getto rund um den Cours Belsunce die Seite nördlich der Canebière zu bevölkern, nein, «sie» haben sie überquert, «sie» lassen sich jetzt auch südlich von ihr nieder. Aber heute abend werden «sie» die Canebière nicht mehr besetzen, heute abend wird die Canebière zurückerobert.

Anne Tristan: Von Innen. Kiepenheuer und Witsch, Köln 1988

1881 gegen die «italienische Invasion», am Alten Hafen fanden regelrechte Hetzjagden auf die Italiener statt. 1893 kam es in Aigues Mortes zu einem Anti-Ausländer-Pogrom, das zwei Tage dauerte. Die Italiener, Tagelöhner in den Salinen, wurden als Preisdrücker verfolgt, vertrieben oder totgeschlagen.

Nach zwei, drei Generationen waren die transalpinen Einwanderer assimiliert. Wenn sich einige ihrer heutigen Nachfahren als Superfranzosen aufspielen und sich als Champions im Fremdenhaß erweisen, dann zeigt das nur, daß es mit dem historischen Gedächtnis der Menschen nicht weit her ist. So hat sich die Front National im Süden bestens einrichten können; in wenigen Jahren hat sie das Land mit einem Netz von Ortsgruppen überzogen und gehört jetzt dazu, als sei sie schon immer dagewesen. Gelegentlich gibt es Rückschläge, wenn bei «Jean-Marie» die Sicherungen durchbrennen oder in einem Moment unkontrollierter Euphorie aus seinen Tiefenschichten der sonst verdeckte Antisemitismus offen hervorbricht. So etwas läßt, weil in der öffentlichen Meinung tabuisiert, die Beliebtheit der Le-Pen-Partei periodisch zurückgehen. Aber trotz solcher Schwankungen ist die Front ein stabiler Faktor im Midi geworden. Sie ist in die Sphäre der kommunalen und regionalen Politik eingedrungen, sitzt in Gemeinde- und Regionalräten. Und es gibt genügend Politiker aus den Parteien der «gemäßigten» Rechten, die aus Opportunismus oder geistiger Nähe gemeinsame Sache mit den Extremisten machen; mancherorts läuft die Zusammenarbeit wie geschmiert. Viele traditionelle Rechte unterscheiden sich nicht mehr sonderlich von den Front-Leuten, die Übergänge sind gleitend. Das erleichtert es den Lepenisten, in einflußreiche Stellungen zu gelangen, zum Beispiel in die Verantwortung für die Sozialwohnungszuteilung, wo sie dann die Rettung des Abendlandes durch bevorzugte Wohnungsvergabe an «Europäer» betreiben können.

Kampf um die Bürgerrechte

«Wenn du einen Araber umbringst, solange Le Pen erst ein halbes Prozent der Stimmen hat, dann geht das Geschrei los, dann wirst du als Rassist beschimpft. Wenn du fünfzehn Prozent hast, dann regen sich die Leute schon viel weniger auf. Also müssen wir weitermachen, und du wirst sehen, bei dreißig Prozent schreien sie überhaupt nicht mehr.» So lautet das politische Einmaleins eines Front-National-Mitglieds aus Anne Tristans Reportage. Für die Bevölkerung nordafrikanischer Herkunft, die sich meist in den Städten konzentriert, ist die Situation inzwischen bedrohlich. Rempeleien und Beschimpfungen sind alltäglich geworden. Aufgeputschte FN-Anhänger machen sich schon mal einen Spaß daraus, mit dem Auto arabische Fußgänger zu jagen. Unter ihnen gibt es auch etliche Waffennarren, die Pistolen und anderes Schießgerät horten. Gegebenenfalls scheuen sie sich nicht, abzudrücken, wie «Dédé», ein Front-National-Kneipier am Alten Hafen in Marseille. Ein Passant machte eine mißliebige Bemerkung über sein mit Front-Symbolen geschmücktes Schaufenster, und zack! bekam er eine Ladung Schrot ins Gesicht. Die Lage verschärft sich noch dadurch, daß sich auch unter den Polizisten eine größere Zahl von Sympathisanten findet, von dieser Seite

Schutz also nur bedingt zu erwarten ist.

Von Übergriffen und Demütigungen sind unterschiedslos alle betroffen, die schwarzes Kräuselhaar und etwas dunklere Hautfarbe haben. Auch die Harkis werden davon nicht verschont, jene Algerier, die im Algerienkrieg auf französischer Seite kämpften und 1962 zusammen mit den Pieds noirs ihr Land verlassen mußten. Sie bekamen zwar französische Pässe und gelten seither als «Musulmans français», wurden aber nie wirklich integriert. Sie waren ein lästiges Erbe aus dem Kolonialkrieg, man parkte sie in Lagern, später in Behelfssiedlungen, in denen die meisten heute noch hausen. Isoliert von den anderen, als «Verräter» stigmatisiert, schmoren sie im eigenen Saft. Rund 450 000 Harkis leben in Frankreich, die meisten im Midi. Mögen die Väter einst an die «Grande Nation» geglaubt haben, so sind ihre Kinder heute zu achtzig Prozent arbeitslos und sehen sich chancenlos an den Rand der französischen Gesellschaft gedrängt. Bei der Arbeits- und Wohnungssuche erleben sie die gleiche Ablehnung wie die Kinder der Arbeitsimmigranten aus Nordafrika. Rassisten machen keinen Unterschied zwischen guten und schlechten Arabern.

Viele Jugendliche aus der zweiten oder dritten Einwanderergeneration nehmen die Verhältnisse indessen nicht mehr so klaglos hin wie ihre vorsichtigen Eltern. «Nur kein Aufsehen erregen!» war deren Devise. Aus den Kreisen der Jüngeren hingegen entwickelt sich ein Netz von Initiativen: Kulturvereine und Radiosender, die den multikulturellen Dialog propagieren, antirassistische Gruppen, Vereinigungen, die sich offensiv für die Rechte der Immigranten einsetzen, und Wachsamkeitskomitees, wie in der Altstadt von Toulon. Die «Association France Plus» versucht, die jungen Leute aus den «Cités» politisch zu mobilisieren, sie dafür zu gewinnen, ihre Bürgerrechte wahrzunehmen und sich in die Wahllisten einzuschreiben. Denn viele der Jüngeren haben, weil in Frankreich geboren, automatisch die französische Staatsbürgerschaft und damit auch das aktive wie passive Wahlrecht. «Unsere Prinzipien sind diejenigen der Französischen Revolution», sagt Arezki Dhamani von «France Plus». Auf den Plakaten der Gruppe ist ein verschmitzter Lockenkopf mit dunklem Teint zu sehen, der augenzwinkernd sagt: «Demain je serai Président». Das Stimmenpotential ist beachtlich, die jungen Maghrebiner könnten eine echte politische Pressuregroup darstellen, aber die Überzeugungsarbeit ist mühsam. Viele haben Schwierigkeiten dabei, sich gerade mal eben für den Wahlakt als französischer Staatsbürger zu verhalten, sich also mit diesem Land zu identifizieren, während sie sonst dauernd gegen Mauern laufen. Stärker als bei Wahlen ist das Engagement bei Protestdemonstrationen nach rassistischen Verbrechen, wie in der Kleinstadt Castres, wo sich zweitausend Menschen zu einem Schweigemarsch versammelten, nachdem der Algerier Snoussi Bouchiba von zwei besoffenen «Paras», Fallschirmjägern, erstochen worden war. Über hundert Schilder mit den Namen von anderen Opfern wurden mitgeführt und eine Banderole, auf der geschrieben stand: «On veut vivre ensemble». ■

Versuche in Regionalismus

VOLEM VIURE AL PAÏS

Wie steht es, abgesehen vom neuen antirassistischen Engagement, um die sozialen Bewegungen im Süden? Was ist aus den verheißungsvollen Aufbrüchen der Nach-68er-Ära geworden? «Volem viure e trabalhar al païs!» Wir wollen in unserem Land leben und arbeiten – das war einer der Slogans, mit denen Anfang der siebziger Jahre die neuen Okzitanisten auf sich aufmerksam machten. Im Unterschied zu den regionalistischen Bestrebungen der Vergangenheit kam diese Bewegung aus der linken Ecke. Das Vokabular war marxistisch eingefärbt, es fanden sich auf einmal reichlich Ausdrücke wie «Kolonialismus» oder «Imperialismus».

Das war ungewohnt. Bis dahin verband sich der Regionalismus vor allem der Erinnerung an die «Félibrige»-Bewegung. 1854 hatten sieben Dichter, unter ihnen Frédéric Mistral, diesen Bund gegründet, der sich für die Renaissance der provenzalischen Kultur einsetzte. Ihr Beweggrund war die Liebe zur heimatlichen Provence, deren Sprache und Traditionen sie, nicht zu unrecht, für bedroht hielten. Mistral, der 1904 für sein Epos «Mireio» den Nobelpreis bekam, wurde zur herausragenden Figur. Er entwickelte eine vereinheitlichte Schreibweise des Provenzalischen. Dichterzirkel-Filialen entstanden überall in der Provence, aber die Ausstrahlung der Bewegung reichte auch ins Languedoc. Die Félibres erwarben sich zweifellos Verdienste, indem sie den Wert und die Würde einer abqualifizierten Sprache verteidigten, auch wenn Hugo von Hofmannsthal meinte, es sei «etwas meistersängerlich Pedantenhaftes in dieser Dichterei, etwas Galvanisiertes und Gekünsteltes». Mistrals Nobelpreiswerk bezeichnete er gar als ein «viel zu langes Gedicht, in dem die wunderschönen Dinge der Vergangenheit steif und tot herumstehen, wie in einem ungemütlichen Provinzmuseum.» In der Provence hat man die Felibriges nicht vergessen, hat ihnen Denkmäler errichtet und Straßen nach ihnen benannt. Ihre Bewegung befaßte sich vorwiegend mit Poesie und Sprache, aber sie war deshalb nicht unpolitisch, sondern neigte zu einer verquasten, rückwärtsgewandten Ideologie. Im Lob des Landmanns und des Handwerkers artikulierte sich das Gefühl der Bedrohung durch die heraufziehende Industriegesellschaft. Mit der Verherrlichung des Bodenständigen verband sich, wie auch bei anderen Regionalismen in Frankreich, die Feindseligkeit gegenüber der Republik und ihren Prinzipien, eine Tendenz zur Überhöhung der Provinz und der Abschottung nach außen, die verschiedentlich bis zum Rassismus ging. Mistral selbst und viele seiner Mitstreiter landeten im Umfeld der royalistischen «Action française», Elemente ihrer Ideologie fanden sich dann in der Politik des Vichy-Regimes wieder: korporatistische Gesellschaftsordnung, Mythologie der Scholle, Pflege von Kulturtraditionen, die sich im Gegensatz zu Republik und Demokratie definierten. Es war Pétains Minister für öffentliche Bildung, der 1941 erstmals «la langue dialectale» in den Grundschulen einführte; ebenfalls unter Pétain wurde ein Lehrstuhl für Okzitanisch an der Universität Toulouse eingerichtet. Dafür kann die Sprache natürlich nichts, aber die jakobinische Gleichsetzung von «regional» und «reaktionär» wurde dadurch bestärkt. Entsprechend war nach dem Krieg dann erst mal die Idee des regionalen Autonomismus disqualifiziert.

Nach '68 aber wurde dieses Tabu gebrochen. Eine neue Generation engagierte sich jetzt für die regionale Sache, ihre Argumente hatten mit denen Mistrals wenig zu tun, sie kamen vielmehr aus der Beschäftigung mit den Befreiungsbewegungen der Dritten Welt, der Auseinandersetzung mit dem Imperialismus, den man nun auch im eigenen Land am Werke sah. Die Wiederentdecker und Verteidiger der Regionalkultur sahen sich als Teil der antikapitalistischen Bewegung. «Colonialisme intérieur»: Der Fortschritt der Industriegesellschaft vollzog sich auf Kosten der Randgebiete. Deren Vernachlässigung, der Zerfall der ökonomischen Strukturen gaben Anlaß zur politischen Kritik am Zentralismus. Wichtigste Organisation der neuen Anti-Jakobiner war zunächst «Lutte Occitane», ein 1971 entstandenes Sammelbecken marxistisch orientierter Okzitanisten. Dazu kam ab 1974 «Volem Viure al Païs», dem Selbstverständnis nach eine Massenorganisation, irgendwie «à gauche», aber ohne eindeutige politische Linie. Zum Symbol wurde das Kreuz des Languedoc und die Buchstaben «OC», die man sich ans Auto klebte und die als Inschriften überall auftauchten. Man fühlte sich verbunden mit den anderen Regionalismen Europas, vor allem aber mit den revolutionären Bewegungen der Dritten Welt. Damit war man meilenweit entfernt vom fremdenfeindlichen, rassistisch durchtränkten Regionalismus der Vergangenheit. Das theoretische Organ «Cahiers de l'Institut d'Etudes Occitanes» führte einen unermüdlichen Kampf gegen die Diskriminierung der «immigrés», das gleiche gilt für die provenzalische Zeitschrift «Prouvenço Dau!»

Okzitanische Dämmerung

Es schien, als habe eine neue Blütezeit der Oc-Kultur begonnen. Im Studentenmilieu von Montpellier entstand das «Théâtre de la Carriera», und bald waren die Straßentheater kaum mehr zu zählen. Massiv trat das Chanson auf den Plan: «Un pais que vol viure», «Montségur», «Lo caminh del solelh», «Occitania saluda Cuba» heißen einige der erfolgreichen Lieder des Oc-Chansonstars Marti. Die okzitanische Plattenfirma Ventadorn wurde gegründet, ebenso das okzitanische Dokumentationszentrum in Beziers. An den Mauern klebten Plakate, auf denen stand: «Unser Dialekt ist eine Sprache! Wir wollen Okzitanisch auf der Schule!» und daneben: «Paris betrügt uns, Brüssel ruiniert uns.» Der Sänger Marti, selbst Lehrer, sagte: «Die Sprache Oc, der Midi im allgemeinen, sind inexistent in der Grundschule. Das Gymnasium war für mich die absolute Negation meiner Okzitanität; aber dann, ganz allmählich, begann die okzitanische Idee eine Idee der Massen zu werden.»

Die okzitanische Idee, das war über die kulturelle Identität hinaus das Anknüpfen an eine Geschichte der Rebellionen und Revolten, des Aufbegehrens gegen die Zentrale. Und auch eine Besinnung auf die Traditionen okzitanischer Selbstverwaltung, die den Forderungen nach «autogestion» der Nach-68er-Linken entgegenkamen. Denn es ging bei dem weitverbreiteten Interesse an «Occitanie» auch um eine politische Vision, um die Suche nach einer anderen Gesellschaft. Auch bei den Pariser Intellektuellen war der neue Regionalismus in jenen siebziger Jahren ein heißes Thema. Eine Flut von Büchern schwappte auf den Markt, die großen linken Blätter der Hauptstadt, «Le Nouvel Observateur», «Le Monde», begeisterten sich für die bretonische, baskische oder okzitanische Sache. Hier war eine Gelegenheit für die französische Linke, Antikolonialismus im eigenen Land zu praktizieren.

An den Rändern des Hexagons war, wie es schien, etwas Hoffnungsvolles in Gang gekommen. Unter okzitanischen Emblemen lieferten die Winzer den Ordnungskräften handgreiflichen Widerstand, protestierten die Bauern des Larzac-Plateaus gegen die Erweiterung eines Truppenübungsplatzes. Da pilgerte man hin, in dieses Hoffnungsland. Auch aus der Bundesrepublik zog man in Scharen nach Okzitanien, und in alternativen Kreisen wurde wacker «okzitanischer Landwein» gepichelt. Ja, damals! Was den revolutionären Konsum betrifft, so ist inzwischen längst anderes auf dem Tablett – der herbe Kaffee aus Nicaragua zum Beispiel. Die Oc-Begeisterung ist erstorben, revolutionsmäßig hat Okzitanien wenig gebracht. Mit der Bewegung vor Ort ist nicht mehr viel los. «Lutte Occitane» hat sich aufgelöst, die Sammlungsbewegung «Volem Viure al Païs» kümmert in Restbeständen dahin. Verblaßt sind die alten Parolen an den Mauern.

Die Oc-Kämpfer der siebziger Jahre haben sich doch wohl etwas verkalkuliert. Ihre wirklichen Adressaten waren im wesentlichen die bewegten Intellektuellen, die Studenten, das Publikum für engagierte Chansons. Überschätzt worden war die eigene Fähigkeit, die okzitanische Sache zum Motor einer Massenbewegung zu machen. Was da ablief, war in mancher Hinsicht die «Ersatzreligion einer heimatlosen Linken», wie es Jean Améry nannte. Die militanten Winzer und die Larzac-Bauern waren letztlich doch nicht die Herolde der okzitanischen Morgendämmerung, ihre Interessen waren (und sind immer noch) konkret und begrenzt. Die Utopie der linken Autonomisten war nie ihre Sache, die Oc-Embleme waren schmückendes Beiwerk, sie blieben ihren Kämpfen äußerlich. Gegen Ende der siebziger Jahre verdämmerte parallel zum Absterben der sonstigen sozialen Bewegungen in Frankreich auch der Regionalismus und ist seither kein mobilisierendes Thema mehr.

Zwar ist der Regionalismus aus der Mode geraten, aber das heißt nicht, daß er überhaupt nicht mehr existieren würde. Geblieben sind zahlreiche Institutionen und Vereine, okzitanische Studienzentren, das Oc-Konservatorium in Toulouse, allerlei kleine Verlage und Zeitschriften wie «Lou Prouvençau a l'Escolo», «Mostra», «Reveilh d'Oc» oder «L'Astrado». Weiterhin werden Gedichte verfaßt, Chansons geschrieben und gesungen. Ein paar private Radiostationen senden regelmäßig auf Oc, und es ist nun auch einfacher, auf der Schule Okzitanisch-Unterricht zu bekommen, nachdem dieselbe Schule der Republik ein Jahrhundert lang das ihre zum Auslöschen des «patois» beigetragen hat. Nun, da die Sprache fast komplett aus dem Normalgebrauch verschwunden ist, wird ihr gnädig ein Plätzchen eingeräumt, als Teil des nationalen Erbes. «Es ist Frankreichs unwürdig, in dieser beschämenden Verfolgung der Regionalsprachen fortzufahren und das letzte Land Europas zu sein, das bestimmten Bevölkerungsgruppen ihre grundlegenden kulturellen Rechte vorenthält», sprach François Mitterrand im Präsidentschaftswahlkampf 1981. Okzitanisch kann jetzt als Wahlfach an Gymnasien belegt werden, als Fremdsprache gewissermaßen. Der verbliebene Okzitanismus hat die politischen Autonomievorstellungen verabschiedet und sich zu einer kulturpflegerischen Aktivität gewandelt. Immerhin sorgen dadurch einige trotzige Leute an den Rändern des allgemeinen Kultur- und Medienbetriebs dafür, daß die Erinnerung an die eigene Geschichte nicht sang- und klanglos verweht.

Der Wald brennt

Ähnlich rückläufig war zunächst auch die häufig mit dem Regionalismus verquickte Ökologie-Bewegung. Dabei mangelt es gerade im Süden weiß Gott nicht an Umweltproblemen. Besonders sichtbar sind die verheerenden Waldbrände, die sich jedes Jahr wiederholen. Sommer für Sommer gehen kilometerbreite Feuerwalzen über die ausgetrockneten Hügel. Tiere, Bewohner, Feuerwehrmänner kommen in den Flammen um, Mistral oder Tramontane haben Blasebalg-Wirkung. Die Flotte der «Canadair», der Löschflugzeuge, ist meist hilflos. Allein 1987 wurden 50000 Hektar eingeäschert. Die Landschaft sieht aus wie nach Kriegseinwirkung und ist auf Jahre verwüstet. Tot und schwarz ragen die Baumskelette auf, dazwischen vereinzelte ausgebrannte Häuser und Autogerippe. Wenn es dann regnet, wird die haltlos gewordene Erde weggeschwemmt, und der nackte Fels beginnt hervorzuschauen.

Diese Brände sind Folgen langer Vernachlässigung und Gleichgültigkeit. Der Wald des Midi ist, entgegen dem Anschein, nicht wild und ursprünglich, sondern er ist verwildert. In früheren Jahrhunderten waren solche Brände seltener und begrenzter, denn die Berge waren besiedelt und kultiviert, die Herden hielten die Wälder «sauber». Die alte Landwirtschaft sorgte für ein Gleichgewicht, das nun dahin ist. Der Exodus der Bergbevölkerung hat das Land einer unkontrollierten Natur überlassen, Macchie-Gestrüpp breitet sich aus und dichtes Unterholz, das brennt wie Zunder. Der Staat hat sich um den mediterranen Wald jahrzehntelang nicht weiter gekümmert. Außer dem Einsatz von Löschflugzeugen zum Schutz der Wohngebiete gab es keine nennenswerten Initiativen. Um den Baumbestand scherte man sich wenig, der war unter holzwirtschaftlichen Gesichtspunkten nicht viel wert. Aber ganz allmählich dämmerte es einigen Leuten, daß es hier nicht um Rentabilität geht, sondern um die ökologische Funktion der Waldgebiete. Man beschloß also, etwas zu tun. Mit großem Medien-Trara wurden Trupps arbeitsloser Jugendlicher zur Ausforstung herangekarrt. Auch der Einsatz von Strafgefangenen wurde erwogen. Sachkundige Waldspezialisten schütteln den Kopf angesichts dieser hektischen Betriebsamkeit, denn die Kids aus der Großstadt haben natürlich von Forstarbeit keine Ahnung. Statt spektakulärer Aktionen wäre es vor allem nötig, Landwirtschaft und Weideaktivitäten in die Berge zurückzubringen, aber das ist wohl utopisch.

Tatsächlich gibt es seit längerem schon einen harten Kern von Öko-Hirten, die mit Schaf- oder Ziegenherden durch die Weiten der verlassenen Hügel ziehen, ihre Tiere wie früher das brandgefährdete Buschwerk wegfressen lassen. Das ONF (Office national des Forêts) beginnt sich für diese hartnäckigen Einzelgänger zu interessieren und schließt mit ihnen Verträge ab. Im Département Vaucluse, zu Füßen des Mont Ventoux, hat sich einer sogar eine Herde Lamas zugelegt, die für die Ausforstung besonders gut geeignet scheinen, weil sie alles sehr sauber wegfressen, besser als die Ziegen. Er sieht daher in der Lama-Zucht eine echte Perspektive für den französischen Süden. Außer von Waldbränden wird die provenzalische Landschaft neuerdings auch durch den Hochgeschwindigkeitszug TGV bedroht: Quer durch die Berge der Provence soll dieser Rakete auf Schienen eine Schneise geschlagen werden, damit die Pariser ein paar Minuten schneller an der Côte d'Azur sind. «Cézanne, wach auf, sie sind verrückt geworden!» riefen Tausende von Demonstranten in Aix-en-Provence. Die Pläne der SNCF führten zu einer Massenmobilisierung: Nicht nur Umweltschützer, sondern auch bislang friedliche Bürgermeister, Winzer und Bauern revoltierten gegen diese Art von Fortschritt. Höchst unwahrscheinlich, daß der TGV Paris–Nizza wie geplant 1996 seinen Betrieb aufnehmen wird...

Strahlende Rhône

Deutlich lebhafter geworden ist letzthin wieder die Auseinandersetzung um die Atomenergie. Dazu besteht auch einiger Anlaß. Die Rhône, die den Süden in zwei Hälften teilt, ist der am stärksten nuklearisierte Strom Frankreichs. Im südlichen Teil des Rhônetals liegen auf vierzig Kilometern Distanz das AKW Cruas-Meysse, die militäri-

Traurige Herrenmode

sche Anreicherungsanlage von Pierrelatte, das AKW Tricastin und das Forschungszentrum Marcoule mit seinem schnellen Brüter und dem Atommüll-Zwischenlager. Die Nougat-Kapitale Montélimar hat vor ihren Toren im Süden und im Norden je eine «Centrale nucléaire», das Städtchen ist damit von acht Reaktoren umgeben. Die Mehrzahl der umliegenden Gemeinden hatte sich seinerzeit gegen die AKWs ausgesprochen. Haroun Tazieff, der bekannte Vulkanologe und Bürgermeister der Nachbargemeinde Mirmande, erklärte noch 1977: «Die Errichtung eines Atomkraftwerks in Cruas ist ein Verbrechen gegen die Sicherheit, die Ökologie und das Leben der Bewohner dieser Gegend.» Er wies besonders auf die Erdbebengefährdung hin. Aber weder dies noch die Petitionen der lokalen Bevölkerung hinderten die französische Elektrizitätsgesellschaft EDF, die das Monopol für zivile Atomanlagen hat, ihr Programm durchzuziehen.

Nach dem Öl-Schock von 1973 hatte der Staat die Weichen eindeutig in Richtung Kernenergie gestellt, ein immenser AKW-Park sollte Frankreich von Ölimporten unabhängig machen. Protestierer galten als fortschrittsfeindliche Irrationalisten, spinnerte Wurzelseppen. Zur Beruhigung des wankelmütigen Volkes kurbelte man Propaganda-Kampagnen an. So hat die EDF Comic-Hefte herausgebracht, in denen die AKWs verherrlicht werden als «Tempel der Energie, deren Türme so kolossal sind wie die Pyramiden Ägyptens». Was Nettes für die Kinder. Nach Kräften bemühte man sich zu ästhetisieren, was bedrohlich wirken könnte. Am Eingang des Kraftwerks von Cruas strebt lang und dürr die Metallskulptur der «Fee Elektra» empor, mit den Kühltürmen als dekorativem Hintergrund. Kunst am Bau, der Bezug auf antike Mythen, fröhliche Comic-Strips – alles war recht, um die Atomenergie zu verharmlosen.

Das ist zunächst auch gelungen. Die einstigen Gegner resignierten beziehungsweise legten ihre «irrationalen Ängste» ab. Andere waren sowieso immer schon dafür gewesen, wie der kommunistische Bürgermeister von Cruas, der erklärte: «Das Atomkraftwerk hat für uns nur Vorteile!» Und der Bürgermeister des benachbarten Ortes Meysse meinte allen Ernstes: «Ich glaube nicht, daß das AKW die Bevölkerung sehr stört, weil es ja ziemlich weit von unserem Dorf entfernt ist... Es liegt ungefähr drei Kilometer nördlich.»

Wahrhaft kläglich entwickelt war

Ruhe sanft!

das allgemeine Risikobewußtsein, eingelullt auch durch den warmen finanziellen Regen, der auf die Gemeinden herniederging. So betragen die Gewerbesteuern, die das AKW Cruas bezahlt, satte zwanzig Prozent der gesamten Steuereinnahmen des Département Ardèche. Das sind solide Argumente, das stärkte die Akzeptanz. Man gewöhnte sich also an die bedrohliche Nachbarschaft, bewunderte gar das in Reiseführern angepriesene «märchenhafte Lichterspiel» der nächtlichen Kühlturmgruppen. Die Angler äußerten sich sehr zufrieden über die Größe und Qualität der Fische, die sie nahe den AKWs aus dem aufgewärmten Fluß fischten, und im Kraftwerk Tricastin plante man allen Ernstes im Sinne einer intelligenten Nutzung der Abwärme, die teilweise schon in Gewächshäuser geleitet wird, eine kommerzielle Krokodilzucht in Warmwasserbecken, um die Schuh- und Taschenfabriken der weiteren Umgebung mit Reptilienhäuten zu beliefern. Auch wenn daraus leider nichts geworden ist – die Art, wie diese glanzvolle Idee stolz in der Presse bekanntgemacht wurde, war bezeichnend für die «unverkrampfte» Einstellung gegenüber der «chose nucléaire».

Stumm und erhaben steigen die weißen Dampfsäulen in den Himmel über dem Rhônetal – ein neues Element in der Landschaft, mehr nicht. Dann ereignete sich diese unerfreuliche Sache im fernen Tschernobyl, über die sich die europäischen Nachbarvölker gleich so unmäßig aufregten. In Frankreich herrschte dagegen tiefste Ruhe. Keine besonderen Vorkommnisse, man war nicht betroffen, hieß es offiziell. Es schien, als habe die nukleare Wolke aus der Ukraine die französische Grenze respektiert. Gut so. Auf den Märkten des Midi gab es das gleiche strotzende Angebot wie immer. Niemand scherte sich um Becquerel, Millirem und Halbwertzeiten. Niemand schmiß den Salat weg oder die Frischmilch. Frankreich habe «in einem Ozean der Furcht die Ruhe bewahrt», stellte «Le Monde» befriedigt fest. Erst zwei Wochen später kam der Schwindel heraus. «Le mensonge radioactif», die radioaktive Lüge, titelte «Libération», als dann doch eingeräumt wurde, daß der Osten und Südosten Frankreichs von der Tschernobylwolke bestrichen worden waren. Zwei Wochen lang hatte man die Franzosen für dumm verkauft. Wie sehr, das merkten sie kurz darauf, als eine unabhängige Gruppe namens «CRII-RAD» mit ihren Meßergebnissen an die Öffentlichkeit trat. Während der staatliche Zentraldienst für Strahlenschutz auch jetzt noch abwiegelte und ein allgemeines Unbedenklichkeitsgeschwafel abließ, führte sie in einer populären TV-Sendung verstrahlte Salatköpfe vor und informierte über die Werte von Cäsium 134 im Ziegenkäse der Ardèche sowie die übermäßige Belastung des provenzalischen Thymians.

Entstanden war diese Gruppe im Mai 1986 als Reaktion auf den Desinformationsskandal, und zwar in Montélimar, was wohl kein Zufall ist. Das Kürzel steht für «Unabhängige regionale Kommission zur Information über Radioaktivität». Bei der «CRII-RAD», die mit dem Institut für Nuklearphysik der Universität Lyon zusammenarbeitet, haben sich unter anderem Biologen und Physiker engagiert. Gleich nach den ersten medienwirksamen Auftritten kam es zu einer Welle von Beitritten. Inzwischen zählt die «Kommission» 1800 Mitglieder. Überall im Süden, aber auch in den Alpen, in Nordfrankreich und in der Pariser Region sind Filialen entstanden. Von Beiträgen und Spenden konnte ein seriöses Strahlenmeßlabor in Montélimar eingerichtet werden. Viele besorgte Bürger schenken der «CRII-RAD» mittlerweile mehr Vertrauen als den staatlichen Abwieglern. Im Hauptsitz, der sich in einem alten Fabrikgebäude etwas außerhalb von Montélimar befindet, herrscht emsiger Betrieb. Vorwiegend jüngere Leute sind es, die dort arbeiten, Computer, Telefone und Schreibmaschinen bedienen. Der Laden läuft. Kolloquien werden vorbereitet, Informationen an die Presse verschickt. Eine wichtige Einnahmequelle bilden die Bauern und Gärtner, die Proben ihrer Produkte einreichen, um Analysen machen zu lassen. «Unter den Mitgliedern sind viele Leute, die sich sonst vorher noch nie für irgendwas engagiert haben», sagt Corinne, die an der Zeitschrift «Le Cri du Rad» mitarbeitet. Wichtigste Voraussetzung, um ernstgenommen zu werden, sei die Unanfechtbarkeit der Meßdaten. «Gegen unsere Glaubwürdigkeit werden Gerüchte ausgestreut. Aber wir haben uns bestens abgesichert, denn wir lassen immer Gegenanalysen machen, zum Beispiel vom Zentrum für Nuklearstudien in Grenoble, von einem Institut im Elsaß und dem nuklearphysikalischen Institut in Lyon. Und die Ergebnisse waren bisher alle identisch.» Und zur weiteren Erklärung des Erfolges meint sie listig: «Bei uns geht es nicht etwa um den Kampf gegen die Atomkraft. Wir betreiben keinen antinuklearen Militantismus. Alles, was wir machen, ist: Wir informieren, wir konfrontieren Öffentlichkeit und amtliche Stellen mit unseren Meßergebnissen.» Neben der stetig weiterverfolgten Evolution des Tschernobyl-Fallouts gilt die Aufmerksamkeit auch den Emissionen der Atommeiler, die man vor der Nase hat. «Wir hatten einen Informationsstand in Montélimar, zu dem kamen auf einmal auch Leute, die im AKW arbeiten, und baten uns um Auskünfte. Sie wollten wissen, welche Risiken sie auf sich nehmen. Es scheint, sie sind mehr und mehr beunruhigt und zweifeln an den Zusicherungen der EDF-Hierarchie über die Sicherheit in den Kraftwerken.»

Der «CRII-RAD» ist es gelungen, sich Respekt zu verschaffen. Sie wird zu großen Tagungen eingeladen, bekommt sogar eine kleine Subvention vom Generalrat des Départements Drôme und Zuwendungen von einigen Rathäusern. Vor kurzem hat die neue Medizin-Kommission ihre Arbeit aufgenommen. Sie versucht, Aufschluß über Krebs und Mißbildungen im Umkreis von Atomanlagen zu gewinnen. «Selbst in dieser am meisten nuklearisierten Ecke von Frankreich gibt es darüber keine Daten!» sagt Corinne kopfschüttelnd. «Es ist schon absurd, daß ein privater Verein wie unserer diese Schritte unternehmen muß!» Aber immerhin gibt es jetzt so einen Verein, und er wird ernst genommen. Es tut sich also doch etwas. Seit den Nachrichten über verstrahlte Provence-Kräuter, Pilze und Milchprodukte ist vielen Bürgern ein Schrecken in die Knochen gefahren. Der Atom-Konsens hat einen Knacks bekommen, sehr viel aufmerksamer werden nun Informationen über Pannen und Schlamperei im Nuklearpark zur Kenntnis genommen. Spätestens seit 1992 schlägt sich das veränderte Umweltbewußtsein auch in Wahlerfolgen der grünen Parteien nieder. Mögen die Pariser Meinungsmacher auch die Stirn runzeln: In der Provinz ist der Öko-Tiefschlaf vorüber. ■

KULTUR

UND KONSUM

Kultur im Süden

SAMMLUNGEN, STARS, SPEKTAKEL

Wie eine Flutwelle schwappen jeden Sommer Kulturereignisse über den Midi. Für rund zwei Monate wird die sonst vor allem in Paris beheimatete «culture» nach hier unten verlagert. Sie ist integraler Bestandteil des Sommerbetriebs geworden, seitdem sich die Devise durchgesetzt hat: «Il ne faut pas bronzer idiot» – «Man sollte nicht bloß wie ein Idiot in der Sonne bräunen.» Kein Städtchen, kein Dorf, das auf sich hält, kann auf sein eigenes Festival verzichten, und es genügt längst nicht mehr, irgendeine rustikale Volkstanzgruppe oder ein drittklassiges Bläserensemble auftreten zu lassen. Qualitätskünstler sind gefragt, und, ganz besonders

wichtig: Es bedarf eines angemessenen Rahmens. Die langweilige Mehrzweckhalle ist «out», das kulturelle Geschehen sollte sich nach Möglichkeit im Freien, unter südlichem Himmel abspielen. So gibt es weit und breit kaum mehr ungenutzte Klostergärten, Burgruinen oder Schloßparks.

Lokomotive und unerreichtes Vorbild der epidemisch ausbrechenden Festivalitis ist «Avignon». Nach dem letzten Krieg geboren aus der linken Idee vom Theater für alle, als Erbe der Kulturvorstellungen der Volksfrontära, hat es sich zu einem mehrwöchigen Monsterfest aufgebläht, zum großen Sommer-Rendez-

Kulturvolle Nächte

vous der Schauspielerei mit ausgewählter internationaler Beteiligung. Aber nur berühmteste Kräfte aus dem Ausland sind würdig, an dieser Selbstfeier des französischen Theaterbetriebs rund um die päpstlichen Gemäuer teilzuhaben.

Um einiges elitärer noch geht es in Aix-en-Provence zu, dieser seit jeher aristokratischen Stadt, in der sich im Juli die Weltstars des Belcanto ein Stelldichein geben. Gepfefferte Eintrittspreise hat zu zahlen, wer im Innenhof des erzbischöflichen Palais Jessye Norman oder der göttlichen Teresa Berganza zuhören möchte. Vor und nach den Konzerten rauschen erlesene Abendkleider über die schönen Plätze der Innenstadt. Konkurrenz machen den Belcanto-Orgien von Aix die «Chorégies» von Orange, wo das antike Römertheater eine hervorragende Akustik für Opernaufführungen besitzt. In Arles hingegen hat man auf Fotografie gesetzt und sich damit ein anderswo noch nicht abgedecktes Terrain reserviert. Abgesehen von solchen Großereignissen gibt es eine immer unübersichtlicher werdende Vielzahl kleinerer Festivals, deren Programme in dicken Katalogen aufgelistet sind, die jedes Jahr in Buchform erscheinen. Um sich aus der Kakophonie der Festivals herauszuheben, versucht sich ein jedes irgendwie zu spezialisieren. So nimmt man sich in Carpentras regelmäßig Jacques Offenbachs Operetten vor. Im lauschigen Park von La Roque d'Anthéron an der Durance gibt es erstklassige Klaviermusik. La Grande Motte lockt mit dem Weltfestival der Folklore, Digne mit christlicher Kunst, und die Hafenstadt Sète läßt es sich nicht nehmen, ein

Jazz auf der place du Forum in Arles

«Festival Georges Brassens» auszurichten. Alès organisiert ein «Festival de la Parole», wo begabte Redner und Geschichtenerzähler auftreten, und Saint Tropez hat sich, endlich, ein Video-Clip-Festival zugelegt.

Nichts was es nicht gibt: Streichquartette, Orgel-Zyklen, Ballett und Flamenco, Junges Theater, Altes Theater, Filmfeste jedweder Art, arabo-andalusische Musik oder das internationale Marionettenfest von Palavas-les-Flots. Auch die bekannteren Jazz-Musiker tauchen jeden Sommer im Midi auf: Miles Davis, Ray Charles, Oscar Peterson, Michel Petrucciani und wie sie alle heißen, wie ein großer Wanderzirkus fahren sie über Land und bedienen die Jazz-Festivals von Nîmes, Nizza oder Antibes. Meist sind es die Gemeinden, die selbst dafür Sorge tragen, sich in die Festival-Geographie einzuschreiben. Aber zuweilen geht die Initiative auch von Einzelkämpfern aus, wie dem musikbesessenen Landwirt François Pagès aus der Camargue. Auf dessen unermüdlichen Einsatz hin entstand das «Festival méditerranéen», zwei Monate lang dezentral auf 31 Orte längs der Küste verteilt, von Collioure bis Saint-Jean-Cap-Ferrat. Jahr für Jahr schaffen es dieser Bauer und seine begeisterten Mitstreiter, Prestige-Orchester wie die Londoner Symphoniker ranzuholen, gebefreudige Sponsoren aufzutun und das ganze komplexe Geschehen von einem Bauernhof bei Salin-de-Giraud aus zu organisieren.

Die Festivals sind inzwischen dem Kulturgeschehen des Südens nicht mehr äußerlich. Sie sind, was immer man von ihnen halten mag, ein Teil der Midi-Kultur geworden. Eigene kulturelle Traditionen des Südens finden sich in diesem Kontext allerdings nur noch am Rande. Sie sind kaum mehr gefragt, liefern allenfalls ein gewisses folkloristisches Gepräge. Ausdrücklich dem südlichen, sprich okzitanischen Kulturschaffen verpflichtet ist eigentlich nur die «Mostra de Larzac», die jeden Sommer in dem alten Tempelritterdorf La Couvertoirade stattfindet, mit rund 200 Ausstellern und Diskussionsrunden zu Problemen kultureller Minderheiten.

Paradies der Maler

Bei den Festivals wird Kultur zum «spectacle». Auch wenn sie sich jedes Jahr pünktlich wiederholen, so haftet ihnen doch etwas Flüchtiges, Vorübergehendes an. Aber natürlich hat der Süden auch stabilere kulturelle Einrichtungen aufzuweisen. Da sind zum Beispiel all die vielen Museen, die daran erinnern, welche immense Bedeutung Südfrankreich für die Entwicklung der modernen Malerei gehabt hat. Paul Cézanne, der aus Aix-en-Provence stammte, war der erste, der sich dem Pariser Kunstbetrieb entzog und sich dem intensiven Licht des Midi aussetzte. «Die Sonne ist hier so fürchterlich, daß mir scheint, als ob alle Gegenstände sich als Schatten abhöben», schrieb er noch 1876. Wenig später ließen ihn Licht und Farben der Provence nicht mehr los. Immer wieder malte er zum Beispiel die Montagne Sainte Victoire, das Bergmassiv bei Aix, das damit sicher zum bekanntesten Bergmotiv der Moderne wurde. Der erste, der ihm nachfolgte, war Auguste Renoir, der seinerseits wieder Claude Monet in den Süden holte. Das Licht als Herausforderung: «Ich quäle mich und kämpfe mit der Sonne», schrieb Monet. Ähnlich ging es Vincent van Gogh, der in Arles Quartier nahm, um dort «wie eine Lokomotive» zur täglichen Malerei zu stürmen. Paul Signac, der van Gogh dann im Krankenhaus besuchte, siedelte sich in Saint Tropez an, einem damals noch weltabgeschiedenen Dorf, und er wiederum lockte Henri Matisse an die Küste, der, ergriffen von der neuen Umgebung, ein Werk mit dem Titel «Luxe, calme et volupté» schuf: Luxus, Ruhe und Sinnlichkeit – ein ganzes Programm. Dann kamen Bonnard, Picasso, Chagall und viele mehr und ließen sich nieder im gelobten Land des Lichts und der Farben. Die meisten blieben, als sie schließlich berühmt wurden, und suchten sich hier ihren Alterssitz. Picasso kehrte in seinen letzten Jahren geographisch zum Ausgangspunkt der Moderne, zu Cézanne und dessen Lieblingsmotiv zurück, indem er das Schloß von Vauvenargues am Fuße der Sainte Victoire erwarb.

Die Hinterlassenschaften der vielen Maler und Bildhauer machen den Midi für Kunstfreunde zu einem außerordentlichen Entdeckungspark. Wo sonst, außerhalb der großen Metropolen, gibt es eine derartige Anzahl von Sammlungen mit so vielen erstrangigen Werken? Da ist etwa die großartige Fondation Maeght in Saint Paul de Vence. Während des Krieges hatte der junge Kunsthändler Aimé Maeght aus Cannes davon profitiert, daß viele Maler von ihren gewohnten Pariser Galeristen und Händlern abgeschnitten waren. Er konnte an ihre Stelle treten und kam ganz groß heraus. Seine Stiftung wurde 1964 als Begegnungsstätte für Künstler und Kunstliebhaber in einem Gebäude des Corbusier-Schülers José Luis

Fondation Maeght

Sert eröffnet – ein harmonisches Ensemble aus Architektur, Pinienwald und Kunstobjekten. Nicht weit davon, bei Biot, steht das Musée Fernand Léger, vom Maler noch selbst zu Lebzeiten geplant und allein seinem eigenen Werk gewidmet. Quer durch den Süden hat Pablo Picasso seine Spur gezogen, hat rechts und links Ergebnisse seines unermüdlichen Schaffens zurückgelassen. Im Winter 1946/47 konnte er das auf einer Felsenzunge ins Meer vorgeschobene Grimaldi-Schloß in Antibes als Atelier benutzen. Was er damals fabrizierte, bildet den Grundstock des dortigen Picasso-Museums. Im katalanischen Städtchen Céret am Fuße der Pyrenäen formierte sich schon in der Zeit vor dem Ersten Weltkrieg eine Maler-Kolonie. Picasso, Braque, Juan Gris und andere hatten zeitweilig eine Vorliebe für den hübschen Ort. Der in Céret ansässige Maler-Kollege Pierre Brune stellte aus den Gaben seiner Freunde ein kleines Museum zusammen, das sich mit der Zeit zu einer erstaunlichen Sammlung ausgewachsen hat. Auf Schenkungen der Künstler oder ihrer Erben gehen auch das Chagall- und das Matisse-Museum in Nizza zurück, ebenso wie das Toulouse-Lautrec-Museum in Albi.

Es ist also eine Menge da, aber in den meisten Fällen sind diese Museen aus Eigeninitiativen einzelner Künstler oder Stifter hervorgegangen. Es waren nicht die Städte des Südens, die aufgrund von Kunstbegeisterung und Weitsicht solche Werke angeschafft hätten. Bis vor kurzem gab es in Aix-en-Provence kein einziges Bild von Cézanne, und in Arles sucht man vergebens nach einem Werk von van Gogh, obwohl der nirgendwo so produktiv war wie hier. Die Maler haben zwar den Süden zur Geburtsstätte der Avantgarde gemacht, sie haben hier gearbeitet, ihre Motive und Farberlebnisse gefunden, aber die Region selbst war zutiefst provinziell, mit Avantgarde hatte man wenig im Sinn. Das war «Pariser Kultur», wurde meist trotzig abgelehnt, auch später noch eine Haltung, die dem Zentralismus geschuldet war. Selbst der Weg von Cézanne, der ja aus dem Süden stammte, führte erst mal über Paris. Die anderen Künstler waren ohnehin von außerhalb gekommen. Der kreative Nachwuchs aus der Gegend hatte zu Hause kaum eine Chance, die Talente wurden abgesaugt nach Paris.

Eine große Ausnahme war die «Ecole de Nice», die in den fünfziger Jahren auf sich aufmerksam machte. Eine Gruppe von jungen Künstlern wie der Bildhauer Arman, der Happening-Spezialist Ben und der Maler Yves Klein machten aus Nizza ein Kunstzentrum von internationalem Ruf, weit weg von der Hauptstadt. Die Nizzeser waren es auch, die 1977 mit «Apropos de Nice» den Ausstellungsreigen des neuen Pariser Centre Pompidou eröffneten. Am Anfang war die Gruppe in Nizza gar nicht gern gesehen. Jahrelang blieben ihren Mitgliedern die lokalen Museen versperrt, sie stellten zunächst in Bens Laden für Second-hand-Bücher aus. Sie waren eine avantgardistische Kunstrebellen-Bewegung in kunstfeindlicher Umgebung. 1969 veröffentlichten sie ihr Manifest als «Nouveaux Réalistes» – in Mailand. Sieben Jahre später schafften Klein, Arman und Raysse es dann doch, unter dem Namen «Ecole de Nice» eine Ausstellung in einem Nizzeser Museum zu kriegen. Das Ereignis fand große Beachtung in der Pariser und internationalen Presse. Im «Nice-Matin» gab es eine Mini-Meldung von zwanzig Zeilen. In zweieinhalb Monaten kamen keine hundert Besucher. Die Anerkennung vor Ort folgte erst, als das internationale Renommée der Künstler dermaßen gestiegen war, daß die Stadt von ihrem Ansehen profitieren wollte.

Stars für die Provinz

Seit Beginn der achtziger Jahre vollzieht sich allerdings ein merklicher Aufbruch in Sachen Kultur. Plötzlich sprießen überall neue Museen, noch die letzte Unterpräfektur entdeckt ihre kulturelle Berufung, veranstaltet Vernissagen, Hommagen, Retrospektiven. Die Dezentralisierung scheint zu greifen, neue Mittel stehen zur Verfügung. Die Städte statten sich aus, setzen alles daran, die Attraktivität ihres Kulturlebens zu erhöhen, ein Wettrennen ums kulturelle Prestige ist losgegangen. Das alles kommt ein bißchen plötzlich. Gerade noch herrschten Ödnis und tote Hose auf der ganzen Linie, in verstaubten Stadttheatern und Casinos war alle paar Wochen mal eine drittklassige Tingeltangel-Truppe zu Gast, und nun darf es auf einmal nur noch vom Feinsten sein. Kultur wird längerfristig als rentabel angesehen. Sie hebt das Image ganz ungemein, kommt den Freizeitbedürfnissen einer neuen «classe moyenne» aus höheren Angestellten entgegen, lockt Touristen an und wird vom Wählervolk honoriert.

So wird denn allenthalben ordentlich Geld in diesen Bereich gepumpt. In Arles, wo, begünstigt durch die Pariser Dezentralisierungspolitik, schon die prestigeträchtige staatliche Schule für Fotografie entstand, leistet man sich nun auch noch für sechzig Millionen Francs ein großes Archäologie-Museum auf einer Rhone-Halbinsel; und weil man leider kein einziges van Gogh-Gemälde hat, sondern nur die Original-Motive, wurde an bekannte Gegenwartskünstler von Rauschenberg über Hockney bis Bacon appelliert, doch bitte irgend etwas von van Gogh Inspiriertes zu schaffen und nach Arles zu schicken. Vierzig Gemälde und Skulpturen kamen zusammen und bildeten den Grundstock einer «Fondation van Gogh», einer höchst wertvollen Sammlung moderner Kunst. Mit Millionenaufwand wird auch in Nîmes das neue Kulturzeitalter eröffnet. Seit Beginn des Jahrhunderts war diese Stadt fast ununterbrochen von Kommunisten regiert worden. 1983 kippte sie nach rechts um. Jean Bousquet, Chef des erfolgreichen Modehauses «Cacharel», Nummer eins im französischen Prêt-à-porter-Geschäft, wurde Bürgermeister und begann, seine neue Firma «Nîmes» aufzumotzen. Der englische Super-Architekt Norman Foster bekam den Zuschlag zur Errichtung eines Zentrums für Gegenwartskunst mit Mediathek, eines «Beaubourg des Südens» gleich neben dem alten Römertempel «Maison carrée». Der derzeitige Star unter den französischen Architekten, Jean Nouvel, durfte den postmodernen Gebäudekomplex «Nemausus» bauen, eine Großwohnanlage mit Ozeandampfer-Ästhetik. Zu einer ganzjährig nutzbaren Stätte für Kultur und Spektakel wurde das römische Amphitheater hergerichtet. Wo früher nur periodische Stierkämpfe stattfanden, gibt es jetzt vor 20 000 Zuschauern auch «Aida» oder David Bowie. Im Winter wird die Arena

«Antigone» in Montpellier

durch ein Zeltdach zum gigantischen Innenraum.

Mit ganz besonderem Aufwand erkämpft sich die Regionalhauptstadt Montpellier, alte Rivalin von Nîmes, einen Platz auf der Kulturlandkarte. Erstrangige Kräfte werden angeheuert, sei es für das neue Prestige-Orchester, für die Tanzwerkstätte oder für das große E-Musik-Festival. Eine neue Oper wurde gebaut, und für die Pop-Musik leistet man sich einen Tempel namens «Zenith», genau wie in Paris, mit 5000 Plätzen. Mitten auf Verkehrskreuzungen hat der quirlig-geschäftige Bürgermeister moderne Großskulpturen aufstellen lassen. Geradezu exzessive Anstrengungen werden im Bereich des Urbanismus unternommen. Da hat der katalanische Neoklassizist Ricardo Bofill den Stadtteil «Antigone» hingestellt, der an Monumentalität seinesgleichen sucht: ein theatralisches Ensemble voller Stilzitate, mit funktionslosen Säulen, Giebeln, Gesimsen, Schmuckbändern – eine imperiale Bau-Geste, schön symmetrisch, in «mediterranen» Sandfarben, mit weiten gepflasterten Plätzen, die immerhin bei Rollschuhläufern sehr beliebt sind. «Diese Stadt schlief, man mußte sie aufwecken», sagt Bürgermeister Georges Frèche. Er gehört der sozialistischen Partei an und ist besonders stolz darauf, daß in diesem Mussolini-Pomp vor allem Sozialwohnungen untergebracht sind.

Kulturvolle Zeiten brechen also an. Was bei diesen voluntaristischen Kraftakten herauskommt, ist manchmal noch nicht frei von auftrumpfender Kraftmeierei. Aber trotz solcher Allüren ist nicht zu übersehen, daß im Midi ein neues kulturelles Selbstbewußtsein im Entstehen ist. Mit Regionalismus im früheren Sinne hat es wenig zu tun. Propagiert wird eher ein gewisser Kosmopolitismus. Es findet eine Neubesinnung auf den Kulturraum des Mittelmeers statt. Man nabelt sich etwas deutlicher von Paris ab und pflegt gezielt Kulturbeziehungen zu italienischen oder spanischen Städten, aber auch zur anderen Seite des Mittelmeers, zu den Ländern des Maghreb. «Le Sud» wird als Trumpfkarte ausgespielt.

Das Erwachen aus dem kulturellen Dornröschenschlaf macht sich auch in der Literatur- und Verlagslandschaft bemerkbar. Die ist zwar weiterhin wesentlich in Paris konzentriert. Aber während bislang in der Hauptstadt, die sich selbst für den kulturellen Nabel der Welt hält, die Produktion von Provinzverlagen völlig ignoriert wurde, sieht das inzwischen schon etwas anders aus. In den Städten des Südens entwickelt sich eine Infrastruktur aus Verlagen, Zeitschriften und ambitionierten Buchhandlungen, wie etwa «Vent du Sud» in Aix, die zu Kraftzentren des lokalen literarischen Lebens geworden sind. Lange war «Privat» in Toulouse der einzige nennenswerte Verlag des Südens; seit kurzem machen neue Namen wie «Alinéa» in Aix oder «Actes Sud» in Arles von sich reden, die sich überregional Respekt verschaffen konnten. Deren Programme haben ganz und gar nichts Provinzielles, im Gegenteil: Sie zeichnen sich durch eine Weltoffenheit aus, die sich wohltuend von der Pariser Inzucht abhebt. Italienische, spanische, amerikanische, russische, skandinavische und erstaunlich viele deutsche Autoren werden neuerdings in Südfrankreich verlegt: Anna Seghers und Christa Wolf bei «Alinéa», Ingeborg Bachmann, Marlen Haushofer, Marie-Luise Kaschnitz bei «Actes Sud». Die «Klavierspielerin» von Elfriede Jelinek oder Bodo Morshäusers «Berliner Simulation» sind als Übersetzungen nicht etwa in Paris, sondern im Kleinverlag «Editions Chambon» in Nîmes herausgekommen. Es scheint, als sei man hier unten neugieriger als an der Seine und schaue gerne über den Tellerrand hinaus. Wohl kein Zufall ist auch, daß es der kleine Verlag «Verdier» aus dem Corbières-Dorf Lagrasse war, der das Anti-Heidegger-Buch des Chilenen Victor Farias herausbrachte, das 1988 wie eine Bombe ins Pariser Intellektuellen-Gärtlein einschlug. ∎

*D*ie Literatur

NICHT NUR HEITERES

Ein Bündel von Stereotypen kennzeichnete zunächst das Bild des Südens in der Literatur. Besonders folgenreich war das Werk von Alphonse Daudet. Dessen Roman «Tartarin von Tarascon» und die Erzählungssammlung «Briefe aus meiner Mühle» waren in ganz Frankreich lange Zeit hindurch außerordentlich populär und gelten auch heute noch als Klassiker. Daudet, 1840 in Nîmes geboren, nahm sich darin des südlichen Kleinbürgertums an, und zwar mit «heiterer Ironie», wie es im Lexikon heißt. Seine launigen Geschichten haben die Mühle in Fontvieille bei Arles zu einem eminenten Touristenziel gemacht, auf den Michelin-Straßenkarten ist sie als «Daudets Mühle» eingezeichnet. Generationen von Franzosen konnten sich mit Hilfe der Daudet-Werke über ihre schrulligen südlichen Landsleute amüsieren. Diese selbst allerdings fanden das oft weniger lustig. Daudet verteidigte sich zwar gegen Kritiker, er habe sich bei seinen Schilderungen südlicher Mentalitäten und Verhaltensweisen immer auf eigene Beobachtungen gestützt, sich selbst dabei eingeschlossen, aber seine «Tartarinaden» malen ein Bild von den Menschen des Südens, das einer Karikatur nahekommt. Die urigen Gestalten, die Aufschneider und gestikulierenden Großschwätzer, mit denen er seinen literarischen Midi bevölkerte, dienten wohl weniger einer ernsthaften Auseinandersetzung mit seiner Heimat als dem Pläsier des Pariser Publikums.

Verfilmt wurden Daudets «Briefe aus meiner Mühle» 1953 von Marcel Pagnol. Auch bei ihm gab es eine Neigung zu klischeehafter Typisierung. Bekanntestes Werk dieses in

Aubagne geborenen Theaterautoren, Filmemachers und autobiographischen Erzählers ist die «Marius»-Trilogie: eine humorige bis sentimentale Darstellung des Marseiller Hafenmilieus und seiner kuriosen Menschen. In seiner Heimatstadt Aubagne, die heute stark durch die Fremdenlegion geprägt ist, wird um den 1974 verstorbenen Pagnol ein Kult getrieben wie in Stratford-on-Avon um William Shakespeare. Zu Fuß oder per Bus kann man auf Rundstrecken zu den Stätten seines Wirkens und den Schauplätzen seiner Werke pilgern. Souvenirs und Bücher des Meisters finden reißenden Absatz. Durch die Verfilmungen seiner Stücke war Pagnols Breitenwirkung enorm. Seine häufig klischee-gesättigten Milieu- und Menschenschilderungen haben den Ausdruck «pagnolesque» entstehen lassen. Dennoch wird ihm nicht gerecht, wer ihn auf den liebenswürdigen Schilderer regionaler Nettigkeiten reduziert. Mit «Manon des Sources», zunächst als Drehbuch geschrieben, später dann zu dem umfangreichen Roman «L'eau des collines» (Die Wasser der Hügel) ausgebaut, zeigte er sich von einer anderen Seite. Er entwarf eine düstere, spannungsreiche Saga um Schuld und Rache, fast nach dem Muster einer antiken Tragödie. Auslöser ist der Kampf um einen heißbegehrten Schatz: das Wasser. «Ich habe diese Geschichte in meiner Kindheit von den Bauern der Hügel von Allauch erzählen hören», berichtet Pagnol. «Es ist eine Rachegeschichte. Man kann ihre dramatische Intensität nur ermessen, ihre Gewalt nur verstehen, wenn man weiß, welcher Fluch es war, der in der herben, harten Provence dieser Berge nördlich von Aubagne die Menschen niederdrückte, ja aus ihrem Leben einen wahrhaften Kreuzweg machte: es war der Wassermangel, die erbarmungslose, andauernde, unabdingbare Trockenheit. Wie besessen waren die Bauern davon.» Rache nimmt Manon, die verwilderte Ziegenhirtin, an einem Dorf, das sich mitschuldig gemacht hat am Tod ihres Vaters, eines Städters, der den Versuch, ein geerbtes Stück Land zu bewirtschaften, mit dem Leben bezahlen muß. Ein habgieriger Nachbar hatte ihm die Quelle verstopft, um das dadurch wertlos gewordene Land billig aufzukaufen. Die Dörfler wußten über die Intrige Bescheid und sahen stillschweigend zu, wie sich der «Zugereiste» zu Tode schuftete. Mit «Manon des Sources», so der Filmhistoriker André Bazin, gab Pagnol «der Provence ihr universales Epos».

Schwieriger Pazifist

Als Provence-Schriftsteller mit Pagnol oft und sehr zu Unrecht in einem Atemzug genannt, wird Jean Giono häufig aus Unkenntnis als rustikaler Bauernschriftsteller abgetan, dem die Scholle am Stiefel klebt. Dabei ist er sicherlich ein Literat von anderem Kaliber als sein Landsmann aus Aubagne. Giono ist ein umstrittener Autor. In den dreißiger Jahren galt er als einer der Großen neben André Malraux und André Gide, später aber hat sein Ruf einen Knacks bekommen. Der «Virgil der Provence», wie ihn Gide nannte, geriet politisch ins Zwielicht. Man machte ihm unklares Verhalten während des Vichy-Regimes und der deutschen Besatzung zum Vorwurf, beschuldigte ihn gar der Kollaboration. War der vorher so hoch Gelobte also doch ein französi-

Pagnols «Manon des Sources» als Film

scher Blut-und-Boden-Dichter, ein reaktionärer, rechter Schreiberling? Dieses Vorurteil war zumindest eine Zeitlang verbreitet.

Jean Giono, geboren 1895 als Sohn eines anarchistischen Schusters italienischer Herkunft in der kleinen Stadt Manosque in der Haute-Provence, war, nachdem er die Grauen des Ersten Weltkriegs als Soldat erlebt hatte, zum radikalen Pazifisten geworden. Gegen Krieg und soldatisches Heldengetümel setzte er eine überschwengliche Feier des Lebens und der Natur. Das Vaterland? Ein von den Kapitalisten geschaffener Mythos, um die jungen Generationen zu verführen, sich als Kanonenfutter herzugeben. Nach dem rechtsextremen Putschversuch von 1934 in Paris engagierte er sich als Antifaschist an der Seite der Kommunisten, war Mitglied im «Bund revolutionärer Schriftsteller und Künstler», schrieb für Zeitschriften der Volksfront. Demnach war er also ein Linker? Manchmal ist es schwierig mit solchen Etiketten. Giono war ganz sicher ein Individualist. Seine Bücher verkündeten jedenfalls keine direkt politischen Botschaften. Allerdings stand hinter der hymnischen Naturvergottung seiner frühen Romane zweifellos auch unverhohlene Zivilisationsfeindschaft, die Ablehnung der Welt der Großstädte. Seine Werke waren Ausdruck eines Natur- und Lebensgefühls, in dem Kosmos und Kreatur untrennbar verbunden sind; heute würde man so etwas vielleicht als «ganzheitlich» bezeichnen. In seinen Geschichten von Bauern und Hirten der Provence sind die alten Götter der Antike präsent. «Der Hügel», «Der Berg der Stummen» und «Ernte» bilden seine sogenannte «Trilogie des Pan». Die Natursicht ist dabei nicht unbedingt idyllisch. Die Mächte der Natur bringen auch Schrecken und Vernichtung über die provenzalischen Landmenschen. Gewitterstürme, Hochwasserkatastrophen, Krankheit, Mißgunst, Eifersucht und Mord – Gionos Bauernwelt ist nicht besonders gemütlich.

In den dreißiger Jahren verschaffte ihm sein Werk eine enthusiastische Anhängerschaft. Zu einem Kultbuch vor allem für jüngere Leser wurde «Que ma joie demeure» (Bleibe, meine Freude), die Geschichte eines vagabundierenden Poeten, der den Bauern eines Hochplateaus die Lebensfreude beibringt, indem er sie den Sinn für das Nutzlose und Schöne entdecken läßt; einer pflanzt zum Beispiel Blumen auf seinem Feld, andere fangen an, aus Spaß Hirsche zu züchten. Zugleich lehrt er sie aber auch, das Leben vernünftig und kollektiv zu organisieren, die zum Leben notwendige Produktion gemeinsam zu regeln. Dieses Buch voller utopischer Anklänge traf genau auf den Traum von einer befreiten Gemeinschaft und die jugendbewegten Tendenzen der Volksfront-Zeit. Seine Fans machten sich durch Massen von Briefen bemerkbar, Studenten besuchten ihn in Manosque. Im Weiler Le Contadour in den Bergen scharten sich einmal jährlich seine Anhänger um ihn und drängten ihn in die Rolle des Gurus. Dabei wurde viel über die großartige Natur geredet, in der sich diese Treffen abspielten, aber noch mehr stand der Kampf gegen den Krieg im Mittelpunkt. Es war schließlich Gionos Pazifismus, der ihn in Schwierigkeiten brachte, ihn, der sich für die «Abschaffung der Armee, aller Waffen, die Zerstörung der Kriegsfabriken, die Verweigerung jeder Mobilisierung» aussprach, wobei er mit einem Teil der Linken konform ging. Aber da war dieser Hitler, da war auch Francos Aufstand gegen die spanische Republik. Giono, der großen Einfluß bei vielen Lehrern und bei der Jugendbewegung hatte, verweigerte dennoch weiter kategorisch jede Legitimierung des Krieges, auch wenn er antifaschistisch war, wie im Fall des spanischen Bürgerkriegs. Weder beim Anschluß Österreichs noch während der Sudetenkrise rückte er ab von seiner Position. «Lieber ein lebendiger Esel als ein toter Löwe», sagte dieser Ökopax-Vorläufer und brach mit seinen Volksfront-Freunden, die seiner Ansicht nach das pazifistische Ideal verrieten. Wie gewisse Rechte und ein kleiner Teil der Linken befürwortete er noch im Vorfeld des Münchner Abkommens Frieden um jeden Preis. Als nach dem deutschen Überfall auf Polen Frankreichs Kriegserklärung an Nazi-Deutschland erfolgte, bepflasterte er mit einigen Freunden die Mobilisierungsplakate in den Dörfern bei Manosque mit «Non»-Aufklebern. Bald darauf wurde er verhaftet und im Fort St. Nicolas in Marseille interniert. Auf Intervention von André Gide ließ man ihn wenig später frei.

Wieder verhaftet wurde Giono dann 1944 nach der «Libération» für ein paar Monate und mit Publikationsverbot belegt. Hatte er sich tatsächlich während der Besatzungszeit kompromittiert? In der von den Deutschen verbreiteten Illustrierten «Signal» waren Fotos von ihm erschienen, häusliche Szenen, nichts

Besonderes. Auch hatte er literarische Texte veröffentlicht in dieser Zeit, aber das trifft auf viele andere auch zu. Allerdings war da ein Interview, das er der Kollabo-Zeitschrift «La Gerbe» gegeben hatte, aus dem ließe sich eine gewisse Sympathie für das Vichy-Regime herauslesen. «Ich habe Vertrauen in ein bäuerliches und handwerkliches Frankreich, das heißt: in ein Frankreich, das sein wahres und reines Gesicht wiedergefunden hat...» Das ist vielleicht etwas weltfremd, aber ein Faschist war Giono deshalb noch nicht. Zwar kämpfte er nicht im Widerstand, aber er hatte auch nichts mit der Kollaboration zu schaffen. In seinem Haus «La Grange» in Le Contadour hatte er, ohne später Aufhebens davon zu machen, Verfolgten Unterschlupf gewährt. Sein Irrtum und seine Tragik bestanden wohl darin, daß er in seinem rigorosen Pazifismus die Dimensionen des Hitlerfaschismus falsch einschätzte und im übrigen der Illusion anhing, sich in seinem provenzalischen Domizil aus allem Politischen heraushalten zu können. Nach und nach wurde er dann doch wieder als Schriftsteller von Rang anerkannt. Von heute aus gesehen könnte er fast als Ahnherr der Grünen erscheinen.

Von Holzfällern, Straßenbauern und Quellensuchern

Die Autoren des Midi sprechen generell viel von Natur und Landwirtschaft, nicht weil sie reaktionäre Naturapostel wären, sondern weil beides dort einen wichtigen Stellenwert besitzt. Dies trifft auch auf Ludovic Massé zu, einen Schriftsteller aus dem Roussillon, 1982 verstorben, der das Interesse und die Bewunderung von großen Kollegen wie Cendrars, Paulhan oder Martin du Gard erregt hatte. Von seinem literarischen Werk, das ein Dutzend Romane und einige Bände mit Erzählungen umfaßt, ist heute wenig zu finden. Eins seiner schönsten Bücher, «Le Vin pur», wurde dankenswerterweise von einem kleinen Bremer Verlag auf deutsch herausgebracht unter dem Titel «Katalanischer Wein». Es erzählt die Geschichte von Jantet, dem Sohn eines armseligen Holzfällers aus den Pyrenäen, der bei einem Schmied in Evol in die Lehre geht, jenem Dorf, aus dem Massé selbst stammt. Durch einen geheimnisvollen Mordfall wird Jantet zum Erben eines kleinen heruntergewirtschafteten Weinguts im Schwemmland der Küstenebene, das er mit großer Zähigkeit wieder hochbringt. Aber dann erwischt ihn, wie alle Winzer, die große Weinkrise von 1907. Massé führt ein in die Milieus der Waldarbeiter, dörflichen Handwerker und Weinbauern. Er schildert im Rahmen seiner geographisch überschaubaren Welt eine von hartem Überlebenskampf, sozialer Abhängigkeit und Tragik bestimmte «condition humaine». Ludovic Massé war Lehrer von Beruf. Als politisch mißliebiger Autor wurde er unter Pétain aus dem Schuldienst entfernt. Sein Werk, das ganz seiner katalanischen Heimat gewidmet ist, war lange in Vergessenheit geraten und findet erst seit seinem Tod allmählich wieder die gebührende Beachtung.

Eine größere Zahl von Literaten hat das Cevennengebirge hervorgebracht, dessen protestantische Bevölkerung für ihren eigensinnigen, zu Aufsässigkeit und Widerstand neigenden Charakter bekannt ist. Als bedeutendster protestantischer Autor Frankreichs gilt André Cham-

Das Leben dieser Anhöhen verkümmerte rasch, zog sich zurück, angezogen von den Tälern, die menschlicher und den Veränderungen des Jahrhunderts zugänglich waren. Zuerst waren es die Jüngeren, die von der Einsamkeit, von einem harten und zukunftslosen Leben abgeschreckt wurden. Angelockt durch das Neue, angespornt durch das lärmende Leben der Vorstädte, in denen sich kleine, blühende Manufakturen niedergelassen hatten, begannen sie, das Hochland zu verlassen, und gaben ohne Bedauern ein plötzlich freudlos gewordenes Dasein auf. Viele Familien waren so arm, daß sie nur ihre Kleider auf ihre Handkarren luden und die wurmstichigen Möbel an Ort und Stelle verfaulen, ja manchmal sogar den Schlüssel in der Tür verrosten ließen. Nicht lange, und Bäume wuchsen in den Küchen empor, durchstießen mit ihren Ästen die eingefallenen Dächer.

Jean Carrière: Der Sperber von Maheux. Rowohlt Taschenbuch

son, der seine Jugend in Le Vigan verbracht hat, zu Füßen des Mont Aigoual, dieses massigen, die Cevennen dominierenden Bergknubbels, der in seinen Romanen häufig vorkommt. Der 1983 verstorbene Chamson war schon zur Zeit der Volksfront politisch aktiv. Er gab die linke Zeitschrift «Vendredi» heraus und engagierte sich später aktiv in der Résistance. Nach dem Krieg wurde dieser politische «homme de lettres» der ersten Garnitur zum Pen-Club-Präsidenten gewählt und in die ehrwürdige Académie française aufgenommen. Er war ein weltläufiger Mann, alles andere als ein borniertes Provinz-Schreiberling. Dennoch nahm die Provinz einen vorrangigen Platz ein in seinem Werk. Berühmt wurde er durch die «Suite cevenole», ein Cevennen-Opus in fünf Romanen. Sie erzählen von den Bauern und Industriearbeitern des Gebirges, vom religionsgestützten Eigensinn seiner Bewohner, von der Geschichte der Protestantenverfolgung und dem Kamisardenkrieg. Erfolgreichster dieser Romane war «Les Hommes de la route», der eindringlich das monotone Leben von Straßenbauarbeitern in den Bergen schildert. Jean Giono, mit dem Chamson eine schwierige Freundschaft verband, war davon begeistert: «Als ich ein kleiner Bankangestellter in Manosque war, las ich «Les Hommes de la route», und ich sagte mir: wirst du es eines Tages schaffen, ein ebenso schönes Buch zu machen wie dieses da?» Wer mit André Chamson die Cevennen erkunden will: Die «neue Straße» des Romans ist die D 48 von Le Vigan über den Col de Minier.

Die Cevennen beherrschen auch die Romanwelt von Jean Carrière, dessen «Sperber von Maheux» 1972 mit dem begehrten «Prix Goncourt» ausgezeichnet wurde. Carrière unterhielt enge Beziehungen zu Jean Giono und diente ihm mehrere Jahre lang als eine Art Privatsekretär. Der «Sperber von Maheux» erzählt vom Untergang der Familie Reilhan, die im entlegenen Hochland von den kümmerlichen Erträgen ihrer kleinstbäuerlichen Selbstversorgungswirtschaft lebt. Trocken, ohne folkloristisches Gesäusel, mit manchmal bissigem Humor wird beschrieben, wie sich diese Menschen unter demütigendsten Existenzbedingungen in ihren Bergen festkrallen, wie Abel Reilhan, der letzte Erbe von Maheux, sich aufreibt beim Versuch, eine Wasserader zu finden, weil er dableiben will, trotz der immer schlimmer werdenden Armut und obwohl längst um ihn herum das große Abwandern eingesetzt hat. Mit bornierter Besessenheit geht er bis zum bitteren Ende. Seine Frau indessen springt rechtzeitig ab. «Mit ihr würde man so etwas jedoch nicht machen. Mittelalter, Quellwasser, Wäschewaschen im Bach, Holzfeuer – dieses ganze entwürdigende, groteske und erschöpfende Affentheater war von nun an gut für die Pariser. War das Hochland im Begriff, zum Zweitwohnsitz Frankreichs zu werden, zu seinem Sauerstoffreservoir, zu seiner Rückkehr zu den Ursprüngen, um nicht zu sagen zu seinem altsteinzeitlichen Reservat, so träumten die Eingeborenen nur noch von Leuchtstoffröhren und Resopal.» ■

Das Kino

FILME MIT AKZENT

Bei Marcel Pagnol, in dem häufig nicht viel mehr gesehen wird als ein Autor folkloristischer Nettigkeiten, erschienen eines Tages in den fünfziger Jahren François Truffaut und Claude Chabrol, damals junge Heißsporne und Nouvelle-Vague-Revoluzzer, um sich bei ihm für seine Filme zu bedanken, denn in ihm sahen sie einen ihrer wichtigen Vorläufer. «Pagnol ist nicht ein Stückeschreiber, der sich zum Kino konvertiert hat, sondern einer der größten Autoren des Tonfilms», befand der Cheftheoretiker des neuen Autorenkinos, André Bazin. Und Roberto Rossellini betrachtete ihn als einen Ahnherrn des Neorealismus, denn als einer der ersten hatte der Filmemacher Pagnol mit Direkt-Ton und natürlichem Dekor gearbeitet.

Tatsächlich spielte in Pagnols Karriere das Kino eine Hauptrolle. Zunächst wurden die Erfolgsstücke dieses ehemaligen Englischlehrers aus

Aubagne von anderen Regisseuren verfilmt, dann gründete er seine eigene Produktionsfirma. Pagnol, der Zeit seines Lebens eng mit seiner provenzalischen Heimat verbunden war, wurde zum Vorreiter eines autonomen regionalen Kinos, unabhängig von Paris, dem Machtzentrum des französischen Films. Er drehte in Marseille und im Hinterland, an Originalschauplätzen im Freien und mit lokalen Schauspielern. Wie seine Stücke zeigen auch seine Filme die Tricks und Eigenheiten seiner Landsleute, spielen gerne mit deren sprachlicher Schlagfertigkeit. Es wird viel und genußvoll geredet in seinen Filmen – «Cinéma parlant» heißt ja schließlich auch der Tonfilm auf französisch. Pagnol entdeckte Schauspieler der Marseiller Kleinkunst-Szene für den Film: Raimu, Charpin, Fernandel, die von da an den Urtyp des mediterranen Kleinbürgers verkörperten und gelegentlich auch zur Karikatur verzerrten. Mit ihrem rollenden Akzent, der unbändigen Gestik und Mimik, ihrer leichten Erregbarkeit und der Neigung zum endlosen Müßiggang gelten sie Pagnols Kritikern als Dekorelemente eines mystifizierten Südens. Zwischen 1933 und 1940 entstanden unter Pagnols Regie unter anderem «Merlusse», «Topaze», «César» und «Le Schpountz». Nach Vorlagen von Jean Giono drehte er «Angèle», «Regain» und «La Femme du Boulanger». In Pagnols Studios entstand auch Jean Renoirs sozialkritischer Film «Toni», die Geschichte eines italienischen Arbeiters, der wie viele seiner Landsleute in jenen Jahren in die Provence kommt, fälschlich eines Verbrechens bezichtigt wird und dem Fremdenhaß eines Grundbesitzers zum Opfer fällt. Pagnol trug sich mit hochfliegenden Plänen, er wollte seine Marseiller Studios zu einer wahren Filmstadt ausweiten. Daraus wurde allerdings nichts, Krieg und Besatzungszeit kamen dazwischen. Nach dem Krieg – er war mittlerweile Mitglied der Académie française – landete er mit «Manon des Sources» noch einen beachtlichen Erfolg. Aber kurz darauf hörte Pagnol mit dem Filmen auf. Es war ihm, wie er sagte, zu anstrengend geworden, außerdem lag der größte Teil seiner Lieblingsschauspieler auf dem Friedhof.

Der Süden hat eine enge Beziehung zur Filmgeschichte. Schon zur Stummfilmzeit war er als Drehort beliebt, weil die verläßliche Sonne angesichts des noch wenig lichtempfindlichen Filmmaterials gute Arbeitsbedingungen versprach. Einen der ersten Filme überhaupt, «L'Entrée du train en gare de La Ciotat» (Die Ankunft des Zuges in La Ciotat), der bei seiner Uraufführung heftige Angstreaktionen hervorrief, drehte der Urvater des Kinos, Louis Lumière, in eben dieser kleinen Stadt zwischen Marseille und Toulon. Die beiden großen französischen Produktionsfirmen Pathé und Gaumont richteten ihre Studios rund um Nizza ein. Das Filmgeschäft lief auf Hochtouren. Ein gewisser Louis Nalpas träumte 1919 davon, aus Nizza ein europäisches Hollywood zu machen. Er kaufte einem Prinzen billiges Gelände im Vorort Saint Augustin ab und zog dort den Studiokomplex «La Victorine» hoch. Als das ehrgeizige Projekt seine Mittel bei weitem überstieg, trat Rex Ingram auf den Plan, Star-Regisseur aus dem echten Hollywood, der Rudolf Valentino groß herausgebracht hatte. Aus der «Victorine» wurden die «Rex-Ingram-Ciné-Studios Nizza», nach amerikanischem Vorbild mit den letzten technischen Neuheiten ausgestattet. Dieses Côte-d'Azur-Hollywood zog Filmteams aus ganz Europa an. Aber dann brach die Ära des Tonfilms an, und mit dem hatte Ingram nichts im Sinn; er zog sich aus dem Geschäft zurück und ging wieder nach Amerika.

Während des Zweiten Weltkrieges wurde der französische Süden als nichtbesetzte Zone zur Zuflucht für Schauspieler, Regisseure, Szenaristen, Musiker, Produzenten, Techniker. Die Victorine-Studios erlebten einen neuen Aufschwung. Es war dies überhaupt eine Blütezeit für das französische Kino: Die englische und amerikanische Konkurrenz war ausgeschaltet, man hatte gleichsam eine Monopolstellung inne. Die zwangsweise vorgeführten deutschen Filme kamen beim Publikum nicht sonderlich an, dafür die französischen um so mehr. Freilich war das Kino der Zensur unterworfen, und so wichen die Filmemacher meist in unverfängliche Themen aus, vergeistigte Fabeln und leichte Komödien, weit weg vom Elend der Emigranten, von Krieg, Widerstand, Schwarzmarkt oder Kollaboration. Dennoch entstanden in dieser Zeit auch Filme, die zu Klassikern des französischen Kinos wurden, wie etwa Marcel Carnés «Les Visiteurs du Soir» und «Les Enfants du Paradis» (Kinder des Olymp), oder Clouzots «Le Corbeau». Noch heute sind die «Kinder des Olymp» mit Arletty und Jean-Louis Barrault ein Programmkino-Dauerbrenner. Die Dreharbeiten zu diesem poetisch-leichtfertigen Werk verliefen unter den Bedingungen verschärften Mangels. Immer wieder fiel der Strom aus, in den Studios herrschte Winterkälte, die Verpflegung war erbärmlich. Als für eine Szene ein Festbankett aufgebaut wurde, höhlten die hungrigen Schauspieler flugs die Brötchen aus. Für das gigantische Dekor der «Kinder des Olymp» – tonnenweise Gips und Holz, kilometerlange Stoffbahnen und Quadratkilometer von Glasscheiben – war das Äußerste an Beschaffungsphantasie gefordert. Der geniale Filmarchitekt Alexander Trauner, der bei diesem Film am Werke war, mußte sich als ungarischer Jude diskret im Hintergrund halten, um nicht entdeckt und deportiert zu werden. Er arbeitete inkognito und zog es vor, auch im Abspann nicht genannt zu werden. Wie ihm gelang es manchen anderen Verfolgten, als Statisten und Handlanger im Gewimmel der Dreharbeiten unterzutauchen.

Aufbruch des Regionalfilms

Als der Krieg vorüber war, ging es langsam, aber stetig bergab mit den kinematographischen Aktivitäten an der Côte d'Azur. Alfred Hitchcock drehte in den Victorine-Studios «Über den Dächern von Nizza», auch entstand hier noch «Mon Oncle» von Jacques Tati, aber die Filmszene verlagerte sich wieder zurück in die Metropole, die Studios verwaisten. Anfang der siebziger Jahre nutzte François Truffaut die vergessenen und vergammelten Kulissen für «La Nuit américaine» (Die amerikanische Nacht), einen Film übers Filmemachen, und erwies damit dem Kintopp der Vergangenheit seine Referenz.

Gewiß, die Côte ist jährlich Veranstaltungsort des größten Kinorummels der Welt, des Festivals von Cannes. Das erste Festival war für 1939 geplant und sollte als Jurypräsidenten den alten Louis Lumière haben. Aber dann kam gleich die Unterbrechung durch den Krieg, richtig los ging es erst danach. 1949 wurde das Festival vom jugendlich-smarten Justizminister Mitterrand eröffnet. Seither ist es zum großen Rendezvous der internationalen Filmwelt geworden. Aber der Süden fungiert dabei eigentlich nur als Gastgeber, liefert das angenehme Drum und Dran, den passenden Rahmen. Und ähnlich taucht der Midi auch in sehr vielen Filmen auf, wo sich seine Bedeutung darauf reduziert, das Dekor zu liefern, etwa für Brigitte Bardots Tändeleien in Saint Tropez.

Besonders häufig dient Marseille als Kulisse für Kriminalfilme. In «Borsalino» oder «French Connection» I und II wird mit den Stereotypen gearbeitet, die nun mal zu diesem Genre gehören. Anders ist das bei dem Filmemacher René Allio, der selbst aus dieser großen Hafenstadt stammt. Sein Marseille hat wenig gemein mit dem der Gangsterfilm-Macher. Seine Heimatstadt nimmt in seinem Schaffen einen zentralen Platz ein, angefangen mit der Brecht-Adaptation «La Vieille Dame Indigne» (Die unwürdige Greisin, 1965), dann auch in «Pierre et Paul» (1969), «Retour à Marseille» und «L'Heure Exquise», beide 1981. Nach dem Roman von Anna Seghers drehte Allio 1990 «Transit», einen Film über das Schicksal deutscher Flüchtlinge im Marseille von 1940. Allio ist so etwas wie der Pionier einer dezentralen Kinoszene, die sich auch thematisch für die eigene Region interessiert. Insofern steht er in der Nachfolge von Pagnol, ist aber viel stärker politisch motiviert.

In den siebziger Jahren gab die aufblühende Regionalbewegung auch dem Film neue Anstöße. Es entstanden lokale Kollektive junger Filmemacher, die das Medium in den Dienst ihres politischen Engagements stellten. Ein Bergarbeiterstreik in Alès, Winzerunruhen im Languedoc, die Kämpfe gegen das Militärgelände auf dem Larzac-Plateau waren nun Anlaß, zur Kamera zu greifen, ebenso wie die Wiederentdeckung der okzitanischen Kultur. Was mit Super 8 und Video-Kameras begann, professionalisierte sich mit den Jahren, und seither haben sich, wenn auch noch zaghaft, Ansätze eines neuen, dezentralen Filmgeschehens entwickelt. René Allio, der Vorläufer, ist dabei von eminenter Bedeutung. Schon 1974 hatte er die Gründung eines «Centre méditerranéen de création cinématographique» propagiert. Seit 1982 funktioniert es in Vitrolles bei Marseille, dank der Förderung durch das Kulturministerium, das bei seiner Politik der kulturellen Dezentralisierung bestehende Initiativen unterstützt und ausbaut. 1980 wurde auf dem Festival von Cannes erstmals ein langer Spielfilm in okzitanischer Sprache präsentiert: «L'Histoire d'Adrien» von Jean-Pierre Denis, er bekam sogar die «Goldene Kamera». Ein Jahr später entstand, ebenfalls auf Oc, «L'Orsalher», der Bärenführer, von Jean Fléchet, einer anderen Säule des südlichen Regionalfilms.

Neben Marseille ist auch Toulouse dabei, zu einem Kristallisationspunkt des meridionalen Kinogeschehens zu werden. Dort funktioniert neuerdings ein weiteres Filmproduktionszentrum, und außerdem ist Toulouse Sitz der nach Paris bedeutendsten Cinémathèque Frankreichs. Sie ist hervorgegangen aus einen kleinen Kreis von Intellektuellen mit surrealistischen und/oder trotzkistischen beziehungsweise libertären Neigungen, die vor dem Krieg einen Club zur Vorführung militanter, oft verbotener Filme betrieben. Der Grundstock der Sammlung kam in den fünfziger Jahren zusammen durch den Aufkauf von Filmen, die von ambulanten Vorführern auf Jahrmärkten gezeigt wurden. Heute verfügt die Cinémathèque Toulouse über einen Schatz von 14000 Filmen und veranstaltet das ganze Jahr hindurch Retrospektiven überall im Süden.

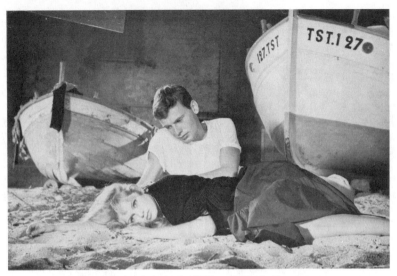

«Und immer lockt das Weib» – BB in St. Tropez

Midi als Dekor

Auch in vielen neueren Autorenfilmen, die nicht unbedingt dem regionalen Geist verpflichtet sind, taucht in letzter Zeit der Süden in neuartiger Weise auf. Paul Vecchialis «En haut des marches» von 1983 etwa erzählt die Geschichte einer älteren Frau, die nach langer Abwesenheit nach Toulon zurückkommt, wo sie und die Ihren nach dem Krieg leichtfertig zu Kollaborateuren gestempelt und fortgeekelt worden waren. Ihr Weg durch die Stadt wird zur Begegnung mit den Phantomen der Vergangenheit, zu einer Reise in die Erinnerung.

In einem winterlich kalten Midi, der dem gängigen touristischen Bild so gar nicht entspricht, ist Agnes Vardas «Sans toit ni loi», deutsch: «Vogelfrei», angesiedelt. Mona, eine junge, rebellische Aussteigerin, treibt ziellos durch den unbehaglich-frostigen Süden, kommt immer weiter herunter, verlumpt und verlottert, gerät in ein archaisches Volksfest, das tatsächlich jedes Jahr am Aschermittwoch im Dorf Cournonterral bei Montpellier gefeiert wird: «Les Pailhasses». Bizarr verkleidete Gestalten ziehen dabei durch die Gassen und veranstalten eine gnadenlose Schlammschlacht. Die Heldin, die den «Pailhasses» zum Opfer fällt und von ihnen wüst besudelt wird, endet kurze Zeit darauf erfroren im Straßengraben. Die Idee zu diesem Film war Agnes Varda gekommen durch die vielen Clochards, die sich im Winter nach Südfrankreich aufmachen.

Die alte Katharerburg von Puivert und die wilde Landschaft drumherum war Drehort von Bertrand Ta-

Provence-Western:

verniers «La Passion Béatrice», ein Inzest-Drama um einen verrohten Burgherrn und sein zartes Töchterlein. Französische Historiker der ersten Garde haben als Berater mitgewirkt; die Verhältnisse auf einer südfranzösischen Ritterburg zur Zeit des Hundertjährigen Krieges sind, so heißt es, höchst authentisch rekonstruiert.

Der spektakulärste, publikumswirksamste Film, der sich in den letzten Jahren mit dem Midi befaßte, war der Zweiteiler «Jean de Florette» und «Manon des Sources» von Claude Berri, ein erweitertes Remake des Pagnol-Streifens «Manon des Sources». Berris «provenzalischer Western» (Le Monde) mit Yves Montand, Daniel Auteuil und Gérard Depardieu war eine der teuersten Produktionen des neueren französischen Kinos. Gedreht wurde das Melodram in den Provence-Dörfern Mirabeau und Ansouis sowie in Sommières bei Nîmes. Pagnols Originaldekor in La Treille westlich von Aubagne war nicht mehr zu benutzen. Das Land war von Waldbränden verkohlt, und es stehen dort inzwischen auch zu viele moderne Ferienhäuser herum.

Schließlich sei noch auf einen Film hingewiesen, der seit 1955 als verschollen galt, 1990 aber überraschend wieder auftauchte: «Rendezvous des quais» von Paul Carpita erzählt von einem Dockerstreik in Marseille, verbunden mit einer Liebesgeschichte. Gleich bei seiner ersten Vorführung vor Marseiller Arbeitern wurde der Streifen aus politi-

Montand, Auteuil, Départdieu in «Jean de Florette»

schen Gründen beschlagnahmt. Er galt als subversiv, denn bei jenem Streik, der zwei Jahre zuvor tatsächlich stattgefunden hatte, versuchten kämpferische Docker, die Beladung eines Schiffs mit Panzern für den Indochinakrieg zu verhindern. Carpita war mit seiner Kamera dabei, die Spielhandlung hat er hinterher eingebaut. Seine schwarzweißen Bilder vom Hafen und den Straßen von Marseille sind deutlich vom italienischen Neorealismus beeinflußt. Filmhistoriker sehen heute in ihm einen verkannten Vorläufer der «nouvelle vague». Aber die Zensur hat seine Karriere abgebrochen, bevor sie richtig anfangen konnte. Man teilte ihm damals mit, sein Film sei vernichtet worden. Vor ein paar Jahren erst wurde die beschlagnahmte Kopie im französischen Filmarchiv entdeckt. Erstmals konnte «Rendezvous des quais» im Kino gezeigt werden – für Frankreichs Cinephile eine kleine Sensation, und für den inzwischen 68jährigen Paul Carpita, der ein Großer des französischen Kinos hätte werden können, eine späte Genugtuung. ∎

Nicht nur beiläufig hat Küche etwas mit Kultur zu tun. Hymnische Loblieder sangen zu Beginn des Jahrhunderts die um Frédéric Mistral gescharten Literaten auf die heimische Kochkunst. Als eines der höchsten Kulturgüter galt dem Dichterpapst der Provence das stark knoblauchhaltige Gericht Aïoli. «In seiner Essenz konzentriert es die Wärme, die Kraft, die Heiterkeit der provenzalischen Sonne», befand Mistral. Konsequenterweise gab er der von ihm gegründeten Literaturzeitschrift den Namen «l'Aïoli». Zur Renaissance des Provenzalischen, zur neuen Hochschätzung von Sprache und Kultur gehörte auch die bodenständige Küche als identitätsstiftendes Element. Typische Speisen wurden zu Emblemen regionalen Bewußtseins. So verfaßten die Mitglieder der Felibrige-Literatenzirkel neben Gedichten in der von Mistral vereinheitlichten Schreibweise des Provenzalischen auch mehrere Rezeptsammlungen – bei vielen zweifellos der beste Teil ihres Werkes, auf jeden Fall waren die Rezepte langlebiger als ihre poetischen Hervorbringungen.

Maurice Brun, ein Anhänger und Freund Mistrals, der auch mit anderen chauvinistischen Intellektuellen wie Léon Daudet und Charles Maurras befreundet war, eröffnete 1936 in Marseille ein Restaurant, das bis ins Detail dem Geist des provenzalischen Patriotismus verpflichtet war: «Aux Mets de Provence», konzipiert gleichsam als Museum der Provence-Küche. Brun kreierte ein einziges gewaltiges Einheitsmenü, ausschließlich aus traditionellen Elementen der Region komponiert, das in seinem Restaurant in weihevoller Andacht zu zelebrieren war. Wer es an der nötigen Haltung fehlen ließ,

Vom Essen im Midi

FESTE DER SINNE

wurde von diesem provenzalisch-patriotischen Extremisten eigenhändig rausgeschmissen. Das gastronomische Museum «Aux Mets de Provence» existiert weiterhin. Nach dem Tode des Gründers wachen die Nachfolger eifersüchtig über die strikte Einhaltung der für alle Zeiten festgelegten Vorschriften. Zwei bis drei Stunden dauert dieser kulinarische Gottesdienst – ein Kuriosum, aber auch etwas lächerlich, wie jeder Fanatismus. Zumal die Küche der Provence, von der des gesamten Midi ganz zu schweigen, gar nichts in sich Geschlossenes und Einzigartiges ist: sie hat Anteil an den Eßsitten des Mittelmeerraums, manche Ähnlichkeiten finden sich auch in anderen Ländern, was nicht verwundert, wenn man bedenkt, wie viele Menschen, Waren und Kenntnisse seit jeher im Midi zirkulierten.

Recht deutlich kulinarisch abzugrenzen ist der Süden allerdings gegenüber dem «Norden», und zwar durch die Demarkationslinie zwischen den Einflußbereichen der Butter und des Olivenöls. Die Olive ist unbestreitbar die Zentralfrucht des Südens. In verschiedener Form ist sie Bestandteil der Ernährung, als Öl natürlich, aber ebenso in Gestalt ganzer Früchte, die schwarz oder grün verzehrt werden, eingelegt in Salzlaken mit Kräutern und Gewürzen oder als mit Fleisch und Geflügel zusammen geschmurgeltes «Gemüse». Außerdem kommt die Frucht des Ölbaums als «tapenade» auf den Tisch: das ist eine Paste aus Oliven, Kapern und Anchovis, die, auf geröstete Baguette-Scheiben gestrichen, als Vorspeise oder Beigabe zum Aperitiv dient. Die besten Oliven stammen aus der Gegend von Nyons; sie sind klein, tiefschwarz und intensiv im Geschmack. Nyons liegt eigentlich schon recht weit nördlich, im Departement Drôme, verfügt aber über ein besonderes Mikroklima. Die südfranzösische Olivenwirtschaft hat durch den katastrophalen Frost des Jahres 1956 einen schweren Schlag erlitten. Vielerorts wurde daraufhin der Anbau aufgegeben. Denn ein Olivenbaum braucht gut zwanzig Jahre, bis er nennenswerte Früchte trägt; man pflanzte ihn früher für die Nachkommen. Dem neueren Rentabilitätsdenken entspricht das nicht mehr. Wo dennoch Aufforstungen vorgenommen wurden, zerstörte der harte Winter von 1985 wieder einen Teil der Bäume. Außer um Nyons werden nur hier und da noch in kommerziellem Maßstab Oliven produziert. Die charakteristischen Bäume sind zwar weit verbreitet, oft aber verwildert. Was in den Ölpressen des Midi verarbeitet wird, kommt meist aus Spanien oder Italien.

Ratatouille, Pistou und Aïoli

Ideale Begegnungsstätten mit der südlichen Eßkultur sind die Märkte. Hier lassen sich zunächst einmal die Rohstoffe in ihrer ganzen farbenfrohen und duftenden Pracht bewundern – Auberginen, Courgettes, Paprika, Knoblauchzöpfe, weiße, gelbe, rote Zwiebeln, Tomaten, denen anzusehen ist, daß sie wirklich wie Tomaten schmecken, Eier von glücklichen Hühnern, das ganze Spektrum der Garrigue-Kräuter, Langusten, Krabben, schwarzverschmierte Tintenfische, derbe Würste aus dem Bergland, Körbe mit Pilzen, Haufen von Cavaillon-Melonen, Ziegenkäse in allen Entwicklungsstadien von weiß bis graugrün und andere Käse, die in Ölgläsern schwimmen. Es ist ein niederregen-

der Reichtum des Alltäglichen, das schwammige Wort «Lebensqualität» bekommt hier einen sehr konkreten Sinn. Der Markt ist ein kulinarisch-soziales Gesamtkunstwerk, ein Fest der Sinne. Die Teilnahme daran erschöpft sich nicht im Kaufen und Verkaufen. Man quatscht, diskutiert, lacht und tratscht, man nimmt sich Zeit zum Auswählen; mit kennerhafter Freude wird betastet, beschnuppert, probiert. Die Marktleute geben Ratschläge, empfehlen Zubereitungsarten, reißen Witze. Rund um die Lebensmittel ist das Leben am lebendigsten. Die Nahrungsaufnahme ist, so scheint es, das Wichtigste von der Welt. Zum Vorspiel auf dem Markt gehört auch der «apéro» im Marktcafé. wo den Eintretenden der charakteristische Geruch von Anis entgegenschlägt. Kleiner Pastis gefällig? Da steht oder hängt eine ganze Batterie von Flaschen verschiedener Marken zur Auswahl. Nur sehr weit Fortgeschrittene können allerdings Unterschiede zwischen «Ricard», «51», «Pernod», «Duval» oder «Casanis» herausschmecken. Vielleicht bilden sie sich das auch nur ein.

Werfen wir nun einen Blick auf die Speisekarte. Ist dort ein Gericht mit dem Zusatz «à la provençale» versehen, so deutet das im allgemeinen auf die Verwendung von Tomaten und Knoblauch hin und natürlich auf die vielbesungenen Kräuter der Provence, Thymian, Rosmarin, Salbei und so weiter, die tatsächlich überall an den Hängen wie Unkraut sprießen. In der Provence werden sie freilich nicht als staubiges Kräutermischungspulver über alles und jedes gestreut, sondern meist sparsam und gezielt verwendet. Die Klassiker der Provence-Küche sind einfache, solide Gerichte, deren Qualität durch die frischen Zutaten bestimmt wird. Die Farben und Aromen des sommerlichen Marktes finden sich wieder in der beliebten «Ratatouille», einem bunten Gemüseragout, das heiß oder kalt gegessen werden kann. Aus verschiedenen Gemüsesorten besteht auch die löbliche «Soupe au pistou», die provenzalische Abwandlung eines ursprünglich Genueser Rezepts. «Pistou», italienisch «pesto», ist eine Paste aus Knoblauch, Basilikum, Olivenöl und geriebenem Käse, die in diese sehr dicke Suppe hineingerührt wird. Eine andere populäre Suppe aus Knoblauch und Kräutern ist «Aigo boulido», die einen nach Feten und Zechereien wieder auf die Beine bringt: «l'aigo boulido sauvo la vido».

Der Knoblauch, der fast überall mit von der Partie ist, erhält seine höchsten Weihen im schon erwähnten Kultgericht «Aïoli». Zentrales Element hierbei ist eine stark duftende gelbe Knoblauchmayonnaise, zu der es verschiedene gekochte Gemüsearten und Fisch, manchmal auch Schnecken gibt. Eigentlich ist das ein Festessen, das früher nur zu besonderen Gelegenheiten bereitet wurde. In kleineren Orten werden manchmal noch große Aïoli-Essen veranstaltet, an langen Tischen im Freien oder im Gemeindefestsaal, wofür man sich vorher einschreiben muß – genüßliche Kommunikationsakte, bei denen leider nur vor bleibt, wer gegen Knoblauch empfindlich ist. Der traditionellen Festtagsküche gehören auch viele Fleischzubereitungen an, die jetzt überall auf den Speisekarten stehen, so etwa «Boeuf en daube», in Rotwein und Zwiebeln geschmurgeltes Rindfleisch, oder als «Gardiane», in der Camargue-Version, mit Speck und schwarzen Oliven. Lammbraten, einstmals eine teure Rarität für den Normalverbraucher, gab es traditionell zu Ostern. Ganz billig ist das auch heute nicht. Die besten Lämmer sind die von Sisteron. Durch den Verzehr aromatischer Kräuter auf ihren kargen Weiden der Haute-Provence haben sie sich schon «vorgewürzt». Eine besondere Köstlichkeit: «Aiado» – mit Petersilie, Kerbel und natürlich Knoblauch gefüllte Lammschulter.

Eine Sonderrolle spielt die Küche der alten Grafschaft Nizza; sie ist mit der provenzalischen verwandt, hat aber ihren eigenen Charakter. Zu ihren begeisterten Anhängern und Protagonisten gehört der Ex-Bürgermeister von Nizza, Jacques Médecin, ein skandalumwitterter Herr mit starkem Rechtsdrall, der aber ein schönes Kochbuch verfaßt hat, das mit Inbrunst die einzig wahre Nizzeser Küche verteidigt. Mit händeringendem Pathos kämpft er gegen die Verhunzung der «Salade niçoise» an: «Welche Verbrechen hat man begangen im Namen dieses reinen und frischen Salats, dessen Grundlage aus Tomaten besteht, der ausschließlich Ungekochtes enthält, mit Ausnahme von hartgekochten Eiern, der ohne Essig zubereitet wird, nur mit einer Prise Salz und etwas Öl!» Ein anderer beliebter Salat des «pays niçois» ist der «Mesclun». Orthodoxerweise muß das eine Mischung aus neun verschiedenen, am Morgen geernteten jungen Salaten sein, vielfarbig, knackig, zart, mit einer Vinaigrette serviert. Auf den Gemüseterrassen im Var-Tal, nördlich von Nizza, wird alles Nötige angebaut. Zu den weiteren Spezialitäten der Grafschaft gehören: «Tourta de bléa», die süß-salzige Mangold-Torte, «Fleurs de courgettes farcis», gefüllte Zucchini-Blüten, und als Krönung die Nizzeser Leibspeise «Estocaficada», was eine Verballhornung von «Stockfisch» ist. Dabei handelt es sich um ein Püree aus Trockenfisch, Tomaten, Paprika, Zwiebeln und Oliven. Entstanden sein soll dieses Ragout als Nebenprodukt des früheren Seehandels. Schiffe, die Olivenöl und andere mediterrane Spezereien nach Skandinavien schafften, brachten auf dem Rückweg getrockneten norwegischen «Stokfisk» mit nach Nizza, den kreative Hausfrauen in ein südliches Gericht verwandelten.

Die «Estocaficada» von Nizza hat eine Verwandte westlich der Rhone, in Nîmes: die «Brandade de morue». In diesem Fall waren es die Fischer der Bretagne, die sich, bevor sie in ihre Fanggründe vor Neufundland aufbrachen, in Grau-du-Roi oder Aigues-Mortes mit Camargue-Salz als Konservierungsmittel eindeckten. Dabei diente ihnen getrockneter Dorsch als Zahlungsmittel. Für die «Brandade» wird der Trockenfisch zerstampft, mit Milch, Öl und manchmal Kartoffeln zu einer Masse verrührt und überbacken.

Im Languedoc herrscht, besonders im Bergland, eine rustikal-einfache Küche vor, deftige Charcuterie, Würste und Schinken aus der Montagne Noire oder der Montagne de Lacaune. Je weiter man nach Westen kommt, desto mehr gerät man in den Einflußbereich der «Confit»-Gastronomie, wie sie auch in der Gascogne und im Périgord verbreitet ist. Confits sind Edelkonserven: gekochte und im eigenen Fett eingemachte Schweine-, Enten- und Gänseteile. Berühmtestes Gericht des Languedoc ist fraglos das Cassoulet. Es existiert in allerlei lokalen Varianten, mehrere Städte konkurrieren darum, Heimstatt des authentischen zu sein. Der legendäre Meisterkoch Prosper Montagné fand angesichts dieser Rivalitäten eine salomonische Kompromißformel: «Das Cassoulet ist der Gott der okzitanischen Küche. Ein dreifältiger Gott: der Vater ist das Cassoulet von Castelnaudary. Der Sohn ist das von Carcassonne, der Heilige Geist das von Toulouse.» Das Objekt der Verehrung ist im Ursprung ein bäuerliches Mahl aus weißen Bohnen, Würsten, Schweine-, Enten- oder Gänse-Confit oder auch mit Hammelfleisch, im Steinguttopf dampfend heiß auf den Tisch gebracht. Es gibt Vermutungen, das Cassoulet sei arabischen Einflüssen zu verdanken, ein Relikt aus jener Zeit vor 800 Jahren, als die Mauren die Pyrenäengrenze überschritten hatten. Tatsächlich bestehen Ähnlichkeiten zu einem arabischen Ragout aus Hammelfleisch und weißen Bohnen.

Frische Fische?

Natürlich steuert von Menton bis Banyuls auch das Mittelmeer einiges bei zum Speisezettel. Auch wenn das «mare nostrum» ziemlich stark abgefischt ist, in den Häfen und auf den Märkten wirkt die Beute noch recht üppig. Sie ist aber, weil rar, einigermaßen teuer, ausgenommen die in Hülle und Fülle vorhandenen Sardinen. So sollte man mißtrauisch sein bei allzu preiswert erscheinenden Restaurants, womöglich gleich am Fischerhafen gelegen, wie zum Beispiel in Sète, am Quai de la Marine. Direkt vor der Nase der Gäste wird dort der Mittelmeerfisch aus den Booten geladen, kaum jemand wird argwöhnen, der Fisch auf dem Teller könne aus der Tiefkühltruhe kommen und aus fernen Meeren stammen. Oft ist es aber leider so. Besser wird man meist in den kleinen Hafenorten des Bassin de Thau bedient, an dieser großen Lagune, deren Anrainer von der Muschelzucht leben. Der Name des Dorfes Bouzigues ist zum Markenzeichen für erlesene Austern und Muscheln geworden. Was man in den dortigen Meeresfrüchte-Restaurants bekommt, ist zwar nicht gerade billig, dafür aber von erster Qualität und von zusätzlichem Reiz durch den Blick auf das große spiegelglatte Binnenmeer, aus dem die Holzpfähle der Muschelzüchter ragen. Trotz Neppgefahr lassen sich entlang der Küste exquisite Fischgerichte finden, einfach gegrillte Doraden und Rougets (Seebarben) oder der besonders begehrte Loup (Wolfsbarsch), sei es mit Fenchel serviert oder, noch besser, mit «raïto», einer provenzalischen Sauce aus Rotwein, Oliven, Kapern, Tomaten und Kräutern.

Sehr bekannt sind die Fischsuppen, die es in mehreren Varianten entlang der ganzen südfranzösischen Küste gibt: im Roussillon die katalanische «Bullinade», die «Bourride» im Languedoc und in der Provence und, als berühmteste und teuerste von allen, die «Bouillabaisse» aus Marseille. «Lou boui-abaisso» – schnell gekocht und schnell vom Feuer genommen, bedeutet das sinngemäß. Welche Fische da reingehören, ist Gegenstand endloser Diskussionen. Meistens sind dabei: Rascasse (Drachenkopf), Saint-Pierre (Petersfisch), Baudroie (Teufelsfisch), Vive (Petermännchen), manchmal auch Congre (Meeraal) oder Loup (Wolfsbarsch). Die Bouillabaisse, einst wohl ein simpler Eintopf, in dem die Fischer ihre Reste verwerteten, hat eine Evolution zum aufwendigen Festmahl hinter

sich. Weil sie ein solcher Begriff geworden ist, wird mit ihr auch viel Schindluder getrieben, beispielsweise rund um den Alten Hafen in Marseille, aber nicht nur dort. Sie ist nicht notwendig schon gut, wenn sie teuer ist, aber eine billige Bouillabaisse kann einfach nicht gut sein; schon die Fische, wenn sie frisch sind, haben ihren Preis. Angesichts der um sich greifenden Nepp-Praxis haben sich mehrere Köche in und um Marseille in einer «Charta der Bouillabaisse» verpflichtet, Anstand und Tradition zu wahren. Die Mitgliedschaft sichert ihnen zugleich ein stolzes Preisniveau. Auch diese Fischkoch-Elite scheut aber nicht davor zurück, zahlungswilligen Gästen eine Bouillabaisse mit Languste anzudrehen. Die hat darin zwar nichts zu suchen, bläht aber die Rechnung schön auf.

In den Restaurants des Südens

kann man so manches blaue Wunder erleben, zumal in den Ferienhochburgen. Dort sind für den Touristen die sprichwörtlichen Fallen ausgelegt. Allenthalben finden sich trister Allerweltsfraß und Kümmerversionen von Regionalspezialitäten. Mißtrauen ist angebracht, wenn die Speisekarte vor der Tür mehrsprachig wirbt. Wer sich nicht an den einschlägigen Gastronomieführern orientieren will, die mit ihren Empfehlungen meist in höheren Preisgefilden schweben, muß selbst einigen Spürsinn entwickeln, um die Enttäuschungen in Grenzen zu halten. Immer empfehlenswert ist es, Einheimische vor Ort nach guten Adressen zu fragen. Wo viel Schatten ist, dort ist auch ein wenig Licht: überall gibt es ein paar qualitätsversessene Köche, die ihr Gewerbe mit handwerklicher Leidenschaft betreiben und gegen die fortschreitende Nivellierung wieder alte Traditionen hochhalten.

Wer sich gelegentlich einfacher, schneller und billiger verpflegen möchte: der Süden hat verschiedene Imbiß-Varianten hervorgebracht, die sich von den amerikanischen Fastfood-Bahnhöfen noch nicht völlig haben verdrängen lassen. «Pan bagnat» heißt ein brötchenartiges Gebilde mit einer ölgetränkten Füllung aus Tomaten, Salat, Ei, Sardelle und schwarzen Oliven. «Pissaladière» ist eine Art Zwiebeltorte mit Anchovis, in den Bäckereien der Provence und vor allem in Nizza zu haben, und ausschließlich in der Grafschaft Nizza gibt es «Socca», einen heißen Fladen aus Kichererbsenmehl. Billig essen kann man auch in den kleinen Couscous-Garküchen der Araberviertel. In vielen Dörfern und Kleinstädten des Hinterlandes fahren abends mobile Pizzerien vor und parken ihre Wagen auf den zentralen Plätzen. Die Pizzen sind oft auf Holzkohle gebacken und nicht zu verachten. Äußerst angenehm kann es natürlich auch sein, selbst einzukaufen auf den Märkten, in den Kooperativen, im Bäckerladen und dann mit den erworbenen Schätzen ein Picknick auf der Bergwiese, im Weinberg oder am Waldesrand zu veranstalten. ∎

Die Weine Südfrankreichs

WENDE ZUR QUALITÄT

Das beste Essen bleibt eine halbe Sache ohne den dazugehörigen Wein. Der wird allgemein in Frankreich nicht gesondert «für sich» zelebriert als edles Tröpfchen nach dem Essen, sondern ist integraler Bestandteil einer Mahlzeit. Mit ihm zusammen erst ist der Genuß komplett.

Südfrankreich ist das Land einer uralten Weinzivilisation, die auf Phönizier und Griechen zurückgeht; der Midi hat eine ebenso große Vielfalt an Weinen wie an Landschaften zu bieten. Nur leider: Mit dem Prestige dieses ältesten und größten französischen Weinbaugebiets ist es nicht weit her. «Gros rouge», «bibine», «pinard» – das sind einige der abschätzigen Bezeichnungen für den Wein des Midi. Das miese Image rührt her vom charakterlosen Tischwein, den Großhändler zusammenkippen, in großen Tanklastwagen befördern, unter irgendwelchen Phantasie-Markennamen in Pfandflaschen mit eingestanzten Sternchen drauf vertreiben, wenn nicht gar in Plastik oder Papptüten abfüllen. Tatsächlich beruht der schlechte Ruf nicht nur auf einem Vorurteil, sondern entspricht seit ungefähr einem Jahrhundert einer bedauerlichen Realität. Unter maßgeblicher Mitwirkung von Reblausplage und Kapitalisierung des Weingeschäfts hatte sich im Languedoc gegen Ende des letzten Jahrhunderts eine anonyme Massenweinproduktion ausbreiten können, «vin de consommation courante» (V. C. C.), Haushaltswein.

Doch neuerdings hat sich in nur wenigen Jahren eine Menge geändert. Zum Erstaunen und Entzücken professioneller Weinkritiker wie wacher Konsumenten vollzieht sich im Midi derzeit eine schrittweise Abkehr vom problematisch gewordenen, schlecht verkäuflichen Billigwein und eine Umstellung auf höhere Qualität. Erst waren es nur ein paar Einzelkämpfer, jetzt geben sich immer mehr Winzer und Kooperativen Mühe, vom lange Zeit standardisierten Produkt wegzukommen und sich auf die Tugenden der Vergangenheit zu besinnen, indem sie die Erkenntnisse der modernen Weinwissenschaft, der Önologie, nutzen. Grundlage dieses Wandels ist eine Transformation der Weinberge: Die überall verbreitete, ertragreiche, aber flache Carignan-Rebe wird zurückgedrängt und durch edlere Sorten wie Mourvèdre, Cinsault oder Syrah ersetzt; außerdem wird der Ertrag begrenzt und die lange vernachlässigte Kellertechnik auf den neuesten Stand gebracht.

Das staatliche Weinkontrollinstitut INAO würdigte die bisherigen Anstrengungen durch veränderte Einstufung, zunächst in die Gruppe der VDQS (vin délimité de qualité supérieure) und schließlich, angesichts weiterer Fortschritte bei der Qualitätsanhebung, in die höchste Klasse, die Appellation d'origine contrôllée (AOC). Dieser letzte entscheidende Sprung, die Aufnahme in den Wein-Adel gewissermaßen, gelang vielen Anbaugebieten im Laufe der achtziger Jahre. Gewiß werden dadurch auch manche Weine aufgewertet, die es nicht verdient haben. Durch die zu Recht honorierten Pionierleistungen der verantwortungsvollen Winzer können sich nun auch etliche mit neuen Federn schmücken, die weniger Verdienste haben. In den Regalen der Supermärkte stehen allerlei von Großhändlern abgefüllte, oft erstaunlich billige Flaschen, die nun als «Appellation contrôllée» daherkommen. Hier ist weiterhin Mißtrauen angebracht. Die Chance, auf ein vertrauenswürdiges Produkt zu stoßen, ist im allgemeinen größer bei Winzern oder Kooperativen, die selbst mit ihrem Namen auf dem Etikett geradestehen. Unter versierten Beobachtern der Weinszene werden jedenfalls die neuen Qualitätsweine des Midi häufig als Geheimtips gehandelt, denn hier sind noch Tropfen zu entdecken, die sich durch ein besonders günstiges Verhältnis von Qualität und Preis auszeichnen.

Oasen in der Tischweinwüste

Zu den ersten, die umschalteten, gehörten die Weinbauern des Roussillon, dem französischen Teil Kataloniens. Hier wurden früher vorwiegend sogenannte «Medizinweine» produziert, alkoholfreie Tropfen, die in andere Weinbaugebiete zum Kurieren verkauft wurden, das heißt zum Aufmotzen der dortigen Weine, zum Beispiel ins Bordelais. Das war eine recht sorglose Zeit, um den Ausbau der eigenen Produktion brauchte man sich nicht zu kümmern, das namenlose Zeug verkaufte sich prächtig. Damit hörte es aber auf, als strengere Maßstäbe angelegt wurden, die dem Verschneiden von Weinen verschiedener Herkunft im Bordelais und anderswo Einhalt geboten. Nun begannen einige alerte Burschen aus den Kooperativen, bei den veränderungsscheuen Winzern Überzeugungsarbeit zu leisten und den Trend zum «eigenen» Wein zu lancieren. Dazu gehörten neben der Umstellung auf edlere Rebsorten auch Neuerungen bei der Weinbereitung: Es galt, die Kellertechnik entscheidend zu verbessern, in diesem warmen Landstrich für gleichmäßig kühle Keller zu sorgen. Dabei kam das Know-how der aus Algerien geflohenen Pieds noirs zu Hilfe – die Algerienfranzosen hatten es unter afrikanischen Klimabedingungen geschafft, einen effizienten Weinbau aufzuziehen. Folgenreich war auch das aus dem Beaujolais übernommene Verfahren der «macération carbonique», wobei die Beeren unter Kohlesäuredruck als ganze, also unzerdrückt, vergoren werden; die Gärung findet in jeder einzelnen Beere statt, wodurch ein hoher Anteil von Aromen aus den Schalen gezogen wird, was den Wein besonders fruchtig macht.

Die Hälfte der Weinproduktion des Roussillon wird inzwischen über die «Vignerons catalans» vermarktet, einen Zusammenschluß aus fünfzig Kooperativen, der seinen Mitgliedern aufmerksam auf die Finger schaut. Unter ihrem Label wird ein breites Spektrum angeboten, von schlichten, aber anständigen bis hin zu noblen, in Eichenfässern gealterten Weinen, unter anderem der sehr gute «Caramany», eine Lage aus den Côtes-du-Roussillon-Villages. Die Bezeichnung «Villages» wurde dem nördlichen Teil der Weinanbauzone zuerkannt, die übrige Appellation heißt einfach «Côtes-du-Roussillon», was nicht heißt, daß nicht auch dort ausgezeichnete Weine zu finden wären. Neben den kräftigen Roten mit oft sehr individueller Note werden auch frische, trockene Weißweine aus der ortsüblichen Maccabéo-Traube hergestellt, daneben ein wenig Rosé, der beste kommt aus Rasiguères.

Einen besonderen Hinweis verdient die kleine Rotwein-Appellation «Collioure», die südlichste Frankreichs: ein feuriger Wein von den Steilhängen der Küste zwischen Collioure und Banyuls, relativ alkoholreich, mindestens neun Monate in Eichenfässern gelagert und gerne etwas teurer als die üblichen Roussillon-Weine. Und noch eine große Besonderheit hat das Roussillon zu bieten: die «Vins doux naturel», die natursüßen Weine, auch «mutierte» Weine genannt. Durch den Zusatz von Weingeist bewahren sie bei der Gärung einen Teil ihres Traubenzuckers. Das Verfahren ist uralt, 1285 wurde es von Arnaud de Villanova entwickelt, einem Medizinprofessor der Universität Montpellier. An verschiedenen Königshöfen erfreuten sich die natursüßen Weine des Roussillon großer Beliebtheit. Vier verschiedene kontrollierte «vins doux» gibt es heute: Rivesaltes, Muscat de Rivesaltes, Banyuls und Maury. Sie entfalten eine große Bandbreite von Geschmäckern und geben ausgezeichnete Aperitive ab.

Etwas länger gedauert hat es mit den «vignobles» des Corbières-Gebiets, das sich nördlich ans Roussillon anschließt. Nur eine Qualitäts-

Kulturlandschaft

enklave gab es dort über lange Zeit: die Gegend um Fitou und Paziols, deren Winzer, dickköpfig-entschlossen, sich früh im Alleingang eine Oase in der Tischweinwüste schufen und schon 1948 ihre Appellation «Fitou» bekamen. Der Fitou ist ein tiefroter, tanninreicher, lagerfähiger Wein mit einer recht selbstbewußten Preisgestaltung. Nun aber haben sich auch große Teile des übrigen Gebiets der Corbières, das 1985 seinen Aufstieg vom VDQS zum AOC vollzog, zu einem idealen, wenig erschlossenen Terrain für Entdeckungen entwickelt. Das gleiche gilt für das Minervois, ein sonnendurchglühtes Weinland im Dreieck Carcassonne–Narbonne–Béziers, am Fuß der Montagne Noire, mit attraktiv eingesprenkelten Zypressen und einer alten, aber lange vergessenen Tradition. Auch hier hatte der übermäßige Einsatz der Allerweltstraube Carignan den besonderen Charakter des «terroir» ausgewischt; nun geht es seit kurzem merklich bergauf. In Olonzac unterhält das «Syndicat du Cru Minervois» eine Probier- und Verkaufsstelle, dort läßt sich ein guter Eindruck über die Vielfalt des Minervois gewinnen.

Zu den glücklichen Aufsteigern der achtziger Jahre zählen auch die Coteaux du Languedoc, ein großes Gebiet mit vielen Unterregionen, von denen einige besonders hervorstechen und ihre eigenen Namen aufs Etikett bringen dürfen. Dazu gehören die Weine von Saint-Chinian, die unterhalb der Montagne de l'Espinouse wachsen, wo in den Tälern des Vernazobre und Orb ein spezielles Mikroklima herrscht; in Roquebrune gedeihen sogar Orangen. Hohes Lob wird neuerdings auch dem aromastarken, gerbstoffreichen «Faugères» gezollt, der seit 1982 in der obersten Weinliga mitspielen darf. Achtbare Rosés und Rotweine kommen aus Dörfern der karstigen Garrigue östlich der Kleinstadt Lodève, etwa aus Saint Saturnin oder aus Montpeyroux, dessen Weinberge früher die verwöhnten Bischöfe von Montpellier versorgten. Auf steinigen, rötlichen Böden zwischen Nîmes und Camargue wachsen die süffigen «Costières de Nîmes», die bis vor kurzem noch «Costières du Gard» hießen. Der Namenswechsel signalisiert die Qualitätsverbesserung. Wer es gern schäumend und sprudelnd hat, sollte nicht versäumen, die «Blanquette de Limoux» zu probieren, einen Schaumwein, der in 41 Gemeinden am Eingang des oberen Aude-Tals hergestellt wird, und dies schon seit dem 16. Jahrhundert. Noch bevor der Mönch Dom Pérignon in der Champagne das Champagnerverfahren entdeckte, hatten die Benediktinermönche der Abtei Saint Hilaire eine Methode ertüftelt, mit deren Hilfe man den Wein zum Moussieren brachte, weshalb sich die Blanquette-Produzenten damit brüsten, ihr Schaumwein sei der älteste der Welt. Jedenfalls ist dieser «okzitanische Champagner» aus den Rebsorten Mauzac und Chardonnay ein ebenso honoriges wie erschwingliches Getränk für alle Gelegenheiten.

Vom Nutzen der Forschung

In der Nachbarschaft der Blanquette, westlich des Aude-Tals, liegt ein bergiges Gebiet, das Razès, in dem sich eine besonders spektakuläre Wandlung vollzogen hat. Auf Wein-Landkarten figuriert neuerdings der Name «Côtes-de-la-Malepère». Wie so viele andere Gegenden war auch diese schon dabei, sich zu entvölkern. Recht und schlecht hatte man hier stets von bescheidenem Weinbau gelebt; produziert wurde eine dieser dünnen blaßroten Substanzen, die spöttisch «piquette», Säuerling, genannt werden. Das Zeug fand aber trotzdem Abnehmer, weil die Händler es mit den wuchtigen Weinen aus Algerien mischen konnten. Dieser Praxis bereitete die algerische Unabhängigkeit ein Ende. Die Gegend schien zum Untergang verurteilt, niemand wollte den mickrigen Säuerling mehr haben. Fatalismus machte sich breit, die Abwanderung setzte ein. Aber da gab es einige engagierte Leute in den Kooperativen, die sich mit allen Kräften gegen das scheinbar unausweichliche Schicksal stemmten. Auf der Suche nach einem rettenden Ausweg gelang es ihnen, ein paar seriöse Naturwissenschaftler von Universitäten und dem renommierten staatlichen Forschungsinstitut CNRS für ihr Problem zu interessieren. Meteorologe, Geologe, Biologe, Ökologe und Önologe stellten sich gemeinsam der Herausforderung, dieser Problemzone einen honorigen, verkaufbaren Rotwein zu entlocken.

Wissenschaftlich präzise ging die Equipe ans Werk, begann mit einer minutiösen Vermessung des Gebiets, legte pingelig genaue Karten an, inventarisierte Windströmungen, Böden und Pflanzen. Man stellte fest, daß sich hier auf relativ eng umgrenztem Raum klimatische Einflüsse von Mittelmeer und Atlantik auf ganz verzwickte Weise kreuzten, weshalb je nach dominierendem Einfluß sehr verschiedenartige Vegetation gedieh: ein Flickenteppich aus Mikroklimata. In dumpfer Unwissenheit hatte man aber überall ein und dieselbe mediterrane Rebsorte gepflanzt. Nachdem in jahrelanger Kleinarbeit für jedes Miniterritorium Klima und Bodenbeschaffenheit definiert worden waren, wurde ein hochkomplexes Rebenbepflanzungsschema erstellt, mit acht verschiedenen Sorten, die auf der jeweiligen Parzelle das optimale Ergebnis bringen, aus denen zusammen sich ein körper- und aromareicher Wein produzieren lassen sollte. Was die Wissenschaftler entwarfen, setzten die Kooperativen des Razès in die Tat um. Und siehe, es gelang. Ein anständiger Rotwein erblickte das Licht der Welt, fast aus dem Nichts geschaffen, eine Appellation, die es vorher gar nicht gab: Côtes de la Malepère, VDQS. Gemeinden, die schon dabei waren, zu verschwinden, wurden wirtschaftlich wieder lebensfähig – ein Triumph der Wissenschaft.

Abschied vom Ferienwein

Im buchstäblichen Sinne ein weites Feld ist das Weinanbaugebiet der «Côtes-du-Rhône»: zweihundert Kilometer ist es lang und reicht von Vienne im Norden bis Avignon im Süden. «Côtes-du-Rhône» ist die Generalbezeichnung für ein breites Spektrum von Weinen mit sehr verschiedenen Traditionen und Rangstufen. Darunter fallen die großen «Crus» des nördlichen Teils, die zu den französischen Spitzenweinen zählen, wie «Côte-Rotie» oder «Ermitage». Auf dem Gebiet des Départements Ardèche wachsen «Cornas» und «Saint-Joseph», ebenfalls Weine der gehobenen Preisklasse, fast ausschließlich aus der Rebsorte Syrah produziert, die hier offenbar ihre besten Bedingungen findet. Im Gegensatz dazu werden die teuren «Crus» der südlichen Hälfte aus einer Vielzahl von «cépages» kom-

Terrain für Entdeckungen

poniert, bis zu dreizehn sind es beim berühmten «Châteauneuf-du-Pape». Weiter zählen zu den Rhône-Weinen der «Tavel», laut Eigenlob «der beste Rosé Frankreichs», der benachbarte «Lirac», der ihm fast gleichkommt, und der «Gigondas», der es seinerseits oft mit dem teureren «Châteauneuf» aufnehmen kann.

All dies sind allerdings privilegierte Weine, die unter ihrem eigenen Namen auftreten. Das Gros dessen, was das Côtes-du-Rhône-Gebiet hervorbringt, heißt dagegen ganz einfach bloß «Côtes-du-Rhône».

Ein Getränk dieses Namens ist in jedem Pariser Café zu haben, dies ist landauf, landab in allen Restaurants der Unter- und Mittelklasse der meistgefragte Wein. In den letzten zwei Jahrzehnten hat sich ein regelrechter Côtes-du-Rhône-Boom ereignet. Beiderseits des Stroms haben im Unterschied zu den Nachbarregionen Bauern in größerer Zahl umgesattelt und sind Winzer geworden. Massenhaft wurden sonst wenig ergiebige Hänge und Brachland mit Rebstöcken bepflanzt. Während 1950 die Produktion des gesamten Gebiets 300 000 Hektoliter betrug, sind es mittlerweile stolze 2,5 Millionen. Es ist ein Wein, der sich prima verkauft, der bestens beim Konsumenten ankommt, nichts Großes, aber auch nichts Mieses. Er stößt in die Marktlücke zwischen dem vorher in Mode gekommenen und zu teuer gewordenen Beaujolais einerseits und den Tischweinen, von denen man nichts mehr wissen will, andererseits. Unseren täglichen «Côtes» gib uns heute.

Am größten ist die Chance, auf traditions- und qualitätsbewußte Winzer zu stoßen, bei den «Côtes-du-Rhône-Villages», einer Appellation, die einem etwas strengeren Reglement unterworfen ist. Die «Villages» sind siebzehn Dörfer, deren Namen zusätzlich groß auf dem Etikett erscheinen dürfen. Die «Villages» der Départements Drôme und Gard bringen eher leichte, jung zu trinkende Weine hervor, während das Département Vaucluse üppigere, vollere produziert, die erst nach frühestens drei Jahren ihren ganzen Reichtum entfalten. Sie kommen aus Dörfern am Rand des Montmirail-Massivs, wie Cairanne, Rasteau, Sablet, oder aus Vacqueyras, dessen Wein allgemein als bester «Villages» angesehen wird. Gerade in diesen Orten gibt es erfreulicherweise kollektive Probier- und Verkaufskeller. Dort sind erstaunliche Funde zu machen, runde, generöse Weine zu relativ niedrigen Preisen, weil die Transportkosten noch nicht draufgeschlagen sind.

Das älteste Weinanbaugebiet Frankreichs, so werden lokalpatriotische Reiseführer nicht müde hervorzuheben, ist das der Provence. Bereits die Griechen, vielleicht sogar schon die Kelto-Ligurer kultivierten hier Reben. Nur ist freilich die uralte Geschichte noch kein Garant für Qualität. Provence-Wein, das war bis vor kurzem noch fast gleichbedeutend mit Rosé. Durch den Tourismus geriet er zum Feriengetränk, wurde in schwungvoll geformten Flaschen aufgestellt, gut gekühlt in warmer Luft hinuntergestürzt wie Limonade. Je mehr Touristen kamen, desto besser lief das Geschäft. Die Weinherstellung wurde beschleunigt und vereinfacht, problemlose Absatzmöglichkeiten verdarben die Moral. Zur raschen Stabilisierung wurde reichlich geschwefelt; was so erfrischend in die Kehle rann, erwies sich tags darauf als Kopfschmerzenbringer. Letztlich war das für den Ruf des Provence-Weins wenig zuträglich. Nachdem die Ferienwein-Produzenten hemmungslos die ebenso ertragreiche wie flache Rebsorte Carignan angepflanzt hatten, blieben sie immer öfter auf ihrem Rosé sitzen. Auch hier also: höchste Zeit für eine Gegenoffensive.

Sie kam von einigen Winzern, denen die Rosé-Schwemme schon früh Unbehagen verursacht hatte, die lieber Rotwein herstellten, und zwar aus den hochwertigen Rebsorten Mourvèdre, Syrah und Grenache. Inzwischen machen ihnen das immer mehr Kollegen nach. Die berufsständischen Organisationen der Winzer belohnen die Pflanzung edlerer Sorten mit Prämien. Auch der Rosé, der immer noch siebzig Prozent der Produktion ausmacht, ist dadurch merklich besser geworden. Und so durften denn auch die «Côtes-de-Provence», fast ausschließlich im Département Var gelegen, in die Kategorie AOC aufrücken. Mehr und mehr werden nun die folkloristischen Flaschen ersetzt durch die seriöser wirkenden Bordeaux-Flaschen, was signalisieren soll, daß auch der Inhalt seriöser geworden ist. In den an die «Côtes-de-Provence» angrenzenden Anbaugebieten «Coteaux-d'Aix-en-Provence», «Côtes-du-Luberon» und «Côtes-du-Ventoux» werden in der Regel leichte, preisgünstige Weine produziert, wobei die «Coteaux-d'Aix», siebzehn Kooperativen und vierzig Privatdomänen, auch schon mal etwas Höheres hervorbringen. Welche Qualität hier möglich ist, zeigt das herausragende «Château Vignelaure» in Rians, zu Füßen der Sainte-Victoire.

Diese Gebiete sind allesamt Newcomer in der Gruppe ernstzunehmender Weine. Aber auch in der Provence gibt es eine größere geschlossene Weinbauzone, die sich ihre historische Reputation über die Jahrhunderte erhalten konnte: die Appellation «Bandol». Im reizvollen Hinterland des reizlosen Ferienorts Bandol gedeiht an den Hängen des Gros Cerveau und um die Bilderbuchdörfer La Cadière, Le Castellet und Evenos ein ausgezeichneter Rotwein aus der traditionellen Mourvèdre-Traube, die hier, unter dem Einfluß des Meeresklimas, ihr Bestes gibt. Es ist sehr viel günstiger, den Bandol vor Ort bei Winzern oder Genossenschaften zu kaufen als irgendwo im Laden, ganz billig indessen ist er auch hier nicht zu haben: zehn Mark pro Flasche ist die untere Grenze, aber das ist er wert.

In unmittelbarer Nähe des Meeres wächst auch der – nicht mit dem gleichnamigen Johannisbeerlikör aus Dijon zu verwechselnde – «Cassis»: ein trockener Weißer, der auf dem Gemeindegebiet des Küstenstädtchens Cassis bei Marseille angebaut und mit Vorliebe zur Bouillabaisse serviert wird. Die einmaligen klimatischen Bedingungen und die Kalkböden garantieren ihm einen außergewöhnlichen Charakter, was freilich, auch weil es so wenig davon gibt, teuer bezahlt werden muß.

Schließlich noch ein Hinweis für Detektive: Auf steilen Hängen oberhalb von Nizza liegt das kleinste AOC-Gebiet des Midi. Dort reift auf nur sechzig Hektar der «Bellet», eine nur Eingeweihten bekannte Rarität. Der «Bellet», den es in Rot, Weiß und Rosé gibt, gehört zu den besten Weinen des Südens, ist aber außerhalb von Nizza kaum zu finden. ■

UNTERWEGS

Ardèche und Cevennen

ENTVÖLKERTE BERGE

«L'Autoroute du Soleil» ist die alljährliche Urlaubsrennstrecke zur Sonne. Wenn man Lyon, den stickigen Fourvière-Tunnel, die chaotische Stadtdurchfahrt und das industrielle Weichbild hinter sich hat, biegt die Asphaltpiste ins Rhonetal. Parallel dazu verlaufen die stark frequentierte Nationalstraße 7 und die Bahnstrecke, auf der der Nationalstolz TGV vorbeirauscht, der orangefarbene Hochgeschwindigkeitszug mit stromlinienförmiger Schnauze. Die Teilnehmer an der wilden Jagd Richtung Mittelmeer erleben das Tal als eine einzige Verkehrsschneise, eine Welt für sich, gesäumt von Tank- und Raststätten, überdimensionierten Reklametafeln für überdimensionierte Hyper-Marchés – «Mammouth zertrampelt die Preise!» Schemenhaft ziehen beiderseits des Verkehrsbandes Landschaftselemente vorbei: Brücken und Stauwerke der Rhone, auf der fast nie ein Schiff fährt, namenlose kleine Orte am anderen Ufer. Verschwitzte Familienväter geben ihr Letztes im Rodeo der surfbrettbepackten Kisten und schleudernden Campinganhänger, in der Luft liegt ein Hauch von Dieselkraftstoff, ver-

branntem Gummi und Ferienglück.

Um der durchrasten Zeit eine gewisse Nützlichkeit zu verleihen, wird während der Fahrt geographischer Nachhilfeunterricht erteilt. Die Autobahngesellschaft – oder das Pariser Bildungsministerium? – hat an den Rändern des Highways braune Tafeln aufgestellt, auf denen die durchhetzenden Massen belehrt werden über das, was da links und rechts an ihnen vorbeifliegt: Wissenswertes aus Kultur, Wirtschaft, Landwirtschaft und Landschaft. Hier «Raffinerien», dort «Obstplantagen», dann «gallorömisches Theater» oder «Kloster aus dem 12. Jahrhundert». Augen rechts, ein Pfeil: «Berge der Ardèche». Dort im Dunst, auf der anderen Seite des

Stroms, schieben sich im Gegenlicht große, düstere Buckel ins Bild. Wie mag es da aussehen, hinter den sieben Bergen? Die wenigsten schauen nach, denn die Pflicht ruft, die «Côte» wartet mit ihren Verlockungen. Und so fahren sie achtlos an einem der schönsten französischen Départements vorbei.

Das Département Ardèche, mit dem Autokennzeichen und der Postleitzahl Null Sieben, quasi identisch mit der alten Provinz Vivarais aus vorrevolutionären Zeiten, ist ein Schwellengebiet zum Midi. Der Wechsel zwischen zwei Klima-, Kultur- und Sprachzonen macht seinen besonderen Reiz aus.

Zunächst muß man sich auf kleinen kurvenreichen Straßen hochschrauben in diese Welt, die wie eine Bastion jenseits der Rhone liegt. Von Tournon, St. Péray oder Beauchastel aus geht es hinauf in das zerklüftete Bergland. Halbwegs belebt ist es noch in den Tälern der Flüsse Doux und Eyrieux, dort wachsen Apfel- und Pfirsichbäume, manchmal funktioniert noch ein kleiner Industriebetrieb. Je weiter man fährt, desto menschenleerer wird es. Das Vivarais ist ein armes Gebiet. Die Berg-Landwirtschaft siecht dahin. An den Hängen der größeren Täler finden sich Spuren aufgegebener Eisenbahnstrecken, mühsam gemauerte Brücken und Tunnels, zweckentfremdete Bahnhofshäuschen. Wie wichtig muß die Bahn gewesen sein als Verbindung mit der Außenwelt! Bis auf eine als Touristen-Bimmelbahn hergerichtete Sommerstrecke von Tournon nach Lamastre existiert keine einzige Schienenverbindung mehr ins Innere des Départements.

Nur wenige echte Städte gibt es im Vivarais. Ganz im Norden liegt die kleine, krisengebeutelte Industriestadt Annonay, die sich in Werbebroschüren volltönend als «Wiege der Luftfahrt» bezeichnet und stolz auf die großen Erfinder hinweist, die sie hervorgebracht hat. Tatsächlich begann dort Anno 1782 die Eroberung des Luftraums: Die Brüder Montgolfier, Erben einer Papierfabrik und besessene Tüftler, starteten den ersten Heißluftballon. Vorher hatten sie schon mit Fallschirmen experimentiert und ein Schaf vom Kirchturm schweben lassen. Annonay ist außerdem die Wiege der französischen Eisenbahn: Hier wirkte der vielseitige Erfinder Marc Séguin, der die erste wirklich einsatzfähige Dampflokomotive entwickelte und damit die Ära des Schienenverkehrs eröffnete. Überdies sind ihm auch die stählernen Hängebrücken über die Rhone zu verdanken. Im schrulligen Stadtgeschichtsmuseum sind die Zeugnisse der formidablen Erfinder-Vergangenheit, die Auswüchse der Montgolfieren-Kultur, die Kreationen von Marc Séguin und die Leistungen anderer ortsansässiger Düsentriebe zu bewundern. Da die Stadt ansonsten nicht gerade eine Perle ist, gibt man sich alle Mühe, von den großen Söhnen zu profitieren. Der Einzelhandel schmückt sich mit kleinen Montgolfieren-Aufklebern am Schaufenster, und die Gedenktage der Erfinder-Heroen werden mit bunten Fähnchen und Tschingderassabum gefeiert. Dazu rückt regelmäßig das Blech-Blasorchester der Partnergemeinde Backnang im Württembergischen an. Aber trotz all dieser Anstrengungen liegt ein Hauch von Tristesse über dem steil ansteigenden, grau-verschachtelten Ort. Mit den Papierfabriken – eine davon immer noch im Besitz der Familie Montgolfier – und der Filzhut-Industrie geht es bergab. «Annonay hat eine touristische Zukunft!» schwärmt der quirlige kleine Herr im Fremdenverkehrsamt. «Wir müssen nur unsere Trümpfe ins rechte Licht rücken!» Leise Zweifel mögen einen da beschleichen. Der Bahnhof von Annonay ist übrigens dicht. Auch die Strecke in die Pionierstadt des französischen Eisenbahnwesens ist längst stillgelegt.

Privas, als Sitz der Präfektur gewissermaßen die Hauptstadt des Départements, hat die wichtigsten Verwaltungseinrichtungen und die psychiatrische Anstalt. Böse Zungen sagen: Ohne die Irren und die Beamten wär's ein Dorf. Das ist nicht ganz falsch, im Kern ist es ein recht bescheidenes Nest geblieben. Immerhin aber verfügt Privas über ein bemerkenswertes Unternehmen: die Firma «Clément Faugier», eine Fabrik für Maronenprodukte. Im Jahre 1882, so lernen wir aus dem Werbeheft, machte sich Monsieur Faugier daran, «die Herstellung glacierter Kastanien gewerblich zu betreiben, um der Arbeitslosigkeit Herr zu werden, die sich in der Stadt ausbreitete». Der gute Mann! Kandierte Maronen sind in Frankreich als festtägliches Naschwerk begehrt, gerne werden sie zu Weihnachten in Pracht-Bonbonnieren verschenkt. Zudem ist Kastanien-Püree aus Dosen oder Tuben zum festen Bestandteil der Küche geworden. Die Firma Faugier hält die Kastanien-Tradition des Vivarais aufrecht, auch wenn die Kastanien tiefgefroren aus Italien importiert werden müssen. «Wir sind Marktführer der Branche, exportieren sehr viel ins Ausland!» verkündet stolz der Geschäftsführer. «Bis vor kurzem auch nach Japan», fügt er mit bitterer Miene hinzu.

Aber die Japaner, die alles nachahmen müssen, haben nun mit der Imitation dieser Ardèche-Spezialität begonnen. Seither ist der ganze asiatische Markt futsch. Im Innern der Fabrik riecht es nach Sirup, alles ist klebrig. Rund hundert Frauen mit Kopftüchern sitzen an langen Tischen und bearbeiten die mehligen Früchte, die das Grundnahrungsmittel ihrer Vorfahren waren, zu Edelkonfiserie für großstädtische Süßwarengeschäfte.

Eher noch als Privas hat das südlich gelegene Aubenas städtischen Charakter. Die Oberstadt, die mit ihren Türmen und Zinnen auf einem Bergbuckel liegt, macht einen starken Eindruck, wenn man sich von Norden nähert. Sehr lebendig geht es dort samstags zu, wenn sich zu Füßen des Schlosses der Markt ausbreitet. Dazu steigen die Leute aus den Bergen herunter, um hier ihre deftige Charcuterie – Saucissons, Caillettes und anderen Schweinkram, wofür die Ardèche zu Recht berühmt ist – anzubieten, aber auch, um sich mit Kleidung und Haushaltskrempel zu versorgen. Dieser Markt bietet eine günstige Gelegenheit für Ardèche-Urlauber, sich mit Landesprodukten einzudecken, und ist auch ein angenehmer urbaner Kontrast zur sonstigen Wald- und Bergeinsamkeit.

Droben in den Bergen, im Reich der Waldbeeren und Pilze, wo noch Biber in den Bächen arbeiten, fühlt man sich weit weg von allem – schön ist es dort, aber sehr einsam. In den höchsten Gebieten, um den Mont Mezenc, treten die Wälder zurück und machen einer windzerzausten Steppe Platz. Ziemlich rauh ist das Klima dort, bis in den Juni hinein sind die Gipfel von Schneeflecken verziert.

Als Initiative gegen das drohende Aussterben der hochgelegenen Dörfer hat man vor kurzem den Wintertourismus entdeckt. Nachwuchsbauern, die nicht weggehen wollten, wie so viele vor ihnen, kamen auf die Idee, «nordischen» Ski-Langlauf anzuleiern und dadurch in dieser problematischen Zone den Fortbestand der Gemeinden zu sichern. Fast endlose Plateaus gibt es etwa um Sainte Eulalie. Lange Touren kann man da machen und dann, ordentlich abgearbeitet, zurückkehren in die behagliche Wärme der grauen Granitsteinhäuschen. Man ist Lichtjahre entfernt vom Betrieb der großen Stationen, angeboten wird ein dörfliches Wintererlebnis ohne Schnickschnack und Après-Ski, mit recht rudimentärem Komfort. Dafür aber gibt es eine großartige, stille Landschaft, den automatischen Kontakt mit den Einheimischen und die solide Kost der Bergdörfer.

Ansonsten hält sich der Tourismus im Haut-Vivarais, dem nördlichen Teil der Ardèche, sehr in Grenzen. Ein vorrangiger Anlaufpunkt ist der Gerbier de Jonc, ein Vulkanknubbel, an dessen Fuß die Loire entspringt; gleich in der Nähe liegt auch der kreisrunde Vulkansee Lac d'Issarlès, mit Tretbooten zu befahren. Ein weiterer Fremdenverkehrsmagnet ist außerdem das weiter südlich auf einem Hügel über dem Tal der Volane gelegene Dorf Antraigues, das sich der Chansonstar Jean Ferrat schon vor vielen Jahren als Wohnsitz erwählt hat. Andere Herrschaften sind ihm nachgezogen in das immer schnuckeliger aufgeputzte Kaff. Als «Saint Tropez der Ardèche» wird es gelegentlich bezeichnet, zum Leidwesen der Urbewohner. Man kann dort den populären Chansonnier und langjährigen Vorzeige-Künstler der KPF beim Boulespielen mit Prominenz von Film, Funk und Fernsehen beobachten.

Goldsucher

Bei Antraigues ist die Schwelle zum Midi nicht mehr weit. Ein paar Kilometer noch, und es eröffnet sich ein anderer Landschaftstyp: Hier fängt das Bas Vivarais an, das heißt, das Reich des Olivenbaums, der Steineiche, des Macchie-Gestrüpps beginnt. Es riecht nach Pinien und Kräutern, ein paar Palmen sind eingesprenkelt – auf einmal ist da die Vegetation des Südens. Auch die Häuser sehen plötzlich anders aus, sie sind aus bröckeligen, grobverfugten Kalksteinen, zwischen hellrosa und gelblich changiert die Farbe der Dachziegel. Manche Orte wie Vogüé, Balazuc oder Rochecolombe wirken wie sonnenverbrannte Bilderbuchdörfer, sorgfältig saubergekratzt und von Kunsthandwerkern eingenommen, wie so viele «pittoreske» Flecken. Aber es gibt zu viele davon, man kann sie nicht alle herausputzen.

Abseits in einem Seitental liegt Largentière, dessen Häuser sich in einer Flußschlaufe zusammendukken. Das Nest ist Sitz der Unterpräfektur, deshalb thront über allem ein viel zu großer, klassizistischer Justizpalast. Der Ort war mal etwas Besonderes. Der einstige Reichtum verbirgt sich noch im Namen: Largentière lebte vom Silber, das in der Umgebung abgebaut wurde. Das ist lange her. Dennoch hält die Suche nach Edelmetallen an in der Gegend. Immer wieder wird von ominösen Goldadern gemunkelt. Tatsache ist, daß 1889 ein Ziegenhirte im Tal des Flüßchens Chassezac auf einen enormen Goldklumpen stieß:

Schleife der Ardèche

fünf Kilo schwer, ein europäischer Rekord. «Das neue Kalifornien!» hatten damals die Lokalzeitungen frohlockt. Allerdings war der Goldrausch nur von kurzer Dauer. Schlitzohrige Geschäftsleute ließen ein paar Stollen im Tal der Garnière bohren, verzierten die Wände ein bißchen mit Goldstaub, legten gutgläubige Aktionäre rein und verschwanden. Das war's dann auch schon. Die Goldsuche blieb Sache einiger Einzelgänger. Mittlerweile aber, hundert Jahre später, sind wirklich Geologen und seriöse Edelmetall-Profis auf den Plan getreten, die eine quasi industrielle Ausbeutung anvisieren. Im Gebiet zwischen Les Vans, Malbosc und Bonnevaux haben sie mit Forschungen begonnen und Schürfrechte beantragt. Schon wurden zahlreiche Arbeitsplätze in Aussicht gestellt, die in dieser sich entvölkernden Gegend willkommen sein müßten. So hat zum Beispiel Malbosc, dessen Ehrenmal an fünfzig Tote des Ersten Weltkriegs erinnert, gerade noch siebzehn Einwohner. Doch das Kalkül der Schürfunternehmer scheint nicht aufzugehen. In den betroffenen Gemeinden hat sich ein Wachsamkeitskomitee gebildet, in trauter Eintracht ziehen bodenständige Bürgermeister und alternative Ziegen-Freaks gegen das Projekt zu Felde, Leute, die sonst wenig Sympathien füreinander haben. Mag das Gold weiter unter ihren Füßen ruhen, Tagebau und lärmende Bulldozer will man nicht. Die einen fürchten um den zaghaft aufkeimenden Tourismus, die anderen sehen das freie Umherschweifen der Ziegenherden beeinträchtigt. Wahrscheinlich wird es wieder nichts mit dem Eldorado

Autobahn für Paddler

im großen Stil. So bleibt der Traum von den dicken Nuggets weiter den einsamen Desperados und Hobby-Schürfern überlassen, die in der Ganière und im Chassezac herumwaten und Kiesel auswaschen wie einstmals Dagobert Duck im Klondike.

Eine wirklich lukrative Goldgrube indessen sind die Gorges de l'Ardèche, jene dreißig Kilometer lange Schlucht, die sich der Fluß Ardèche in Millionen Jahren spektakulär durch die Kalkfelsen gefressen hat. Dort treffen sich im Sommer nordeuropäische Massen zum Paddeln und Planschen, es geht zu wie auf einem Rummelplatz im Grünen. Hauptstadt der Kanu- und Paddel-Szene ist Vallon Pont d'Arc am Eingang der Schlucht, ein Konglomerat von Abspeisungsstätten, Bootsverleihen, Campingplätzen und Wohnwagenfeldern. Wer nicht paddelt, liegt dicht an dicht auf den kleinen Kieselstränden, während oben drüber Buskarawanen die Aussichtsstrecke entlangzuckeln. Die Ardèchois, sofern sie nicht als Bootsverleiher oder Campingwiesenvermieter von diesem Trubel profitieren, machen inzwischen lieber einen Bogen um ihr heimgesuchtes Naturwunder. Der Fluß kann nichts dafür, das Tal ist wirklich sehr schön, nur empfiehlt sich ein Besuch eher außerhalb der Hochsaison.

Erinnerungen an die Seidenkultur

Einen plötzlichen Kontrast zur touristischen Betriebsamkeit in dramatischer Hollywood-Natur bietet das Plateau de Gras, das sich nördlich an die Gorges anschließt, ein dünnbesiedeltes, stilles Land, das besonders unter der brütenden Sonne eine gewisse Melancholie des Südens entfaltet: sanfte Hügel aus durchlöchertem Kalkstein, kratzige Hartlaubgewächse, weißgraue Felsen; ein paar Lavendelfelder, Wein, wo es möglich ist, ansonsten verwildertes Brachland. Kleine gewundene Straßen folgen Bächen, die im Sommer meist austrocknen und nur weißes Geröll und einige Pfützen hinterlassen. Es macht Spaß, gemächlich auf diesem Plateau umherzustreifen, etwa mit dem Fahrrad – wenn nicht gerade der Mistral bläst – die diskreten Dörfer St. Maurice d'Ibie, Les Sallèles, Larnas und St. Montan ab zuklappern. Ein Abstecher nach Viviers lohnt besonders. Der alte Bischofssitz im Rhônetal, einst die Hauptstadt des Vivarais und als Stadt der Priester ein spirituelles und politisches Zentrum, entfaltet heute einen schläfrigen Charme. Einige Renaissance-Fassaden und der Bischofspalast lassen noch die blühende Vergangenheit erahnen. Über dem Eingang der Kathedrale ist ein befremdlich wirkender germanischer Adler eingemeißelt – letzter, halbvergessener Hinweis darauf, daß das Vivarais im Mittelalter zum Heiligen Römischen Reich deutscher Nation gehörte.

Nur wenige Kilometer westlich von Viviers liegt Alba, eine andere einstige «Hauptstadt», die der Helvier nämlich, eines Gallierstammes, dessen Territorium seinerzeit mit dem späteren Vivarais fast identisch war. Das gallorömische Gemeinwesen Alba wurde im 5. Jahrhundert von Barbaren aus dem Norden unter Führung eines gewissen Chrocus zerstört. Derzeit werden die Fundamente mühsam wieder ausgegraben. Das heutige Alba, überragt von einem finsteren Schloß, ist ein ausnehmend schönes Dorf, ganz aus schwarzen Basaltsteinen gebaut. Klar, daß es eine Menge Zweitwohnsitze gibt, auch allerlei Ausländer sind hier ansässig geworden, man sieht es an den Namensschildern. Aber drumherum dehnen sich weiterhin Obstplantagen und Weinberge aus, also sind auch noch ein paar Bauern da.

Einer von ihnen ist Maurice Arlaud, mit seiner Frau Marie-Françoise lebt er in einem stattlichen Bauernhaus am Dorfrand. Gut erinnert er sich noch an die ersten Zugereisten in Alba. «Nach dem Krieg kam ein Trupp Künstler aus Paris. Für die war das damals alles sehr billig hier.» Der Endfünfziger schwärmt noch immer von den rauschenden Festen der unkonventionellen Habenichtse, an denen er als Halbwüchsiger teilnahm. Den anständigen Dörflern waren diese bunten Vögel höchst suspekt. Später kamen dann wohlhabendere Großstädter und kauften Häuser auf. Die Künstler, die die Vorhut gebildet hatten für die Zweitresidenzler, wurden mit wenigen Ausnahmen vertrieben. Auch für den Bauernhof hat sich seither einiges geändert. Betrieb Maurice vor zwanzig Jahren noch «Polykultur», so mußte er sich inzwischen den Rentabilitätsanforderungen anpassen: Er hat Kühe, Schweine und Federvieh abgeschafft und beschränkt sich jetzt auf Weinbau und Kirschbäume. Den ehemaligen Kuhstall hat er zu einem behaglichen Kaminzimmer umgebaut. Seine neue Verdienstquelle: Er vermietet «chambres d'Hôtes», Gästezimmer, die er mit großem Arbeitsaufwand in einem Teil des Hofes eingerichtet hat. Das ist keine Frage der Geldgier, sondern eine des Dableibenwollens. «Ich bin auf diesem Hof geboren, genau wie mein Vater und

Verschlafenes Viviers

mein Großvater. Verkaufen und wegziehen? Unvorstellbar!» Trotz der neuen Funktion hält Maurice, soweit es geht, an der Landwirtschaft fest. Er ist Mitglied der Winzer-Kooperative «Vignerons Ardèchois». Energisch setzt er sich für den Ardèche-Wein ein; von Zeit zu Zeit unternimmt er Verkaufstouren durch Frankreichs Supermärkte, wo er mit blauem Trachtenkittel und Akkordeon auftritt. Die Kooperative hat die Winzer motiviert, vom angestammten Tischwein abzurücken und edlere Rebsorten anzubauen: Grenache, Syrah, Cabernet-Sauvignon – seither läuft das Geschäft einigermaßen. Schlechter sieht es bei den Obstbäumen aus. Zwar gedeihen die Kirschen prächtig, aber in manchen Jahren sackt der Marktpreis derartig in den Keller, daß die Pflückerlöhne höher wären als der Erlös aus der Ernte. «Da freut man sich über die großartigen Kirschen, und dann soll die ganze Arbeit nichts wert gewesen sein, man muß alles am Baum verrotten lassen. Das gibt einen Stich!» Kein Wunder, daß sich die Arlauds zunehmend auf die «chambres d'Hôtes» konzentrieren.

An die frühere bäuerliche Funktion erinnern nur noch die Namen der Zimmer. Eines heißt «La Magnanerie» – es war einst der Dachboden, auf dem die Seidenraupen mit Maulbeerblättern gemästet wurden. Fast in jedem Haus fand sich so eine Magnanerie. Das Vivarais gehörte zum Hauptgebiet der französischen Seidenproduktion, was maßgeblich einem Herrn aus dem Nachbarort Villeneuve-de-Berg zu verdanken war: Olivier de Serres, dem «Vater der französischen Landwirtschaft». Dieser kalvinistische Patriarch und Tüftler machte Anfang des 17. Jahrhunderts sein Gut «Le Pradel» zu einem Modellbetrieb, wo er mit neuen Anbaupflanzen experimentierte – ein früher Agrar-Kapitalist und praktischer Aufklärer, der die Essenz seiner Erfahrungen in zahlreichen Büchern verbreitete. Sein Hauptwerk «Das Theater der Landwirtschaft» wurde auf königlichen Befehl als Lehrbuch in allen Landgemeinden verteilt. Das Gut «Le Pradel» dient heute sinnigerweise als landwirtschaftliche Lehranstalt.

Von der Seidenraupenzucht, die Olivier de Serres angeregt hatte und die lange Zeit entscheidend zum Lebensunterhalt der Ardèche-Bauern beitrug, sind die vielen wilden Maulbeerbäume und die Ruinen einiger Spinnereien an den Flüssen geblieben. Die letzten Zuchtbetriebe haben nach dem großen Frost von 1956 dichtgemacht. Da war die Seide hier allerdings schon kaum mehr von Bedeutung. Die wirkliche Katastrophe für das Vivarais und die angrenzenden Gebiete hatte vorher stattgefunden: die Eröffnung des Suezkanals, durch den die billigere Seide aus dem Fernen Osten ins Land kam. Maurice hat die Seidenraupenpraxis in seiner Kindheit noch erlebt und erinnert sich an die Schmatzgeräusche, die aus der Magnanerie drangen. «Richtige kleine Monster waren das, diese Würmer, in einem Monat haben sie ihr Gewicht vertausendfacht.» Nach der Freßphase krochen sie auf bereitgelegte Ginsterbesen, um sich zu verpuppen. Dann kamen die Sträucher in den Ofen, damit die Tiere abstarben, und es folgte die ganz große Arbeit: das Ablesen der Kokons. «Dazu traf sich die ganze Nachbarschaft, vor allem die Jugendlichen, und es wurde viel Unfug dabei gemacht.» Beim «De-coconnieren» kamen sich Mädchen und Jungen zwanglos näher, über dem gemeinsamen Abzupfen der Seide bahnten sich Liebschaften und Ehen an. Mit der häßlichen schmatzenden Raupe war eine ganze Zivilisation verbunden, von ihr war die Lebensweise und das wirtschaftliche Wohlergehen abhängig. In Liedern wurde die Seiden-Madonna angerufen, den weißen Wurm zu beschützen und dafür zu sorgen, daß zu Ostern kein Frost mehr ausbricht: «Lou moniaou es espèli, cullien lo pourèto / Doussoménou dounen li oquèlo fulièto / O Viergeo de lo sèdo, proutègea-lou / Preia Dièou peŕ què noun gealè lou brou!»

Maurice kann spannend erzählen aus der bäuerlichen Vergangenheit des Vivarais. Er beherrscht auch noch den «Patois», wie die Einheimischen achtlos ihren okzitanischen Dialekt nennen. Zusammen mit seiner Frau hat er sogar einmal für die Winzergenossenschaft eine Werbeplatte besungen. Er spielt auch Laientheater im Gemeindesaal und singt im Kirchenchor, er liebt seine Heimat, krallt sich fest, kämpft dafür, daß das Dorf lebendig bleibt. Da er ein unternehmungslustiger, kommunikativer Typ ist, gelingt ihm der Sprung vom Noch-Bauern zum Animateur – ein Kompromiß, mit dem er die Möglichkeit erkauft, bei sich zu Hause zu bleiben. Doch wenn er seinen Rollenwechsel beschreibt, scheint ein ironisch-bitterer Unterton mitzuschwingen.

Wege aus Urzeiten

Wenige Kilometer westlich von Aubenas kommt man auf der Straße D 19 über die die Dörfer Jaujac und La Souche in den Gebirgszug des Tanargue. Dies ist der Nordostzipfel der Cevennen, jener ausgedehnten Berglandschaft, die im Westen von den Kalkhochflächen der Causses begrenzt wird, während im Süden das karstige, von Macchiegestrüpp bewachsene Hügelland der Garrigue den Übergang zur Küstenebene bildet. Die Cevennen – der Name beschwört Vorstellungen von magischen Bergen herauf, von Widerstandsgeist und Freiheitsliebe ihrer Bevölkerung, dazu das Bild einer unverfälschten Natur, eines Refugiums für die Stadtbewohner und eines Kontrastprogramms zur überlaufenen Küstenzone. Vielen sind die Cevennen so etwas wie Frankreichs wilder Süden. Wer sich von den größeren Straßen entfernt, spürt die unglaubliche Einsamkeit in diesem Gebirge. Von den Gipfeln tun sich gewaltige Panoramen auf: ein Meer gewellter Bergkämme bis zum Horizont, in Farbabstufungen von gelb über grün und blau bis lila. Durch den Ginster und die verwilderten Kastanienbäume rauscht der Wind, und über all dem kreist dann und wann ein Raubvogel. In manche der tief eingeschnittenen engen Täler fällt nur wenige Stunden am Tag das Sonnenlicht. Weit verstreut kleben einzelne Bauernhäuschen, «mas», an den Hängen, selten mal ein Dorf, ansonsten Landschaft pur, von Menschen kaum behelligt.

Die Cevennen waren nicht immer eine Wildnis, im Gegenteil. Die vielen Ruinen der Anwesen, die Reste der Steinmauern, mit denen die Hänge terrassiert wurden, weisen auf eine recht starke Besiedlung hin. Das Hochland war auch nicht, wie man meinen könnte, abgeschnitten von der übrigen Welt, sondern stand in einem intensiven Kontakt mit der Küstenebene. Bereits zu antiken Zeiten gab es regen Austausch, etwa durch die Salzwege. Schon unter den

Die Stille kann man spüren wie einen Druck, der sich auf die Ohren legt und den Kopf so fest umschließt, daß ein nächtlicher Vogelschrei nicht nur als ein Laut hörbar, sondern als eine Erschütterung der Stille unmittelbar vernehmbar ist.

Man kann stundenlang über die versteppten Hügel gehen, ohne einem Menschen zu begegnen. Aber man kann kaum ein paar Schritte tun, ohne auf die Spuren menschlicher Arbeit zu stoßen. Dort, wo sich ein kleiner Pinienwald den Hügel hinaufzieht, wurden vor einem halben Jahrhundert vielleicht noch Reben geschnitten und wurde Lavendel geerntet; die Terrassierung ist noch deutlich zu erkennen. Es gibt keinen Hügel im Umkreis, der nicht bis zu seiner Spitze von einem vielgestaltigen Muster aus Terrassen und umfriedeten Feldern überzogen wäre. Kilometerlang, bald als meterhohe Wälle, bald als sorgfältig aufgeschichtete Mauern aufgeführt, winden sich die Umfriedungen an den Hängen entlang.

Lothar Baier: Französische Zustände. Fischer Taschenbuch, Frankfurt 1985

Römern wurde das Meersalz, wie heute noch, aus den Lagunen des Languedoc gewonnen. Die Via Domitiana, diese Handelsstraße zwischen Italien und Spanien, die durch die Küstenebene führte, hatte ergänzende Süd-Nord-Verbindungen, zum Beispiel in die Auvergne. Bis weit ins vorige Jahrhundert hinein besorgten Maultierkarawanen den Austausch von Salz und Wein aus der Küstengegend gegen Getreide und Holz aus dem Norden.

Noch älter, dauerhafter und wichtiger war das Wegesystem, das der Weidewechsel, «la transhumance», hat entstehen lassen: große Schafherden werden den Sommer über hoch in die Berge auf die kühlen und saftigen Sommerweiden getrieben und im Herbst dann wieder runter in die wärmere Ebene – eine Praxis, die im gesamten Mittelmeerraum verbreitet war und ähnliche Zivilisationserscheinungen hervorbrachte. Man macht sich kaum mehr klar, welche Rolle dem Schaf als Kulturfaktor zukam! Im Mittelalter war es Hauptgrundlage der Ernährung, lieferte Fleisch und Käse; aus dem Fett wurden Talgkerzen gemacht, Wolle und Leder zu Kleidung verarbeitet. Während des Hochmittelalters avancierte das Schaf überdies zum Träger der intellektuellen Aktivitäten – ohne Schafshäute kein Pergament, ohne Pergament keine schriftliche Wissensvermittlung. Ein rundum nutzbares Wundertier! Über 3000 Jahre lang hat diese Schafs-Zivilisation in den Cevennen funktioniert. Früheste Belege für Schafstriften wurden bei Florac gefunden, sie stammen aus dem Neolithikum. Diese kontinuierlichen Schafbewegungen großen Stils, das ewige Hin und Her wie Ebbe und Flut setzten Berg- und Tiefland in dauerhafte Beziehung. Durch die Hufe zahlloser Herden entstanden die «drailles», ein Geflecht von Zubringern, Haupt- und Nebenstrecken bis hinauf in die Höhen des Mont Lozère, des Aubrac und der Margeride. Entlang dieser «Fernstraßen» vollzog sich die Entwicklung der Bergwelt, bildeten sich Klöster, Kirchengemeinden, Wirtschaftszentren. Keimzellen waren oft die «paradous», die Übernachtungs- und Verpflegungsstätten der Herden. Auf der Landkarte wimmelt es von Orten, die Le Paradou oder La Parade heißen. Überhaupt hat die «transhumance» zahllose Orts- und Flurnamen geprägt. Malaparade: der schlechte Halt. Ayres, Airole, Airou: Weide-Areale für die Herden. Fumade oder Fumadasse: Hier übernachteten die Schaf-Konvois in der Nähe kleiner Bauernhäuser. Die Tiere kamen in ausgedehnte Gatter und ließen wunschgemäß Dung ab. Die «fumature», so hieß diese Sitte, war ein Deal zwischen Bauer und Schäfer: Du läßt deine Viecher meinen Acker veredeln, ich gebe dir dafür eine Lagerstatt. Tausende Jahre Schafkötel-Düngung ließen so entlang der «drailles» fruchtbare Böden entstehen.

Auf den Spuren der großen Herden

Für die Dörfer war der Durchzug der blökenden Heerscharen ein Großereignis. Von weitem schon kündigte sich die enorme Kohorte durch Staubfahnen und den Lärm der Glocken an, bevor die mit bunten Bändern und Bommeln geschmückte Tierflut durch die Gassen wuselte. Für die Hirten waren die Dörfer wichtig als Auftankstationen vor der großen Einsamkeit der Hochplateaus, für die Dörfler war die «transhumance» Anlaß für Märkte und Messen. Dabei kam es aber auch immer wieder zu Auseinandersetzungen zwischen Einwohnern und Hirten. Es war die alte Feindseligkeit zwischen Seßhaften und Nomaden, die da hervorbrach. Die Kaste der Schäfer, archaischer Berufsstand aus grauer Vorzeit, stand nach Ansicht der Seßhaften außerhalb der allgemeingültigen Ordnung. Bauern und Gärtner sahen sie voller Mißtrauen vorüberziehen. Sie waren halb gefürchtet, halb verachtet, denn zum einen verfügten sie über uraltes Naturwissen, zum anderen stand diesen wilden Männern die zerstörerische Kraft Tausender von Schafshufen zu Gebote. Aber die Dörfler waren auch regelmäßig bestrebt, die Schäfer übers Ohr zu hauen. Die durchziehenden Tiere wurden zum Beispiel gezielt auf privates Gelände gelockt, dann die festgelegten Entschädigungsgelder kassiert. Außerdem versuchte man natürlich, sich von den Massen der Tiere welche abzuzweigen. Im Riesentrubel der engen Gassen hatten die wenigen Schäfer kaum einen Überblick und merkten oft nicht, wenn Kinder mit wildem Spektakel die Schafe verwirrten und sie – schwupps! – ins offene Hoftor reinstolpern ließen. «Raubo-moutous», Schafsräuber, wurden die Einwohner bestimmter Dörfer genannt.

Über die Jahrhunderte hin hatten sich feste Sitten und Gebräuche herausgebildet, Jahr für Jahr geschah so ziemlich das gleiche. Erst vor etwa hundert Jahren begann diese uralte Tradition zu Ende zu gehen: Das Aufkommen der Wein-Monokultur in der Ebene dezimierte die Schafherden. Durch das Ausbleiben der Herden war auch die Landwirtschaft entlang der Schafswege betroffen, denn nun fehlten die Humus-Bringer. Die Böden verarmten, ein jahrtausendealtes agronomisches Knowhow geriet in Vergessenheit. Noch gibt es zwar einige Schäfer, die mit ihren Herden den langen Treck machen, von Juni bis September auf den Höhen des Mont Lozère bleiben, in der Abgeschiedenheit verlassener Dörfer. Aber sie sind eine Randerscheinung geworden. Knapp 30 000 Schafe sind noch unterwegs, vor hundert Jahren waren es zehnmal so viele.

Wer gut zu Fuß ist, dem bieten diese alten Wege eine tolle Möglichkeit, sich die Landschaft zu erschließen. Manche, die schon lange nicht mehr benutzt werden, sind überwachsen und nur schwer aufzuspüren. Andere hingegen sind teilweise in die Streckenführung der Fernwanderwege (Grande randonnée) aufgenommen worden, etwa die «Collectrice de Jalcreste». Vom protestantischen Städtchen Anduze aus kann man sie auf dem GR 67 entlangwandern. Dort tritt der Herdenweg durch die Porte des Cevennes von der Garrigue ins Gebirge ein, führt erst ein Stück durchs Flußtal des Gardon de Mialet und steigt dann hinauf, am Mas du Pausadou vorbei auf den Kamm, die Serre de la Vieille Morte. Nach dem Col du Malpas geht es den Bergkamm entlang zwischen St. Germain-de-Calberte und St. Hilaire-de-Lavit, dann runter durchs Geröll bei der Siedlung Les Ayres, wo die Herden seit Urzeiten eine Wasserstelle fanden und die Hirten sich unter alten Kastanienbäumen ausruhen konnten. Nach einem Kilometer wird der Col de la Crou de Bourrel (Kreuz des Henkers) passiert, wo wahrscheinlich mal Galgen gestanden haben, dann führt der Pfad abwärts zum Col de Jalcreste, und von nun an übernimmt der GR 7 die alte Schafstrekke. Erst geht es hinauf zum «Plo de la Fumade Riou», einer Köttel-Etappe, dann folgt ein seriöser Anstieg bis auf 1300 Meter. Ab dem Ronc du Tas verläßt der Weg die Kammlinie und führt zum Col de la Croix de Berthel. Hier bekommt die Collectrice auch heute noch ein gewisses Kontingent von Herden über eine Zubringer-Draille aus dem Osten. Wesentlich breiter wird die Herdenstraße an der Flanke des Mont Lozère. Sie führt durch die Granitfelsen bei l'Aubaret, überquert den hier noch sehr schmalen Tarn durch eine Furt und orientiert sich dann in Richtung l'Hopital du Lozère, wo rund um eine alte Tränke immer einige Herden übersommern. Die Draille geht noch weiter, erreicht 1500 Meter am Col de Finiels und verzweigt sich dann in die steinigen Urzeitsteppen des Mont-Lozère-Massivs.

Ebenfalls gut bewanderbar ist die «Collectrice de l'Asclier», die an einem Paß, dem Col de l'Asclier beginnt, wo zwei Drailles zusammenlaufen. Jedes Jahr am dritten Sonntag im Juni kommen Schaulustige an diese Stelle zwischen Valleraugue und Lasalle, um den traditionellen Vorbeizug der «transhumants» zu sehen, dieses rar gewordene Spektakel der tausend Schafe.

Über eine speziell für die Herden gebaute Brücke führt die Strecke – identisch mit dem GR 6 – auf den Gratweg des Serre de Borgne, vorbei am Mas de Bonperrier. Hier machen die Herden seit eh und je halt, die kultivierten Böden zeugen davon. An der Aire de Côte, einer vielhundertjährigen Pausenstelle, steigt der Herden- und Wanderweg – ab hier GR 7 – eine breite Piste am Nordosthang des Mont Aigoual hoch, vorbei an Peyreficade und dem inzwischen umgestürzten Menhir, der früher als Orientierungszeichen diente. Ab dem Plateau Can de l'Hospitalet geht die Draille dann als GR 43 weiter. Beim Col de Rey fällt sie steil und steinig ab ins Tal des Tarnon, die Schafe purzelten da gleichsam hinunter. Durch die kleine Stadt Florac hindurch, wo früher viele Tiere abhanden kamen, geht es stracks weiter über Kammlinien nach Norden. In großen Abständen liegen hier nur noch ein paar kleine Höfe, La Maison Neuve, Les Combettes, mit zunehmender Höhe wird es immer kahler, felsiger. Jetzt nur noch über den Fluß Lot bei Chadenet, dann erreicht man über die Weiler Eygas und Pelouse die Höhen der Margeride und kommt zu den Gipfeln Truc de Fortunio und Peyre Plantade. Hier ist die Welt zu Ende: karges Heideland, bemooste Granitblöcke und der Wind, der darüber hin pfeift. –

Kinder der Wüste

Die faszinierende Cevennen-Landschaft, die man bei solchen Expeditionen kennenlernt, spielte bei einem dramatischen Kapitel in der Geschichte des Languedoc eine entscheidende Rolle: dem Camisardenaufstand. Er rückte im 18. Jahrhundert dieses abgeschiedene südfranzösische Gebirge in den Blickpunkt des internationalen Interesses. Die Cevennen und der Kampf ihrer protestantischen Bevölkerung für die Bewahrung ihres Glaubens wurden zum Gegenstand von Büchern, Pamphleten und Legenden. Der dickköpfige Charakter der «Cevenols» und die besonderen landschaftlichen

Auf dem Mont Lozère

Gegebenheiten haben dazu geführt, daß die Cevennen bis heute eine reformierte Enklave im katholischen Frankreich geblieben sind. Auf dem Straßenschild am Dorfeingang steht hier nicht, wie sonst üblich, «Messe soundsoviel Uhr», sondern «Culte protestant», und in der Mitte des Ortes erhebt sich keine «église», sondern stolz und schlicht, meist mit klassizistischem Säulenvorbau, der «temple». Ein besonders großer steht im Städtchen Anduze, das sich selbst als das «Genf der Cevennen» bezeichnet – Referenz an die Heimat Calvins. Gewiß, in nördlichen Breitengraden ist der Protestantismus weiß Gott nichts Besonderes. Aber dieser Calvinismus unter der Sonne des Midi wirkt schon ein wenig befremdlich. Häufig sieht man hier jüngere Leute mit dem französischen Protestanten-Abzeichen am Halskettchen: einer Art Malteserkreuz mit Taube. Auch wenn die Gottesdienste immer spärlicher besucht werden, ist man doch sichtlich stolz auf die Zugehörigkeit zu dieser Minderheit, deren Fortbestand von den Vorfahren hartnäckig erkämpft wurde.

Nach der Devise «un roi, une loi, une foi» (ein König, ein Gesetz, ein Glaube) hatte Ludwig XIV. 1685 das Edikt von Nantes widerrufen, das den Protestanten halbwegs unbehelligte Religionsausübung gestattete. Große Mengen von Hugenotten – französische Verballhornung von «Eidgenossen» – wanderten aus, nach Holland, England, Südafrika, Hessen oder Preußen, andere konvertierten. Nicht so die Protestanten der Cevennen. Unter ihnen traten, als Reaktion auf die königliche Zumutung, mystisch inspirierte Prediger auf den Plan. Bei ihren Versammlungen muß es ähnlich inbrünstig zugegangen sein wie heute noch bei schwarzen Evangelisten in Amerika. Es kam zu Ausbrüchen kollektiver Ekstase, besonders junge Leute ließen sich mitreißen und sprudelten allerlei Prophezeiungen hervor. Das Ergebnis dieser Welle war ein gestärktes religiöses Wir-Gefühl und verschärfte Militanz: Man attackierte die Symbole der katholischen Götzendiener, schlug Wegkreuze ab, die als Zeichen der Idolatrie galten. Dagegen setzte die Obrigkeit neben Dragonern auch Missionare wie den Abbé du Chayla ein, der als Schreckensgestalt in der Erinnerung lebendig blieb. Er war ein Mann der alten Schule, halb Exorzist, halb frommer Henkersknecht, der gleich neben seiner Missionsstation in Pont-de-Montvert ein Gefängnis unterhielt, in dem er Irrgläubigen die Knochen brechen ließ. 1702 wurde er von Angehörigen seiner Opfer umgebracht.

Dies war das Signal für den Ausbruch des Camisardenkrieges. Die protestantischen Rebellen, «Camisarden» genannt wegen ihrer Hemden, bereiteten den königlichen Dragonern unerwartete Schwierigkeiten. Sie nutzten geschickt die landschaftlichen Gegebenheiten, unterhielten in den Höhlen der Cevennen Verstecke und Waffenlager. Kaum zu zählen sind heute die angeblichen «Grottes des Camisards». Gegen die verachteten, geringgeschätzten Bergmenschen wurde schließlich eine Riesenarmee aufgeboten. Die Camisarden, die in kleinen, autonomen Gruppen operierten, zwangen den königlichen Generälen einen noch unbekannten Typ von Krieg auf: den Guerillakrieg. In vertrautem Terrain und unterstützt von der lokalen Bevölkerung bewegten sie sich wie die sprichwörtlichen

Fische im Wasser. Entsprechend brutal waren die Repressalien. Ganze Gemeinden wurden abgeschlachtet, schließlich begann die Staatsmacht gar damit, die Cevennen systematisch unbewohnbar zu machen, Wälder und Dörfer komplett abzubrennen, die Bevölkerung zu deportieren. Gefangene Aufrührer wurden in Nîmes oder Montpellier gerädert, verbrannt, geköpft, aufgehängt. Als der Camisarden-Anführer Rolland seinen Verfolgern nur tot in die Hände fiel, schleppte man seine Leiche nach Nîmes und machte ihr dort den Prozeß. Dem Urteil gemäß wurde sie noch einmal auf dem Scheiterhaufen «hingerichtet».

Aber solcherlei Überzeugungsarbeit erwies sich letztlich als wirkungslos. Auf das Religionsverbot und die Zerstörung der «temples» reagierten die Gläubigen mit dem Abtauchen in den Untergrund. «Le désert», die Wüste, so nannten sie diese Phase, in Anspielung auf die Wüstendurchquerung der Kinder Israels. Überhaupt war ihr Protestantismus von alttestamentarischen Bezügen durchsetzt: der Mont Aigoual war ihr «Sinai», der Gardon ihr «Jordan», die Cevennen insgesamt waren das «Neue Israel». In Steinbrüchen und Waldlichtungen traf man sich zu heimlichen Gottesdiensten; mit großem Erfindungsreichtum wurde mobiles Kultgerät gebastelt – Kanzeln und Altäre zum Zusammenklappen, leicht versteckbare Mini-Bibeln. Noch heute werden diese Bibeln gelegentlich im Mauerwerk oder Fußboden alter Bauernhäuser gefunden, die zu Zweitresidenzen umgebaut werden. Wer beim Gottesdienst im Untergrund erwischt wurde, den erwarteten harte Strafen. Prediger wurden ruckzuck hingerichtet, männliche Teilnehmer verschwanden in den Bäuchen der königlichen Galeeren und die Frauen in Kerkern wie etwa dem Gefängnisturm von Aigues Mortes. Dort wird den heutigen Besuchern eine Inschrift gezeigt, die eine der Gefangenen in die Mauer geritzt hat: «Resister», die Aufforderung, Widerstand zu leisten.

Dieser Glaube war mit Feuer und Schwert nicht kleinzukriegen. In den letzten Jahrzehnten des Ancien Régime erlahmte denn auch allmählich die Repression, bis de facto das verbotene Treiben der Hugenotten toleriert wurde. Mit der Französischen Revolution wurden die Protestanten schließlich vollwertige «citoyens» mit allen Rechten und Freiheiten. An ihren Überlebenskampf erinnert das Musée du Désert beim Dörfchen Mialet unweit von Anduze, eingerichtet im «Mas Soubeyran», dem Geburtshaus eines Camisardenführers. Es ist so etwas wie der Reliquienschrein der Hugenotten. Jedes Jahr im September versammeln sich Tausende vor dem Mas auf der Wiese unter den alten Eichen und Maronenbäumen zum großen Familientreffen des französischen Protestantismus. Die Erfahrungen des Untergrunds haben die protestantischen Berge geprägt. Davon zeugen einige konstante Eigenheiten, die sich hier herausgebildet haben: Skepsis gegenüber der staatlichen Autorität, linkes Wahlverhalten, tätige Hilfe für Verfolgte.

Widerstandsnester

«Resister»: Widerstand hat in den Cevennen Tradition, Untertanengesinnung nicht. Wie wach die Erinnerung an die eigene Verfolgung geblieben war, zeigte sich deutlich während des Zweiten Weltkrieges, als die Cevennen zur Zuflucht für viele wurden, die den Nazis oder der Vichy-Miliz nicht in die Hände fallen durften: spanische Republikaner, deutsche Antifaschisten, geflohene Elsässer, Juden verschiedener Nationalität. Ohne Ansehen von Herkunft oder Religion und mit verblüffender Selbstverständlichkeit sind sie im protestantischen Milieu der «Cevenols» aufgenommen worden. Wer besonders gefährdet war, wurde oftmals über die alten Drailles weit hinauf in die Berge gebracht und in Holzfällerhütten oder Schafställen versteckt. Eine wichtige Rolle spielten dabei die Pastoren. Zumal ab September 1942 kam ihnen eine Schlüsselfunktion zu. Beim jährlichen Protestantentreffen am Musée du Désert – 4000 Hugenotten hatten sich im Schatten der Kastanien versammelt – wurden die anwesenden Pfarrer über die Erkenntnisse unterrichtet, die der Kirchenleitung damals schon über die «Endlösung» vorlagen. Im Unterschied zu britischen und amerikanischen Staatsmännern nahmen diese Kirchenmänner ernst, was da an Informationen über die Vernichtungslager durchgesickert war, und beschlossen sofort, die Hilfeleistungen zu systematisieren. Eine heimliche Infrastruktur entstand, die Pfarrhäuser wurden zu Schaltstellen, von denen aus man die jüdischen Flüchtlinge auf die Höfe der Gemeindemitglieder verteilte.

Mancherorts ist es zu einer erstaunlichen Integration der Exilanten in die Dorfbevölkerung gekommen, zum Beispiel in Saint-Germain-de-Calberte: Hier lebten die Flüchtlinge sehr offen unter den Einheimischen, die alle Bescheid wußten und zusammenhielten. Der Rathaussekretär stellte neue Ausweispapiere auf unverfängliche Namen aus, der Pastor schrieb falsche Taufbescheinigungen, die Mittellosen unter den «Zugereisten» wurden im einzigen Hotel am Platz gratis beherbergt, der Lehrer steckte die jüdischen Kinder in seine Klassen. Alle, die nicht aktiv mithalfen, hielten zumindest den Mund, so die Gendarmen, denen besonderer Eifer nicht angebracht schien. Das Dorf war nur über eine kurvige, schlechte Straße zu erreichen. Als die gefährlichen Herren in den langen Ledermänteln dort heraufkamen, um nach Juden zu fahnden, fanden sie keine und bekamen nur dürre Auskunft von den «begriffsstutzigen» Dörflern. Zwischen einfachen Bauern und dem exotisch zusammengewürfelten Flüchtlingsvolk entwickelten sich eigentümliche Beziehungen. Viele der Fremden versuchten, sich nützlich zu machen so gut es ging, als Arzt, Fotograf, Hebamme, Schneiderin. Der spanische Republikaner arbeitete als Tischlergeselle, der deutsche Deserteur half beim Schweineschlachten, der Wiener Kaufmann trieb die Schafe auf die Weide.

Die alten «Cevenols» äußern sich nicht gerne über diese Zeit. Was sie damals getan haben, ist ihnen selbstverständlich, es war «Christenpflicht». Sich dessen zu rühmen gilt als überheblich. Wachgehalten wird die Erinnerung hingegen von denen, die von ihnen gerettet wurden. Beispielsweise sind einige Pastoren in der israelischen Holocaust-Gedächtnisstätte Yad Vashem durch das Pflanzen eines Baumes geehrt worden. Viele der Überlebenden haben den Kontakt zu den Cevennen aufrechterhalten. Einige, die nach dem Krieg gleich ganz dageblieben waren, liegen mittlerweile auf den Friedhöfen der Cevennendörfer begraben, andere haben sich hier Ferienhäuser gekauft oder reisen im Sommer mit ihren Familien als Touristen an. Manchmal kommt sogar Besuch aus Amerika in die abgelegenen Flecken.

Zur selben Zeit und am selben Ort spielte sich eine Episode aus der Geschichte des antifaschistischen deutschen Widerstandes ab, die erst kürzlich von Lokalhistorikern des Languedoc wiederentdeckt wurde: der deutsche Maquis in den Cevennen. Eine größere Zahl ehemaliger Spanienkämpfer, Kommunisten zumeist, hatte Zuflucht in den Bergen gefunden. Einige waren aus den berüchtigten Internierungslagern geflohen und untergetaucht, andere waren zeitweise in den vom Vichy-Regime kontrollierten Fremdarbeiter-Einsatzgruppen tätig, arbeiteten als Holzfäller, Landarbeiter oder in den Kohlegruben von La Grand-Combe und Alès. Es gab auch Einzelgänger wie den langhaarigen, rauschebärtigen Pazifisten Ernst Friedrich, der in Berlin das legendäre Anti-Kriegs-Museum gegründet hatte und nun einen abgeschiedenen Bauernhof bewirtschaftete, auf dem er wiederum mehrere andere Deutsche beschäftigte. Mit der Besetzung der Südzone durch die Wehrmacht 1942 wurde die Situation für diese Männer, die bereits zehn Jahre an Irrwegen und Exil hinter sich hatten, äußerst heikel.

Es war einerseits die französische Résistance, die sie zum Schutz vor Gestapo und Miliz in schwer zugängliche Bergverstecke lotste, zum anderen waren es wieder protestantische Pastoren, die sich ihrer annahmen. Die altgedienten deutschen Kommunisten staunten nicht schlecht über diese radikalen Seelsorger, unter denen es welche gab, die Lenin zitieren konnten. Es kam vor, daß die Exilanten zwecks unauffälliger Integration in die Gemeinde aufgefordert wurden, dem Gottesdienst beizuwohnen, und es gab sogar einige, die sich dazu bewegen ließen, im Kirchenchor mitzusingen. Sie mögen bei diesem Ansinnen erst ganz schön geschluckt haben, die gottlosen roten Gesellen, aber dann haben sie tapfer mitgemacht. Immerhin rief der Pastor von der Kanzel zum Kampf gegen Hitler auf, und er half bei der Herstellung falscher Papiere. Als ab 1943 die Résistance stärkeren Zulauf bekam, zumal von jungen Franzosen, die sich der Zwangsarbeit in Deutschland entzogen, und sich der «Maquis» strukturierte, da waren auch die kampferprobten Ex-Mitglieder der Internationalen Brigaden sofort zur Stelle. Auch wenn die Franzosen am Anfang einiges Mißtrauen ihnen gegenüber überwinden mußten – denn sie waren zwar Antifaschisten, aber dennoch Deutsche, und das nationale Freund-Feind-Denken saß tief –, spielten sie doch bald eine entscheidende Rolle in der Cevennen-Résistance, sowohl zahlenmäßig als auch wegen ihres militärischen Knowhows.

Wie zu Camisardenzeiten erwiesen sich die Cevennen als ideales Gelände für Partisanenoperationen. Das Gebiet um den Mont Aigoual war für die Résistance eine natürliche Festung. Wehrmacht-Konvois und die Patrouillen der Feldgendarmerie wurden in dem zerklüfteten Terrain leicht Opfer von Überraschungsangriffen. Natürlich gab es Repressalien: Die SS-Division «Hohenstaufen», die den Auftrag hatte, den Maquis der Cevennen zu vernichten, verbreitete Angst und Schrecken. Dörfer wie La Rivière, die den Maquisards geholfen hatten, wurden in Gänze gesprengt. In verbissenen Kämpfen wurden größere Gruppen des Maquis ausgelöscht, so in der Schlacht von La Parade bei Meyrueis. Auf dem Erinnerungsstein, der dort steht, sind auch Namen wie Fred Bucher, Karl Heintz oder Anton Lindner eingraviert. Wer der Gestapo in die Hände fiel, wurde nach Alès geschafft, gefoltert, umgebracht und in einigen Fällen in den alten Bergwerksschacht von Célas geschmissen. Nach dem Abzug der Besatzer fand man dort die übel zugerichteten Leichen von 28 «résistants», darunter auch Deutsche, die den Gestapo-Sadismus besonders zu spüren bekommen hatten.

In der Résistance wurden die Maquisards der sogenannten «deutschen Kompanie» am Ende hoch geachtet. Dem ehemaligen Reichstagsabgeordneten Otto Kühne war das Kommando über 2000 Résistance-Kämpfer der gesamten Region anvertraut. Bei der «Libération» von Nîmes war es ein Deutscher namens Norbert Beisäcker, der vom Tor der Montcalm-Kaserne die Hakenkreuzfahne herunterholte und dort die Tricolore aufzog. Beim anschließenden Festumzug durch die befreite Stadt marschierten drei Deutsche an der Spitze. Von denen, die Gestapo, Vichy-Miliz und SS-Razzien überlebt hatten, gingen die meisten nach dem Krieg in die DDR. Mag sein, daß dies der Grund ist, weshalb im Westen dieses Beispiel deutschen Widerstands in Vergessenheit geraten ist.

Grüner Tourismus mit Geiern

Wenn so viele Menschen in den Cevennen jahrelang mit durchgefüttert werden konnten, so deshalb, weil die Grundbedürfnisse mit dem, was vor Ort wuchs, befriedigt werden konnten. «Das war gar kein Problem», sagt Marcel Chaptal, ein Bauer aus Mijavols, der während des Krieges unter anderem den österreichischen Juden Max Frankel und den sächsischen Kommunisten Hermann Leipold versteckt hatte. «Man muß bedenken, daß wir damals autark waren. Wir hatten ein bißchen von allem: Milch, Butter, ein paar Schweine, Honig als Ersatz für Zucker. Fehlte bloß der Kaffee, dafür haben wir Gerste geröstet.» Niemand mußte verhungern, die traditionelle Subsistenzwirtschaft war noch weitgehend intakt in den vierziger Jahren. Inzwischen ist sie fast ganz verschwunden.

Dicht wie Wälder überziehen die Eßkastanienbäume nach wie vor die Berghänge der Cevennen. Der «Brotbaum», der vielen in isolierten Verstecken untergebrachten Flüchtlingen das Überleben sicherte, lieferte den Bergmenschen jahrhundertelang die Ernährungsbasis. Seit Benediktinermönche im 12. Jahrhundert diese Bäume eingeführt hatten, wuchs die Cevennenbevölkerung merklich an. Kaum vorstellbar, aber diese Berge waren tatsächlich einmal überbevölkert. Der Kastanienwald brachte Menschen und Tiere über den Winter. Eine wahrhafte Kastanienzivilisation hatte sich entwickelt: Ein Hauptereignis im Jahresrhythmus war die Ernte, «castagnado», von Oktober bis Dezember. Eine ganze Familie konnte davon ein halbes Jahr leben. Aus dem Mehl der Kastanien wurde Brot gebacken, daneben aß man die Dinger roh, eingeweicht, gekocht und vor allem in Gestalt des täglichen Breis «bajanat». Das war eine matschige graubraune Kalorienüberdosis, die

Aufgegebener Cevennenhof

für den ganzen Tag ausreichte. Überschuß und Schalen bekamen die Schweine, und auch das Holz wurde genutzt: zum Bauen, zum Heizen und für die Herstellung von Weinfässern. Kein Wunder, daß der Kastanienhain Gegenstand großer Sorgfalt war: Die Bäume wurden regelmäßig beschnitten und vom Unterholz befreit. Das alles ist nun vorbei. Es gibt zwar Unmengen von Kastanienbäumen, aber niemand kümmert sich mehr um sie. Sie sind verwildert, von Parasiten befallen, ihre Früchte ungenießbar geworden. So stehen sie herum, als pflanzliche Zeugen einer kürzlich erst untergegangenen Welt.

Als die Cevennen noch dicht besiedelt waren, war auch hier die Seidenraupenzucht ein wichtiger Wirtschaftsfaktor. Jeder Ort hatte seine «filiature», seine Spinnerei, wo vorwiegend Frauen beschäftigt waren. Die Seidenkultur verschaffte ein Zubrot zur kargen Subsistenzwirtschaft und ermöglichte ein halbwegs erträgliches Leben, manchen brachte sie sogar einen gewissen Wohlstand. Am Rand des Gebirges entstanden Textilbetriebe, die Flecken am Ausgang der Täler – Le Vigan, Ganges, Sauve, St. Hippolyte-du-Fort, Anduze – wurden zu Industrie-Städtchen. Inzwischen sind die Spinnereigebäude aufgegeben, die meisten Fabriken nur noch Ruinen. In Lasalle hat die letzte Fabrik 1978 dichtgemacht, in Ganges, der einstigen Hauptstadt der Seidenstrümpfe, ist am Ortseingang auf einem handgemalten Plakat zu lesen: «Unternehmer! Die Arbeiter von Ganges warten darauf, für euch zu arbeiten!» In Le Vigan dokumentiert das Musée Cevenol, eingerichtet in einer ehemaligen Seidenspinnerei, das «goldene Zeitalter» der Cevennen. Auch mit dem Bergbau rund um Alès und La Grand-Combe geht es seit Jahrzehnten schon abwärts. Industrieller Niedergang und das Ende der kleinen Landwirtschaft haben das Schicksal des Gebirges besiegelt. Eremitenhaft leben hier und da noch einige alte Männer auf ihren kümmerlichen Parzellen. In manchen Dörfern gibt es statt früher zweihundert nur noch zwei Einwohner. Kirche, Schule, Rathaus sind halb verfallen, gerade noch erkennbar. Verrostete Kreuze, eingestürzte Mauern, durch die offenen Dächer wachsen Sträucher. Niemand ist da, der Wind pfeift. Der gelbe Ginster färbt die Hügel ein. Er gilt als Todespflanze: Wo er sich ausbreitet, dort haben die Menschen aufgegeben.

Sehr eindringlich wird der Auszug aus den Bergen im Roman «Der Sperber von Maheux» von Jean Carrière geschildert. Dort wird aber auch unmißverständlich klargemacht, wie wenig idyllisch die archaische Lebensweise war, wie sehr dieses Dasein von vielen als Fluch empfunden wurde, und die Möglichkeit, seinen Lebensunterhalt anderswo zu verdienen, als Befreiung. In endloser Sisyphus-Arbeit mußten zum Beispiel die «bancèls», die Steinmauern der kleinen Terrassenfelder, immer wieder von neuem aufgeschichtet werden, damit das bißchen fruchtbare Erde nicht verlorenging. Man mag bedauerlich finden, daß sie nun endgültig zerbröckeln und an die Wildnis zurückfallen. Aber kann man den Menschen vorwerfen, daß sie dieser endlosen Plackerei entrinnen wollten, sich «verführen» ließen von den Verlokkungen des Komforts und der Abwechslung? Die Optik dieser Leute war eine andere als die der modernen Stadtflüchtlinge, die unter einem chronischen Mangel an «Natur» leiden und sich deshalb nach der stillen Bergwelt mit ihrem einfachen Leben sehnen. Pioniere des Authentischen, Landfreaks oder «néo-ruraux» haben in den Cevennen reichlich Platz gefunden für ihre Experimente. Oft war ihre Ansiedlung nur von kurzer Dauer. Viele warfen das Handtuch, als sie merkten, wie wenig die harte Realität ihren blumigen Vorstellungen entsprach. Auch mußten sie bald feststellen, daß sich die verbliebenen Alteingesessenen ihnen gegenüber recht ablehnend verhielten: Für die traditionellen Landmenschen stellten diese bunten Vögel, die gemischtgeschlechtlich zusammenhausten, nackt im Bach badeten und sonstwas trieben, oft eine unerträgliche Provokation dar. Einige der Neo-Ruralen haben es dennoch geschafft; sie produzieren Bio-Tomaten und Ziegenkäse, bakken Vollwertbrot und gehören inzwischen zur Standardbelegschaft der umliegenden Wochenmärkte. Manchen ist es sogar gelungen, von den einheimischen Nachbarn akzeptiert zu werden.

Natürlich ist diese Handvoll zugewanderter Neubauern nicht in der Lage, den landwirtschaftlichen Verödungsprozeß wirklich zu stoppen. Mechanisierte, EG-konforme Landwirtschaft ist hier nicht möglich. Bleibt als ökonomische Perspektive der Tourismus. «Ihr Land muß der Erholungspark Europas werden!» verkündete schon 1969 der EG-Technokrat Sicco Mansholt. Auch wenn dies manch engagierter Regionalist als Provokation empfand, scheint die Entwicklung doch unaufhaltsam darauf hinauszulaufen. Orte, sofern sie erhalten bleiben, verwandeln sich in Ansammlungen von Zweitresidenzen und damit in Dörfer zweiten Grades. Aufgegebene Obstplantagen und Weiden werden zu Campingplätzen.

Als Versuch, aus dem Unausweichlichen das Beste zu machen, kann der «Parc National des Cevennes» angesehen werden. Er beansprucht, den Schutz einer außergewöhnlichen Landschaft mit der touristischen Entwicklung in Einklang zu bringen, also eine Art schonenden Tourismus zu fördern, wobei auch die Restbestände der Berglandwirtschaft gepflegt werden sollen. Das Projekt des Parks stieß anfangs auf ziemlich schroffe Ablehnung seitens der Bevölkerung. Erstens war das ein staatliches Vorhaben und als solches schon mal verdächtig, dann gab es Reibereien wegen der Jagdeinschränkungen, ein echtes Problem beim allseits grassierenden Jagd-Fanatismus. Die Einheimischen hegten, nicht ganz unbegründet, den Verdacht, sie sollten zur Ergötzung der Urlauber aus dem Norden zu Insassen eines Reservats gemacht werden. Aber dann setzte sich in der Mannschaft der Park-Planer eine verständigungsbereite Linie durch. Initiativen wurden ergriffen, die allmählich die mißtrauische Lokalbevölkerung doch zu interessieren begannen: Es gab Hilfen für die Wiederaufzucht von Aubrac-Rindern, Unterstützung bei der Einrichtung von «gites ruraux», Unterkünften des «grünen Tourismus», neue Jobs als Führer für Bergwanderungen, Mitarbeit bei der Restaurierung alter Höfe. Außerdem schufen die Park-Macher das «Centre d'Animation Cevenol» mit Sitz in Florac, das sich um die kulturelle Belebung der grünen Wüste kümmert und auch im Winter, wenn keine Touristen da sind, Theater- und Chanson-Tourneen organisiert.

Restauriert wird in dem 84 000 Hektar großen Nationalpark nicht nur die bäuerliche Architektur, sondern auch die Tierwelt: Endlich kreisen wieder Geier über den Schluchten und Hochplateaus der Cevennen; die letzten Exemplare waren in den vierziger Jahren von eifrigen Jägern und dem Strychnin, das die Bauern auslegten, beseitigt worden. Vor einigen Jahren wurden ein paar Vögel aus fernen Zoos herbeigeschafft und ausgesetzt, unter ihnen ein Geier namens «Chirac». Es war gar nicht so einfach, die Tiere an ihre neue Umgebung anzupassen; erst mal flogen sie zwar schön los, stürzten dann aber in die engen Täler runter und kamen nicht mehr weg. Wachsame Ornithologen brachten sie mit Autos wieder auf die Höhen. Wie Anfänger beim Segelfliegen mußten die naturentwöhnten Geier erst das richtige Verhalten zum Wind lernen. Inzwischen haben sich die Raubvögel prächtig vermehrt, rund siebzig sind es jetzt. Freilich: Die großen Schafherden von einst sind verschwunden, in der Natur liegen fast keine toten Tiere mehr herum, und so müssen die Aasfresser von den Angestellten des Nationalparks mit Kadavern versorgt werden. Die Freßstelle liegt oberhalb der Jonte-Schlucht zwischen dem Dorf Le Truel und dem Weiler La Viale. Dort kann man sie einschweben sehen, Chirac und seine Freunde, fast komplett versammelt sich das Volk der Geier in den frühen Abendstunden zum Diner. ∎

Durch das westliche Languedoc

IM LAND DER KETZER

«Diese Kathedrale in Albi hat mich an gar nichts erinnert – doch: an eins. An Gott. Ihr Anblick schlägt jeden Unglauben für die Zeit der Betrachtung knock-out. Wie ein tiefer Orgelton braust sie empor. Sie ist rot – die ganze Kirche ist aus rosa Ziegeln gebaut, und sie ist eine wehrhafte Kirche mit dicken Mauern und Türmen, ein Fort der Metaphysik.» Also sprach Kurt Tucholsky. Und in der Tat, die Kathedrale Sainte Cécile erinnert an nichts Bekanntes. Sie ist gigantisch, ein alles beherrschender Komplex, eine demonstrative Machtgeste der Rechtgläubigkeit, errichtet, nachdem die Konkurrenzkirche der Katharer in blutigen Kriegen vernichtet worden war. Die Katharer werden auch Albigenser genannt, weil das «Albigeois», das Land um Albi, stark von der Häresie geprägt war – für uns ein hinreichender Vorwand, die Stadt am Tarn als Ausgangspunkt für eine Tour auf den Spuren der Katharer zu wählen.

Diese Ketzer des 13. Jahrhunderts, deren starke Verbreitung im Gebiet der Langue d'Oc den Anlaß für die brutale Unterwerfung des Midi unter die französische Krone lieferte, scheinen auch heute noch von erstaunlicher Aktualität zu sein. Jahr für Jahr erscheinen neue Bücher und Bildbände zu diesem Thema. Auch wirkt offenbar der Zusatz «cathare» verkaufsfördernd bei den unterschiedlichsten Produkten. Es gibt sogar «Vin de Cathares» und «Liqueur de Cathares» – ein bißchen absurd vielleicht, wenn man weiß, daß die frommen Katharer keinen Alkohol zu sich nahmen. Aber hier ist halt ein Mythos entstanden, der sich kommerziell trefflich ausschlachten läßt. Neubelebt worden war das Interesse an den Katharern durch die Regionalisten der siebziger Jahre, die in ihnen die Opfer der nordfranzösischen Expansion, die

Märtyrer für die Sache des Südens sahen. Die westliche Languedoc-Gegend, in der sich die finale Tragödie der Häretiker abspielte, ist voll von historischen Bezugspunkten. Auch wenn die Katharer weder Kirchengebäude noch Kunstwerke hinterlassen haben, stößt man doch immer wieder auf Hinweise, so als sei die Landschaft imprägniert von jenen Geschehnissen des 13. Jahrhunderts. Und so können die Ketzer vielleicht als ungefähres Leitmotiv dienen, ohne daß man gleich eine Katharer-Wallfahrt unternimmt.

Albi also, und seine festungsartige rote Kathedrale: Außen ist sie einschüchternd-wuchtig, innen überreich ausgestattet; kein Eckchen, das nicht bemalt, geschnitzt, verziert wäre. Ein Maximum wurde hier aufgeboten zum Lob des rechten Glaubens. Neben dieser herrischen Zwingburg steht der ehemalige Bischofspalast, ebenfalls ein wuchtiges, burgartiges Gemäuer, das aber etwas beherbergt, was so gar nicht in den Rahmen zu passen scheint: ein Museum, das dem aus Albi gebürtigen Maler Toulouse-Lautrec gewidmet ist. Ein seltsamer Kontrapunkt, diese Puff- und Nuttenbilder, gewissermaßen im Vorzimmer des Gotteshauses. Aber Henri hatte, der Überlieferung zufolge, schon als Fünfjähriger mutwillig in die Kathedrale Sainte Cécile gepinkelt, er, der Nachfahr jener Grafen von Toulouse, die einst über fast den gesamten Midi herrschten und als «Beschützer» der Ketzerei vom Norden entmachtet wurden. Henri, der verkrüppelte späte Sproß einer Seitenlinie, litt an einer Knochenkrankheit, wahrscheinlich ein Familienerbe dieser Uralt-Adelssippe, wo Inzucht recht verbreitet war – die beiden Großmütter waren zum Beispiel Schwestern. So wurde der kurzwüchsige Graf nicht, wie vom Vater erhofft, ein flotter Jagdkumpan, sondern der geniale Maler der Kabaretts und Bordelle am Pariser Montmartre. Nach Toulouse-Lautrecs frühem Tod vermachte die Mutter die einmalige Sammlung seiner Geburtsstadt, dem sonst eher gutbürgerlich-kleinkarierten Albi. So wurde der Bischofspalast zu einem Hort frivoler Gemälde.

Ein anderer illustrer Zeitgenosse von Toulouse-Lautrec war in Albi ein Weilchen als Lehrer tätig: der im nahen Castres geborene Jean Jaurès, die große Vaterfigur des französischen Sozialismus. Seine Entwicklung vom bürgerlichen Republikaner zum Sozialisten verdankte er den Arbeitern der kleinen Bergwerksstadt Carmaux, einige Kilometer nördlich von Albi, deren Parlamentsabgeordneter er wurde. Carmaux, diese Hochburg der Arbeiterbewegung, hat seit 1892 immer einen sozialistischen Bürgermeister gehabt. Über dem «Grand Café des Arts» ist als Vignette des «Cercle des travailleurs» das Relief eines proletarischen Händedrucks angebracht. Die Bäckerei hat ihr Schaufenster mit einem Grubenhelm und Eierkohlen aus Schokolade dekoriert. Und auf dem Hauptplatz steht Jaurès, strahlendweiß, in Marmor. Mit mächtigem Bart und erhobener Hand ragt er über eine Gruppe aus steinernen Arbeitern und weist ihnen den Weg in die Zukunft. Mit aller Kraft hatte sich Jaurès für die Gründung einer selbstverwalteten Glasfabrik in Albi eingesetzt. Aufgekommen war die Idee, eine Fabrik in Arbeiterhand zu schaffen, nach Massenentlassungen in der großen Flaschenfabrik von Carmaux. Das unglaubliche Vorhaben war bald im

Auf der Brücke von Albi

ganzen Land bekannt, überall gab es Solidaritätsaktionen; Lotterien und Geldsammlungen wurden angeleiert, das Projekt der «Verrerie ouvrière» galt als Meilenstein, als revolutionäres Symbol. Kaum vorstellbar, mit welcher Begeisterung das linke Frankreich damals nach Albi blickte. Jaurès half, so gut er konnte, damit das neue Koop-Modell realisiert werden konnte. Die von den Arbeitern eigenhändig und mühsam aufgebaute Fabrik wurde 1896 feierlich eröffnet, eine Riesenmenge von Arbeitern strömte vom Bahnhof zur «Verrerie», es flatterten die roten Fahnen, den Bürgern von Albi wurde ganz anders. Und Jaurès hielt eine schmetternde Rede: «Citoyens, citoyennes! Ich bin zutiefst bewegt. Wenige Schritte von der Kathedrale, die wir bewundern, obwohl sie so viele Jahrhunderte der Unwissenheit und des Leids symbolisiert, hat die Arbeiterklasse ihre erste Basilika errichtet, wo die Chöre nicht im Donner der Orgelpfeifen singen werden, sondern nach der majestätischen Melodie der Maschinen. Ein roter Fluß, unser Tarn, trennt die Vergangenheit von der Zukunft. Dort drüben, am anderen Ende der Brücke, liegt Albi mit seinen alten Mauern, jenes Albi, das noch immer das Mittelalter repräsentiert... Aber hier, an diesem von nun an für immer ruhmreichen Ufer, citoyens, habt ihr einen Tempel errichtet, den die Menschheit stets als die Wiege der Freiheit betrachten wird.»

Jean Jaurès, der Pazifist, der die Arbeiter Europas gegen den Krieg zu mobilisieren versuchte, wurde kurz vor dem Ausbruch des großen Gemetzels 1914 in Paris von einem Attentäter erschossen. 1981 fiel sei-

High Noon in der Bastide Mirepoix

ne Statue in Carmaux einem Bombenanschlag zum Opfer. Bekannt hatte sich zu der Tat eine Gruppe zur Unterstützung inhaftierter «Action directe»-Mitglieder (französisches Pendant zur RAF): «Der Sozialismus in Frankreich ist im Begriff zu zerbröckeln. Heute nacht zerfällt die Statue von Jaurès zu Krümeln...» Die Empörung war groß in Carmaux. Sofort wurde eine Sammelaktion gestartet, und bald hatte man eine Replik des Denkmals aufgestellt. Die Zechen wurden inzwischen stillgelegt. Gefördert wird in Carmaux nur noch im Tagebau. Viele Bergleute mußten sich umschulen lassen, andere sind schweren Herzens ins ferne Lothringen abgewandert. Die «Verrerie ouvrière» in Albi existiert weiterhin. Rund 500 Beschäftigte hat sie und stellt fast ausschließlich Weinflaschen her, versucht ihre fünf Prozent Marktanteil gegen die Riesen Saint-Gobain und BSN zu verteidigen, die sich den europäischen Kuchen teilen. Aber die Krise nagt am Modell der Selbstverwaltung. Die Glasfabrik strampelt ums Überleben, Fremdkapital mußte zur Sanierung reingenommen werden, unsentimentale Manager haben sich eingemischt, das arbeiterfreundliche Lohnsystem und der absolute Kündigungsschutz wurden kürzlich dem betriebswirtschaftlichen «Realismus» geopfert.

Mittelalter-Urbanismus

Rund um Albi gibt es eine Reihe eigenartiger Dörfer oder Miniaturstädte mit Schachbrett-Straßenmuster, viereckigen Zentralplätzen und umlaufenden Arkadenhäusern: die Bastiden. Das sind Orte, die nicht quasi naturwüchsig an einer Wegekreuzung oder um ein Kloster herum entstanden sind, sondern fix und fertig als «neue Städte» geplant wurden. Diese Beispiele eines sehr speziellen Siedlungstyps sind über ein weites Gebiet von Aquitanien bis ins Roussillon hinein verstreut. Mit den Bastiden wollten die Landesherren ihr Territorium systematisch erschließen, einen Markt schaffen, eine Bevölkerung fixieren, wo vorher nichts als Wald und Steppe gewesen war. Das 13. Jahrhundert hindurch gab es eine wahrhafte Welle von Stadtgründungen. Wenn es die geographische Lage gestattete, wurden die neuen Orte nach rechtwinkligem Plan angelegt, und so sind viele bis heute geblieben: Die Mitte bildet der Marktplatz, oft mit einer hölzernen Markthalle, und nicht etwa die Kirche, die steht irgendwo in einer Seitenstraße. Neben wirtschaftlichen gab es auch strategisch-politische Gründe für die Schaffung der Bastiden: Quer über den Südwesten grenzten die französischen und die englisch beherrschten Gebiete aneinander. Bis zum Ausbruch des Hundertjährigen Krieges, 1337, entstanden die neuen, wehrhaften Siedlungen gleichermaßen auf beiden Seiten. Cordes bei Albi, eines der ältesten dieser aus dem Nichts geschaffenen Städtchen, stammt von 1220 und wurde gegründet vom Grafen von Toulouse; das war also noch vor der endgültigen Unterwerfung des Languedoc durch den Norden. Cordes galt denn auch zeitweilig als eine Hochburg der Katharer. So steht in der Markthalle neben dem über hundert Meter tiefen Brunnen ein Kreuz, das den Bewohnern als Buße für den Mord an drei Inquisitoren auferlegt wurde.

Die Bastiden sind auf der Landkarte oft durch ihre Namen erkennbar. Einige heißen ganz einfach Labastide-Soundso, andere weisen auf ihre Neuheit hin, zum Beispiel Villeneuve-de-Rouergue, oder auf die Privilegien, die «franchises», die man den Neusiedlern zugestand: etwa bei Villefranche-d'Albigeois. In mehreren Fällen haben die Gründer zum Zwecke der Werbung den Namen einer berühmten Stadt gewählt: Da gibt es beispielsweise Cologne (Köln), Boulogne (Bologna), Fleurance (Florenz), Miélan (Mailand), Grenade (Granada), und Cordes – heute wegen seines außergewöhnlichen Ortsbildes stark besucht – ist nach Cordoba, französisch Cordoue, benannt. Kleiner Etikettenschwindel, aber es machte was her, klang verheißungsvoll, zog Leute in die Wildnis.

In Richtung Süden liegt abseits der Hauptstraße ein unscheinbares Dörfchen namens Lombers. Nichts erinnert mehr an die große Konferenz, die dort 1165 unter Beisein höchster kirchlicher und weltlicher Würdenträger des Südens abgehalten wurde. Alles was Rang und Namen hatte war angerückt zu einer damals noch friedlichen Auseinandersetzung auf der Ebene theologischer Dispute zwischen katholischen Bischöfen und katharischen «Bonshommes». Man schlug sich Altes und Neues Testament um die Ohren und beschuldigte sich gegenseitig des Abweichlertums. Die katholische Hierarchie warnte den Lokaladel vor weiterer Unterstützung der Ketzer. Die Verhandlungen waren eine wichtige Vorstufe für das, was kommen sollte. Man begann, die Ketzerkirche ernst zu nehmen, sie als Bedrohung anzusehen, sich intensiver mit ihr zu befassen. Die Konferenz von Lombers war das theologische Vorgeplänkel zum Krieg und damit ein wichtiges Blatt in der Geschichte des Midi, auch wenn der kleine Ort in Vergessenheit versunken ist.

Über die Bastide Réalmont und Jaurès' Geburtsstadt Castres geht es weiter in Richtung Montagne Noire. An deren Fuß liegt das protestantische Städtchen Mazamet, das eigentlich in punkto Katharervergangenheit nichts Eigenes vorzuweisen hat. Aber Protestanten haben – zumindest in Frankreich – ein Herz für Häretiker, und so leistet man sich dort ein kleines, liebevoll ausgestattetes Katharer-Museum, mit Bildern der diversen Fluchtburgen, Auszügen aus alten Chroniken und neueren Dokumenten, Eintritt frei. Der andere Teil dieses Museums ist den Pionieren der örtlichen Industrie vorbehalten. Seit jeher ist das Schicksal der Stadt mit Wolle und Leder verbunden. Die große Spezialität von Mazamet ist die «delainage», das Ablösen der Wolle von Schaffellen. Daran arbeiten in rund siebzig Betrieben 2500 Leute, und die Stadt ist dadurch sehr reich geworden. Aber das sieht man kaum, Protestanten protzen nicht. Allenfalls fällt auf, daß das Gebäude der Banque de France größer ist als das Rathaus. Mitte letzten Jahrhunderts waren die cleveren Hugenotten darauf gekommen, massenhaft billige Felle von geschlachteten Schafen aus fernen Ländern zu importieren. Das war gleichsam Abfallverwertung, denn die Schlachttierfelle waren bis dahin oftmals weggeschmissen worden. Mazamet wurde zum Lumpensammler der überseeischen Schafzucht, schickte seine Aufkäufer nach Argentinien, Uruguay, Südafrika und vor allem nach Australien. Die größeren Firmen am Ort unterhalten längst eigene Büros in Melbourne. Das kleine Mazamet ist weltweit Nummer eins in der «Entwollung». Das Verfahren ist simpel, vor allem ist dazu klares, kalkfreies Wasser vonnöten, und davon gibt es hier reichlich. Die abgelöste Wolle wird rasch wieder exportiert, die Häute gehen in die französischen Gerbereien. Am sprudelnden Wasser der Arnette liegen die Delainage-Betriebe aufgereiht. Die Arbeiter waren früher Kleinbauern in den umliegenden Bergen, die nebenher noch ihr Land bestellten; heute arbeiten hier mehr und mehr Portugiesen. Die Arbeiterschaft von Mazamet ist traditionell katholisch und wählt rechts, schon aus Opposition zu den protestantischen Unternehmern, die häufig dem linksliberalen Lager zuneigen. Hauptproblem in Mazamet ist nicht die Sorge um den Absatz, sondern die Rohstoffknappheit. Anfang der siebziger Jahre wurden hier noch täglich 100 000 Schaffelle verarbeitet. Solche Massen konnten nur aus Australien mit seinen immensen Herden bezogen werden. Leider sind aber nun die Australier dazu übergegangen, ihre Schafe lebend in den Nahen Osten zu verschiffen. Deshalb schwärmen Abgesandte aus Mazamet derzeit in die schafzüchtenden Gegenden aller Kontinente aus, um den nötigen Nachschub aufzutreiben.

Schnee von gestern

Die Montagne Noire ist ein nach Süden vorgeschobener Balkon des Zentralmassivs, dominiert vom 1210 Meter hohen Pic de Nore. Schwarz sind die «Schwarzen Berge» wegen der stellenweise dichten Wälder. Es gibt da erstaunlich viele Vertreter seltener Baumarten, wie Araukarie

Katharerburgen bei Lastours

oder Lebensbaum, die oft ungewöhnliche Größe erreichen.

Seit Urzeiten wurde in den Schwarzen Bergen Bergbau betrieben, Gold, Silber, Eisen, Kupfer aus der Erde geholt. Die Wasserläufe versorgten kleine Industriebetriebe, Walkmühlen, Sägewerke, Pappfabriken; fast alle sind verschwunden. Der südliche Teil der Montagne Noire, wo die Bäche Richtung Mittelmeer fließen, der Boden karstig und die Flora mediterran wird, heißt Cabardès. Einige der Orte dort erlebten im 17. und 18. Jahrhundert eine große Prosperität durch die Textilindustrie. Beste Tuche wurden in den königlichen Manufakturen von Montolieu oder Cuxac-Cabardès hergestellt, Hunderte von Arbeitern waren da beschäftigt. Die Qualität dieser Stoffe war berühmt, bis nach Konstantinopel, Smyrna oder Kairo wurden sie verkauft. Das Cabardès war also – was man ihm heute nicht mehr ansieht – ein bedeutendes Industriegebiet. Abzulesen ist der verflossene Reichtum an einigen repräsentativen Fassaden und den erhaltenen Manufakturgebäuden. Eines der wenigen französischen Goldbergwerke ist noch in Salsigne in Betrieb. Eine Tonne Gold gibt der Berg jedes Jahr her, das ist ein Promille der Weltproduktion. Daneben wird auch etwas Silber und Kupfer gefördert. Romantisch wirkt das nicht, zu sehen sind nur moderne Industrieanlagen.

Weitaus stärker besucht ist das Nachbardorf Lastours, dort wird eine pittoreske Wehranlage der Katharer geboten, ein Ensemble von vier Burgen auf einem Bergbuckel, an dem sehr dekorativ Zypressen emporwachsen. Den besten Überblick gewinnt man vom «Belvédère», erreichbar über die D 701. Das größte Gebäude mit dem eckigen Turm ist die Burg des Seigneur de Cabaret. Hier spielte sich eine furchtbare Szene ab, die in der einschlägigen Literatur immer wieder angeführt wird als Beleg für die besondere Grausamkeit des Kreuzzüglers Simon de Montfort. Er hatte, um die Besatzung der schwer einnehmbaren Festung kirre zu machen, einen Elendszug aneinandergeketteter, geblendeter und verstümmelter Gefangener aus der schon gefallenen Stadt Bram vor die Mauern der Burg führen lassen. Cabaret hielt dennoch stand und wurde nie von Montfort eingenommen. Vielmehr schlug sich der Sieur von Cabaret später selbst auf die andere Seite, weshalb die Burg vorerst unzerstört blieb. Es waren dann die Leute aus Lastours, die das Gemäuer als Steinbruch zum Bau ihrer Häuser benutzten. Zum Glück haben sie gerade genug stehen lassen, daß ihre Nachfahren ein bißchen vom Katharer-Tourismus profitieren können.

Einem merkwürdigen Gewerbe gingen noch bis in unser Jahrhundert die Bewohner des benachbarten Pradelles-Cabardès nach: Sie stopften im Winter den Schnee von den Höhen des Pic de Nore in große ausgemauerte Höhlenlöcher und karrten ihn dann im Sommer weit in die unter der Hitze brütende Ebene hinunter, zu den Kneipenbesitzern der Städte. Das verschaffte der Gemeinde sogar einen gewissen Wohlstand. Das Aufkommen von Kunsteis und später die Kühlschränke machten diesem Geschäft ein Ende. Die alten Schnee-Silos sind noch zu besichtigen.

Von Pradelles geht es die D 112 hinunter über Cabrespine in das enge und plötzlich sehr fruchtbare Tal der Clamoux. Die Strecke ist atemberaubend: Aus den etwas düsteren, wunderlichen Bergen führt sie mitten hinein in die Weinlandschaft des Minervois, ein abrupter Wechsel des Landschaftstyps, und auch die Dörfer sehen nun ganz anders aus. Villeneuve-Minervois – auf einmal ist da dieser gelassene Charme, die typische Platanenallee, das nach draußen verlagerte Leben. Das Minervois, fast ausschließlich Weinland, wirkt sonnig-freundlich, hat etwas Klassisches. In die sanft gewellten Weinfelder sind Zypressenreihen eingezogen, stellenweise stehen kleine Kapellen in den Rebhügeln, wie die Chapelle Saint-Etienne-de-Vaissière bei Azille, ein uraltes romanisches Gemäuer. Aber es gibt hier auch noch viel weiter zurückreichende Zeugnisse menschlicher Ansiedlung. Das Minervois ist voller Fundstätten vorgeschichtlichen Höhlendaseins, Dolmen, Gräberfelder, Siedlungsreste vorrömischer Zivilisationen. Diese Gegend muß die Menschen schon immer angezogen haben, was nicht verwundert.

Besonders attraktiv ist das «pays» dort, wo die karstigen Garrigue-Ausläufer des Gebirges und der «vignoble» ineinander übergehen. Dieses vom Weinlaub grüne, leicht gewellte Land ist bestückt mit Winzerdörfern, die etwas Behäbig-Behagliches ausstrahlen – Caunes, Peyriac, Rieux, Laure, Félines, Pépieux, Pouzols, Bize... die meisten stolz mit dem Namenszusatz -Minervois versehen. Aber man täusche sich nicht. So schön das hier ist, die Einwohner dieser Dörfer sind oft hochverschuldet und mit vertrackten Problemen konfrontiert. Viele Weinbauern kämpfen um ihre Existenz, versuchen mit großen finanziellen Anstrengungen vom robusten Tischwein auf Qualitätswein umzusatteln und reagieren sensibel, häufig auch militant, auf bedrohliche Preisschwankungen. Sehr lebendig ist die Erinnerung an die große Weinkrise von 1907, die den «Midi viticole» an den Rand eines Bürgerkriegs brachte. Der damalige Anführer der verzweifelten und aufgebrachten Winzer, Marcellin Albert, den man den «Erlöser» nannte, kam aus dem Minervois-Dorf Argeliers bei Bize. Dort ist ihm 1963 ein Denkmal gesetzt worden.

Benannt ist das Minervois nach Minerve, früher eine Stadt, heute ein Dorf mit rund hundert Einwohnern. Wegen seiner einmaligen Lage auf einem Kalkfelsen, der aus einer Schlucht aufragt, war dieser Ort als natürliche Festung schier uneinnehmbar. Minerve wurde zur Fluchtstätte für die Katharer des Umlands, als die Walze des Kreuzzugsheeres nahte. Vor der Kirche steht eine Katharer-Erinnerungstafel. Sieben Wochen hatte die Belagerung gedauert, schließlich war nichts mehr zu essen da. Bei der Übergabeverhandlung wurde freier Abzug für alle vereinbart, die sich zum Katholizismus bekennen würden. 140 «Unbelehrbare» endeten auf dem Scheiterhaufen. Diese düstere Geschichte und die spektakuläre Lage haben Minerve zu einem extrem beliebten Ausflugsziel gemacht. Außerhalb des nicht befahrbaren Ortes stehen den Besuchern große Parkplätze zur Verfügung. Die beste Zeit, sich Minerve zu nähern, ist wohl ein später Nachmittag im September, wenn die Autos und Busse verschwunden sind. Dann stört fast nichts mehr beim Abdriften der Phantasie ins Mittelalter.

Der Traum des Monsieur Riquet

Das kleine Minerve mag Namensgeberin des «Minervois» sein, der jetzige Hauptort hingegen ist Olonzac, ein großes, unprätentiöses, untouristisches Dorf in der Ebene. Oder sollte man schon Kleinstadt sagen? Über dem Ort hängt ein Hauch von «So war es früher mal». In den Schaufenstern der «Galéries d'Olonzac» sind Stickvorlagen, Slips und Jogginganzüge ausgestellt, am Kriegerdenkmal spreizt der gallische Hahn sein Gefieder. Sehenswürdigkeiten gibt es keine, allenfalls das «Café Plana», das unter Denkmalschutz steht. Über hundert Jahre ist es alt, und so sieht es auch aus: nachgedunkelte Stuckdecke, blinde Spiegel mit Sprüngen, Ofenrohr, Messingzapfhähne – die Zeit scheint angehalten. Hier werden sich früher die gutbürgerlichen Kreise von Olonzac getroffen haben, der Notar, der Apotheker, die Weinhändler. Heute geht kaum mehr jemand hin, es ist dort so unmodern. Vor den Fenstern des Dorfes hängen Fliegengitter, das fällt auf. Abends quaken irgendwo Frösche. Das Restaurant des einzigen Hotels ist so groß wie ein Wartesaal, die wenigen Gäste verlieren sich, Neonröhren leuchten an der Decke. Ein hölzernes Joch hängt als Schmuck an der kahlen Wand wie ein Damoklesschwert. Darunter speisen der Dorfpolizist und sein Gehilfe. Sonst gibt es als Dekoration noch einen Sonnenuntergang sowie ein Schiff in stürmischer See. Das Essen ist anständig und billig, ohne Getue und Schnickschnack, der Minervois-Wein überraschend gut, die junge Kellnerin normalmenschlich-ungeschickt. Angenehme tiefe Provinz.

Die vielen Mücken sind ein Hin-

Die Schleuse von Homps

weis darauf, daß sich hier der Canal du Midi durchs Land zieht, dieses Wunderwerk aus der Zeit des Sonnenkönigs. Zwei Kilometer von Olonzac, in Homps, ist ein kleiner Hafen am Kanal, da liegen Mietboote und umgebaute holländische Frachtkähne vertäut. In Homps ist auch eine von den 64 Schleusen der Wasserstraße. Die Tore werden per Handkurbel geöffnet, dazu braucht es einige Kraft, aber die Schleusenwärterin in geblümtem Kleid mit Schürze hat starke Arme. In der Hochsaison kurbelt sie bis zu zwanzigmal am Tag. Auf 1800 Durchfahrten sei sie im August gekommen, sagt sie, immer vier Boote in einem Durchgang. Ja, anstrengend sei das schon, aber doch auch schön. Der Kontakt mit den Leuten auf den Schiffen gefällt ihr, auch wenn das immer nur eine Viertelstunde dauert. Radebrechend werden Witze gemacht, es gibt Trinkgeld. Menschen aus vielen Ländern bekommt sie zu Gesicht, die Schleusenwärtersfrau von Homps, in der Mehrzahl allerdings Engländer und Deutsche. Die Freizeitkapitäne zerren aufgeregt an den Leinen, sichern ihre Boote, denn der Wasserspiegel sinkt enorm schnell in der ellipsenförmigen Schleusenkammer. Die Treidelpfade beiderseits des Kanals sind erlesene Spazierwege. Einige Abschnitte sind mit Schirmpinien bestanden, da ist man fast an eine antik-römische Straße erinnert. Meist aber stehen rechts und links Platanen, manche dreihundert Jahre alt, und bilden ein grünes Dach, nur ein paar Sonnenreflexe schwirren über das stille grüne Wasser.

Mit dem Canal du Midi, der sich über 240 Kilometer von Sète bis zur

Siesta am Kanal

Garonne nach Toulouse schlängelt, hat sich ein alter Traum erfüllt: die Verbindung des Mittelmeeres mit dem Atlantik. Schon in der Römerzeit ist über ein solches Monsterprojekt nachgedacht worden, aber realisiert werden konnte es erst aufgrund der Hartnäckigkeit eines Steuerbeamten aus Béziers, eines gewissen Pierre-Paul Riquet. Der war von der Idee eines solchen Kanals so besessen, daß er aller Welt damit auf die Nerven ging. Er wurde ausgelacht, hingehalten, abgewimmelt, aber er ließ nicht locker, wandte sich brieflich an Colbert, den wirtschaftspolitisch wichtigsten Mann im Staate. Selbst in Versailles amüsierte man sich nun über den verrückten Provinzler, diesen kleinen Steuereinnehmer, der die Meere verbinden wollte. Aber plötzlich zeigte der König selbst, Ludwig XIV., Interesse.

Der neue Hafen von Sète, den man gerade dabei war zu bauen, würde durch solch einen Kanal eine viel größere Bedeutung erhalten. Auf allerhöchste Einmischung hin bekam Riquet grünes Licht. Sogleich wühlte er sich in seine Aufgabe hinein, bildete sich zum Geologen, zum Ingenieur, zum Wasserstraßenspezialisten aus. Und er kam auf geniale Ideen, löste zum Beispiel das Problem, wie das Jahr über für einen gleichmäßigen Wasserstand im Kanal zu sorgen sei, durch den Bau der Talsperren von St-Ferréol und Lampy in der Montagne Noire. Fünfzehn Jahre lang stand der quirlige Perzeptor an der Spitze eines Arbeiterheeres von 12 000 Männern, ohne Zweifel war dies ein Jahrhundertunternehmen. Nur fing leider der Sonnenkönig an, mit dem Geld zu knausern. Das Schloß von Versailles schluckte einen großen Teil der Staatsfinanzen, und im übrigen fand Ludwig diese Kanalgeschichte zwar ganz interessant, aber es war für ihn nicht das Wichtigste von der Welt. Das unterschied ihn von Riquet, der sein Lebenswerk bedroht sah und in seiner Verzweiflung alle Register zog. Er rührte die Werbetrommel, lockte, etwas außerhalb der Legalität, Financiers mit Steuernachlaß. Als das nicht reichte, setzte er sein eigenes Vermögen ein, dann das seiner Frau. Fast alles, was das Ehepaar Riquet besaß, Häuser, Land, bewegliche Habe, wurde versilbert, damit weitergegraben werden konnte. Riquet wurde schließlich krank über dieser Sisyphus-Arbeit. 1680 zog er sich entkräftet und zermürbt auf sein Landhaus zurück und starb, ein Jahr, bevor das erste Schiff von Toulouse aus startete.

Der Kanal erwies sich als Geniestreich. Wo er entlangführte, brach der Wohlstand aus. Für zwei Jahrhunderte hob ein Goldenes Zeitalter an. Kohle, Holz, Wein, Getreide – alles fuhr über den Kanal. An seinen Ufern entstanden Gasthäuser, Kapellen und Bordelle. Ein sensationeller Postservice wurde eingerichtet: Ein von drei Pferden gezogenes Schiff schaffte die Strecke Toulouse–Sète in nur fünf Tagen, auf diesen Schnellbooten der Post durften auch Passagiere mitreisen. Die Stadt Béziers, die als Weinhandelszentrum besonders von diesem Verkehrsweg profitierte, hatte allen Grund, dem großen Sohn der Stadt ein Denkmal zu setzen. Auch die Prachtallee, die den Reichtum der Wein-Bourgeoisie eindrucksvoll demonstriert, trägt seinen Namen.

Die Eröffnung der Eisenbahnlinie Toulouse–Sète versetzte Riquets Kanal einen fatalen Schlag, die Güter wanderten auf die Schiene ab. Heute spielt der Frachtverkehr fast keine Rolle mehr; erst der vor einigen Jahren aufgekommene Wassertourismus mit «houseboats» hat zu einer neuen Belebung in den Sommermonaten geführt. Es waren Engländer, die mit den Kanalferien anfingen; die Franzosen sind von selbst auf diese Idee nicht gekommen, diese Art von Urlaub war ihnen zu langsam und zu undynamisch. Auch heute bilden sie nur eine Minderheit unter den Kanal-Schippern. Die lange wirtschaftliche Vernachlässigung hat dazu geführt, daß der Canal du Midi größtenteils noch so aussieht, wie Riquet ihn hinterlassen hat. Einige Schleusen wurden automatisiert, aber über weite Strecken bietet das epochale Bauwerk einen Abglanz des 17. Jahrhunderts. Auf anrührende Weise verbindet sich Funktionalität mit einem ausgeprägten Sinn für Schönheit: einsame Angler im Schatten der mächtigen Platanen, die der verrückte Riquet vor 300 Jahren pflanzen ließ, der spezielle Geruch des stehenden Wassers, surrende Libellen und quakende Frösche – offenbar war man einst imstande, technische Großprojekte zu bauen, die die Landschaft bereichert haben.

Cassoulet, Blanquette und Rugby

Hundertmal hat man die Mauern und Türme von Carcassonne auf Bildern gesehen. Die wehrhafte «Cité» ist eine dieser Lokalitäten, die zu Wahrzeichen geworden sind, wie der Eiffelturm oder der Mont St. Michel. Und sie zieht die Gattung des «Homo touristicus» an wie Sirup die Fliegen. Das berühmte Panorama in voller Pracht vor Augen zu bekommen, so, wie es die Ansichtskarten

Filmkulisse Carcassonne

zeigen, ist aber gar nicht so einfach. Am besten pirscht man sich von Süden her aus Richtung Cavanac über die D 204 heran. Wir überqueren die Autobahn und: Ah! Da liegt sie, die Schöne, als wär' sie die Kulisse für einen Ritterfilm. Mit den Weinbergen im Vordergrund wirkt es fast ein bißchen zu perfekt, das Ensemble. Nun, der Eindruck des Kulissenhaften ist dem Wirken von Herrn Eugène-Emmanuel Viollet-le-Duc geschuldet. Im vorigen Jahrhundert restaurierte dieser nimmermüde Architekt landauf, landab historische Bauwerke und ließ es sich dabei nicht nehmen, sie stets auch ein wenig «anzureichern», gemäß seinen eigenen romantischen Vorstellungen. Die Festung von Carcassonne bekam allerlei Spitztürme und Zinnen verpaßt, wo vorher keine waren: Phantasie-Mittelalter von 1848.

Als uneinnehmbar galt die Stadt, als nach dem zuvor in Béziers veranstalteten Massaker die Truppen des brutalen Simon de Montfort mit der Belagerung begannen. Aber die Festung hielt nur zwei Wochen stand, denn sie war total überbelegt. Tausende von Menschen aus der Umgebung hatten sich mitsamt ihrem Vieh in die enge Stadt geflüchtet, bald wurde das Wasser knapp. Rinder und Schafe verendeten, es war Hochsommer und brütend heiß. Binnen kurzem lag Verwesungsgestank über Carcassonne, Seuchen brachen aus unter den zusammengepferchten Massen, der Durst wurde unerträglich. Am 15. August 1209 kapitulierte der Herr von Carcassonne, der 24jährige Raymond Roger Trencavel. Immerhin hatte er ausgehandelt, daß die Bevölkerung verschont blieb. Die mächtigste Festung des Südens diente dem finsteren Montfort dann acht Jahre als Hauptquartier; von hier schwärmten seine Truppen aus zur Vernichtung der verbliebenen Widerstandsnester.

Heute herrscht im Inneren der Cité ein Betrieb wie in Rüdesheim, alles ist auf Touristen zugeschnitten. Das «normale» Carcassonne liegt unten, jenseits des Flusses. Dort hatte nach der Niederwerfung des Südens der später heiliggesprochene König Ludwig (der Neunte) eine neue Stadt anlegen lassen, schachbrettförmig wie eine Bastide. In der Mitte der Unterstadt befindet sich ein schöner großer Marktplatz mit einem schmucken Marmorbrunnen, die place Carnot, auch mehrere Nebenplätze sind in den Marktbetrieb einbezogen. Sonst ist über Carcassonne, den Präfektursitz des Departements Aude, nicht viel zu vermelden; es gibt dort noch ein paar gute Cassoulet-Restaurants und eine unbehagliche Menge kahlgeschorener Fallschirmjäger.

Den Fluß Aude hinauf liegt das Städtchen Limoux, in ganz Frankreich dem Namen nach bekannt wegen der «Blanquette de Limoux», einem Schaumwein mit uralter Tradition, keine Nachahmung des Champagner, sondern dessen Vorfahr. An der Durchfahrtsstraße reihen sich die Kellereien mit Probiermöglichkeit aneinander, in der Innenstadt hat jeder Bäcker oder Krämer ein Depot von einem der vielen Blanquette-Produzenten. Glasweise und billig ist die sprudelnde Freude in den Cafés unter den Arkaden des lauschigen Hauptplatzes zu haben, während in der Mitte des Carrés der zierliche Venus-Brunnen plätschert. Besonders reichlich fließt die Blanquette zum Karneval; denn Limoux

und einige Gemeinden drumherum bilden eine der wenigen Ausnahmen in Frankreich, wo sich die einst weitverbreitete Karnevalstradition gehalten hat. Stolz weist schon am Ortseingang ein Wandmosaik darauf hin. Auch im Ansichtskartenständer des Zeitungsladens herrschen Mummenschanz-Motive vor. Die Karnevalskomitees der verschiedenen Viertel bestreiten den Monat Februar hindurch jeweils an den Samstagen Narretei und Ringelpiez nach strengem Ritual auf dem Platz der Republik, in liebevoll das Jahr über genähten Kostümen.

Ein heiteres Städtchen also? Gewiß, aber auch bedrängt von mancherlei Sorgen, bedroht durch die Krise der lokalen Wirtschaft. Wichtigster Arbeitgeber ist nicht, wie man vielleicht glauben könnte, das Sektgewerbe, sondern die Schuhfabrik Myrys, die kürzlich von der deutschen Firma Bata übernommen wurde. Nachdem das neue Management gleich ganze Abteilungen wegrationalisiert hat, fragt man sich bang, ob die Fabrik am Ende ganz dichtmacht. Ungewißheit herrscht auch über den möglichen Abgang eines anderen großen Arbeitgebers: der psychiatrischen Anstalt. Spott haben die Einwohner des Ortes schon lange ertragen müssen. Der Name der Stadt war in der ganzen Gegend gleichbedeutend mit Irrenhaus. Mittlerweile sind Gerüchte über eine mögliche Verlagerung der Anstalt aufgekommen, und man macht sich ernste Gedanken, denn mehrere hundert Arbeitsplätze wären betroffen. Und dann auch noch der Kampf um die Bahnstrecke! Jedes Jahr taucht das Gespenst der Stillegung aufs neue auf. Wegen Unrentabilität soll die Nebenlinie Carcassonne–Quillan durch Busverkehr ersetzt werden. Früher ging die Bahn sogar durch bis Perpignan, nun soll auch noch das letzte Stück verschwinden. Es hat schon mehrere Demonstrationen gegeben für den Verbleib der Bahn, die «Limouxins» verteidigen mit Klauen und Zähnen den blauen Triebwagen, der derzeit noch fünfmal am Tag über die schöne Strecke durch die Blanquette-Weinberge brummt. Die Angst vor dem wirtschaftlichen Verfall, vor der Verödung ist groß. Vom Schaumwein allein kann die Stadt nicht leben. Limoux hat es nie zum Touristenmagneten gebracht, auch aus den Katharern ließ sich hier nichts weiter machen, obwohl die im Weindörfchen Pieusse, gleich vor den Toren der Stadt, noch während der schlimmsten Verfolgung ein bedeutendes Konzil abgehalten hatten. Aber es fehlt einfach ein imposantes Gemäuer. Es gibt einen Katharer-Motorradclub, das ist alles. Ansonsten verfügt Limoux nicht mal über eine lumpige Fußgängerzone, hat weder Boutiquen noch Nobelrestaurants. Dafür ist es eine Stadt mit eigenem faltigen Gesicht, verwaschenen Reklame-Inschriften an den Häuserwänden, dem beschaulichen place de la République und einer schönen alten Steinbrücke über die Aude, einen Fluß, der sehr beliebt ist bei Anglern. Und für die gibt es, tatsächlich, in der rue Saint-Martin einen Regenwurm-Automaten.

Auch in anderen Gemeinden des oberen Aude-Tals kriselt es. Von besseren Zeiten träumt das kleine Thermalbad Alet-les-Bains, mit dessen Kurbetrieb es bergab geht. Der alte Bischofspalast neben der Ruine der Abteikirche beherbergt ein billiges Hotel. Er verbreitet einen romantisch-bröckeligen Charme, wie er da steht in diesem leicht vernachlässigten Ambiente gleich neben dem rauschenden Fluß. Rückläufig ist auch die Industrie von Couiza und Esperaza, deren Hut- und Schuhfabriken einst den Kleinbauernnachwuchs ins Tal heruntergezogen. Indikator für die wirtschaftliche Situation ist der Rang des lokalen Rugby-Teams, und damit sah es schon mal viel besser aus. Das Languedoc gehört mit dem Südwesten zu den Kerngebieten des «ovalen Balls», Rugby ist hier die populärste Sportart. Obwohl ein Import aus England, wird dieser Mannschaftssport aufs engste mit dem Midi verbunden. Seine Ausbreitung vollzog sich über die Schulen der Dritten Republik und vor allem nach dem Ersten Weltkrieg durch die Initiativen der ortsansässigen Geschäftsleute und Unternehmer, die sich, meist in Abstimmung mit dem Rathaus, als «Sportmäzene» hervortaten. Oft waren es die größten Betriebe am Ort, die die Clubs aus der Taufe hoben, sie von Anfang an sponserten, Trainer herbeiholten, gute Spieler anwarben und sie pro forma als Firmenangestellte führten. Das Geschick des Vereins war damit direkt gebunden an das Wohlergehen der lokalen Industrie. Wenn es mit der bergab ging, dann stieg auch der Rugby-Club ab. Seinen Entstehungsbedingungen gemäß war dieser «Nationalsport» des Languedoc von Anbeginn der republikanischen Seite verpflichtet. Manche Priester versuchten, als gewissermaßen katholischen Gegensport den Fußball zu lancieren, mit unterschiedlichem Erfolg. Wo Rugby vorherrscht, dient er der exzessiven Feier lokaler Identität und hat das Erbe der alten zwischendörflichen Schlägereien angetreten. Es geht laut, farbig und rabiat zu beim kleinen Krieg der Ge-

Geheimnis-Krämerei in Rennes-le-Chateau

meinden. Besonders hoch schäumt die Begeisterung in der «dritten Halbzeit», bei den ausufernden Siegesfeiern nach dem Spiel. Rugby-Spieler, oft von außergewöhnlicher Statur, können zu hochverehrten Helden ihrer Gemeinde werden. Oft dienen sie auch den Lokalpolitikern als Bodyguards. Wer sich mit diesem speziellen Phänomen des Südens näher vertraut machen möchte, etwa über die geheimnisvollen Unterschiede des Rugby «à XV» und des Rugby «à XIII», sei auf die führende Zeitschrift «Midi Olympique» verwiesen.

Das Gold des Teufels

Von Couiza aus schraubt sich eine schmale Straße in die Berge hinauf und endet in Rennes-le-Chateau, einem Dorf, das wie ein Adlerhorst über der Landschaft thront, mit der Pyrenäen-Kette als Horizont. Auf einem Schild am Ortseingang steht: «fouilles interdites», Grabungen verboten. Das winzige Nest ist Ziel von Mythen- und Schatzsuchern, die in großen Mengen hier heraufkommen; die meisten begnügen sich mit dem Schauer, einen «magischen Ort» zu besuchen, aber manche kommen auch mit dem Spaten.

Im Mittelpunkt der Geschichte steht ein mysteriöser Priester namens Béranger Saunière, der 1885 in dieses ärmliche Dorf versetzt wurde. Einige Jahre später begann er, merkwürdige Um- und Neubauten vorzunehmen, im Inneren der bescheidenen Dorfkirche entfesselte er eine extravagante Kitschorgie und ließ über den Eingang einmeißeln: «Terribile est locus iste» – Schrecklich ist dieser Ort. Nach der Umrüstung der

Kirche ließ er sich ein stattliches Presbyterium errichten, legte Gärten an, baute sich einen neogotischen Bibliotheksturm am Rande des Abgrunds und ein luxuriöses Gewächshaus, alles auf eigene Kosten, als hätte er im Lotto gewonnen. Für die Dörfler war klar, daß er einen immensen Schatz gefunden haben mußte. Von den Westgoten, oder den Katharern, oder den Tempelrittern, oder so. Tatsächlich hieß Rennes zu Westgotenzeiten einmal «Redae» und war ein regionales Zentrum mit 30 000 Einwohnern. Später war das Dorf auch eins der letzten Refugien der Tempelritter. Der lebenslustige Curé, der sich zeitweilig in Paris mit einer Operettensängerin vergnügt haben soll, hat jedenfalls nur einen Teil davon verbraten, der Rest schlummert noch irgendwo.

Und so rücken neben normalen Touristen Scharen von Abenteurern an. Beim Bürgermeister stapeln sich die Anträge auf Grabungsgenehmigung. Ein Verrückter hat sogar mal einen Preßluftbohrer in die Kirche geschmuggelt und angefangen, den Fußboden aufzubohren. So was ist ärgerlich. Aber ansonsten bringt das Gerücht um den Schatz ordentlich Geld nach Rennes-le-Chateau. Um die Kirche zu betreten, ist ein Eintrittsgeld bei einer rundlichen Dame zu entrichten. Sie schließt die Tür auf und verdrückt sich schnell, bevor die Besucher merken, daß sie im Dunkeln stehen und für die Beleuchtung noch mal extra Münzen in einen Apparat einwerfen müssen. Dann ertönt eine raunende Stimme vom Band, weist hin auf das von einem grinsenden Teufel getragene Weihwasserbecken und auf allerlei im Dekor versteckte Botschaften und Absonderlichkeiten. Gleich zwei Esoterikläden am Ort versorgen mit den nötigsten Hintergrundkenntnissen. In beiden hängt das Porträt des eigentümlichen Seelsorgers. Außerdem im Angebot: einschlägiges Schrifttum, Lagepläne, Katharerstories, Pendel, Tarotkarten, Runen – alles, was das Herz begehrt. Das Dorf hat weniger als fünfzig ständige Einwohner, aber mehrere Geschäfte und ein Restaurant, und jetzt hat sogar noch das Fernsehen eine Serie über den sonderbaren Pfaffen gedreht: «L'Or du diable», das Gold des Teufels, das zweifellos noch mehr Leute auf den Zauberberg hinauflocken wird.

Nun ist diese Gegend wirklich dazu angetan, daß die Phantasie mit einem durchgeht. Hier beginnt die Landschaft der Corbières, das alte Grenzgebiet nach Spanien. Im westlichen Teil des äußerst dünn besiedelten Gebirges finden sich noch ein paar Wälder, in kleinen Bilderbuchdörfern wie Missègre wird etwas Viehzucht betrieben, es krähen die Hähne, ein Bach fließt durchs Tal, dicke Tomaten wachsen in den Gärten. Aber weiter nach Osten hin wird das Land kahl und trocken. Die höchste Erhebung, der Felskegel Pech de Bugarach, zu deutsch Hexenberg, zieht von weitem den Blick auf sich wie ein unverkennbarer Charakterkopf. Nur punktuell werden die Corbières bislang vom Tourismus beehrt. Beliebte Besuchsziele, mal abgesehen von Rennes-le-Chateau, sind die ehemaligen Abteien Lagrasse und Fontfroide, alte Herde der klösterlichen Zivilisation, die glanzvolle Zeiten gekannt haben. Ganz einsam aber wird es, wenn man sich auf Seitenwege schlägt; man gerät in eine melancholische Urweltlandschaft mit sehr zurückhaltender Vegetation – Heidekraut, Brombeergestrüpp, krüppelige Kiefern –, vom Boden schießen Grashüpfer mit leuchtend bunten Sprungbeinen hoch, das aus der dünnen Erdkruste hervorbrechende Gestein ist weiß wie ausgebleichte Knochen.

Wenn sich unten in den Tälern überhaupt noch etwas anbauen läßt, dann Wein. Gerade dieses karge Gebiet der steinigen Böden, wo sich die Rebstöcke ordentlich quälen müssen, um zu wachsen, kann erstaunlich gute Ergebnisse bringen. So etwa in der südöstlichen Ecke der Corbières, wo der dunkelrote Fitou gedeiht. Dort, unweit von den Verkehrsströmen und den monströsen Urlaubsstationen der Küste, liegt nur ein paar Kilometer landeinwärts eine still unter der Sonne brütende Gegend. Die D 50 zum Beispiel führt vom Dorf Fitou aus in eine steinige Wüstenei, die einen starken Eindruck hinterläßt – gelbes, verbranntes Gras, ein paar verwilderte Mandelbäume, Steinmauern als Begrenzungslinien der kargen Schafweiden. Hier zogen römische Legionen und Hannibals Elefanten durch, weil es an der Küste zu sumpfig war. Es wird damals nicht viel anders ausgesehen haben. Eine kreisförmige Senke, Le Pla de Fitou, ist mit Wein bepflanzt, am Rand steht in dieser biblisch anmutenden Landschaft die Ermitage von Saint-Aubin, mit einer Kapelle aus den allerfrühesten Mittelalter, wohl noch aus der Zeit der «Wisigoths», der Westgoten. Ein zivilisationsflüchtiger Abbé hat sich vor einigen Jahren diese Einsiedelei wieder hergerichtet und lebt hier ohne Elektrizität und fließendes Wasser mit einem Hund und ein paar Tauben, hat ein paar Olivenbäume gepflanzt, einen Feigenbaum und Kakteen – eine Mischung aus «Heiligem Land» und New Mexico.

Nicht weit davon ragen auf ihren Felsensockeln die «citadelles du vertige» in den Himmel, jene Burgen, die den bedrängten Kadern der katharischen Kirche Zuflucht boten, bevor auch diese vorgeschobenen Außenposten der Festungsstadt Carcassonne in nordfranzösische Hände fielen. In den Corbières spielten sich der letzte Akt und der Epilog des Katharer-Dramas ab. 1229 mußte sich Raimond VII., Graf von Toulouse und Hauptexponent des unbotmäßigen Südens, geschlagen geben, im Frieden von Meaux wurde das Ende der Autonomie Okzitaniens besiegelt. Der Unterwerfungsakt vollzog sich in Paris, seine Inszenierung ließ an Deutlichkeit nichts zu wünschen übrig: Raimond erschien barfuß und in Büßertracht in der gerade erst fertiggestellten Luxus-Kathedrale Notre-Dame. Vor dem königlichen Hofstaat hatte er reuevoll niederzuknien, mußte sich seiner Vergehen bezichtigen und bekam einige Rutenschläge übergezogen. Sodann gelobte er die Einhaltung des Kapitulationsabkommens.

Nach der militärischen «Befriedung» folgte die seelische; das heißt die Inquisition trat auf den Plan. Besonders tat sich dabei der neugegründete Dominikanerorden hervor. Systematisch wurde jeder Kirchenbezirk auf Ketzer durchgekämmt. «Das Haus, in dem ein Häretiker entdeckt wird, wird abgerissen, der Grund wird konfisziert», hieß es in der Dienstanweisung des päpstlichen Legaten. Unter der Schreckensherrschaft der Inquisitoren ging man so weit, die Leichen der Ketzer auszubuddeln und sie öffentlich zu verbrennen. Es gab allerdings gelegentlich auch Gegenwehr. In einigen Städten wurden die Inquisitoren rausgeschmissen oder manchmal auch massakriert, wie in Cordes oder in Avignonet, wohin die Besatzung der Kathararerburg Montségur einen Ausfall unternahm und unter den Häschern ein Blutbad anrichtete. Montségur war ein lange fortschwelender Herd der Ketzerei, eine ihrer «Hochburgen» im wahrsten Sinne des Wortes. 1244 fiel dieses Widerstandsnest im Pyrenäenvorland nach längerer Belagerung. Rund zweihundert «Parfaits», Vollkommene, endeten im Feuer. «Montségur» wurde später zum Inbegriff der Katharer-Tragödie, ist bis heute ein Wallfahrtsort für Okzitanisten, aber auch für allerlei Geheimniskrämer.

Wie in Montségur, so hatten sich viele «Perfekte» und mit ihnen sympathisierende Ritter auf den Burgen am südlichen Rand der Corbières eingeigelt: Puylaurens, Peyrepertuse, Quéribus – Zitadellen, die in schwindeliger Höhe aus dem Felsen herauszuwachsen scheinen. Die Katharer haben weder Kirchen gebaut noch sonst etwas Handfestes hinterlassen; so sind ihre Zufluchtsorte das einzig Sichtbare, das mit ihnen in Verbindung zu bringen ist.

An einem Tag mit klarem Himmel, möglichst nicht in der Ferienzeit, sollte man da mal hinaufsteigen. Oben, in der langgestreckten Anlage von Peyrepertuse, die wie ein graues Ruinendorf auf dem Felsgrat klebt, oder in der engen, hochaufragenden Burg Quéribus, die noch Jahre nach dem Fall von Montségur standhielt und erst 1255 durch Verrat fiel, dort wo der Wind um die Mauern fegt und das Land unten wie aus der Flugzeugperspektive erscheint, kann man schon ein wenig ins Nachdenken und Frösteln kommen, nicht nur wegen der kühlen Tramontane.

Zur Zeit als die letzten Häretikernester zerstört wurden, waren die meisten katharischen Kirchenleute längst emigriert, vor allem in die Lombardei. Im Midi lebte die Häresie noch eine Weile im Untergrund fort, ständig bedroht durch die Inquisition. 1321 wurde der letzte «Parfait», Guillaume Bélibaste, im Corbières-Dorf Villerouge-Termenès auf dem Scheiterhaufen verbrannt. Im August wird den Touristen im mittelalterlichen Dekor dieses guterhaltenen Dorfes Leben und Untergang des Katharers Bélibaste vorgespielt, im Rahmen der alljährlichen «Fête médiévale». ∎

Toulouse

ZWISCHEN HIGH-TECH UND TRADITION

Herrn Harmsens Büro ähnelt einem Kommandoposten. Aus seinem Fenster blickt man auf ein Rollfeld, wo sich die Fluglinien der Welt ein Stelldichein zu geben scheinen. Iberia, Condor, Air France, Canadian, die chinesische CAAC – wie aus dem Ei gepellt, stehen dort nagelneue Airbusse, fertig mit dem Emblem ihrer Gesellschaft bemalt, und warten auf Abholung durch die Kunden. Der Ingenieur Harmsen gehört zu den rund 350 Deutschen, die hier arbeiten, meist für die Hamburger Firma MBB, die für größere Teile des europäischen Subventionsfliegers zuständig ist. In Toulouse wird von der Aerospatiale der französische Anteil fabriziert, hier findet, nachdem die Elemente aus den Partnerländern eingeflogen wurden, die Endmontage statt. In Frankreich betrachtet man den Airbus allgemein als urfranzösischen Vogel, als Symbol nationaler Leistungsfähigkeit. Die anderen steuern allenfalls ein paar Schrauben bei und wärmen sich an der Sonne des gallischen Genies. Ärgern sich die deutschen Flugzeugtechniker über diesen Chauvinismus? «Ach was! Laß sie man ruhig, wenn sie Spaß dran haben. Wir sind jedenfalls froh, daß wir hier sind. Ein sehr attraktiver Arbeitsplatz und eine tolle Stadt!» sagt der Ingenieur. «Alle Deutschen, die ich kenne, fühlen sich hier verdammt wohl.» Das Klima ist angenehmer als in Finkenwerder, dann das gute Essen, das reichhaltige Kulturangebot! Und erst die Umgebung: Man hat zum Skilaufen die Pyrenäen in Reichweite und zum Baden wahlweise das Mittelmeer oder den Atlantik. Auch die Leute in der Montagehalle kommen leicht ins Schwärmen. «Hier will keiner weg!» sagt ein Mechaniker. «Da gibt's manchmal Tränen, wenn einer zurück muß.» Zufrieden schaut er

Zugleich Rathaus und Oper: das Capitole

der neuen Airbus-Riesengurke nach, die gerade die Halle verläßt.

«Toulouse ist angenehm», sagt auch eine der Studentinnen, die im gepflegt altmodischen «Bibent» sitzen und an ihrem Tonic nippen. «Le Bibent» ist das nobelste Café an der Place du Capitole, ein Prachtstück mit Stuckornamenten, Spiegeln und Lüstern. Leider rieseln seichte Melodien aus verborgenen Lautsprechern. «Immer, wenn ich irgendwo anders war, find ich es toll, nach Toulouse zurückzukommen.» Allgemeine Zustimmung von rechts und links. «Es lebt sich gut hier!» Da muß wohl was dran sein. Toulouse ist eine außerordentlich «junge» Stadt: Neben mehreren renommierten Gymnasien gibt es hier drei Universitäten und einige spezialisierte Hochschulen mit insgesamt 65 000 Studenten. Junge Leute beherrschen das Straßenbild, bestimmen das Klima. Und sie bilden als intellektuelle Rohmasse die Basis für das Wohlergehen der Stadt. Toulouse ist das französische Mekka der High-Tech-Industrie, für die es einer hohen Konzentration von «grauer Materie», das heißt von wissenschaftlich-technischer Intelligenz bedarf. Hier wirken 7000 Forscher in 300 Laboratorien als intellektuelle Force de frappe. Der Know-how-Transfer zwischen Forschungslabors und Industrie läuft bestens, die Übergänge sind gleitend.

Lokomotiv-Funktion bei der Entwicklung der Stadt zu einer Metropole der Spitzentechnologie hatte der Flugzeugbau. «Europäische Hauptstadt der Luft- und Raumfahrt» nennt sich Toulouse. Von zentraler Bedeutung ist dabei die Firma Aerospatiale. Mit deren Namen ist

La Daurade und Pont-Neuf

nicht nur der Airbus, sondern sind auch die Euro-Rakete Ariane und die künftige Raumfähre Hermes verbunden. Ihnen verdankt sich der Ruhm; das tägliche Kleingeld indessen wird eher mit Alouette (Schwalbe), Ecureuil (Eichhörnchen), Dauphin (Delphin), Gazelle oder Super Puma gemacht. Ein nur scheinbar harmloser Tierpark, denn es handelt sich um Kampfhubschrauber. Das dicke Geschäft der Aerospatiale ist die Waffenproduktion. Auch die Exocet-Rakete, bekannt aus Falkland- und Golfkrieg, stammt aus diesem Hause.

Die Luftfahrtindustrie in Toulouse geht zurück auf die Zeit des Ersten Weltkriegs. Hier baute, fern der Front, Monsieur Latécoère, ein Unternehmer aus Lille, Flugapparate für den Luftkampf. Als der Krieg vorbei war, gründete der Konstrukteur eine Luftpostgesellschaft, die «Aeropostale». Waghalsige Flugpioniere wie Mermoz oder Saint-Exupéry schafften Briefe und Päckchen nach Afrika und Südamerika; Toulouse wurde damit zur Wiege der zivilen Luftfahrt in Frankreich. Nach dem Zweiten Weltkrieg entstand hier das erfolgreiche Verkehrsflugzeug Caravelle, Sinnbild der ersten Modernisierungsphase während der fünfziger Jahre. Flugobjekte sind offenbar besonders gut geeignet, das nationale Selbstwertgefühl zu stärken. Auch der General de Gaulle war davon überzeugt. Als es nach dem Abschied vom Kolonialreich darum ging, das verspätete Frankreich mit Macht ins Zeitalter des modernen Industriekapitalismus zu katapultieren, bedurfte es neuer Symbole nationaler Größe. Eins davon sollte das gemeinsam mit den Engländern ausgeheckte Überschallverkehrsflugzeug Concorde sein. Es war von Anfang an kein ökonomisch, sondern ein politisch motiviertes Projekt. De Gaulle setzte sich über alle Einwände hinweg, und so wurde sie denn gebaut. Auch als später kritische Stimmen immer lauter wurden, die Sinn und Zweck der Doppel-Überschallröhre aus wirtschaftlichen wie ökologischen Gründen in Frage stellten, verteidigten in Toulouse Politiker aller Couleurs den Supervogel. Auch für die kommunistische Gewerkschaft CGT galt jede Kritik an der Concorde als Sünde wider den Geist des Fortschritts.

Doch der Flop ließ nicht lange auf sich warten. Nach dem Ausbruch der Ölkrise wurden die Bestellungen aus aller Welt storniert, niemand wollte die Spritsäufer mehr haben. Engländer und Franzosen ließen, um den totalen Gesichtsverlust zu vermeiden, die wenigen in Dienst gestellten Exemplare auf der Nordatlantikstrecke fliegen. Thatcher und Mitterrand benutzen das Ding weiterhin zu Imponierzwecken. Aber die Concorde wurde nie ein Serienflugzeug mit weitgespanntem Flugnetz. Vor kurzem wurde dennoch die Triumphmeldung in die Welt posaunt, die Unglückskrähe fliege nun endlich rentabel. Tatsächlich macht der laufende Betrieb zur Zeit keine Verluste. Ist die Concorde am Ende vielleicht doch ein sinnvolles Verkehrsmittel? Als die Italienerin Maria Antonietta Macciocchi Anfang der siebziger Jahre für ihr Reportagenbuch «Der französische Maulwurf» in Toulouse weilte, verriet ihr ein KPF-Funktionär mit glänzenden Augen: «Die Concorde ist die fortgeschrittenste Technik, die Avantgarde, die es den Arbeitern ermöglichen wird, den Atlantik zu überqueren. Früher sah man einen Arbeiter komisch an, wenn er in den Zug stieg. Aber morgen wird er mit der Concorde fliegen, und keiner wird ihn mehr wie ein Wundertier anstarren.» Genau! Die Concorde im Dienst des Proletariats – so soll es sein. Allerdings kommt das Geld derzeit vorwiegend durch Privatvermietung rein, etwa an Millionäre aus Texas, die das Ding für einen Mach-2-Sprung über den Teich chartern, Geld-Aristokratie, die damit zur «Aida»-Aufführung an den Nil jettet, oder westdeutsche Neureiche, die einen Tagestrip zur Beach-Party nach Barbados unternehmen. Die Concorde ist damit zur kostspieligen Kirmesattraktion für Betuchte heruntergekommen. Als rentabel lassen sich die verbliebenen paar Exemplare im übrigen nur dann bezeichnen, wenn man die Entwicklungskosten von zehn Milliarden Mark in den Wind schießt. Das hindert die Tüftler der Aerospatiale aber nicht daran, intensiv über eine Weiterentwicklung dieses fragwürdigen Fluggeräts nachzudenken. Manche Manager haben den Nachfolger schon als Modell auf dem Schreibtisch stehen. Mehr als doppelt so schnell wie die alte Concorde soll dieser künftige Supersonic-Jet werden. Der Arbeiter aus Dallas kann dann mit viereinhalb Mach zum Champagnerfrühstück nach Paris hüpfen und ist zum Brunch wieder daheim.

Stadt in Rosa

Neben den Produzenten von Flugzeugen, Raketen und Satelliten haben sich in Toulouse zahlreiche Betriebe aus anderen zukunftsträchtigen Bereichen, wie Robotertechnik, Mikroelektronik und Biotechnologie, angesiedelt. Toulouse, das die industrielle Revolution des 19. Jahrhunderts im wesentlichen verpaßt hat, gilt heute als «ville-phare», wörtlich: «Leuchtturm-Stadt», eine Stadt also, die zeigt, wo's langgeht.

Groß ist freilich der Kontrast zwischen dem Renommee der High-Tech-Metropole und der intakt gebliebenen, altehrwürdigen Innenstadt. «La ville rose», wie Toulouse genannt wird wegen der rötlichen Ziegeln, aus denen Häuser, Paläste und Kirchen gebaut sind, hat wenig Ähnlichkeit mit anderen französischen Großstädten. Vom Erscheinungsbild her kommen einem anfangs womöglich flämische oder gar norddeutsche Städte in den Sinn, aber dazu geht es viel zu südlich-quirlig zu. Toulouse wirkt erfreulich wenig aufgemotzt und strahlt ein gewisses Selbstbewußtsein aus. Die von Boulevards umschlossene, ausgedehnte und verwinkelte Altstadt ist ein Paradies für jeden Stadtflanierer. Beim Herumstreifen trifft man auf die oft attraktiv vernachlässigten Stadtschlösser aus der reichen Epoche des Pastelhandels. Hinein in die Höfe, durch rote Ziegelgewölbe auf vermoostes Kopfsteinpflaster, wo Grünpflanzen und manchmal Palmen aus großen Töpfen wachsen. Diese «Hôtels» der frühen Handelsbourgeoisie wirken wie italienische Palazzi, und tatsächlich gibt es nicht nur architektonische Ähnlichkeiten, sondern auch historische Parallelen. Im 12. Jahrhundert schafften es die Bürger der Stadt, den Grafen von Toulouse, die über große Teile des Midi herrschten, eine weitgehende Autonomie abzutrotzen. Das quasi unabhängige Toulouse wurde daraufhin von den gewählten «Capitouls» regiert und ähnelte den Stadtrepubliken Italiens. Gern wird behauptet, die Stadt sei von daher ein besonders ausgeprägter Unabhängigkeitsgeist zu eigen, der sich in häufigem Protestverhalten und großer Klappe bemerkbar mache. Dieser Mentalität der Toulouser verdankt sich offenbar auch, daß sie Auto fahren wie die Henker. Kaum bestaunt man irgendwo eine Fassade oder ein Portal, kommt garantiert mit quietschenden Reifen ein Wagen um die Ecke geschossen. Keine Gasse ist diesen Motorsportlern zu eng. Bald soll die Stadt eine Metro bekommen, ob das aber etwas ändern wird, ist zweifelhaft.

Von Blechkisten dicht an dicht umstellt ist auch die romanische Basilika Saint Sernin, mit ihrem mehretagigen Glockenturm eins der herausragenden Wahrzeichen der Stadt. Für die Pilger auf der Wallfahrt nach Santiago de Compostella war der immense Bau ein beliebter Zwischenstop; Saint Sernin war geradezu ein Muß wegen des tollen Reliquien-Angebots. Man denke nur: ein Stück vom echten Kreuz, eine Dorne aus Jesu Dornenkrone, ein Fetzen vom Kleid der Jungfrau Maria – alles vorrätig! Dazu Hunderte von Gerippen und Knochenteilen sowie die kompletten Überreste von mehreren Heiligen, nämlich von St. Papoul, St. Honoré, St. Sylve, St. Exupère, St. Georges, St. Gilles, St. Edmund, außerdem natürlich vom Namensgeber und Toulouser Ur-Märtyrer St. Saturnin. Fast mittelalterlicher Betrieb erwartet heutzutage den sonntäglichen Kirchenbesucher. Am Tag des Herrn sind die Autos um das Gotteshaus zurückgedrängt, dafür wird der Riesenbau vom wilden Volk der Flohmarkthändler umlagert. Da muß der fromme Toulouser hindurch, um in die feierlich-kühlen Hallen zu gelangen.

Toulouse, Altstadt

Nach der Messe tritt er unter Orgelklängen wieder mitten hinein ins Geschrei und Gedrängel. «L'Inquet» heißt dieser Markt, okzitanisch für «Haken», denn die Straßenhändler hängten früher ihre Waren mit Haken am Kirchengitter auf. Gerümpel, Textilien, alte Schallplatten und andere unsägliche Schätze sind jeden Sonntag zu Füßen der Basilika ausgebreitet. Unweit davon, am boulevard Lascrosses, findet zur selben Zeit der Hunde- und Katzenmarkt statt. Es kläfft und miaut aus Kartons und Containern – ein anrührendes Spektakel.

Magisches und Okzitanisches

Zwischen Saint Sernin und dem Boulevard liegt das Quartier Arnaud-Bernard, kleinstädtisch und leicht verrottet; niedrige Häuschen, arabische Ladenhöhlen mit buntbestickten Glitzerstoffen, Secondhand- und Kleinkram-Läden, die Schusterwerkstatt neben der Boulangerie tunisienne. Da ist ein Anarcho-Buchladen, hier gibt es Couscous, dort spanische Paella. «Big Boss» kauft gebrauchte Staubsauger. Die fleckigen Wände sind übersät mit Graffiti und Schablonenkunst.

Auf der anderen Seite von Saint Sernin beginnt mit der rue du Taur ein bis zum Garonne-Ufer reichendes Viertel, das auf studentischen Konsum zugeschnitten ist. Antiquariate, Schreibbedarf, Comics-Läden, Waschsalon, ein «Palais de la Bière» mit über zweihundert Sorten Bier – alles was der jüngere Mensch so braucht. Eine «Librairie ésotérique» in der rue Pargaminières gehört auch dazu. «Toulouse – Capitale Mystique», «Le sang des Cathares» oder «Montségur» heißen die Bücher im Schaufenster. Über der Kasse des Mystikshops thront ein vergoldeter Buddha und grinst blöde. Die meisten Schriften handeln von den mysteriösen Katharern, jenen christlichen Häretikern des Midi, von denen es gerade in Toulouse sehr viele gab und die im 13. Jahrhundert den innerfranzösischen Kreuzzügen zum Opfer fielen. Ihre Tragödie läßt sich trefflich als esoterischer Mythencocktail verhökern. Historische Sachlichkeit ist in diesen Werken kaum gefragt. Es geht eher um den prickelnden Schauer, der den Adepten dieses wohlfeilen Geheimwissens erfaßt. Kommt man aus der Hokuspokus-Boutique wieder nach draußen, bekommt die Szenerie gleich einen Stich ins Dämonische: Gedanken an Inquisition und Bilder von Scheiterhaufen drängen sich auf. Die karge backsteingotische Jakobinerkirche, die zur Linken aufragt, scheint Macht und Strenge der Rechtgläubigkeit zu verkörpern. Das ihr angeschlossene Kloster war tatsächlich eine Heimstatt jenes Ordens, den der Heilige Dominikus zur Ausmerzung der Ketzerei gegründet hatte... Gott sei Dank geraten wir nun in den akustischen Einflußbereich der «Bar du Lycée», aus deren Jukebox lauter Hardrock dröhnt. Hier sitzen die hoffnungsvollen Kids vom Lycée Fermat, pflegen ihren Look, trinken giftgrüne Limonade und praktizieren «la drague», das zwischengeschlechtliche Annäherungsspiel.

Die Garonne entlang, zwischen Pont Saint Pierre und Pont Neuf, führt ein angenehmer Promenadenweg, dessen wie ein Dach herunterhängendes Platanenlaub die Spaziergänger vor der Sonne schützt. Ein paar algerische Arbeiter hocken auf dem Boden, rund um ihr Mittagessen, das sie auf Zeitungspapier ausgebreitet haben. Der Fluß glitzert silbrig und fließt träge wie Sirup. Mittagsfrieden überall, ein Angler sitzt unten auf dem gemauerten Quai, der in eine Autoschnellstraße nach Pariser Muster hatte verwandelt werden sollen. Vorerst ist das Projekt aber vertagt worden. An den Häuserwänden sind gelegentlich freche Graffiti zu lesen, wie diese Post-Tschernobyl-Inschrift: «Irradié? Allez à Lourdes!» Verstrahlt? Gehn Sie doch nach Lourdes! Wem das zu weit ist: Gleich nebenan gibt es eine lokale Einrichtung für Wundergläubige, die Basilika La Daurade. Der etwas versteckte Eingang befindet sich place de la Daurade Nummer eins. Es geht durch den unscheinbaren Flur eines banalen Wohnhauses, und auf einmal steht man mitten in einer großen, düsteren Kirche. Nur ein paar Lichtstrahlen fallen schräg aus den Fenstern durch den Staub der Jahrhunderte, sonst flackern nur Kerzen im Halbdunkel. In einer Nische hinter einer irrlichternden Kerzenbatterie steht die «Vierge noire», eine schwarze Jungfrau, die seit vielen hundert Jahren eine große Anziehungskraft ausübt. Hexer, Zauberer, Wunderheiler schicken ihre Kunden zu ihr, häufig kommen auch Farbige von den Antillen, Frauen zumeist, um der magischen Madonna rasch in der Mittagspause eine Kerze zu stiften. Manche Besucher schreiben ihre Anliegen mit Bleistift auf den Sockel, meist geht es um Probleme des Liebeslebens. Aber die «Vierge noire» verhilft auch zu schmerzlosen Geburten, schützt vor Überschwemmungen und vermag Feuer zu löschen. Jeden Monat trägt die Vielseitige ein andersfarbiges Kleid, eine ominöse Bruderschaft sorgt dafür. Darunter besteht sie bloß aus ein paar groben Holzstücken, das sieht man, wenn man ihr Gewand hochhebt, aber das gehört sich nicht.

Nun wieder hinaus aus der Voodoo-Kirche, noch ein Stück den Quai entlang, vorbei an der provinziell prunkenden Fassade der École des Beaux Arts und über den Pont Neuf in den Stadtteil Saint Cyprien. Dort drüben steht gleich am Fluß ein weiteres besuchenswertes Monument: der alte Wasserturm aus rosa Klinker. Er beherbergt die erste kommunale Fotogalerie Frankreichs, begründet 1974 von Jean Dieuzaide, einem Fotografen, der aufs engste mit seiner Heimatstadt Toulouse verbunden ist. Das Allroundtalent hat sich neben seiner Tätigkeit als Bildreporter, Werbe- und Industriefotograf immer auch der künstlerischen Lichtbildnerei gewidmet. Leidenschaftlich hat er sich für deren Anerkennung als ästhetisch ernstzunehmendes Medium eingesetzt und die Stadtväter schließlich dazu bewogen, ihm den zum Abriß vorgesehenen Wasserturm zu überlassen. Seitdem ist die «Galérie Municipale du Château d'Eau» zu einer Landmarke für die Fotowelt geworden. Neben wechselnden Ausstellungen mit meist hohem Niveau verfügt der Turm auch über eine Bibliothek. Die Pumpen, Schaufelräder und Leitungsrohre des alten Funktionsgebäudes wurden erhalten und sind in die Ausstellungsräume integriert.

Saint Cyprien ist ein Viertel der kleinen Leute. Auswärtige Besucher verirren sich kaum in dieses verschlafen-kleinstädtische Quartier im Knick der Garonne. Auf der place Olivier sitzen ein paar Landstreicher mit Hund am Strick, löffeln Sardinenbüchsen aus und führen die bekannte Plastikweinflasche zum

Fotogalerie im Wasserturm

Munde. An einigen Mauern sind noch Eisenringe für die Pferde, große Hoftore deuten auf frühere Behausungen von Fuhrleuten hin. Es gibt hier noch diverse Handwerker, in der Grande Rue Saint Nicolas hat ein Hutmacher seinen Laden. Omas, Opas und Großtanten sitzen auf Campingstühlen im Hinterhof beim Kartenspiel. Niedrig sind die Häuser und bröckelig. Ein Feigenbaum quillt aus dem Kirchhof in der rue des Novars über die Mauer. Um den Turm von Saint Nicolas sind Netze gespannt, weil die Ziegel runterkommen. Obendrauf wachsen Grasbüschel, nisten Tauben. Und Tauben hocken auch auf den Stromleitungen, die abenteuerlich offen liegen, sich über den Straßen bündeln und wieder chaotisch verzweigen.

Außer dem Wasserturm hat das Quartier noch einen weiteren kulturellen Anlaufpunkt: den «Espace Saint Cyprien», ein Kulturzentrum mit breitem Workshop-Angebot. Unter anderem enthält es auch das «Institut d'estudis occitans», das sich der Oc-Forschung und Verbreitung von Literatur in okzitanischer Sprache widmet; so gibt es die Prosasammlung «a tots» (für alle) heraus, die bisher neunzig Romane umfaßt, und veröffentlicht jedes Jahr den kompletten Katalog der okzitanischen Schriftproduktion, die neben Wörterbüchern Erzählprosa, Gedichtbände und Comics umfaßt. Des weiteren organisiert das IEO Sommerschulen mit Oc-Sprachkursen. Ebenfalls im «Espace Saint Cyprien» untergebracht ist das «Conservatoire Occitan», das sich mit dem musikalischen Erbe beschäftigt. Es unterhält ein eigenes Orchester und bietet Kurse an zur Herstellung traditioneller Instrumente aus den verschiedenen Regionen Okzitaniens. In einem Laden können Buchveröffentlichungen, Platten und Kassetten gekauft werden.

Der Begründer des «Conservatoire», Claude Sicre, stammt aus einer Toulouser Arbeiterfamilie. In seiner Jugend hatte er sich in Amerika herumgetrieben, später arbeitete er als Lektor in einem Pariser Verlag. Dort, in Paris, wurde ihm klar, daß er aus dem Süden war und somit anders: Man sprach ihn auf seinen «komischen» Akzent an und zeigte die übliche Herablassung. Aber es waren auch die Pariser Intellektuellen, die ihn erstmals auf «Okzitanien» aufmerksam machten. Von Hause aus hatte er dazu kaum einen Bezug, in seiner Familie sprach man französisch. Erst 1976 begann er, die Langue d'Oc zu lernen und Interessen für okzitanische Musik zu entwickeln. Mit dem kämpferischen Regionalismus von einst hat sein Engagement nicht mehr viel gemein. Man ist realistisch, das heißt bescheiden geworden. Was bleibt, sind einige Versuche, die Erinnerung nicht auslöschen, kulturelle Ausdrucksformen nicht völlig verlorengehen zu lassen.

Immerhin gibt es in der Stadt, die früher Tolosa hieß, noch ein reiches Angebot an «okzitanischen» Aktivitäten. Im Stadtführer «Toulouse-Pratique» sind unter dem Stichwort «Occitanie» sechs Seiten voll mit Adressen zu finden. Das geht von Bibliotheken und Sprachkursen über Kindergärten, Dichterzirkel, Verlage, Zeitschriften und Oc-Wallfahrten bis zu Radio- und Fernsehsendungen. Das Regionalfernsehen FR 3 Midi-Pyrénées bringt sonntags eine knappe Stunde für Oc-Liebhaber, Radio France Toulouse veranstaltet «Passejadas Occitanas», okzitanische Spaziergänge. Täglich eine Stunde Okzitanisches kommt außerdem von der Privatstation Radio Occitanie, die auch verschiedenen Immigrantenkulturen und Minderheiten Sendezeit zur Verfügung stellt und Programme auf katalanisch, kastilianisch, portugiesisch, vietnamesisch, baskisch, madegassisch und auf deutsch ausstrahlt. Einmal pro Woche wird in Zusammenarbeit mit dem Toulouser Goethe-Institut die Sendung «Occit'allemand» produziert.

Anarcho-Folklore

«La Tantina de Burgos» in der rue de la Garonette ist eine außerordentlich beliebte Kneipe. Und dabei so altmodisch: Es gibt keine Musikbeschallung! Als akustisches Dekor wird lediglich das Konzert des Gelächters und Gemurmels, Gläserklirrens, Debattierens und Laberns geboten. Von 20 Uhr bis nach Mitternacht ist dieser große Laden meist rappelvoll. Als Ergänzung wird nebenan eine «Oenothèque» betrieben, die 400 ausgewählte Erzeugerweine aus der Region bereithält – höchst seriös und empfehlenswert. Die «Tantina» ist ein Treffpunkt der alten, neuen oder gewesenen Linken aller Schattierungen. Altachtundsechziger und Jungintellektuelle quetschen sich um die Tische oder drängeln sich an der langen Theke bei Wein und Tapas, kleinen Imbissen wie in Spanien. Denn die Tantina de Burgos ist, das sagt schon der Name, ein spanisches Etablissement. Spanier sind die Inhaber, aber auch unter den Gästen haben viele, zumindest abstammungsmäßig, ein besonderes Verhältnis zum nahegelegenen südlichen Nachbarland.

Zwischen Toulouse und Spanien existiert eine lange Wechselbeziehung. Bis ins 18. Jahrhundert waren es die Franzosen, die zur Arbeitssuche über die Pyrenäen nach Süden zogen. Ab dem 19. Jahrhundert lief dann die Wanderbewegung in umgekehrter Richtung. Nach Francos Sieg über die Republik wurde Toulouse zur inoffiziellen Exilhauptstadt der spanischen Flüchtlinge. Unter ihnen waren viele Anarchisten; verschiedene politische Organisationen wie die libertäre Gewerkschaft CNT hatten ihre Zentralen in der «ville rose». Als Frankreich in den sechziger Jahren allerdings eine wirtschaftliche Annäherung an das Franco-Regime vollzog, wurden aus Gründen der Staatsräson die Aktivitäten der antifranquistischen Gruppen behindert und ihre Publikationen verboten.

Rund fünfzehn Prozent der Toulouser, etwa 60 000 Menschen, sind spanischer Herkunft. Sie sind inzwischen weitgehend integriert; die Zeit, da sie in homogenen Quartiers zusammenlebten, ist vorbei. Aber weiterhin erscheinen mehrere libertäre Blätter in Toulouse, die Anarcho-Tradition ist noch in der dritten Generation erstaunlich lebendig geblieben. Zum Teil blüht sie auch im verborgenen, das heißt im Untergrund. Kaum irgendwo zündelt und knallt es so viel wie hier: Das Toulouser Departement Haute Garonne ist nach dem Departement Haute Corse das explosivste in Frankreich. Allerdings blieben bei den Hunderten von Anschlägen Menschen bisher unverletzt, man beschränkt sich auf «Gewalt gegen Sachen», was den Knallfröschen eine gewisse Popularität sichert. Mal kracht es aus antiklerikalen Motiven – vor einem Papstbesuch riß es auf dem Pilgerweg nach Lourdes eine Pontius-Pilatus-Statue in Stücke, die Verantwortung übernahm eine Gruppe namens «arrêt-curés» (etwa «Pfaffenstopp») – ein andermal erwischte es dreißig LKWs, die für Bauarbeiten am nahen Atomkraftwerk Golfech eingesetzt werden sollten. Ein weiteres Angriffsziel: der Computer als Herrschaftsinstrument. So verging sich eine Gruppe namens CLODO (Comité liquidant ou détournant les ordinateurs) am Datenspeicher der Toulouser Polizei.

In letzter Zeit richtete sich die explosive Empörung der schwarzen Gesellen mehrfach gegen den Rechtsextremistenführer Le Pen und seine Partei. Generell ist der Protest gegen diesen Herrn in Toulouse etwas reger als in vielen anderen Städten. Überall auf den Mauern der Stadt fällt einem die geheimnisvolle Inschrift «SCALP» auf. Man findet dieses Kürzel auch auf Plakaten für Anti-Le-Pen-Rockkonzerte. Es steht für: «Section carrément anti-Le Pen». Einige der Anarchos, die bei SCALP aktiv sind, mochten es angesichts der um sich greifenden rassistischen Seuche nicht bei Protestkonzerten belassen: Ein Festsaal, in dem der nationale Mann aufzutreten gedachte, wurde vor der Veranstaltung mittels Dynamit zerstört. Wenig später flog ein anderer Saal in die Luft, in dem die Lepenisten-Vereinigung «Bleu-Blanc-Rouge» ihr Fest abhalten wollte. Dann war das Restaurant des Kongreßpalastes an der Reihe: In der Nacht vor einer Front-National-Veranstaltung sank es in Schutt und Asche. Und schließlich ging ein EDF-Transformator hoch, der die Stromversorgung eines FN-Meetings im Festsaal von Colomiers sicherstellen sollte – temperamentvoll

Toulouser Frechheiten

ist der Antifaschismus an der Garonne.

Von den Toulouser Propagandisten der Tat war zwar bis dahin kaum je einer dingfest gemacht worden, aber bei dieser letzten Serie verließ sie ihr Glück. Jeder kennt in der Stadt die «Imprimerie 34», ein für gute Arbeit bekanntes Druckerei-Kollektiv, das die Veranstaltungszeitschrift «Flash» herausbringt und zu dessen Kunden auch der Regionalrat gehört. Jedermann weiß aber auch, daß die gutgehende Firma «I 34» dem libertären Spektrum angehört. Stets war im Anschluß an die Attentate der letzten Jahre die Polizei dort zu Durchsuchungen erschienen, immer vergebens. Nach den jüngsten Anschlägen wurde sie erstmals fündig. Einige der Drucker mußten vor den Kadi und bekannten sich auch gleich offensiv zu ihren Missetaten. Vertreter der linken Intelligenz, wie der Historiker Pierre Vidal-Naquet, das Resistance-Mitglied Claude Bourdet oder der Schriftsteller Gilles Perrault, setzten sich in einer Petition für die Kämpfer gegen die «rassistische und faschistische Hydra» ein. Sogar der Staatsanwalt versicherte, er halte ihre Beweggründe für «nicht verachtenswert». Auch der Richter bekundete ein gewisses Verständnis für die Motive der «ernsthaften jungen Menschen», ließ es sich dann aber trotzdem nicht nehmen, den Rädelsführer für zwei Jahre in den Knast zu schicken. «Werden Sie wieder damit anfangen?» hatte der Gerichtspräsident am Schluß gefragt und gleich eilig hinzugefügt: «Aber ich sage Ihnen gleich, daß ich keine Antwort erwarte.» Er kennt sie ohnehin.

Caruso und die Roboter

Spanisch vorkommen kann einem auch die place du Capitole. In ihrer Anlage als Carré mit Arkaden und mit ihren stattlichen Dimensionen ähnelt sie einer Plaza Mayor, wie es sie in vielen Städten jenseits der Pyrenäen gibt. Dieser Platz ist die «gute Stube» von Toulouse; saubergeputzt, umstellt von repräsentativen Kandelabern, bietet er die schmucke weiß-rosa Fassade des Rathauses der Bewunderung dar. Dieses Rathaus, das Capitole, hat eine Besonderheit aufzuweisen: Es beherbergt nicht nur Stadtrat und Verwaltung, sondern auch eine Oper. Die Kombination ist bezeichnend für den hohen Rang, den die Stadt dem Musiktheater beimißt.

Seit Toulouse Anfang des vorigen Jahrhunderts zu einer der Opernmetropolen der Welt aufgestiegen war, bezeichnet man sich als «Hauptstadt des Belcanto», werden die «großen Stimmen» vergöttert. Schon in der Belle Epoque war das Touloser Leben in besonderem Maße von Musik durchtränkt. Die großen Cafés an den Boulevards hatten ihre eigenen Orchester; mal gab es etwas Klassisches, mal spielte an lauen Abenden eine Zigeunerformation für die Gäste auf den Terrassen, aber Musik mußte auf jeden Fall sein. Auch die Kinos der Stummfilmzeit begnügten sich nicht wie anderswo mit einem Klavierspieler, bis zu dreißig Mann starke Orchester spielten auf, zusammengesetzt aus seriösen Musikern, wie etwa den Professoren des Konservatoriums. Im Théâtre des Variétés wurden täglich Operetten angeboten. Dort trat Caruso in der «Lustigen Witwe» auf! Die Alten kriegen feuchte Augen, wenn sie sich daran erinnern.

Den Toulousern ist die Sangesfreude angeboren, so wird gern behauptet, und die Gabe vererbt sich von Generation zu Generation. Da ist zum Beispiel Claude Nougaro, der lokale Chanson-Matador: Sein Vater war Bariton im «Capitole», die Mutter Klavierspielerin, und schon die Großeltern sangen in Stadtteilchören. An musikalischen Aktivisten, an Musikschulen, Chorälen und Gesangsvereinen besteht auch heute kein Mangel. Passiv Musikbegeisterte versammeln sich bei Schumann, Ravel und Chopin im Klosterhof der Jacobins oder zu Orgelkonzerten in den zahlreichen rosa Kirchen, und groß ist der Zulauf bei Gastspielen internationaler Spitzenkräfte im «Capitole» oder der «Halle aux grains», einer zum Konzertsaal umgebauten ehemaligen Kornmarkthalle. Die Belcanto-Begeisterung beschränkt sich keineswegs auf die Kreise des Bildungsbürgertums. Die Kennerschaft ist überraschend breitgestreut, auch in der Marktfrau oder im Milchmann an der Ecke kann sich in Toulouse ein Schwärmer für Verdi und Puccini verbergen. Am meisten geschätzt wird das traditionelle Repertoire, das Wohlbekannte, die ewigen Melodien.

Ein Höhepunkt für die Fans ist der alljährliche große Gesangswettbewerb im «Capitole». Dazu kommen Sängerinnen und Sänger von weither, aus Japan, der Sowjetunion, China ... Der «Concours international de chant» zieht ein ebenso fachkundiges wie urteilsfreudiges Publikum an. Bis zwei Uhr nachts harrt es aus, zwischendurch tut es im Foyer seine Meinung kund. «Wenn Sie mich fragen: die besten Chancen hat der schwarze Tenor aus Amerika!» – «Der chinesische Baß!» – «Für mich: der Sopran aus Israel!» – «Dieses

Jahr sind die Franzosen wieder stärker geworden!» Aufgeregtes Fachsimpeln wie bei Sportanhängern. Jetzt aber bitte Ruhe! «Als nächstes die Nummer sieben: Monsieur Serge Dubois, Baß, Frankreich!» Sangesleidenschaft paart sich mit heimlicher Hoffnung: Monsieur Dubois ist ein Toulouser Friseur, der jedes Jahr seiner Sternstunde entgegenfiebert, wo er sich mit den Profis messen kann. Beim «Concours» geht es zu wie beim Tennisturnier, mit Achtel-, Viertel- und Halbfinale. Je ein Champion bei den Damen und Herren wird schließlich nach den Endkämpfen von der Jury bekanntgegeben. Bei der Preisverteilung löst sich die Spannung des Publikums in frenetischem Applaus oder in Pfeif- und Brüll-Exzessen, die an Randale grenzen, wie beim Rugby-Heimspiel.

Nun ist dieser Opernkult zwar ein liebenswerter Zug der Toulouser. Aber, man kann es nicht leugnen, darüber liegt auch der Hauch des Provinziellen, und das gilt generell für das traditionelle Kulturleben der Stadt. Man schätzt das Bewährte, ist konservativ und scheut Experimente. Gegen diese Unbeweglichkeit agiert seit einiger Zeit das Rathaus. Im Konkurrenzkampf der Avantgardestädte darf man sich nicht auf seinen Lorbeeren ausruhen, denn zu den Standortvorteilen gehört nicht nur die Nähe von Meeresgestaden und Skigebieten, immer wichtiger wird auch das kulturelle Angebot. Deshalb wird bei den Managern im Rathaus seit neuerem Kultur-Action groß geschrieben. Was man sein will: «une ville qui bouge», eine Stadt, die sich bewegt. So wurden denn neue Topleute angeheuert, um die kulturelle Animation zu intensivieren und auf ein höheres Niveau zu bringen. Bisherige Ergebnisse sind: Theatertreffen, Straßen-Performances, größere Aktivierung der Toulouser Cinémathèque und Anschaffung von Avantgardekunst, nachdem die Vorfahren seinerzeit schon die Bilder von Toulouse-Lautrec schmählich haben davonziehen lassen.

Mit dem Segen und Geld des Rathauses soll also der zeitgemäße Kulturkonsum angekurbelt werden. Als Bürgermeister und damit als treibende Kraft sitzt dort Dominique Baudis. Politisch gehört er dem «Zentrum», das heißt der gemäßigten Rechten an. Baudis, der das Rathaus von seinem Vater übernommen hat, war vorher Nachrichtensprecher beim Fernsehen. Davon hat er einen geschärften Sinn für Medienpräsenz und Selbstdarstellung behalten. Der jugendlich wirkende Maire gilt als großer Kommunikator, weiß sich selbst und seine Stadt ins rechte Licht zu rücken. In Mexiko gab es ein schlimmes Erdbeben? Ruckzuck gründet Baudis ein Solidaritätskomitee «Toulouse–Mexiko». Sowas kommt gut an. Seine PR-Abteilung bombardiert die Medien mit Toulouse-Jubel. Fast täglich taucht das Bild des smarten Bürgermeisters in den Regionalzeitungen auf, blauäugig und immer lächelnd, der Traum von einem Schwiegersohn. Viele Frauen finden ihn süß. Aber hinter dem Image vom lockeren Typ im Trenchcoat verbirgt sich ein knallharter Macher und Technokrat, ein Top-Manager der Firma Toulouse. Auf einer ganzseitigen Zeitungsanzeige posiert er, sympathisch lächelnd wie immer, mit einer Violine in der einen Hand und einem Modell der Raumfähre Hermes in der anderen. Geworben wird dabei für das Festival F.A.U.S.T. (Forum des arts

«Die Botschaft hör ich wohl, allein mir fehlt der Glaube...»
(oder: Faustischer Bürgermeister)

de l'univers scientifique et technique), eine 1987 aus der Taufe gehobene Mammutshow, bei der der Pakt zwischen Kultur und High-Tech geschlossen wird. Da war zum Beispiel der größte Lautsprecher der Welt, speziell für diesen Anlaß konstruiert, der mit 10000 Watt die «schöne blaue Donau» durch den Saal dröhnte. Auch gab es computergesteuerte Klangskulpturen oder ein Raumfähren-Cockpit als gigantische Holographie. Das Ganze ist ein Science- und Fiction-Markt mit viel audiovisuellem «spectacle», der internationale Aussteller anlocken und dem Image der Stadt dienen soll. Originalton Baudis: «Toulouse hat die künstlerische Kreation mit der naturwissenschaftlichen Forschung versöhnt: Hermes und das Orchester des Capitole, Airbus und die okzitanische Gotik, Elektronik und ‹Art de vivre›. F.A.U.S.T. ist das große Rendezvous der Technik und der Kreation. F.A.U.S.T. das ist auch: der Laser, der zum Pinsel wird, um ein Meisterwerk zu restaurieren. Der Satellit Spot, der aus dem Weltraum die großen Metropolen der Welt fotografiert, aber auch versunkene Städte entdeckt. Computer, die Schach spielen, Werbeslogans oder Gedichte verfassen, Choreographien schreiben, Roboter zum Singen bringen, Trickfilme fabrizieren.»

Gute Nacht

Avantgardistisch ist diese Stadt auf jeden Fall, was ihre Kneipenszene betrifft. In Toulouse geht man gerne aus, meist ist es schön warm, deshalb ist bis spät in der Nacht noch Leben auf den Straßen. Man ist weit weg von Paris, der nächtliche Betrieb besitzt seinen eigenen Charakter, er ist weit weniger snobistisch als in der fernen Hauptstadt und längst nicht so kostspielig. Ein beliebter Treffpunkt ist etwa die place Saint Georges, die interessanteste Adresse hier der «Père Bacchus». Das muß mal eine biedere Weinstube für biedere Bürger gewesen sein. Von der Decke hängen noch die Plastikweinreben, Breughel-haftes Bauernvolk ist auf die Wand gemalt, ein steinerner Weingott beobachtet das Geschehen. Auf derben Holzstühlen und zerschlissenen Kunstlederbänken drängt sich jetzt das Schüler- und Studentenvolk. An den Wänden aktuelle Rockplakate neben vergilbten Künstlerporträts und dem Foto der 38er Fußballmannschaft des FC Toulouse, weiterhin das unvermeidliche Videogerät für Clips und anderes visuelles Kunstgewerbe. Und über allem quält sich nutzlos ein Ventilator durch die Hitze der südlichen Nacht.

In Toulouse wird nicht nur der Belcanto gepflegt, sondern auch die Rockmusik. Die in Stadt und Umland tätigen Gruppen sind kaum zu zählen. Manche spielen abends auf belebten Plätzen, so etwa auf der place Saint Georges, oder in spezialisierten Lokalitäten wie dem verräucherten «Boulevard du Rock». Noch um einiges größer ist «Le Tilt» unweit vom Bahnhof. Draußen auf der Straße trippeln die Prostituierten auf und ab, drinnen hampelt der alte Mick Jagger über eine Riesen-Videoleinwand; gelegentlich treten in diesem schummrigen Neon-Tempel ebenfalls lokale Rockbands auf. Es klingt und dudelt überall in dieser musikalischen Stadt. Wer der Beschallung mal ein Weilchen entkommen will, kann außer in der erwähnten «Tantina de Burgos» Zuflucht finden in der «Cave du Père Louis», rue des Tourneurs, einer äußerst pittoresken Kneipe. Hier stehen debattierende Gruppen an alten Fässern, die Füße im Sägemehl, und schlürfen süße Grenache- oder Muscat-Weine – ein historisches Monument.

Unbestreitbarer Knotenpunkt der späteren Nachtszene ist aber das «Erich Coffie» in St. Cyprien, dem Viertel auf der anderen Seite der Garonne, ein Lokal, in dem es ab 22 Uhr hoch hergeht, mit Videos vom laufenden Band und täglicher Live-Musik. Das «Erich Coffie» nennt sich auch «Café Berlinois», und tatsächlich stammt sein Begründer aus Berlin: Erich, den es aus Gründen der Liebe nach Südfrankreich verschlagen hatte, bescherte den Toulousern ein an Berliner Modellen orientiertes Lokal neuen Stils. «Sowas kannten die hier noch nicht», meint der thekenerprobte Mittvierziger zufrieden. Der Ex-Lehrer, der das vorne dünn werdende Haar hinten zum Pferdeschwänzchen zusammengebunden hat, ist stolz darauf, eine tragende Säule der Toulouser Kneipenszene geworden zu sein. Bei ihm trifft sich, wer die Nase im Wind hat. «Alle, die hier was Kreatives machen!» Und alle anderen auch. Junge Künstler, Medien-Freaks von Radio FMR, der Station für akustische Experimente, sowie das trinkende und palavernde Fußvolk. «Gesichtskontrolle machen wir nicht.» Nur auf Drogenanfällige wird ein Auge geworfen. Um Gottes willen, bloß keine Dealerszene, dann ist der Laden schnell dicht. Der Rahmen ist abgesteckt: Kunst, Konzerte, Alkohol. Spezialität des Hauses? «Doppelkorn, aus Deutschland importiert!» kichert Erich. Und für Fortgeschrittene ein ganz besonderer Drink: ein Viertel Mezcal, drei Viertel Champagner, das haut die Leute um. «Sind schon ein paar vom Hocker gefallen. Besonders die Mädels!» freut sich der Wahl-Toulouser und bricht in kollerndes Lachen aus. Auf die auffällige Eigenständigkeit der Toulouser Szene, das Fehlen des sonst in der Provinz üblichen Paris-Komplexes angesprochen, meint er kategorisch: «Paris ist Paris, Toulouse ist Toulouse!» ∎

Roussillon

DAS FRANZÖSISCHE KATALONIEN

Als während der Französischen Revolution der Abbé Grégoire eine Untersuchung über die verschiedenen «Dialekte» in Frankreich anstellte und in den Provinzen brieflich nachfragte, was zu tun sei, um diese Unter-Sprachen auszumerzen, schrieb der «Club des Amis de la Constitution» aus Perpignan nach Paris, um das Katalanische kleinzukriegen, müsse man «die Sonne, die kühlen Nächte, die Ernährungsweise, die Beschaffenheit des Wassers, den ganzen Menschen» zerstören. Die Antwort ist bezeichnend für den katalanischen Lokalpatriotismus. Er tritt einem auch heute noch entgegen, seit einiger Zeit wieder verstärkt. Allgegenwärtig sind die rot-

gelben Streifen der katalanischen Fahne, verbreitet ist auch das «C» am Auto. Häufig steht neben dem französischen Ortseingangsschild ein katalanisches – «Collioure» und «Cotliure», «Elne» und «Elna», «Ille-sur-Têt» und «Illa». Die Bürgermeister hatten es wohl satt, daß die Ortsschilder laufend übermalt wurden, und fanden schließlich diese Lösung. Aber es drückt sich darin auch ein gewisser Stolz aus, etwas Besonderes zu sein, eine eigene Sprache zu haben, auch wenn man sie oft nur noch bruchstückhaft beherrscht. Und außerdem: «catalan» verkauft sich gut, ist zu einem Markenzeichen geworden.

Die sich am stärksten für die «Katalanität» engagieren, bezeichnen das Roussillon als «Catalunya Nord». Der kleine französische Zipfel Kataloniens entspricht dem Département «Pyrenées-Orientales»,

Autokennzeichen 66. Es besteht aus fünfzig Kilometern Küste und den drei Tälern von Agly, Têt und Tech im bergigen Vorland der Pyrenäen, deren erster hoher Gipfel, der 2784 Meter hohe Canigou, wie ein massiger Patron das Roussillon bewacht. Von fast überall kann man ihn sehen. Am dekorativsten ist er im Herbst, wenn er schon mit einer Schneemütze verziert ist, während zu seinen Füßen grüngelb das Laub der Weinfelder leuchtet. Es ist bezeichnend für die katalanische Sicht der Dinge, daß man hier lange geglaubt hat, der Canigou sei die höchste Erhebung Europas, wenn nicht der Welt.

Das heiße Perpignan, die Stadt mit den höchsten Durchschnittstemperaturen Frankreichs, grüßt ebenfalls zweisprachig, heißt auch noch «Perpinya», wenn man über die Têt-Brücke hereinkommt. «Ho volem en Català» – ein Aufkleber verlangt zudem eine katalanische Version der Straßennamen. Stolz flattert es gelbrot vom Castillet, dem mächtigen Befestigungsturm, der zu den wenigen Resten aus Perpignans glanzvoller Vergangenheit gehört, zusammen mit der Kathedrale und dem eleganten Palast der Könige von Mallorca, droben in der Zitadelle. Wieso Mallorca? Das kam so: Die katalanischen Grafschaften, verbunden mit dem Königreich Aragon, bildeten im Mittelalter eine Bastion gegen das mohammedanische Spanien. Sie hatten einigen Anteil an der Reconquista, eroberten Valencia, Murcia und die Balearen von den Arabern zurück und entwickelten sich zu einem mächtigen Mittelmeerstaat mit regem Seehandel. Jaime der Eroberer beschloß 1276 als Nachfolgeregelung eine Teilung dieses Reiches unter seine beiden Söhne. Der eine bekam Aragon, das Fürstentum Katalonien und Valencia, für den anderen wurde aus den nördlich der Pyrenäen gelegenen Grafschaften und den Balearen das Königreich Mallorca geschaffen, mit der Inselhauptstadt Palma und der Festlandhauptstadt Perpignan. Für Perpignan brachen geschäftige Zeiten an, die Anwesenheit des Hofes stimulierte Luxuskommerz und Handwerk.

Diese lange verflossene Phase hat sich als mythisch verklärtes Goldenes Zeitalter in der Erinnerung bewahrt. Das Königreich Mallorca bestand indessen nur 68 Jahre lang, 1349 wurde es wieder dem Königreich Aragon einverleibt. Das alte Katalonien war politisch von föderalem Geist geprägt, es hatte in Gestalt der «Generalidad» Elemente staatsbürgerlicher Kontrollmacht neben dem Souverän hervorgebracht.

So schätzte man es gar nicht, als die kastillanische Königsfamilie den Thron von Aragon übernahm. Die Unterwerfung unter den spanischen Zentralismus vertrug sich schlecht mit den katalanischen Traditionen, Konflikte waren unausweichlich, eine Epoche der Revolten und Repressionen begann. Gegen die Spanier versuchten die Katalanen Allianzen mit Frankreich zu schließen, gerieten aber damit nur in das Gerangel der beiden Großmächte um die Hegemonie in Europa. Der kastillanisch-katalanische Konflikt kam den französischen Annektionsgelüsten entgegen. Im Dreißigjährigen Krieg wurde das hin und her gezerrte Grenzland Roussillon von den Franzosen besetzt, der Pyrenäenvertrag von 1659 machte die Teilung Kataloniens zwischen Spanien und Frankreich perfekt. Der Kardinal Richelieu bekam mit den Pyrenäen die «natürliche Grenze», an der ihm so viel gelegen war. Für die einstige Kapitale Perpignan aber war dies ein entscheidender Knacks in ihrer Geschichte. Nachdem sie schon vorher von Barcelona in den Schatten gestellt worden war, sank sie nun vollends zurück auf den Rang einer vom Machtzentrum weit entfernten Provinzstadt. Abgeschnitten von den traditionellen Handelsverbindungen erlebte sie eine lange Phase des Niedergangs.

Heute ist die Stadt Verwaltungs- und Einkaufszentrum für das gesamte Département. Während hier einstmals Handwerk und Manufakturen blühten, ist der industrielle Sektor mittlerweile kaum noch der Rede wert, die Zigarettenpapierfabrik Job, die Schokoladenfirma Cantalou und der Nougathersteller Lor, das ist schon so ziemlich alles. Eine wichtigere Rolle spielt der tertiäre Sektor, der Großmarkt für die Agrarprodukte des fruchtbaren Umlandes und auch der Einzelhandel, der einen beträchtlichen Teil des Stadtkerns einnimmt und viele der engen Gassen in Fußgängerzonen verwandelt hat. Zwischen place Arago und der Kathedrale brodelt der Kommerz, zieht alles in seinen Bann und unter sein Gesetz. Er hat auch nicht vor einem Hauptschmuckstück der Stadt haltgemacht, der «Loge de Mer», dem mittelalterlichen Handelsgericht. In diesem gotischen Monument hat sich – man mag es nicht glauben – ein Fastfood-Unternehmen einnisten dürfen. Trotz dieser Schändung bleibt die handtuchschmale place de la Loge tagsüber der beliebteste Treffpunkt der Stadt, ein gutes Plätzchen, um unterm Sonnenschirm eines der Cafés seinen Aperitif zu nehmen, den «Indépendant» zu studieren oder sich von einer der alten Zigeunerfrauen, die hier von Tisch zu Tisch ziehen, das Schicksal aus der Hand lesen zu lassen.

Kapuzenmänner

Zigeuner gibt es in überraschend großer Zahl in Perpignan. Mehrere tausend sind hier seßhaft geworden und prägen, zusammen mit Spaniern und Nordafrikanern, die Atmosphäre des Altstadtviertels Saint Jacques. Dieses Quartier scheint Welten entfernt von der benachbarten Boutiquen-Zone, es herrscht ein leicht chaotisches, scheinbar zeitlos mediterranes Ambiente vor, ein Hauch von Genua, Tunis oder Valencia. Die Fenster sind mit Vogelkäfigen und Topfpflanzen in alten Konservendosen geschmückt, davor hängt wie Festbeflaggung die Wäsche. Stromleitungen kreuzen sich wirr über den Gassen, Horden von schwarzäugigen Kindern toben herum. Dicke Mütter und Großmütter sitzen auf Stühlen vorm Haus, tratschen und schimpfen auf Nachbars Gören, während hinter dem bunten Plastikstrippenvorhang das Radio dudelt. Die Männer hocken in dämmrigen Kneipen beim Domino oder stehen in Grüppchen an den Straßenecken. Im Unterschied zu den meisten Bürgern der Stadt sprechen die «gitans» vorwiegend katalanisch, gelegentlich sind noch ein paar Brocken aus der alten Zigeunersprache Kalo untergemischt. Perpignan ist für alle Zigeuner des Südens eine wichtige Adresse für Hochzeiten, denn hier amtiert eine bekannte «Heiratsspezialistin», und die ist unerläßlich für den korrekten Ablauf der Zeremonie. Die Rolle dieser weisen alten Frau und Hüterin der Tradition: Sie muß die Jung-

«La Sanch» – Karfreitagsprozession in Perpignan

fräulichkeit der Braut feststellen. Durch das Vorzeigen eines blutigen Tuches demonstriert sie den Gästen das Ergebnis des von ihr manuell vollzogenen Deflorationsaktes, und schon kann das Fest losgehen.

Die ansteigenden Straßen des Viertels, rue des Mercadiers, rue du Paradis, münden auf die place Cassanyes. Hier sollte man samstags und sonntags am Vormittag hingehen, wenn Markt ist, um Trockenfisch, Anchovis aus dem Faß oder katalanische Würste zu kaufen, sich unter die Menschen zu mischen und zu versuchen, die verschiedenen Sprachen aus dem Stimmengewirr heraus zu erkennen. In diesem höhergelegenen «quartier populaire» hat sich bis 1949 eine Tradition erhalten, die auf das Mittelalter zurückgeht: «La Sanch», die Karfreitagsprozession. Diese Sitte, die sich in der Intimität des Viertels Saint Jacques über die Zeitläufte gerettet hatte, wurde von beflissenen Traditionspflegern wiederentdeckt und nach unten, ins Zentrum, verlagert. Die Sanch-Prozession, bei der greuliche Gestalten mit Ku-Klux-Klan-Kapuzen zu dumpfen Klängen langsam einherschreiten, ist seither zu einer lokalen Institution geworden. Sie zieht alljährlich beträchtliche Besuchermassen an, die Sanch-Kapuzen zieren sämtliche Stadtprospekte. Veranstaltet wird der mysteriöse Umzug von einer 1416 gegründeten Erzbrüderschaft der «Arxiconfraria de la Preciossisima Sanch de Jesus Christ» – eine Vereinigung, die sich im gesellschaftlichen Leben der Stadt wieder einen wichtigen Platz geschaffen hat; heute gehören ihr 600 aktive «Büßer» und Sympathisanten an.

Ihren Sitz hat sie im Castillet, dem Festungsturm, der zu einer katalanischen Symbolstätte geworden ist. Dort befindet sich außerdem die «Casa Pairal», das «Haus der Vorfahren», wie das Volkskundemuseum genannt wird. 1977 fand im Castillet ein denkwürdiges Ereignis statt: Zur Zeit der ersten demokratischen Wahlen nach Francos Tod trafen sich dort Vertreter der spanischen Regierung mit der katalanischen Exilregierung und unterzeichneten das Abkommen über die Wiedereinrichtung der Generalidad von Barcelona, der autonomen katalanischen Regierung. Seit jener Zeit ist das Interesse der französischen Katalanen an den Brüdern und Schwestern im Süden merklich gewachsen. Mag auch das Roussillon mit dem Languedoc zur Region Languedoc-Roussillon zusammengefügt sein, deren Hauptstadt Montpellier ist, so schielt man doch mehr und mehr in Richtung Barcelona. Noch in der Franco-Zeit sah man etwas mitleidig herab auf die südlichen Nachbarn. Das waren arme unterdrückte Schlucker, die am Wochenende ins Roussillon kamen, um Pornokinos und Spielkasinos zu besuchen. Aber das scheint lange her zu sein. Barcelona schickt sich an, zu einer vitalen Metropole des europäischen Südens zu werden, und entfaltet eine enorme wirtschaftliche und kulturelle Dynamik. Das hat am nördlichen Rand der Pyrenäen Visionen vom neuen, grenzüberschreitenden Wirtschaftsraum im Europa der neunziger Jahre entstehen lassen, in dem die regionalen Karten neu gemischt würden und das Roussillon nicht mehr an der Peripherie, sondern mitten in einem neuen Kraftzentrum läge. Perpignan als Satellit von Barcelona – fast wie in alten Zeiten.

Auch der Süden entwickelt neuartige Interessen an «Catalunya

Nord». Die Banker aus Barcelona haben Perpignan als Brückenkopf entdeckt, die Banco de Sabadell und die Caixa de Barcelona haben Filialen eröffnet, man kitzelt den Katalanenstolz der Kunden mit Schecks in katalanischer Sprache. Das kam beim Publikum so gut an, daß die Sparkasse von Perpignan nachziehen mußte. Die Caixa stellt in ihren Kassenräumen zudem katalanische Künstler aus, die geschäftliche Annäherung läuft am besten über die kulturelle Identifikation. Nachdem sich das südliche Katalonien gegen den spanischen Zentralismus behaupten konnte, wird nun, so hoffen die Regionalisten, das Wiedererblühen der Sprache und Kultur Auswirkungen auch auf den nördlichen Teil haben. Schon gibt es im Roussillon katalanisch schreibende Autoren, die in Barcelona Beachtung finden, und eine Zeitung aus Gerona hat in Perpignan einen eigenständigen Ableger ins Leben gerufen: die der Aktualität des Roussillon gewidmete, in katalanischer Sprache erscheinende Wochenzeitung «Punt», ein kritisches, professionell gemachtes Blatt, das sich bewußt abhebt vom marginal-alternativen Charakter früherer Regionalisten-Postillen.

Strandbetrieb

Vor fünfzig Jahren gab es eine besonders dramatische und schwierige Phase, als die Besiegten des spanischen Bürgerkriegs, viele davon Katalanen, plötzlich in Massen über die Pyrenäen ins Roussillon flohen. Eine halbe Million Menschen! Wohin mit diesen Massen? Die total überforderte, ohnehin chaotische französische Bürokratie reagierte wirr und unentschlossen. Diese Leute von drüben galten als gefährlich, das waren Kommunisten, Anarchisten, die man auf keinen Fall frei herumlaufen lassen konnte. So wurden an mehreren Stellen, unter anderem auf den Stränden zwischen Le Barcarès und Argelès, einfach große Areale mit Stacheldraht umzäunt, als Lager für hunderttausend Menschen. Wie Tiere waren sie auf dem Sand zusammengepfercht, bewacht von senegalesischen Scharfschützen. Dann errichtete man für sie das Lager von Rivesaltes, wo wenig später Flüchtlinge aus Nazi-Deutschland interniert wurden. Still verrotten heute die zahllosen Steinbaracken an der D 5, nördlich des Dorfes Rivesaltes. Kein Schild, nichts, was auf diesen Ort des Schreckens hinwiese. In einigen der halbverfallenen Blocks finden sich noch deutsche Inschriften. Die Strände, wo viele Spanier an Lungenentzündung zugrunde gegangen oder einer Ruhr-Epidemie zum Opfer gefallen waren, sind heute beliebte Ferienziele. Die lange Zeit brachliegende Sandküste wurde in das Erschließungsprogramm für den westlichen Teil der französischen Mittelmeerküste einbezogen, das gaullistische Technokraten in den sechziger Jahren ausheckten. Nun ist sie bestückt mit Urlaubszentren aus der Retorte, Marinas und Aqua-Ländern mit Riesenrutschbahnen. Ein alter, auf den Sand gesetzter Musikdampfer, die «Lydia», wird als Spielkasino genutzt, die einstmals melancholischen Lagunen sind zum Tummelplatz der Windsurfergemeinde geworden. Zwischen den großen Zentren wachsen kleine heran, überall läßt sich noch ein Beton-Hotelchen hinstellen oder ein Imbißlokal. Das hat oft etwas Provisorisches, Halbfertiges, halb schon Verrottetes, als wäre es nur hastig

Für immer gestrandet: das Kasinoschiff von Le Barcarès

hingestellt für die zwei Urlaubsmonate des Sommers, die Zeit des Absahnens. Die Schäbigkeit tritt besonders außerhalb der Saison zutage, wenn die Restaurants zugenagelt sind und alles menschenleer ist, bis auf ein paar vereinzelte Hanseln, die noch am Strand hocken – Potemkinsche Dörfer.

Ortschaften mit Gesicht und Geschichte finden sich dagegen im südlichen, felsigen Teil der Küste, dort, wo sich die Berge der Albères, der Pyrenäenausläufer, bis ins Meer vorschieben. Das erste Städtchen der Felsenküste, Collioure, ist berühmt für seine Hafenpartie mit der fast im Wasser stehenden Wehrkirche. Das ist sehr malerisch, wurde auch oft gemalt und noch öfter geknipst. Auf Ansichtskarten und in Bildbänden wird dieses Motiv unendlich oft verbreitet. Was man in den Bilderbüchern nicht so sieht, das sind die wuchernden Ferienhaussiedlungen, die den malerischen Ort in ihren Zangengriff nehmen. Im Sommer ist auch das pittoreske Collioure, einstige Sommerresidenz der Könige von Mallorca und spätere Künstlerkolonie, hoffnungslos überfüllt.

Weit weniger touristisch geht es im Nachbarort Port Vendres zu. Kommt man die kurvige Uferstraße entlang über den Hügel, liegt da häufig ein großes Frachtschiff in der tief eingeschnittenen Hafenbucht, viel zu groß scheint der Pott für den kleinen Ort. Port Vendres hat noch einen richtigen Hafenbetrieb und eine beträchtliche Fischereiflotte, hat seine Seele nicht völlig an den Tourismus verkauft, lebt noch von anderen Aktivitäten. Was es hier zu sehen gibt, ist nicht herausgeputzte Kulisse, sondern der Alltag einer

Port Vendres – Thunfisch und Sardinen

kleinen Hafenstadt. Seine große Zeit hatte Port Vendres als Passagierhafen für die nordafrikanischen Kolonien, von hier gingen Schiffe nach Algier und Oran. Mit der Unabhängigkeit Algeriens, 1962, war Schluß damit. Seither sind Fährbahnhof und Abfertigungsgebäude fast unbenutzt. An einer Häuserwand sind noch die ausgeblichenen Buchstaben zu entziffern, die für eine Algerien-Linie warben. Jetzt entladen hier manchmal angerostete Frachter Ananas von der Elfenbeinküste, und sanft schaukelt am Kai die «Santa Monica», ein zehnmal überpinselter Ausflugsdampfer unter zypriotischer Billigflagge, der im Sommer täglich mit Musik bis zum spanischen Hafen Rosas und zurück schippert. Eine kleine Straße führt über Bahngleise hinweg durch zwei Tunnels zum kümmerlichen Strand und zur langen Hafenmole. An stürmischen Tagen donnert das Meer wild gegen die Wellenbrecher. Eine feine Dusche geht dann auf die Spaziergänger nieder. Am äußersten Ende steht ein rotes Leuchtfeuer mit rostiger Wendeltreppe, zu dessen Füßen sonntags scharenweise die Angler hocken. Ihre Frauen, die den Tag über geduldig und gelangweilt etwas abseits gesessen haben, illustriertenlesend oder strickend, bereiten abends auf Campingtischen das Diner.

Auf den Klippen gegenüber, inmitten der Befestigungsanlagen, die Vauban, der Kriegsbaumeister des Sonnenkönigs, hat errichten lassen, thront das andere, das grüne Leuchtfeuer. Unterhalb steht die Fischauktionshalle. Vormittags, wenn die Sardinenfischer mit dem Fang der letzten Nacht zurückgekommen sind, findet hier manchmal ein eigenartiges Schauspiel statt: Turmhoch werden die zum Verkauf vorgesehenen vollen Kisten gestapelt, gleichzeitig aber waten die Fischer in der dreifachen Menge von Sardinen und Anchovis, die einfach auf die Planken des Anlegers gekippt und mit Fußtritten ins Wasser zurückgestoßen werden. Zu Tausenden treiben sie dort und bilden einen silbrigen Teppich. Die Fische sind in Ordnung, doch sind es mal wieder viel zu viele, in dieser Menge unverkäuflich. So viele kann auch die örtliche Anchovis- und Ölsardinenfirma Papa Falcone nicht gebrauchen. Ein Rentner bedient sich, füllt eine Spankiste voll und strahlt: «Die lege ich mir für den Winter ein, mit Tomaten à la catalane: eine Köstlichkeit!» Und einer von der Bootsbesatzung meint aufmunternd: «Nehmen Sie sich soviel Sie können!» Die Sardinen können so gut schmecken wie sie wollen, sie sind nichts wert. Gegrillte Sardinen – der billigste Spaß in den Kneipen der Hafenpromenade. Am oberen Ende der Werteskala rangiert hingegen der Thunfisch. Manchmal kann man spät abends Zeuge aufregender Szenen werden, wenn aus den Fangschiffen die mächtigen Fischleiber, fünfzig Kilo schwer, an den Schwanzflossen per Kran hochgezogen werden, einen Moment lang in der Luft schweben und dann in bereitstehende Kühllaster reingehievt werden. Auf dem schwarzen Wasser tanzen dazu die Lichter des Ortes. Eine kleine Gruppe von Schaulustigen steht dabei und schweigt andächtig im Anblick dieser kompakten, stromlinienförmigen Riesenfische, die wirken wie aus Metall gegossen.

Die Weinberge der Tempelritter

Von Port Vendres schlängelt sich die Straße weiter südwärts zwischen Meer und steilen Hängen, die mit Rebstöcken bepflanzt sind. Dies ist, wie große Tafeln verkünden, die Domäne der natursüßen Banyuls-Weine. Äußerst anstrengend ist dieser Weinbau, eine schwere Schinderei, aber wie es heißt, muß der Banyuls «das Meer sehen», sonst wird er nichts. Man kann hier auch die Hauptstrecke verlassen, über eine kleine Straße in die Berge hinauf und zwischen Agaven und Kakteen in einem Bogen nach Banyuls fahren, am Turm von Madeloc vorbei, mit einem weiten Blick auf die Berge, die sich im glitzernden Meer verlieren. Es waren die mittelalterlichen Tempelritter, die hier einstmals den Weinbau systematisierten und voranbrachten. Sie hatten eine geniale Methode zum Transport des Weins von den Steilhängen in den Keller: Nachdem der Wein oben im Berg in Kufen gegoren war, ließen sie ihn durch ein System aus Tonröhren in die «cave» unten am Hang fließen. Bis ins letzte Jahrhundert wurde so gearbeitet, Reste der Weinleitungen sind noch zu sehen.

Wer von diesen halsbrecherischen Weinbergen nach Banyuls kommt, hat vielleicht Lust, das Produkt solcher Mühsal zu probieren oder zu erwerben. Das Städtchen ist voller «caves», die größte ist die Kellerei Celliers des Templier, die aus dem Zusammenschluß mehrerer Genossenschaften hervorging. In ihren mittelalterlichen Kellergewölben des Mas Reig oberhalb des Ortes reifen die «Grands crus» heran, die mit zunehmendem Alter erstaunliche Duft- und Geschmacksnoten wie Feigen, Vanille oder Mandeln ent-

Kultberg Canigou im Frühling

falten. Allerdings haben sich in den vergangenen Jahrzehnten allzuviele Kellereien auf die Produktion der schweren, an Portwein erinnernden Aperitif-Weine geworfen, gelegentlich hört man Klagen über Absatzprobleme. Einige jüngere Winzer verweigern inzwischen die Standardisierung des Produkts und versuchen, eigene Wege zu gehen. Zu ihnen gehören die Brüder Parcé, die 1984 ihren eigenen Keller eröffnet haben und mit vier anderen Weinbauern zusammen unter dem Namen «La Rectorie» höchst aromatische, unverschnittene Jahrgangs-Banyulsweine von tiefroter Farbe anbieten.

Während des Zweiten Weltkrieges führte über die Berge oberhalb von Banyuls für Hunderte von deutschen Antifaschisten und Juden der Weg in die Freiheit. Eine wichtige Rolle spielte bei der Flucht über die Pyrenäenausläufer die heute in Chikago lebende, aus Berlin stammende Lisa Fittko. Sie, die selber vor den Nazis geflohen war, wurde wegen ihrer Resolutheit und Tatkraft vom Marseiller «Emergency Rescue

Committee» des Amerikaners Varian Fry beauftragt, Möglichkeiten ausfindig zu machen, wie man Flüchtlinge über die grüne Grenze nach Spanien bringen könnte. Unerwartete Hilfe fand sie beim damaligen Bürgermeister von Banyuls: Der zeigte ihr einen alten Schmugglerpfad, auf dem schon in Gegenrichtung Soldaten der spanisch-republikanischen Armee geflohen waren. Auf diesem beschwerlichen Weg führte Lisa Fittko ein halbes Jahr lang mehrmals in der Woche kleine Flüchtlingsgruppen über die spanische Grenze.

Unter ihnen war auch Walter Benjamin. Bevor er sich Lisa Fittko anvertraute, hatte er schon einen anderen Fluchtversuch von Marseille aus unternommen. Mit Hilfe von Bestechungsgeldern hatte er sich, als französischer Matrose verkleidet, auf einen Frachter schmuggeln lassen. Der beleibte ältere Herr mit den dikken Brillengläsern als Seemann – das konnte nur schiefgehen. Ein trauriger Witz, der einiges darüber verrät, wie groß die Verzweiflung vieler Emigranten gewesen sein muß. Die Pyrenäenüberquerung zu Fuß war für den herzkranken Benjamin eine gewaltige Anstrengung, zumal er noch eine schwere Aktentasche mitschleppte, von der er sich auf keinen Fall trennen wollte. Sie enthielt, wie er sagte, ein Manuskript, dessen Rettung ihm wichtiger war als alles andere. Nie kam heraus, was die Tasche enthielt. Als er nach erschöpfender Kletterei im spanischen Port Bou ankam und sein Durchreisevisum nach Lissabon an der Grenzstelle nicht anerkannt wurde, nahm er sich mit Morphiumtabletten das Leben. Gleich hinter der Grenze, auf dem atemberaubend schön an der Steilküste gelegenen kleinen Friedhof von Port Bou ist er beigesetzt, im Grab 563. Seit einigen Jahren erst weist eine Tafel auf den «filosofo aleman» hin, wohl deshalb, weil einerseits immer mehr Besucher aus Deutschland kommen, andererseits der politische Wandel in Spanien es nunmehr gestattet, an den marxistischen Denker zu erinnern.

Zu Füßen des Canigou

Unter den Tälern des Roussillon das längste ist das Tal des Têt. Ein Hauptreiz, dieses Tal hinaufzufahren, besteht im raschen Wechsel der Landschaftstypen. In Ille-sur-Têt ist man noch in der üppig-fruchtbaren mediterranen Ebene, im Land der Pfirsiche, die zur Erntezeit an der Straße in Tragen für ein Spottgeld angeboten werden. Der Pfirsichanbau war hier schon in den zwanziger Jahren eingeführt worden und ersetzte die übliche Kombination von Wein und Getreide. Damals waren Pfirsiche etwas Besonderes. Heute überschwemmen sie den Markt. Die Obstbauern von Ille bemühen sich um Diversifizierung des Angebots, versuchen es mit Nektarinen, grünem Spargel und Kiwis.

Seit kurzem beherbergt das Landstädtchen Ille im alten Hospiz Saint Jacques eine katalanische Kulturinstitution ersten Ranges: das «Centre d'art sacré», ein Museum von besonderer Art. Zum einen bietet es wechselnde Ausstellungen zur sakralen Kunst des Départements, darüber hinaus aber wird von hier aus ein immenser Reichtum an architektonisch bemerkenswerten Kirchen konservatorisch betreut. Das Centre ist der Knotenpunkt eines verstreuten Museums-Schatzes aus 420 romanischen Kirchen und 200 dörflichen Barockaltären des Roussillon. Es ist so etwas wie ein dezentrales Großmuseum der romanischen Architektur, die in Katalonien eine außergewöhnliche Blüte erlebt hatte. Als Bastion gegen den benachbarten Islam war das Land eine Hochburg des mittelalterlichen Christentums. Die zahlreichen Kirchen und Klöster bildeten eine verstärkte Frontlinie gegen die mohammedanische Gefahr, zugleich zeigte sich in ihrer Architektur aber auch der Einfluß der weit überlegenen islamischen Baukunst, von der man eine Menge gelernt hatte. Zwar geht es in Ille um sakrale Kunst, aber auf eine sehr unverkrampfte Weise. So findet es Jean Reynal, der Direktor des Centre, ganz normal, daß es in diesem Museum auch gastronomische Work-

shops gibt. Es gelte, so sagt er, der kulturellen Erosion, von der auch die Traditionen der Küche betroffen seien, etwas entgegenzusetzen. «Was im Rahmen des Museums von Ille gemacht wird, ist eine Art ethnogastronomische Recherche: Es handelt sich darum, alte Rezepte und Koch-Methoden aufzuspüren und

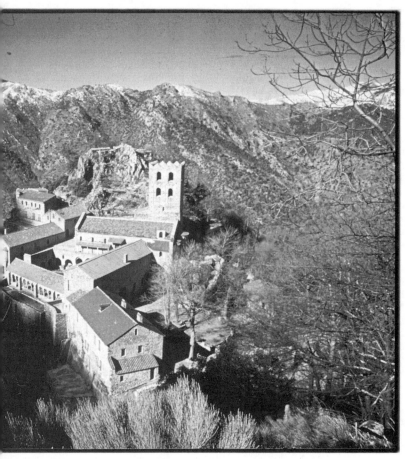

Serrabonne und St. Martin-de-Canigou: katalanische Romanik in der Wildnis

sie dann selber zu realisieren. Hier wird nichts verkauft, sondern hier kann kostenlos etwas gelernt werden, das auch zu unserer Kultur gehört.» Sicher kein Zufall, daß der Konservator Reynal ein Schüler des großen Historikers Fernand Braudel ist, dessen Art der Geschichtsschreibung sich durch eine neuartige Einbeziehung des Alltäglichen auszeichnete.

Eine «Außenstelle» des Museums und ein beeindruckendes Beispiel katalanischer Kirchenarchitektur ist die Prioratskirche von Serrabonne. Man erreicht sie, wenn man im nächsten Dorf, Bouleternère, in die Hügellandschaft der Aspres abbiegt.

Ein paar Kilometer weiter liegt die äußerlich schmucklose Abtei auf einem Felsen, inmitten dieser einsamen Landschaft, die vor Trockenheit geradezu knistert. Sie überrascht im Inneren durch ihre Säulen und die bizarren Monsterfiguren, Tierwesen, Phantasmagorien der Kapitelle.

Aus der Wüste wieder ins belebte Tal. Hinter Ille rücken die Berge näher an Fluß und Straße heran, «le Conflent» heißt diese Gegend, nach einer früheren Grafschaft. Die Dörfer liegen oben auf den Bergkuppen oder an den Hängen beiderseits des Flusses, die geschützte Lage erinnert an einstige Bedrohungen und Kriege. Immer lohnt es sich, auf abzweigenden Seitenstraßen ins bergige Umland vorzudringen, erstaunliche Nester sind zu entdecken wie Arboussols oder das halbzerfallene Marcevol, von wo aus sich ein faszinierendes Pyrenäenpanorama ausbreitet. Von der Hauptstraße im Tal aus sticht unweigerlich das Bilderbuchdorf Eus ins Auge. Seine Häuser klettern einen Hügel hinauf, der von einer massigen Wehrkirche gekrönt ist. Die Bauern wohnen inzwischen unten im Tal in der Nähe ihrer Obstplantagen und haben das Schmuckstück dem Verfall beziehungsweise den Neusiedlern überlassen.

In einem Natursteinhaus zu Füßen der Kirche befindet sich die «Fondation Boris Vian», geleitet von der Witwe des Schriftstellers, Ursula Vian-Kübler. Erst nach seinem Tod war Vian richtig berühmt geworden. Nun sollen die Einnahmen aus dem posthumen Erfolg auch dazu dienen, junge Nachwuchskünstler zu unterstützen. Das aus Ruinen zusammengebaute kleine Kulturzentrum veranstaltet Ausstellungen, Konzerte und Tanzworkshops. Gelegentlich treten katalanische Sänger und Poeten auf. Am großen Hanggelände, das zur Fondation gehört, soll demnächst, im Angesicht des Canigou, ein Freilufttheater entstehen. Als einen Platz für Menschen, Tiere und Kunst bezeichnet Madame Vian-Kübler das Anwesen. «Die letzten Hähne, die hier krähen, sind meine!» Außer den Hühnern nennt sie fünf adlige Katzen und eine Gans namens Ouagadougou ihr eigen. Und was sagen die ortsansässigen Bauern über diese Einrichtung? «Naja, das ist für sie doch wohl ein bißchen zu exotisch, die kommen nicht her. Aber sie sind trotzdem stolz darauf, daß es bei ihnen sowas gibt.»

Wenige Kilometer Têt-aufwärts liegt die Stadt Prades. Ihr Charme hält sich in Grenzen, sie liegt aber zentral für Ausflüge aller Art und bietet sich als Einkaufszentrum an. Abgesehen vom Wochenmarkt am Dienstagmorgen geht es verschlafen zu in dieser Unterpräfektur. Nur im Juli ist das Städtchen wie elektrisiert: Da leistet man sich ein Filmfestival, die «Rencontres de Prades», kurz darauf folgt das «Festival Casals» und danach die «Katalanische Sommeruniversität». Der große Cellist Pablo (katalanisch: Pau) Casals, der nach Francos Sieg aus dem spanischen Katalonien geflohen war, hatte sich Prades als zweite Heimat gewählt und hier ein Musikfestival begründet. Damit hat er die kleine Stadt für eine stetig wiederkehrende kurze Dauer aus ihrem Provinzschlaf wachgeküßt und sie auf die Landkarte der Musikliebhaber eingeschrieben. Etwas außerhalb von Prades, über die D 27 erreichbar, liegt der Schauplatz des Casals-Festivals, das romanische Kloster Saint-Michel-de-Cuxa (sprich:

Kuscha), wahrhaftig ein außergewöhnlich schöner Ort. Vor der Bergkulisse, umrahmt von Obstbäumen, erhebt sich der große viereckige Kirchturm mit seinen Rundbögen und Zinnen – ein idealer Platz für eine Musik-Wallfahrt. Wie in Serrabonne und beim nahegelegenen Kloster Saint-Martin-de-Canigou macht auch hier das Zusammenspiel von Architektur und landschaftlicher Umgebung den besonderen Reiz aus.

Der Kreuzgang existiert allerdings nur noch in Restbeständen. Im Laufe des 19. Jahrhunderts, als sich das Kloster in Privatbesitz befand, wurden Kapitelle und Säulen an Liebhaber verscherbelt. Da tauchte auch ein amerikanischer Bildhauer namens George Grey Barnard auf, der im gesamten Midi Teile von Klosterarchitektur erwarb, um sie in die Vereinigten Staaten zu verkaufen, wo man so etwas Feines nicht hatte, dafür aber viel Geld. Der Kreuzgang von Cuxa gefiel ihm besonders gut: «Für die Amerikaner, die Europa nicht sehen können, wird das wie ein Gedicht sein. Und mir dürfte es eine schöne Summe einbringen.» Auf seinem eigenen Grundstück in der Nähe von New York schuf Barnard eine Art Museum aus den zusammengestückelten Elementen von Saint-Michel-de-Cuxa, dem Kloster Saint-Guilhem-le-Désert bei Montpellier und anderen Monumenten, und er nannte seinen Geschichtsimport «The Cloisters». So heißt das Konstrukt auch heute noch und ist ein beliebtes Sightseeing-Objekt am Hudson River.

Die ansehnlichen Reste des Klosters von Cuxa, die der geschäftstüchtige Mann stehen ließ, sind seit 1965 wieder von Mönchen bevölkert, die aus der südkatalonischen Abtei Montserrat herüberkamen und Saint-Michel zu einem Nest des antifranquistischen Widerstandes machten.

Weiter auf der D 27 geht es über das Dorf Taurinya zum Col de Millères, von wo eine nichtasphaltierte Piste bis fast auf den Gipfel des Canigou führt. Die eiligeren Bergsteiger brausen mit Jeeps, die sie unten im Tal gemietet haben, hinauf zum Chalet-Hotel «Les Cortalets». Einen friedlicheren Weg nach oben gibt es von Vernet-les-Bains aus; auch Kurt Tucholsky benutzte ihn einst auf seiner großen Pyrenäentour. «Das war ein Gebirgsmarsch wie aus dem Bilderbuch», schwärmte er. «Unterwegs war ich ganz allein, und daher sang ich schöne Lieder.» Ein laut singender Berliner auf dem heiligen Berg der Katalanen – wie peinlich! Da lobt man sich den Feuilletonisten Fritz J. Raddatz, der jüngst auf den Spuren Tucholskys reiste: «Also ich und klettern: das nicht mehr» – er machte es wie andere moderne Menschen und bretterte im Jeep hinauf.

Berg- und Talbahn

Wenn es nicht unbedingt der Canigou sein muß, dann finden sich in der Umgebung von Prades verschiedene Seitentäler, die sich für Abstecher und Wanderungen anbieten. So das Tal der Castellane, wo im Kurort Molitg-les-Bains die alten Thermalhotels ihren verblichenen Prunk entfalten. Ein Stück weiter liegt das hübsche Dorf Mosset, inmitten einer Landschaft, die wegen ihres herben Gebirgsklimas an den Schwarzwald erinnert. Von dort aus lassen sich friedliche Gebirgstouren unternehmen, zum Beispiel auf den Rocher du Roussillou, nach Rabouillet hinüber oder gar bis ins Weindorf Sournia, wo auf steinigen Granitböden die knorrigen Rebstöcke für den Côtes-du-Roussillon wachsen. Einsam ist es auch im Tal der Rivière de Nohèdes, wo man sich an der Flanke des Massif des Madrès in Buchen- und Eichenwäldern verlieren, oder Berggipfel wie den Puig d'Escoutou oder den Pic de la Pelade erklimmen kann –, dort ist man wirklich unbehelligt von eiligen Jeep-Touristen.

Unten im Têt-Tal folgt nach der nächsten Flußbiegung von Prades aus das Museums-Städtchen Villefranche-de-Conflent, im Schutz seiner Mauern eingequetscht zwischen Bergwände. Als Stadt neuen Typs, als «freie Stadt», war der Ort im 11. Jahrhundert vom Vicomte de Cerdagne gleichsam am Stück geschaffen worden. Ein Markt sollte es sein, so war es in der Gründungscharta festgelegt, außerdem ein befestigter Platz, der das Tal abriegelt. Nach der Angliederung des Roussillon an Frankreich hat der unermüdliche Militärbaumeister Vauban die Festung auf den neuesten Stand gebracht. Das enge, mauerumschlossene Carré von Villefranche ist frei von Autos, dafür aber voll von Kunsthandwerk. Das bunte Volk der Töpfer, Holzschnitzer und Seidenmaler betreibt entlang der zwei Hauptstraßen einen ausgedehnten Basar mit völlig beliebigem Nippes.

Von größerer Bedeutung ist in Villefranche der kleine Bahnhof am Ortseingang. Hier ist Endstation für die von Perpignan kommende Normalspurstrecke der SNCF, Weiterreisende müssen umsteigen auf eine Schmalspurbahn, die liebevoll «le petit train jaune» genannt wird, der kleine gelbe Zug, obwohl seine betagten Waggons in gelbrot, den katalanischen Farben gehalten sind. Katalanische Weisen schallen auch aus dem krächzenden Bahnhofslautsprecher, bevor der Zug losrumpelt. Die Bahn entstand um die Jahrhundertwende, als Folge eines Regierungsprogramms zur Erschließung unwegsamer Gebiete durch Schienenwege. Es waren vorwiegend italienische Arbeiter, die diese schwierige Strecke mit neunzehn Tunnels und zwanzig Brücken in sechs Jahren bauten. Besonders kühn ist der Pont Gisclard, eine Hängebrücke, die mit eleganter Leichtigkeit das Tal überspannt. Benannt ist sie nach dem Chefingenieur der Strecke, dem sein Werk allerdings zum Verhängnis wurde. Als er die Brücke einweihte, versagten die Bremsen des Versuchszuges, zusammen mit den anderen Passagieren stürzte Monsieur Gisclard 150 Meter in die Tiefe. Heute sind die Züge dreifach gesichert, heißt es. Seit den fünfziger Jahren ist die Bahn wegen mangelnder Rentabilität immer wieder von Stillegung bedroht. Anfang der sechziger Jahre machten die Eisenbergwerke von Escara dicht, der Güterverkehr ging rapide zurück, ab 1974 gab es nur noch Personenzüge, die Defizite in Millionenhöhe einfuhren. Gerettet wurde die Bahn von der Linksregierung, die ab 1981 am Drücker war, nachdem die an der Strecke liegenden Gemeinden ihre Bahn mit Klauen und Zähnen verteidigt hatten. Für sie bildet der «petit train» über seinen touristischen Wert hinaus eine wichtige Verbindung mit der Außenwelt, besonders im Winter, wenn die Straßen gefährlich vereist oder manchmal sogar unpassierbar sind. Und so fährt er denn vorerst weiter, im Winter wie im Sommer, über seine schwindelerregende Strecke, durch Hochnebel und Wolkendampf, mit gemäch-

Le petit train jaune

lichen dreißig Stundenkilometern, nach Fontpédrouse, Saillagouse, Llo, Err und Osséja.

Bei Mont-Louis öffnet sich das Tal, die Bahn durchfährt ein gewelltes Hochplateau. In dieser Landschaft, der Cerdagne, vermischen sich Hochgebirgscharakter und Mittelmeereinflüsse. Die Gegend rund um Font-Romeu ist im Winter ein beliebtes Skigebiet mit Hotels, Seilbahnen und allem geschäftigen Drum und Dran; zugleich ist dies der französische Landstrich mit der intensivsten Sonnenbestrahlung. Deshalb experimentiert hier das staatliche Forschungsinstitut CNRS schon seit langem mit Sonnenenergie. In der rechtwinklig angelegten Festungsstadt Mont-Louis, einer der vielen Grenzschutz-Festungen, mit denen Vauban das Königreich Frankreich einrahmte, ragt der erste, 1953 konstruierte Sonnenofen über die Stadtmauer. In der Nachbarschaft, bei Odeillo, baute das CNRS 1969 ein neues, wesentlich größeres Exemplar, das nun unwirklich glitzernd in der Landschaft steht: ein vierzig Meter hoher Parabolspiegel, in dessen Brennpunkt Temperaturen von 4000 Grad erreicht werden. Dieser «Four solaire» wird unter anderem dazu benutzt, Materialen für Weltraumflüge auf Hitzebeständigkeit zu testen. Der fotogene Riesenspiegel vor der Hochgebirgskulisse ist ein beliebtes Ausflugsziel. 1982 wurde außerdem beim Nachbardorf Targassonne mit großem Trubel das erste – und vorerst letzte – französische Sonnenkraftwerk eingeweiht: «Thémis», mit einer Leistung von 2,5 Megawatt. Zweihundert Spiegel bündelten das Licht auf einen leuchtturmarti-

Odeillo und sein Sonnenofen

gen Fokus, 3000 Wohnungen wurden durch Thémis mit Strom versorgt. Man feierte die Neuheit als den «Leuchtturm der Cerdagne», die Bürgermeister der Umgebung freuten sich darüber, daß man nun neben dem Superofen von Odeillo den Touristen ein weiteres Sonnen-Wunderwerk präsentieren konnte. Aber leider erwies sich Thémis als Mißgeburt: Schon fünf Jahre nach Indienststellung wurde das Prachtstück wieder abgeschaltet. Die Energie aus der Sonnenwärme war zehnmal so teuer wie die aus den AKWs, so hieß es. Und die staatliche Elektrizitätsgesellschaft EDF, die sich mit Haut und Haaren dem Atomstrom verschrieben hatte, machte nun geltend, es habe sich ohnehin nur um ein Experiment gehandelt, einen Prototyp für eventuelle spätere Exporte in sonnigere Länder. An eine Alternative für die Nuklearenergie war dabei nie ernsthaft gedacht worden. Thémis, der teure Bluff, soll nun eventuell noch als astronomisches Observatorium für Gamma-Strahlen genutzt werden.

Der gelbrote Zug zuckelt weiter und umfährt in einem großen Bogen die Enklave von Llivia, ein Stück spanisches Hoheitsgebiet in Frankreich. Der kuriose Grenzverlauf geht auf den Pyrenäenvertrag von 1659 zurück, der die Grafschaft Cerdagne zwischen beiden Ländern aufteilte: 33 Dörfer wurden vertraglich Frankreich zugeschlagen, Llivia indessen hatte Stadtrechte, blieb also spanisch. Nach Kräften versucht der Ort heute von der verrückten Situation zu profitieren und den Touristen jeden erdenklichen Andenken-Kitsch anzudrehen.

Wenn die Bahn in Bourg-Madame hält, steigen die meisten Leute aus. Hier herrscht ein intensiver kleiner Grenzverkehr, man braucht nur eine Brücke zu überqueren, und schon ist man im spanischen Puigcerda, der «Hauptstadt» der Cerdagne, wo sich die französischen Anrainer massenhaft mit billigen Spirituosen eindecken. Wer es ihnen nicht gleichtun will, sondern die Bahnfahrt bis zur Endstation auskosten möchte, landet schließlich im internationalen Bahnhof von Latour-de-Carol. Von dort aus kann man wahlweise nach Toulouse oder Barcelona umsteigen, natürlich auch mit dem «petit train jaune» wieder retour fahren. Spezieller Hinweis für Eisenbahnfreaks: Latour-de-Carol dürfte der einzige Bahnhof in Europa sein, auf dem drei verschiedene Spurweiten zusammentreffen. ∎

Nîmes und Montpellier

ZWEI STÄDTE TRUMPFEN AUF

Am Nachmittag des 2. Oktober 1988 wurde es nachtschwarz über Nîmes. In den frühen Morgenstunden des 3. Oktober ging die Sintflut nieder. Die stationäre Monster-Regenwolke, die wie ein Damoklesschwert über der Stadt hing, leerte sich unter Blitz- und Donnerbegleitung. In einer halben Stunde kam so viel runter, wie es in Paris das ganze Jahr über regnet. Die Straßen verwandelten sich in Reißbäche, aus der Kanalisation schossen Fontänen, Autos wurden zu Schrotthaufen ineinandergeschoben. Gelbbraune Fluten umspülten die römischen Monumente, in den Bäckereien platzten die Backöfen, Hausrat wurde aus den Parterrewohnungen fortgeschwemmt. Die Flut trug den Inhalt von Boutiquen und sogar die Klaviere aus einem Musikgeschäft davon. Am Tag danach war die Stadt ein Schlamm- und Wasser-Inferno. Elf Menschen waren umgekommen, 2000 obdachlos, 45 000 hatten materiellen Schaden zu beklagen. Nichts funktionierte mehr. Es gab zunächst weder Trinkwasser noch Bahnverbindungen oder Telefon, eine ganze Abteilung des Krankenhauses war zerstört, einige Bürger fanden ihre Autos in den Bäumen wieder. Es kam zu Plünderungen und Preistreiberei ebenso wie zu spontaner gegenseitiger Hilfe. Die Bewohner von Nimes machten Erfahrungen, wie sie nur in Katastrophenzeiten denkbar sind.

Mit Hilfe von Feuerwehr und Fremdenlegion war der Dreck relativ schnell weggeräumt, die meisten Schäden wurden rasch repariert. Aber die Erinnerung an diesen kleinen Weltuntergang wird sich so bald nicht verflüchtigen. Wieder mal hat diese Sintflut gezeigt, wie gewalttätig die Natur des Südens sein kann; sie ist ein krasses Beispiel für die klimatischen Exzesse und Unwägbarkeiten im Midi.

Mit dem Wasser hat Nîmes schon immer besondere Schwierigkeiten gehabt; selten gelang die richtige Dosierung. Manchmal, wie bei dieser infernalischen Dusche, kam zuviel davon, meistens aber gab es Probleme aufgrund von Wasserknappheit. Die Wasserfrage ist von Anfang an das A und O dieser Stadt am Rand der ausgedörrten Garrigue gewesen. Schon der Name «Nîmes» rührt her vom keltischen Quellengott Nemausus. Dessen Quellheiligtum wurde zur Keimzelle der römischen «Colonia Nemausus». Zur Römerzeit hat die Wassernot jenes geniale Wasserzuführungssystem entstehen lassen, das eines der meistfotografierten Monumente des Südens, den Pont du Gard, zurückließ. Die Römer liebten Nîmes. Hier durften sich als Privilegierte die Veteranen aus dem siegreichen Ägyptenfeldzug ansiedeln, daher das Symbol, das auf die Münzen des antiken Nîmes geprägt war: ein Krokodil, das an eine Palme gekettet ist. Vier ausgestopfte Krokodile baumeln auch im Treppenhaus des Rathauses von der Decke. Die «Colonia Nemausus» genoß die besondere Gunst des Kaisers Augustus. Ihm verdankt die Stadt die großzügige Ausstattung mit Repräsentativbauten wie dem Maison Carrée, einem zierlich wirkenden Tempel, der so perfekt erhalten ist, als sei er ein frisch hergestelltes postmodernes Ornament.

Das «französische Rom» nennt sich die Stadt gerne. Das klingt etwas überheblich, ist aber nicht ganz falsch – die Römerbauten sind hier besser erhalten als in Rom. Nîmes war eine wichtige Stadt, hier führte der große Zivilisationskorridor zwischen Italien und Spanien, die Via Domitiana, durch. An der Porte Augustin, wo sie von Osten in die Stadt führte, sind die alten Fahrrillen gut zu sehen. In der Küstenebene existieren noch zahlreiche Teilstücke und Pflasterfragmente. Beeindruckender Rest einer römischen Brücke ist der Bogen des Pont d'Ambrussum in der Vidourle nördlich von Lunel. Entlang dieser durch den Prokonsul Domitius ausgebauten, vordem griechischen Händlerstraße reihten sich wie auf einer Perlenschnur die Städte auf. Domitius hatte sie selbst feierlich eröffnet. Dabei ritt er, Roms Pracht und Herrlichkeit demonstrierend, auf einem Elefanten, dem damaligen Äquivalent zu Rolls oder Daimler.

Für die Bürger von Nîmes war es auch späterhin immer ganz normal, mit Erinnerungsstücken an solche großen Zeiten umgeben zu sein. «Sie halten die steinernen historischen Feiertage für gewöhnliche Wochentage... Den Kaiser Augustus behandeln sie wie einen toten guten Bekannten der Familie, mit dem der Großvater noch Domino gespielt hat.» Diesen Eindruck jedenfalls hatte der österreichische Schriftsteller Joseph Roth. «In Nîmes sind», so schrieb er, «alle römischen Denkmäler durch eine Art Einverleibung bürgerlich gemacht.» Da ist was dran. Das Maison Carrée, der zierliche Tempel, war schon alles mögliche:

Rathaus, Pferdestall, Klosterkirche. Das Amphitheater diente im Mittelalter als Burg und befestigte Wohnanlage. Und das Quellheiligtum des Nemausus ist schon seit langem beliebter Ort für sonntägliche Promenaden, seit das Gelände im 18. Jahrhundert in ein Gartenkunstwerk mit Skulpturen, Balustraden und kunstvoll eingefaßten Bassins verwandelt wurde, umgeben von Blumenrabatten, Zypressen und Zedern.

Die Jardins de la Fontaine mit ihrer nach wie vor sprudelnden Quelle, den Schwänen, die ihre Kreise ziehen, und dem eleganten Kanal, der den Abfluß zur Stadt hin bildet, sind ein schönes Exempel für die Gartenphantasie des Ancien Regime. Dabei ging es gar nicht nur um Ästhetik: Die alte Nemausus-Quelle war nach dem Versiegen der römischen Wasserleitung lange Zeit die wichtigste Wasserversorgung für Nîmes. Dieser Park ist immer noch ein bevorzugter Platz der «Nîmois»; hier spielen die alten Männer Boule, und junge Paare schieben ihre Kinderwagen über die Kieswege. Kommt es den Leuten in den Sinn, daß dies die Geburtsstätte ihrer Stadt war? – Ein steiler Spazierpfad führt auf den Mont Cavalier hinauf zur Tour Magne, dem römischen Festungsturm, von dem aus der Blick über die Dächer der ganzen Stadt fällt.

In den noblen Häusern am quai de la Fontaine, hinter geschlossenen Fensterläden, verbirgt sich das Reich der HSP, der «Haute Société Protestante» von Nîmes. Die protestantische Bourgeoisie stellte bis vor einiger Zeit die traditionelle Führungsschicht der Stadt. Das «Genf des Midi» hatte man Nîmes früher genannt. Auch wenn die Kalvinisten mit zwanzig Prozent zahlenmäßig in der Minderheit sind, seit Ludwig XIV. das Edikt von Nantes widerrief und Tausende zur Konversion oder ins Exil zwang – die verbliebenen Hugenotten hatten noch lange die wirtschaftliche Vorherrschaft inne. Sie machten Nîmes zu einem bedeutenden Finanzplatz und einer Stadt der Webstühle, der Textilmanufakturen. Deren Produktion wurde in die ganze Welt exportiert, Stoffe aus Nîmes hatten einen guten Ruf. Aber ausgerechnet an einem billigen, derben Baumwollstoff ist der Name später hängengeblieben: «de Nîmes» beziehungsweise «Denim», ein Stoff, den sich der nach Amerika eingewanderte Schneider Levy-Strauss zwecks Herstellung von Arbeiter- und Cowboyhosen aus der Alten Welt kommen ließ.

Die Französische Revolution erlebten die vom königlich-katholischen Gottesgnadentum gebeutelten Protestanten als Befreiung; begeistert nahmen sie zunächst daran teil. Endlich war ihnen wieder freie Kultausübung gestattet, sie erwarben die klassizistische Dominikanerkirche am Ringboulevard und verwandelten sie in ihren «Grand Temple». Als reiche und nunmehr politisch aktive Bürger dominierten sie die Nationalgarde, die Bürgerwehr der Revolution. Doch die Verhältnisse in Nîmes waren etwas verzwickter als in den meisten anderen Städten Frankreichs, denn auf der anderen Seite stand das katholische Niedervolk, jene «Zwiebelfresser» genannten kleinen Leute – Landarbeiter, Tagelöhner –, die oft in den Diensten protestantischer Herren standen und sich nun zur royalistischen Seite schlugen. Sie, deren Abneigung gegen die Protagonisten der Revolution sowohl sozial als auch religiös motiviert war, wurden zum Fußvolk der Konterrevolution. Klei-

Quellheiligtum: die Jardins de la Fontaine

ne Religionskriege flammten auf. «Wir waschen unsere Hände im Blut der Protestanten» war ein beliebtes Liedchen. Andererseits richtete auch das protestantische Bürgertum Massaker unter den Katholiken an. Später allerdings, als sich auch in Nîmes im niedrigen Volke eine revolutionäre Sansculottenbewegung formierte, erwiesen sich die wohlhabenden, ordnungsliebenden Hugenotten wiederum als Bremser und verbündeten sich sogar mit der katholischen Bourgeoisie gegen die gefährlichen Kräfte von unten, denn hier ging es womöglich ans Eingemachte. Mit der wirtschaftlichen Machtergreifung des Bürgertums war für sie der Zweck der Revolution erfüllt. Einer aus ihren Reihen, der bürgerliche Machttheoretiker François Guizot, verkündete später als führender Politiker in der Zeit des Bürgerkönigtums das berühmt gewordene Credo des Liberalismus: «Enrichissez-vous!» – Bereichert euch!

Corrida und Design

Ihre eindeutige Vormachtstellung in der Stadt haben die Protestanten eingebüßt; die Textilindustrie, der sie Reichtum und Einfluß verdankten, ist nicht mehr das, was sie mal war. Nur eine gewisse Strenge und Nüchternheit ist im Charakter der Stadt zurückgeblieben. Aber auch das gibt sich. Die alte Zweiteilung in Protestantisch und Katholisch ist verwässert durch die fortschreitende Vermischung und Zuwanderung, natürlich auch durch den Rückgang der religiösen Praxis.

Überhaupt nichts Protestantisch-Verschlossenes hat Nîmes zum Beispiel an Pfingsten zur Zeit der großen «Feria». Da scheint die Stadt vielmehr völlig aus dem Häuschen zu geraten. Die größten Toreros kommen zu den Pfingst-Corridas aus Spanien herüber, eine Woche lang herrschen Exzeß und Taumel, fast eine Million Besucher machen die Straßen unsicher. Die alte Hugenottenstadt gibt sich andalusisch, begeistert brüllt das Publikum «olé!», wenn seine Lieblinge Paco Ojeda, Ortega Cano und die anderen Superstars ihr blutiges Ballett aufführen. Eine Kakophonie aus Carmen, Flamenco und Pasodobles dröhnt aus den Cafés. Die Begeisterung ist in allen Schichten und Kreisen der städtischen Gesellschaft präsent, über fünfzig Stierclubs zählt die Stadt. Eisenbahner, Zahnärzte, Kommunisten – alle sind infiziert. Und nach den Corridas in der 20 000 Zuschauer fassenden Arena geht das Delirium in den Straßen los. Zwischen den Häusern sind Girlanden gespannt, auf Hinterhöfen und in Garagen machen improvisierte Kneipen unversteuerte Riesenumsätze. Auf den Plätzen spielen afrikanische, karibische, spanische und einheimische Musikgruppen. Das Bistro der KPF, «Le Prolé» in der rue Jean-Reboul, ist genauso belagert wie das «Grand Café de la Bourse», Sitz der gutbürgerlichen Stierfanatiker, oder das noble Hotel Imperator, wo die Toreros absteigen und Autogramme geben.

Glücklich schätzen können sich die «Nîmois», daß sie dieses so gut erhaltene Amphitheater haben. Es stammt aus dem späten 1. Jahrhundert und ist besser in Schuß als das Kollosseum in Rom. Allerdings strahlt es noch gar nicht so sehr lange diese erhabene Würde aus wie heute, da es von allen Seiten freigelegt ist. Die Arena war lange das wirkliche Herz von Nîmes, beherbergte im Mittelalter ein komplettes Stadtviertel mit zwei Kirchengemeinden und war mit Türmen und Mauerwerk zu einer burgartigen Festung ausgebaut. Noch der Aufklärer Jean Jacques Rousseau klagte nach einem Besuch: «Dieser riesige und großartige Zirkus ist von häßlichen kleinen Häusern umgeben, und andere, noch kleinere, noch häßlichere, füllen das Innere der Arena aus. Das Ganze ruft einen disparaten und konfusen Eindruck hervor, wobei Schmerz und Entrüstung die Freude und die Überraschung ersticken.» Erst 1812, unter Napoleon I., wurde damit begonnen, das Häusergewirr abzureißen, und 1863, unter seinem Neffen Napoleon III., begann das Import-Spektakel der Corrida: 29 Gemeinden des Südens bekamen vom Kaiser das Recht auf Stierkampf zugesprochen.

Lange blieb die Corrida ein recht marginales Geschehen, das über die Grenzen der Region kaum hinausstrahlte. Erst die Offensive des derzeitigen Direktors der Arena, des umtriebigen Simon Casas, der selbst früher Torero war, hat dazu geführt, einen allseits bekannten Riesenrummel daraus zu machen, mit Feuerwerk, bildenden Künstlern und musikalischen Begleitprogrammen – Pop, Rock, Tango, Samba, Salsa. Seinem Ziel, «das größte Volksfest Europas» auf die Beine zu stellen, ist Casas schon bedenklich nahe gekommen. Den Zulauf zur Feria vermochte er nicht zuletzt auch dadurch zu steigern, daß er den Fernsehsender Canal Plus zur Aufnahme der Corridas ins landesweite TV-Programm bewegte. Freie Bahn hat er für all diese Initiativen, seit 1983 Jean Bousquet sein Amt als Bürgermeister von Nîmes angetreten hat.

Bousquet, Boss der Pariser Klamottenfirma Cacharel, sah in dieser Stadt brachliegendes Kapital. Die Arena, dieses Geschenk der Götter beziehungsweise der Römer, ist seither einer Intensiv-Nutzung zugeführt worden: Aus ihr wurde eine Drehscheibe für Amüsement und Showbusiness. Was in Paris an Großproduktionen im riesigen Sportpalast von Bercy läuft, das wird jetzt auch hierher geholt: Oper, Jazz, Eiskunstlauf – im Winter mit Zeltdach. Anfang der achtziger Jahre noch war Nîmes eine charmantverpennte Provinzstadt, gebannt in gleichförmiger Schläfrigkeit und Gelassenheit. Nun geht das Erweckungsprogramm dieses zu allem entschlossenen Cacharel-Chefs auf sie nieder. Viel ist in letzter Zeit von «Elektroschock» die Rede. Bousquet, ein verzückter Prophet des Unternehmertums, behauptete, eine Stadt könne wie ein Unternehmen geführt werden, und er meinte es ernst. Kaum war er gewählt, ging es los mit der Privatisierung kommunaler Service-Einrichtungen: Schulkantinen, Pflege der Grünanlagen, Straßenbau und Straßenreinigung, städtischer Fuhrpark und Busverkehr. Nîmes wurde zum Laboratorium des Wirtschaftsliberalismus, aber, den Erfordernissen des «human touch» Rechnung tragend, auch eine der ersten Städte mit garantiertem Minimaleinkommen für in Not geratene Bürger, einer Art Sozialhilfe, die die französische Regierung erst 1988 einführte.

Vor allem aber setzt Monsieur Cacharel auf die kulturelle Aufrüstung. Dafür holen sich der neoliberale Hansdampf und seine jungdynamische Equipe nur erstrangige Kräfte: Norman Foster baute die neue «Médiathèque», die sich am Pariser

Centre Pompidou orientiert; Jean Nouvel, Shooting star der französischen Architektur, wurde für einen Wohnblock namens «Nemausus» engagiert. Der Italiener Gregotti hat das neue Sportstadion entworfen, und der triumphale Stadtzugang aus dem Norden stammt vom Japaner Kisho Kurokawa. Für die Neugestaltung des Rathauses war der Innenarchitekt Wilmotte, der vorher für Mitterrand den Elysée-Palast verschönert hatte, gerade gut genug. Die winklige, von Boulevards umschlossene Altstadt mutiert zusehends zur strahlend sauber geputzten Fußgänger-Kommerz-Zone. Damit sie nicht am Ende aussieht wie überall, wurde der Pariser Design-Papst Philippe Starck beauftragt, ihr seinen Stempel aufzudrücken und Nîmes-spezifisches urbanes Mobiliar zu entwerfen. Gestalterisch tätig wurde Starck unter anderem auf der place du Marché. Mitten drauf pflanzte er erst mal eine Palme. Dazu kam dann ein Brunnen mit dem dazugehörigen Krokodil. Krokodile verkaufen sich gut, wie man an der Textilmarke Lacoste sieht, warum also nicht das Wappentier der Stadt zum Markenzeichen machen. Daß man Starck hergeholt hat, ist kein Zufall, denn Nîmes soll nach dem Wunsch des Bürgermeisters neben allem anderen auch zu einem europäischen Design-Zentrum werden.

«Bousquet vergewaltigt diese Stadt», schimpft der frühere kommunistische Bürgermeister. Und Bousquets sozialistische Gegenspielerin, die frühere Mitterrand-Ministerin Georgina Dufoix, hält die Vorhaben für «pharaonisch und ruinös», vom Projekteschmied selbst meint sie: «Er ist größenwahnsinnig.» Man mag es ihr kaum verdenken, wenn man den Bürgermeister allen Ernstes schwärmen hört, Nîmes könne zu einem zweiten Florenz werden. Bei den Bürgern indessen kommt all dies sehr gut an. Es schmeichelt ihnen, daß ihre Stadt jetzt auf nationaler Ebene so stark zur Kenntnis genommen wird, daß man in den Medien von ihr spricht, und nicht nur wegen der Unwetterkatastrophe vom Herbst 1988. Der Bürgermeister hat ihrer Stadt zu einem neuen Image verholfen. Über hundert Jahre lang hatte die Linke im Rathaus das Sagen. Diese Ära scheint nun wirklich vorbei zu sein, denn 1989 gelang Bousquet zum zweitenmal ein unangefochtener Sieg bei den Kommunalwahlen. Die Kultur-Renaissance von Nîmes findet ihre Bestätigung.

Gewiß geht es tagsüber recht quirlig zu in der aufgefrischten Innenstadt. Abends nach Geschäftsschluß freilich ist es erst mal aus mit der Dynamik. Auf dem boulevard Amiral-Courbet sind gegen neun Uhr gerade noch ein paar Cafés beleuchtet. Gelangweilte Jugendliche sammeln sich um die Kioske und Imbißbuden, in einer der Kneipen im Angesicht des düsteren Protestanten-Tempels räkeln sich einige Fremdenlegionäre, in den Gläsern abgestandenes Bier, die weißen Képis neben sich auf dem Tisch. Auch eine grell neonbeleuchtete Wettannahmestelle hat noch auf. Zigarettenqualm, kleine Leute, die in diesen neuen dynamischen Zeiten offenbar zum Lager der Verlierer gehören. Neben dem Hotel du Midi, vor dem schrappigen Pornokino, steht eine einsame Hure und tritt von einem Bein aufs andere. Mit «Florenz» wird es doch wohl noch etwas dauern.

199

Der Mistral weht. Er hat den Himmel reingefegt, silberne Konturen gesetzt, vielleicht wirbelt er weiter drinnen im Lande die Staubwolken zusammen – hier ist die Luft glasklar, das Ferne ist nah, alle Häuser am Meer leuchten, der Wind ist Champagner, eine Art frischer Wärme, die Natur aus flammend blauem Stahl. Die Lungen atmen tief.

Kurt Tucholsky, Wandertage in Südfrankreich.
Aus: Gesammelte Werke, Band II. Rowohlt, Reinbek 1960

Er schlägt in Wellen gegen das Haus, fällt über das Dach wieder ab, mit einem dumpfen Geräusch, als rollte tatsächlich etwas Stoffliches die Ziegel hinunter. Er kann brüllen, stöhnen, schluchzen, immer ist etwas Heftiges, Wütendes dabei, selbst wenn er kurzzeitig nachläßt, fehlt der Entspannung die Heiterkeit. Auch wenn er nicht als Luftlawine über die Ziegel fegt, verrät er seine Gewalt, läßt Fensterscheiben in ihrem alten Kitt scheppern, dreht Läden in ihren rostigen Scharnieren, scheuert Äste an den Ziegeln entlang. Der Mistral ist nicht irgendein Sturm, sondern eine Veränderung in der Wahrnehmung der Welt.

Lothar Baier: Jahresfrist. S. Fischer, Frankfurt 1985

Der Mistral! Wie eine parfümierte Mänade kommt er daher. Es gibt Stunden, wo er dich buchstäblich nicht zu Atem kommen läßt, wo es im Freien unmöglich ist, gegen ihn anzugehn, du mußt umkehren und dorthin gehn, wohin auch er geht, bis es dir gelingt, dich in einen der rasenden Schlachtwagen, «Autocar» genannt, zu flüchten.

René Schickele: Die Witwe Bosco. Kiepenheuer und Witsch, Köln 1983

Ich hatte Glück. Der Mistral wehte. Er fegte den Himmel rein, wehte die Schwüle, die Wolken fort. Der Horizont war unermeßlich hoch, von reinstem Blau. Und in dieser klaren Luft waren die Bäume sturmgepeitscht, Felder und Sträucher wie das erregte Meer; das Automobil war auf der Landstraße kaum in der Spur zu halten, man mußte gegen den Wind steuern, man fühlte noch in den Händen seine unwahrscheinliche Gewalt.

Wolfgang Koeppen: Reisen nach Frankreich. Suhrkamp Taschenbuch 530

Konkurrententräume

Der rechte Monsieur Bousquet hat einen linken Bruder im Geiste. Er heißt Georges Frèche und ist Bürgermeister von Montpellier. Zwischen beiden Städten herrscht eine alte Rivalität. Lange lagen sie etwa gleichauf, dann zog Montpellier plötzlich davon. In mancherlei Hinsicht. Die Einwohnerzahl zum Beispiel hat sich im Zeitraum einer Generation vervierfacht. Jahre bevor Nîmes seinen Cacharel-«Elektroschock» erlebte, hatte sich Frèche bereits in die Kultur- und Werbeschlacht geworfen. «Montpellier – die Unternehmungslustige», «Montpellier – die Überbegabte», so dröhnte und trompetete es auf den Werbeseiten der News-Magazine. Die Wirtschaftszeitschrift «L'Expansion» ernannte Montpellier jüngst zur «dynamischsten Stadt Frankreichs».

Wichtige Voraussetzung solcher neuen Dynamik waren zunächst mal die Pieds noirs, die expatriierten Algerien-Franzosen, die sich nach 1962 besonders zahlreich in Montpellier niederließen. Sie schreckten mit ihrer Geschäftstüchtigkeit und Vitalität diese konservative Stadt der Beamten, Hochschullehrer und Anwälte aus ihrer Siesta auf und beendeten das bis dahin fortdauernde 19. Jahrhundert. In kurzer Zeit brachten sie eine neue Elite aus Geschäftsleuten, Wissenschaftlern, Professoren, Politikern hervor. Schnell hat sich aus Alteingesessenen und Neubürgern ein Amalgam hergestellt, der Akzent von Algier und Oran mischte sich mit dem des Midi. Montpellier, die bis dato stille, bourgeoise Universitäts- und Weinhändlerstadt, war auf einmal ein Schmelztiegel, und nachdem sie auch noch zur Hauptstadt der Region Languedoc-Roussillon erkoren wurde, ist sie tatsächlich dabei, sich neben Toulouse zu einer zweiten Metropole des Südens zu entwickeln. Deutliches Zeichen: Die Stadt wird zur Kulturbaustelle. Zweck der kulturellen Betriebsamkeit ist es, wie in Nîmes, die verführerischen Qualitäten der Stadt als Industriestandort zu erhöhen, neben Kulturtouristen auch die neue Macherelite anzulokken. «Ich betrachte Montpellier nicht als den Nabel der Welt. Alles, was ich will, ist, daß die Stadt es mit Mailand oder München aufnehmen kann», sagt Frèche. Das Ende der provinziellen Bescheidenheit ist da. Laut Umfrage halten 77 Prozent der «Montpelliérains» ihren Bürgermeister für «mégalo», größenwahnsinnig, aber sie meinen gleichzeitig, dies sei genau das richtige für die Stadt.

Problemlos gelang auch Frèche im März 1989 die Wiederwahl für die nächsten sechs Jahre. Der von ihm 1977 abgelöste rechte Vorgänger hatte noch im Stil der siebziger Jahre geklotzt: bunkerförmiges Rathaus, klobige Schuhkartons wie das «Polygone», ein Mehrzweckbau für Kommerz und Administration. Dem setzte Georges Frèche, der Sozialist, kühn den Komplex «Antigone» entgegen (Anti-Polygone!) – ein komplettes neues Stadtviertel als Gesamtkunstwerk, der Phantasie des Postmodernisten Ricardo Bofill entsprungen, eine Anlage im griechisch-römischen Freistil. «Un nouvel art de vivre!» wirbt ein Plakat für Eigentumswohnungen in dieser Filmkulissenwelt. Ein Großmodell des Quartiers «Antigone» wurde sogar im New Yorker Museum of Modern Art ausgestellt. Da ist natürlich kein Zweifel mehr erlaubt. Auf je-

Postmoderner Größenwahn: Keimzelle von «Heliopolis»

den Fall ist es empfehlenswert, sich diese neue Lebenskunst mal näher anzusehen, und sei es, um sich hernach darüber zu streiten. Dies ist übrigens erst der Anfang, die Keimzelle zu einem noch viel raumgreifenderen Projekt namens «Héliopolis»: einer Entwicklungsachse zum Meer hin, mit einem symmetrisch umbauten Hafen, dem «Port Marianne». Zwei Dutzend internationale Top-Architekten werden dort 50 000 Wohnungen errichten, die sich in das von Bofill vorgegebene Historien-Schinken-Dekor einpassen sollen. Auch der Ausbau des Flughafens auf vierfache Größe steht an. Und dann hegt der Bürgermeister noch den Traum von einer Abschußbasis für die Euro-Rakete Ariane und die europäische Raumfähre Hermes, und dann... und dann... und dann...

Place de la Commédie: «L'œuf», das Ei, wird dieser Platz auch genannt. Er ist der Mittelpunkt der Stadt, mit dem Opernhaus und den Café-Terrassen auf beiden Seiten, die sich weit vorschieben auf den Platz, in dessen Mitte drei wasserumsprühte Grazien stehen. Alles sehr sauber und appetitlich, wären da nicht die Punker, die mit ihren zotteligen Hunden auf den Stufen des Musiktheaters herumlungern – herbe Gesellen, von denen einer versucht, aus dem Geldeinwurf eines dieser vollautomatischen Betonklos Münzen rauszufingern. Vor dem McDonald steht ein Rasta und bettelt mit Hilfe eines McDonald-Plastikbechers. Sehr gepflegt ist dagegen die Kundschaft der Freiluftcafés, hier trifft sich «tout Montpellier». Die Fin-de-siècle-Fassaden an diesem Repräsentationsplatz wirken pariserisch: Selbstdarstellung eines durch den Weinhandel reich gewordenen Provinz-Bürgertums.

Die place de la Commédie ist die Schnittstelle zwischen den modernen beziehungsweise postmodernen Teilen der Stadt und dem alten Montpellier. Ein Teil der Altstadt ist Boutiquen-Zone, mit der rue Saint Guilhem als Hauptgeschäftsader. Aber wenn man den Blick über die Schaufenster emporhebt, sieht man die noblen, schönen Stadtschlösser der hohen Magistratsbeamten und der Handelsbürger aus der Zeit des Ancien Regime. So proper und schick herausgeputzt größere Teile der Stadt inzwischen sein mögen – wenn mittags auf der place Jean-Jaurès die Marktstände abgebaut werden, sieht man auch hier noch arme Leute in den Abfällen wühlen.

Im Quartier der Scholaren

Mitten durch die Altstadt schneidet die rue Foch, eine Straße, die während des Zweiten Kaiserreichs geplant wurde, als in Paris der Baron Haussmann die Altstadtviertel durch schnurgerade Avenuen auseinanderhackte. Gedacht war hier an eine Edelmeile quer durchs alte Montpellier, eine Art Champs-Élysées mit noblen Geschäften. Das ist diese Straße nie geworden, sie wirkt immer noch wie ein künstlicher Eingriff. Die hundertjährige Pomparchitektur der Herrschaftsbauten, Justizpalast und Präfektur, strahlt etwas Unlebendiges, Ödes aus. Aber auf der anderen Seite erstreckt sich das anheimelnde Universitätsviertel, weniger abgeleckt, weniger restauriert als der südliche Teil der Innenstadt.

Hier liegt unter großen alten Bäumen die stille place Canourgue. Sie

Ein Hauch von Mittelalter:

ist einem gescheiterten Kirchenbauprojekt zu verdanken. Nach der Niederwerfung der Protestanten im Religionskrieg des 17. Jahrhunderts wurde Montpellier nicht nur von der königlichen Zentralmacht an die Kandare genommen und bekam eine Zitadelle vor die Nase gesetzt, sondern über die militärische Kontrolle hinaus begann auch eine systematische katholische Erneuerung. Dazu sollte eine neue, dem heiligen Ludwig geweihte Kathedrale hingestellt werden. Aber dann unterbrach der wachsame Kardinal Richelieu die bereits begonnenen Bauarbeiten. Die mächtige Konstruktion hätte von den noch ziemlich unruhigen «Montpelliériens» als Festung gegen die Zitadelle benutzt werden können. So blieb es bei einigen Fundamenten, die auf dem Platz zu erkennen sind.

altes Universitätsviertel und Anatomie-Museum

Neben kleinem Volk und arabischen Immigranten bestimmen auch heute noch Studenten das Bild dieses uralten Quartiers, das Lichtjahre entfernt zu sein scheint von «Polygone», «Antigone» und Bofills «Art de vivre». Schon im 13. Jahrhundert wurde Montpellier zur bedeutendsten Medizinschule Europas. Studenten aus dem gesamten Abendland strömten von da an hier zusammen. Wie die Pilger, die das Languedoc auf dem Weg nach Santiago de Compostela durchwanderten, zogen die reisenden Scholaren über die Landstraßen, begaben sich von Hochschule zu Hochschule, um besonders gerühmte Gelehrte zu hören. Entfernungen und Landesgrenzen waren dabei unerheblich. Die Universitätssprache war überall das Lateinische.

«Bald kamen wir auf eine Höhe, da ein Kreuz stand. Da sah ich die Stadt Montpellier und das hohe Meer zum erstenmal. Bald kamen wir zur Brücke bei dem Wirtshaus Castelnau, danach neben ein Hochgericht auf den Feldern vor der Stadt, da etliche Viertel von Menschen, die gerichtet, an Ölbäumen hingen, welches mich seltsam dünkte. Wir ritten also im Namen Gottes zu Montpellier bei guter Tageszeit ein, es war am Sonntag. Ich betete beim Eintritt und befahl mich Gott, er wolle mir seine Gnade mitteilen, daß ich nach Vollendung meiner Studien gesund wieder heraus in meine Heimat zu den Meinen kommen möchte.» So beschreibt der Schweizer Student Felix Platter seine Ankunft. Tatsächlich war das Studieren damals, im 16. Jahrhundert, nicht ganz risikolos. Ein kardinales Problem war es, an Sezier-Material zu kommen. Offiziell gab es für alle nur eine einzige Leiche von einem Hingerichteten pro Jahr. Das galt als großzügig, war aber verdammt wenig. Auf praktische Übungen wurde indessen großer Wert gelegt. «Deshalb suchte ich allerlei Gelegenheit», schreibt Platter, «wo man etwa heimlich einen corpus aufschnitt, auch dabeizusein, ob mir gleich anfangs solches sehr abscheulich schien, und ich begab mich auch aus Begierde, darin mich hervorzutun und corpora zu bekommen, mit anderen welschen Studiosen in manche Gefahr.» Wie bekam man «corpora»? Man mußte sie nachts heimlich auf Friedhöfen ausbuddeln, wobei auf die Mönche der danebenliegenden Klöster zu achten war, denn: «wann Studenten kamen, haben sie mit Flitzbogen aus dem Kloster geschossen.»

Im Viertel rund um die Kathedrale Saint Pierre scheint weiterhin ein dumpfer Hauch vom Mittelalter zu wehen. Etwas Finsteres, Herrisches hat dieses gotische Gotteshaus mit seinem überdimensionierten Steinbaldachin vor dem Eingang, zu dem eine Mulde aus knolligem Kopfsteinpflaster hinunterführt. Neben der Kathedrale, Wand an Wand, liegt die alte Medizinische Fakultät, die seit der Französischen Revolution in einem ehemaligen Benediktinerkloster residiert. Am Eingang sitzen zwei steinerne Chirurgen auf ihren Sockeln, darüber eine Sonnenuhr mit einem griechischen Spruch von Hippokrates. In der Eingangshalle sind die Büsten der großen Mediziner seit der Antike aufgereiht. Die Atmosphäre ist gotisch-ehrwürdig. Historisch anmutende Holzbänke stehen in den Gängen, es riecht nach alten Büchern und Bohnerwachs. In diesem einstigen Klosterbau gibt es ein bemerkenswertes anatomisches Museum, etwas versteckt und schwierig zu finden – nur ein handgemaltes Pappschild weist darauf hin. Auf allzu viele Besucher legt man wohl keinen Wert. Ein Gang links, dann rechts durch einen Innenhof, dann eine Treppe hoch, wieder nach links, da ist es: das kleine, aber feine «Conservatoire anatomique». Es paßt perfekt in diesen Rahmen: eine Abfolge kostbarer marmorverkleideter Säle in gelblichem Dämmerlicht, voll von Skeletten und Präparaten in Glasvitrinen. Mumifizierte Köpfe aller Rassen, manche durchgesägt, Gerippe von Mißgeburten und abnorme Föten in Spiritus, Wachsmodelle von gesunden und erkrankten Organen – Beispiele einer vergessenen Kunstfertigkeit, von erstaunlicher handwerklicher Perfektion. Aber es wird einem nach einer Weile ganz weich in den Knien angesichts dieses medizinischen Gruselkabinetts aus dem letzten Jahrhundert. Hinaus also wieder ans Licht, zurück in die Sonne.

Gleich rechts von der medizinischen Fakultät, auf der anderen Seite des boulevard Henri IV., liegt der Jardin des Plantes, ein Schmuckstück von einem botanischen Garten und wahrscheinlich der älteste seiner Art, auf Geheiß von Henri IV. angelegt zum Studium einheimischer wie fremder Pflanzen. Mit seinen Agaven, Palmen, Gewächshäusern, dem Seerosenteich und den Büsten berühmter Botaniker ist er ein romantisches Refugium. Bei Schriftstellern wie André Gide und Paul Valéry erfreute sich dieser geschichtsträchtige und zugleich idyllische Garten großer Beliebtheit.

Wer es lieber etwas belebter hat: Ein Stück weiter den Boulevard hinauf beginnt hinter einem Triumphbogen die Promenade de Peyrou, eine großzügige Parkanlage auf zwei Etagen, bevölkert von RentnerInnen, kinderwagenschiebenden Müttern, Liebespaaren und einigen Schwulen. Der Triumphbogen wurde zum Ruhme Ludwigs XIV. hingestellt, nachdem seine Truppen hier mit den Protestanten aufgeräumt hatten. Im allgemeinen sind die eingemeißelten Reliefs solcher Monumente für den flüchtigen Besucher nichts als ein unklares allegorisches Kuddelmuddel. Hier lohnt es sich aber, genauer hinzuschauen: Von der Stadt her betrachtet zeigt der Bogen links den besiegten Protestantismus, rechts wird das brandneue Wunderwerk des Canal du Midi verherrlicht. Zur Parkseite hin jagt Ludwig-Herkules einen Adler, der das deutsche Reich symbolisiert, und streckt einen Löwen nieder, der für England leidet – ein Monument zu Ehren des Zentralismus und der Weltmacht Frankreich. Ludwig steht auch noch als Reiterstandbild in diesem Garten, der zu seiner Verherrlichung auf Geheiß des königlichen Intendanten angelegt wurde.

Am anderen Ende zieht ein dekoratives Turmgebilde den Blick auf sich: das Chateau d'Eau. Im 18. Jahrhundert wurde zur Behebung des Wassermangels in der Stadt ein neun Kilometer langer Aquädukt gebaut, der das Wasser aus der Quelle des Flusses Lez in ein Auffangbekken des Peyrou-Parks leitet. Die «Promenade» mit ihren Wasserbassins, den Blumenbeeten, Treppen und schattigen Alleen gewinnt noch einen besonderen Reiz dadurch, daß sie an der höchsten Stelle von Montpellier angelegt wurde: Man spaziert über den Dächern der Stadt und freut sich. ■

Camargue

LAND DER

UNKLAREN

VERHÄLTNISSE

Wer kennt das nicht aus alten Märchen und Sagen: Bevor man sich der begehrten Prinzessin oder einem anderen Ziel der Wünsche nähern darf, gilt es, unangenehme Hindernisse zu überwinden. So ähnlich ist es, wenn man dem schönen Arles näherkommen will: Der von Norden kommende Reisende muß unweigerlich an Tarascon vorbeifahren und dort eine Mauer des Gestanks durchstoßen. Ein Geruch wie von verfaultem Kohl lastet auf der Ebene, er stammt von einer Zellulosefabrik und macht den Bürgern von Tarascon großen Kummer. Zwar sind die Ausdünstungen, wie die Firmenleitung versichert, ganz ungefährlich, aber sie fördern nicht gerade den Wunsch, in Tarascon länger zu verweilen. Tauchen dann allerdings nach fünfzehn Kilometern die Türme von Arles aus der Ebene auf, ist der üble Brodem längst verflogen.

Da liegt sie also, «Arelate», die Stadt in den Sümpfen, wie sie von den Griechen genannt wurde. Hier führt die letzte Brücke über den Strom vor seiner Mündung. Besonders wenn der Mistral heftig bläst, könnte man meinen, die Stadt sei

schon ein wenig abgedriftet vom Festland ins konturenloses Niemandsland der Camargue, ein letzter vorgeschobener Außenposten der zivilisierten Welt. Das ist freilich eine Täuschung, denn historisch gesehen war dieser Rand das Zentrum. Es gab für Städte gar keine zentralere Lage als am Rand des Mittelmeeres, des «Mare Nostrum». Und so war dieses kleine, peripher wirkende Arles in Wirklichkeit ein Kristallisationspunkt abendländischer Zivilisation. Zutiefst ist diese Stadt von Historie durchsetzt, bei jeder Bautätigkeit stößt man auf antikes Gerümpel, hier auf Reste einer römischen Villa, dort auf einen frühchristlichen Sarkophag. Andere Städte versuchen mühselig, jede halbwegs markante Ruine ins rechte Licht zu rücken. Arles ist überreich versorgt und hat solche Anstrengungen nicht nötig.

Kelto-Ligurier und Griechen haben hier gesiedelt, die Römer machten Arles zur politischen und spirituellen Hauptstadt ihrer gallischen Provinzen. Später schwappten die Barbarenströme darüber, gefolgt von plündernden Normannen und Sarazenen, aber im 9. Jahrhundert war die Rhônestadt schon wieder etwas Besonderes: Hauptstadt des Königreiches Arelat, das seinerseits Teil des Heiligen Römischen Reiches deutscher Nation war. Friedrich Barbarossa (Kaiser Rotbart lobesam) kam extra hierher, um sich in der berühmten Kathedrale Saint Trophime zum König von Arles krönen zu lassen. Der römische Kaiser Konstantin, der zeitweilig in Arles residierte, hatte die Stadt zu einem herausragenden Zentrum der Christenheit gemacht. Die Kathedrale, nach dem ersten Bischof von Arles, dem Heiligen Trophimus benannt, ist ein Prachtstück provenzalischer Romanik. Sie war eine wichtige Anlaufstelle auf dem Pilgerweg nach Santiago de Compostella, dieser größten Dauerwanderung des Mittelalters. Besonders den Kreuzgang sollte man sich anschauen, am besten früh am Morgen, bevor es voll wird, dann entfaltet dieser schöne Innenhof noch etwas von seiner meditativen Stimmung.

Ebenso empfehlen sich die frühen Morgenstunden für einen Spaziergang auf die Alyscamps. Diese «Elysischen Felder» waren bis zum Ende des Mittelalters der beliebteste Begräbnisplatz weit und breit. Bis auf eine von Steinsärgen gesäumte Allee ist nichts mehr davon übrig, man braucht einige Phantasie, um sich diese beispiellose Totenstadt vorzustellen. Siebzehn Kirchen standen auf dem immensen Gräberfeld. Auch weit entfernt wohnende Menschen bestanden darauf, hier beigesetzt zu werden. Sie ließen sich in Totenschiffen oder verpichten Fässern der Rhône anvertrauen, unter Beilegung der Bestattungskosten und in der Hoffnung, jemand würde sie in Arles schon herausfischen. Wie auf dem Ganges trieben so die Toten jahrhundertelang die Rhône hinunter. Der Bau einer Eisenbahnstrecke reduzierte die Nekropole auf ihren heutigen kümmerlichen Rest. Die kostbarsten Sarkophage sind im Musée d'Art Chrétien zu sehen, einer vielgerühmten Sammlung, untergebracht in einer früheren Jesuitenkapelle.

Licht und Schatten

In dieser Totenallee hat vor einem Jahrhundert auch Vincent van Gogh seine Staffelei aufgestellt. In den zwei Jahren, die er in Arles verbrachte, hat er so ziemlich alles gemalt, was ihm vor den Pinsel kam. Über 300 Gemälde und 250 Zeichnungen brachte er hier zustande. Auf der Suche nach dem hellsten Licht und den intensivsten Farben war er 1888 in den Midi gekommen. Die Farben und das Licht des Südens bedeuteten ihm eine dauernde Herausforderung und beherrschten seine Wahrnehmung vollständig. «Ach! Mein lieber Theo», schrieb er an seinen Bruder, «wenn du die Olivenbäume in dieser Jahreszeit sehen könntest. Das Blattwerk, das noch wie altes Silber aussieht, beginnt gegen das Blau zu grünen. Der gepflügte Boden ist orangefarben. Das ist etwas ganz anderes, als man sich im Norden vorstellt.» Rückhaltlos hat sich van Gogh seiner Mal-Besessenheit ausgeliefert. Die Bürger der damals völlig in den Provinzschlaf versunkenen Kleinstadt schüttelten den Kopf über diesen Spinner aus dem fernen Holland, der glühende Sonnenstrudel, flammenartig züngelnde Zypressen und lila Olivenbaumstämme gleich aus der Tube mit ungeduldigen Bewegungen auf die Leinwand quetschte. Was für ein wildes, unschönes Geschmiere! Auch Sonnenblumen malte er, betrieb überhaupt einen wahrhaften Sonnenkult, wo doch normale Menschen über jeden Schatten froh waren.

In diesem Arles, dessen Umgebung und Licht ihn so sehr faszinierten, blieb der Holländer ein Sonderling. Abseits saß er am Cafe-Tisch, konnte sich als armer Schlucker eh nichts leisten. Sein einziger Freund unter den Einheimischen war der Briefträger Roulin. Als der versetzt wurde, drehte van Gogh durch. Den meisten Bürgern war dieser Typ, der in einer schäbigen Kammer hauste und sich in der brütenden Mittagsglut auf den Feldern herumtrieb, von Anfang an nicht geheuer. Als er dann noch anfing, laut rumzuschreien, schrieben dreißig Anwohner dem Bürgermeister einen Brief mit der Bitte, den Krawallbruder van Gogh einsperren zu lassen. Vor allem seit den lautstarken Auseinandersetzungen mit seinem Malerkollegen Paul Gauguin war er zum öffentlichen Ärgernis und Gespött geworden, die Kinder liefen dem hageren, rotbärtigen Ausländer auf der Straße hinterher. Aus freien Stücken zog er schließlich in die Irrenanstalt von Saint Rémy. Die Sonne des Südens habe ihm das Gehirn weichgekocht, meinten manche. Vielleicht war da noch etwas anderes. «Die neuen Maler, einsam, arm, werden wie die Irren behandelt, und zum Schluß werden sie es auch von dieser Behandlung», hatte er damals aus Arles geschrieben. Heute veranstaltet das Fremdenverkehrsamt Rundgänge auf van Goghs Spuren. Die allseits bekannte «Ziehbrücke bei Arles» mußte zwar demontiert werden, ist aber komplett an anderer Stelle wieder aufgebaut worden und heißt nun «Pont Van Gogh». Das neue Kulturzentrum heißt natürlich «Espace Van Gogh», und die einstmals verhöhnten Sonnenblumen des gescheiterten Habenichts wurden jüngst für siebzig Millionen Mark bei Christie's in London versteigert.

Ein anderer Name, dem man in Arles auf Schritt und Tritt begegnet, ist der von Frédéric Mistral. Elegant steht er, den kecken Dichter-Sombrero auf dem Haupt, als Denkmal auf der place du Forum, dem behaglichsten Platz der Stadt. Der große Förderer der provenzalischen Sprache und Literatur hatte 1904 für sein Vers-Epos «Mireille» den Nobelpreis bekommen. Mit dem Geld schuf er das Museon Arlaten, ein ethnographisches, der Provence gewidmetes Museum, in dem das gesamte Erbe der Region – Ackerbau und Viehzucht, Gebräuche, Möbel, Kleidung, Kraut und Rüben – in etwas verstaubter Manier präsentiert wird.

Die bewegte Vergangenheit und die großen Namen – Konstantin, Barbarossa, van Gogh, Mistral und viele andere –, alles hat die Stadt wie selbstverständlich absorbiert. Sie ist ein bewohntes Museum, aber ohne allzuviel Getue. Hinter dem Mistral-Standbild ragen Teile eines antiken Portals aus einer Hotelfassade. Das römische Amphitheater ist dicht umringt von kleinen Altstadthäusern, die teilweise wohl aus den Steinen der Arena gebaut sind. Die ist auch heute nicht bloß eine museale Ruine: Mit der Oster-Feria von Arles, die die französische Stierkampfsaison eröffnet, wird der mächtige römische Rundbau zum Herzen der

Stadt, ist belagert von einer heiteren beziehungsweise angeheiterten Menschenmenge. Auf den Stufen schmettern Blaskapellen irgendwas Spanisches, fliegende Händler bieten schwarze Camargue-Hüte aus Plastik, Stierkampfplakate und Dosenbier an, darüber ziehen die Schwaden vom Qualm der Würstchen-Grills. Aus den umliegenden Kneipen dröhnen Pasodobles, improvisierte Bodegas bringen Alkohol unters Volk. Mitten durch das Gewühl steigt ein glitzernder Torero die Treppe hinauf, links und rechts Autogramme gebend. Es ist, als habe die Stadt einen hysterisch-fröhlichen Anfall. Vor allem gegen Abend fallen die Hemmungen ab, es wird gegrölt und getanzt zwischen Arena und place du Forum, das satanische Gemisch aus Pastis und Sangria zeitigt seine Wirkung. Das karnevalähnliche Treiben, die Inbrunst der Aficionados scheinen auf eingewurzelte Folklore hinzudeuten. Aber dem ist nicht so. Das Ganze ist ein importierter Rummel, für den die Kaiserin Eugénie, Gattin von Napoléon III., verantwortlich ist. Sie war Spanierin und mochte auch in Frankreich die heimische Corrida nicht missen. Heute wird das blutige Spektakel, das in Frankreich eigentlich verboten ist, im Midi als regionale Besonderheit toleriert. In der Stierkampfbegeisterung sind rechte wie linke Lokalpolitiker vereint, Tierschützer stehen auf total verlorenem Posten.

Ein anderes Großereignis erfaßt die «Sumpf-Stadt» Anfang Juli: die «Rencontres photographiques», die jedes Jahr für zwei Wochen die internationale Creme der Fotografen, Agenturen, Galeristen und Art-Direktoren versammelt und Arles zu einer Art Cannes des knipsenden Gewerbes werden läßt. Eine jährlich anschwellende Fangemeinde wird davon angelockt, nicht nur wegen der vielen Ausstellungen, sondern auch, weil hier die Möglichkeit besteht, die großen Meister kennenzulernen und an ihren Workshops teilzunehmen. Massenhaft schwärmen während des Treffens passionierte Lichtbildner aus; an jeder Ecke von Arles lauert ein Zoom-Objektiv. Kein Türknauf, kein altes Muttchen, kein Straßenköter bleibt unfotografiert während dieser tollen Tage der Fotografie.

Wenn aber der Trubel vorbei ist, wenn Touristen, Aficionados, Foto- oder van Gogh-Pilger abgezogen sind, dann, an ruhigen Abenden außerhalb der Saison, scheint die Stadt wieder in eine würdige Schläfrigkeit zu verfallen. Nur am boulevard des Lices, wo die Jugendlichen in den Cafés herumhängen, ist noch Betrieb. Ansonsten liegt Arles friedlich und still in der Dämmerung, eine uralte, faltige Provinzschönheit, und man hört die Fensterläden klappern, wenn sich der Mistral in den engen Straßen verfängt.

Carmargue-Show

Weiße Pferde mit wehenden Mähnen preschen durch die Lagune, daß es nur so spritzt. Daneben der berittene Herr mit breitkrempigem schwarzen Hut: ein Gardian. Was trinkt dieser kernige Mann nach getaner Arbeit? Einen Pastis der Marke Ricard natürlich, das Werbeplakat läßt keinen Zweifel. Was der Wilde Westen für Marlboro, ist das Camargue-Image für Ricard und andere. Gleich hinter Arles beginnt es, das Land von Freiheit und Abenteuer, dort, wo sich der Strom, wie Jean Giono schreibt, seinen Schlupfwinkel geschaffen hat.

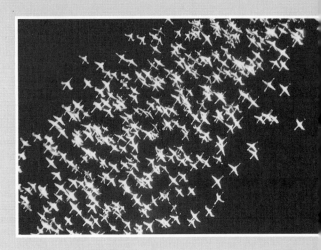

Was ist das, die Camargue, es klingt eigenartig, exotisch, abenteuerlich, und doch ist es nichts anderes als Schwemmland, ein Stück Sumpfgebiet, im Laufe von Jahrmillionen entstanden, 56000 Hektar groß und eingeschlossen zwischen den Deltaarmen der Rhone, der Grand und der Petit Rhone (Große und Kleine Rhone). Der Fluß bringt Geröll und Sand von den Alpen herunter, mischt Baumstümpfe, Schilf, Sträucher und allerlei Strandgut in das Baumaterial und polstert sich sein Bett kurz vor dem Ende, breitet noch eine Schicht feinen Sand auf die Schwelle zum Meer, und das alles bewegt sich, verändert sich, an manchen Stellen wächst heute Gras, wo ehemals die Wellen leckten und umgekehrt – mancher Leuchtturm, manche Siedlung mußte aufgegeben werden, hat das Meer sich wieder geholt.

Ein Land wie geschaffen für unruhige Geister, für Zigeuner und Verfolgte, für jeden, der ein wenig Nomadenblut in sich spürt, denn es hat Weite und Wind, dieses merkwürdige Stück Land; hundert Wasserläufe, Lagunen und Buchten spiegeln paradiesische Schlupfwinkel vor oder locken in eine Wildnis, die undurchdringlich scheint für die Verfolger. Überall in der Welt finden sich diese seltsamen Menschentypen, welche die Städte meiden, das Fertige und Perfekte hassen, auf Dschunken, auf Fährschiffen leben oder in die Steppe ziehen, in die Wüste, wo die Sanddünen vom Wind noch bewegt werden, wo sie selbst der Erde Gestalt und Form geben können, wo jeden Morgen die Welt neu entdeckt und erobert werden will!

Fred und Maxi Wander: Provenzalische Reise. Leipzig 1978

«Bis hierher fließt er rasch, findet keine Zeit, nachdenkliche Betrachtungen anzustellen. Bis hierher lebt er. In diesem Delta aber geht es mit ihm zu Ende; hier wird er sich im Meer verlieren und dagegen sträubt er sich, er schlendert, teilt und windet sich her und hin...» Das Delta-Schwemmland ist ein Bereich des Vagen, der unklaren Verhältnisse, eine Sphäre des Sowohl-Als-auch oder Weder-noch. Gerne wird in Beschreibungen der Camargue auf den ersten Tag der Schöpfungsgeschichte verwiesen, als Wasser und Land noch ungeschieden waren, oder es wird von einem gleichsam biblischen Urzustand geschwärmt, wo sich wilde Tiere in paradiesischer Ungezwungenheit tummeln.

Das liest sich alles sehr verlockend. Zunächst einmal ist die Camargue aber ganz einfach langweilig: monoton und platt, landwirtschaftlich genutzt. Man fährt zum Beispiel durch endlose Weinfelder. Als Ende des letzten Jahrhunderts die Reblaus-Invasion den Weinbestand des Midi ruinierte, schlug die Stunde dieses «vin de sable»: Das tückische Insekt konnte unschädlich gemacht werden, indem man die Rebstöcke unter Wasser setzte – ein Verfahren, für das das Delta wie geschaffen war. Der ziemlich durchschnittliche Camargue-Wein wird heute vorwiegend unter dem Markennamen «Listel» vertrieben. Daneben gibt es auch ausgedehnte Reisfelder. Damit hatte der Pastis-Fabrikant Paul Ricard angefangen, als unter dem Pétain-Regime sein Anis-Schnaps verboten wurde. Der Reisanbau diente der Firma eine Weile als Ersatzeinnahmequelle. Die Reisfelder der Camargue weiteten sich dann aus, als nach der Schlacht von Dien Bien Phu die Indochina-Kolonien verloren gingen.

Das mag ja alles recht interessant sein, aber der eilige Tourist sucht doch etwas anderes. Er will Pferde, Stiere, Flamingos, die komplette Camargue-Show geboten kriegen. Und die bekommt er auch: Die Straße nach Saintes-Maries-de-la-Mer ist gesäumt von «ranches» für den zünftigen Ausritt auf Original-Wildpferden im Gänsemarsch. Die einschlägigen Andenken und ein schlechtes Essen gibt es gleich nebenan. Einen «train touristique» bietet die Domaine de Méjanes. Das Bimmelbähnchen rumpelt über eine authentische Stierkoppel und an einem Binnensee entlang, in der Ferne ahnt der Fahrgast den einen oder anderen Flamingo, anschließend erwartet ihn ein fideler Umtrunk an der Bar. Das Ganze gehört übrigens mal wieder der Firma Ricard. Auf der «Kleinen Rhône» bei Saintes-Maries verlockt ein Mississippi-Steamboat zu Ausflugsfahrten. Es ist alles zum Heulen schön.

Gypsy Kings

Besonders konzentrieren sich die Massen auf das Örtchen Saintes-Maries-de-la-Mer, das im Sommer völlig aus den Nähten platzt und nur noch aus Nepp-Lokalen zu bestehen scheint. Tausende von «Kennern» rücken schon im Mai zur alljährlichen Zigeuner-Wallfahrt an. Gleichwohl ist es bisher nicht gelungen, dieses Ereignis ganz und gar zu «touristifizieren». Unbeirrt rollen die Zigeuner Jahr für Jahr um den 24. Mai sternförmig aus dem ganzen Land an, um ihrer Schutzpatronin, der Heiligen Sarah, zu huldigen. Die war, wie die Legende behauptet, Dienerin jener beiden Marien, Maria Jakobäa und Maria Salome, die im ersten Jahrhundert aus dem Heiligen Land hierher gekommen waren, um die frohe Botschaft zu verkünden, und die dem Fischerdörfchen am Ende der Welt ihren Namen gaben. Nach unkonventionell-temperamentvollen Gottesdiensten wird am 25. Mai die Statue der dunkelhäutigen Heiligen Sarah von einem Prozessionszug in die Meeresbrandung getragen. Drumherum spielt sich ein gewaltiges Familientreffen der verschiedenen Zigeunergruppen – Roma, Sinti, Gitans – ab, die sich streng voneinander getrennt an ihren Lagerplätzen zusammenfinden.

Über 200 000 «tsiganes» leben in Frankreich. Ein Drittel von ihnen ist seßhaft, davon die meisten im Midi, wo sie sich mit den Maghrebinern die heruntergekommenen Altstadtviertel oder die schäbigen Trabantensiedlungen teilen. Sie arbeiten als Kupferschmiede, Schrotthändler oder Hausierer, sind auf den Märkten des Südens anzutreffen als Korbflechter, Knoblauch- und Zitronenverkäufer. Ältere Frauen ziehen als Handleserinnen von Café zu Café. Andere verdingen sich als Saisonarbeiter in der Landwirtschaft. Bei der zunehmend maschinellen Abwicklung der Wein- und Obsternte wird das immer schwieriger. Nicht überall sind sie im übrigen so wohlgelitten wie in Saintes-Maries-de-la-Mer, wo sie durch die Wallfahrt auch in der Off-Saison ordentlich Touristen anziehen. «Interdit aux Nomades!» steht auf Schildern am Ortseingang vieler Gemeinden. Meistens dürfen sie nicht auf die Campingplätze, sind schikanierenden Kontrollen durch die Gendarmen ausgeliefert, werden abgedrängt auf miese Schmuddelecken ohne Wasseranschluß, zwischen Müllkippe und Bahndamm.

Auch in Frankreich leben sie im allgemeinen an der Peripherie der Gesellschaft. Von ihnen geht, so scheint es, nach wie vor eine seltsame Verunsicherung aus. Als ewig Reisende sind sie die ewig anderen, Fremden geblieben; zugleich sind sie die letzte Erinnerung an frühere nichtseßhafte Zeiten. Seit mehr als 600 Jahren sind sie in Frankreich. Ludwig XIV, der Sonnenkönig, versuchte vergebens, sie per Dekret außer Landes zu treiben. Später wurden sie vom Pétain-Regime verfolgt, in Lager gesteckt und häufig an die Nazis ausgeliefert. Auch in der Camargue gab es ein solches Lager, das Camp de Saliers bei Saint Gilles. Viele Kinofreunde haben es gesehen, denn 1951 wurde es nochmal für den Film «Lohn der Angst» benutzt, als typisch südamerikanisches Dorf. Heute erinnert nichts mehr an das Zigeuner-KZ.

Auch unabhängig von der Wallfahrt lebt eine größere Zahl von Gitans im Rhône-Delta. Vielleicht kommt ihnen die Landschaft entgegen, dieses offene und unurbanisierte Terrain vague. Von hier, aus einer Wohnwagensiedlung in der Nähe von Arles, stammen auch ihre neuen Helden, die «Gipsy Kings». 1987 ist ihnen der ganz große Durchbruch in die französische Hitparade gelungen mit einer vom Flamenco inspirierten Musik, wie sie sonst bei Sippenfesten und den üblichen Riesenhochzeiten gespielt wird. Reich und berühmt sind sie geworden, die «Zigeunerkönige». Monatelang schallte ohne Unterlaß ihr Superhit «Bamboléo» aus dem Radio: klagende Stimmen, rhythmisches Klatschen, ein Hauch von Andalusien aus dem Midi. Die über den Süden verstreuten Zigeuner, die oft katalanisch oder spanisch sprechen, haben die musikalischen Familienbindungen nach Spanien bewahrt. Die Flamenco-Puristen schlagen zwar die Hände über dem Kopf zusammen, denn diese Musik ist ein ziemlicher Mischmasch. Aber was soll's, sie ist effektvoll, geht gut ab und war für die neuheitsgierigen französischen Popmusik-Konsumenten eine echte Entdeckung: sowas Exotisches gibt's bei uns? Bald machten die «Gipsy Kings» Schule. Mit ihrem weltweiten Erfolg haben sie dafür gesorgt, daß die französischen Zigeuner auf neue Weise zur Kenntnis genommen wurden, daß sich auf einmal Fernsehreportagen und Zeitungsartikel mit ihnen beschäftigten.

Robinson mit und ohne Auto

Die echte, naturbelassene Camargue gibt es noch, aber zum großen Teil ist sie dem Normalsterblichen nicht mehr zugänglich. Rund um den riesigen Etang de Vaccarès erstreckt sich die «Réserve nationale», eine Sperrzone, die nötig wurde angesichts des stetig wachsenden Touristenstroms und seiner fatalen Konsequenzen für Fauna und Flora. Mit Ausnahme weniger Naturforscher darf in die «Réserve» niemand mehr rein. Keine Coladosen, Zigarettenkippen, Plastiktüten, kein Radiogedudel mehr; das Binnenmeer, Zwischenstation für viele Zugvogelschwärme, bleibt unbehelligt von den Lärm- und Duftmarken der Zweibeiner. Geheimnisvolle, nur von Tieren bewohnte Inseln gibt es da, deren Ruhe kein Mensch stören darf. Dort liegt der Bois de Rièges, letzter Rest eines großen Waldgebiets, das dem Schiffbau von Arles zum Opfer fiel. Stolz und ungefährdet gehen dort Wildschweine ihrem Tagewerk nach, bis zu achtzig Zentimeter lange Smaragdeidechsen kriechen herum, ebenso wie die Couleuvre de Montpellier und anderes Schlangengezücht. Biber tummeln sich, Purpurreiher und bunt schillernde Riesenlibellen, und kein Mensch weit und breit, der sie knipst oder füttert. Was für eine Verschwendung!

Daneben gibt es aber in der Camargue durchaus noch andere Gebiete zum Selberentdecken. Gebraucht wird dazu auf jeden Fall eine gute Karte, am besten die IGN-Karte Nummer 303. Ein Ausgangspunkt für tieferes Vordringen ins Terrain könnte Salin-de-Giraud sein, ein Ort, der seine Entstehung der Salzgewinnung verdankt, die hier seit hundert Jahren in industriellem Maßstab betrieben wird. Den Arbeitern, die man in diese weitabgelegene Verlassenheit holte, wurde von der Firma eine für damalige Verhältnisse moderne «Cité ouvrière» gebaut: identische Häuschen im Schachbrettmuster, nach dem Vorbild nordfranzösischer Bergwerkssiedlungen. Überraschend, in dieser Wüstenei eine Arbeiterkolonie des letzten Jahrhunderts vorzufinden – nicht schön, aber erstaunlich, wie so vieles in der Camargue. Zwischen diesem bizarren Salz-Dorf und der Pointe de Beauduc liegt eine amphibische Welt von eigenartigem Reiz: ein Gewirr aus Etangs, Kanälen, toten Flußarmen wie «le Vieux Rhône», durch Dämme abgeteilt, über die zweifelhafte Wege mit baufälligen Stegen führen, Schilf, rissige Erde, graue Salzpflanzen und Modergeruch – lieblich ist das nicht, es hat eher etwas Morbides. Aber in der Ferne sind auch Leuchttürme zu erkennen und weisen die Richtung zu verlockenden Endlos-Stränden.

Dort, ganz weit draußen, auf einer Sandzunge hinter brackigen Lagu-

Robinsonade auf Zeit

nen, liegt die merkwürdige Ansiedlung Beauduc. Ihre Behausungen sind aus Treibgut zusammengeschustert, bestehen aus Schilf-Palisaden, ausrangierten Bussen oder sonstigem Schrott. Den harten Kern dieser Outsider-Kolonie bilden mehrere Fischerfamilien, die ganzjährig hier am Ende der Welt leben. Ihnen haben sich zahlreiche Aussteiger auf Zeit zugesellt, die sich aus ähnlichen Materialien chaotische «Ferienhäuser» in den Sand gesetzt haben. Ein Teil dieser surrealistischen Architektur wird regelmäßig von den Herbst- und Winterstürmen demoliert und dann im Frühling von den Freizeit-Robinsons aus Arles, Nîmes oder Avignon wieder zusammengeflickt. Der Außenposten kennt weder Gendarm noch Bademeister, auch kein fließendes Wasser oder Telefon. Aber die Bewohner hängen an ihrem gesetzlosen Baracken-Traumreich. Echt gesetzlos sind auch die Fischer, die mit ihren kleinen Booten auf den fischreichen Golf von Beauduc hinaustuckern. Fast alle sind sie nichtregistrierte «Wilderer», aber sie verteidigen ihre Bucht mit Klauen und Zähnen und wenn es sein muß auch mit dem Schießeisen. Als hier einmal ordnungsgemäße Kutter aus le Grau-du-Roi ihre Netze auszuwerfen wagten, pfiffen den Eindringlingen plötzlich Kugeln um die Ohren. Die rauhen Burschen von Beauduc sollen sogar Molotow-Cocktails geschmissen haben. Der nachfolgende Prozeß vermochte sie jedenfalls nicht aus ihrem Schrott-Dorf in der Wildnis zu vertreiben. Ihr Oberhaupt, gewissermaßen der Bürgermeister, ist ein verwitterter Mensch namens Justin, genannt Juju, der schon über dreißig Jahre hier draußen lebt. In seinem Autobus-Wrack-Restaurant «Chez Juju» bietet er frischgefangene Loups, Seezungen und Dauraden an. Die zwei improvisierten Kneipen der Outlaw-Siedlung machen nette Geschäfte, denn es kommen nun zunehmend Tagesausflügler mit dem Auto über die Holperstrecke heraus, um sich in die Dünen zu schlagen – was immer auf irgendeine Weise mit Autos erreicht werden kann, das wird auch erreicht, gnadenlos.

Schwerer zugänglich und deshalb wesentlich einsamer ist die Küste der Petite Camargue, die sich zwanzig Kilometer lang zwischen Petit Rhône und Rhône Vif erstreckt. Um dorthin zu gelangen, muß man rund zwei Stunden zu Fuß gehen, eventuell nützt auch ein robustes Fahrrad. Das Glück will erarbeitet sein. An Reisfeldern und weitverstreuten Höfen geht es unter heißer Sonne vorbei, aber dafür wird man schließlich mit einer fast unberührten Lagunenlandschaft belohnt, von Tamarisken bestanden und mit prachtvollen Stränden, aus deren Sand keine Sonnenöl-Plastikflaschen herausragen. Dafür liegen angeschwemmte Baumleichen am Ufer, wie mächtige ausgebleichte Skelette, halb von der Brandung umspült – bizarre Naturskulpturen, herausgerissen bei den Äquinoxialstürmen, während derer das Meer über den schmalen Strand vor den Lagunen schwappt. Dort, in den Gewässern hinter dem Sandstreifen, finden sich endlich die vielbegehrten Flamingos in großen Mengen. Zu Hunderten und in nächster Nähe staksen sie graziös durchs seichte Wasser, erheben sich auch gelegentlich zum Formationsflug in die Lüfte. Schön ist es auch entlang der friedlich glucksenden Kleinen Rhône. Weiße Fischreiher stehen grazil herum, Frösche quaken im Schilf. Die Wege sind allerdings stellenweise nicht klar definiert, manchmal müssen Wassergräben übersprungen werden, und gelegentlich findet sich der Explorer in dieser zaunlosen Naturlandschaft mit einer Herde schwarzer Stiere konfrontiert. Die stehen genau da, wo man durch muß, wenden dem Störer ihre Köpfe mit den lyra-förmigen Hörnern zu. Ein ungutes Gefühl meldet sich im Magen, während man sich den schwarzen Kerlen nähert. Aber wie auf Kommando rennen sie plötzlich weg und geben den Weg frei. Ein Wunder, das sich im folgenden mehrmals wiederholt, bis Wandersfrau und Wandersmann schließlich ganz mutig werden.

Tanz ums goldene Kalb

Die schwarzen Stiere sind ein unverbrüchlicher Bestandteil der Camargue; sie gehören zu ihr wie ein Markenzeichen. Seit wann sie hier gezüchtet werden, ist ungewiß, möglicherweise seit Urzeiten. Verglichen mit gewöhnlichen Rindern geht es ihnen nicht schlecht: Nach drei Jahren angenehmsten Weidelebens entscheidet der Züchter, welche der Metzger bekommt («estouffade de taureau», köstlich!) und welchen er eine Karriere als «cocardier», als Kampfstier zutraut. Die meisten Dörfer und kleinen Städte in der Camargue und um sie herum verfügen über Arenen, wo im Schatten von Platanen die «course camarguaise» praktiziert wird, ein halb sportliches, halb rituelles Treiben, das mit den vor hundertzwanzig Jahren importierten spanischen Corridas nichts zu tun hat. Die im Prinzip unblutigen Stierkampf-Spiele sind ureigenste Tradition dieser Gegend rund ums Rhone-Delta. Gelegentlich wird behauptet, es handle sich dabei um Reste des einstmals im Mittelmeerraum verbreiteten Mithraskults. Das sind faszinierende, aber unbewiesene Spekulationen.

Sicher ist indessen, daß die lokale Stier-Begeisterung kulthafte Züge besitzt, über die sich der fremde Beobachter wundern kann. Die «course camarguaise» liefert einen beachtlichen Beitrag zur regionalen Identität. Ihre Anhänger finden sich in diversen Stierclubs zusammen, die ihren Sitz meist in Stierfreunde-Cafés haben, wo man Spezialzeitschriften wie «Camargiguo», «La Bouvine» oder «Toros» liest. Am Auto hat der Fan einen Aufkleber mit dem Dreizack, dem Erkennungszeichen der Aficionados. Die «courses» sind ein populäres, billiges Vergnügen, das nichts vom Pomp und Spektakel der spanischen Corrida hat, eher den Geruch des Ländlichen, der kleinen Leute. Auch die Stiere sind nicht die gleichen; die Camargue-Rasse ist kleiner, drahtiger, mit längeren, anders gebogenen Hörnern. Außerdem sind sie nicht anonym wie das Corrida-Schlachtvieh, sondern haben Namen wie «Aristote», «Papounet» oder «Samourai», die groß auf den Ankündigungsplakaten stehen. Die «temporada», die Zeit der Kämpfe, dauert von Ostern bis Oktober. Also auf zur Saisoneröffnung in die Kleinstadt Beaucaire, eine Hochburg des Stierwesens!

Zu Füßen der mächtigen Burgmauern, entlang der Rhône, liegt der weitläufige Champ de Foire, wo vor langer Zeit große Messen stattfanden, die Händler aus dem gesamten Mittelmeerraum sich versammelten und den heute längst verschwundenen Reichtum von Beaucaire begründeten. Jetzt ist der Messeplatz ein Flanier- und Freizeitgelände mit hohen Platanen. Es gibt dort ein seit

langem geschlossenes «Casino» aus besseren Zeiten, dicht umlagerte Boule-Plätze und mehrere Freiluft-Cafés, die an Biergärten erinnern. Und da steht auch die Arena, zu der sich eine sonntäglich beschwingte Menge hinbewegt; am Eingang Buden mit Chichi-Schmalzgebäck, Zuckerwatte und bunten Lutschern sowie Stände mit Stier-Kitsch. Über dem Tor der Arena zwei steinerne Stierköpfe und, weil es ein öffentliches Gebäude ist, das eingemeißelte «Liberté-égalité-fraternité». Ein dumpfer Gang führt ins Innere, eine Plakette erinnert an den Kämpfer Soundso, dem es in den dreißiger Jahren gelungen war, fünfzehnmal «le terrible Sanglier» zu bezwingen. Das «schreckliche Wildschwein» ist ein legendärer Stier aus der Vorkriegszeit, dessen Andenken in hohen Ehren gehalten wird. Auf den Rängen der ovalen Arena herrscht fröhlich-erwartungsvolle Stimmung. Unten, in den vordersten Reihen, sitzen auf mitgebrachten Kissen alte Männer mit Schiebermützen. Sie sind die Fachkundigen, die keinen Kampf versäumen. Im übrigen besteht das Publikum aus kompletten Familien, mit Oma, Opa und den ganz Kleinen, die rumquengeln und ein Eis wollen, aus kichernden Mädchen und Halbwüchsigen, die mit lässigem Gebaren in der obersten Reihe stehen. Eine Lautsprecherstimme begrüßt mit starkem Midi-Akzent die verehrten Stierfreunde zur neuen Saison und fordert erstmal zu einer Schweigeminute auf, zum Gedenken an all die Kämpfer, Züchter und Aficionados, die im vergangenen Jahr dahingegangen sind.

Nachdem die Gemeinde wieder Platz genommen hat, ertönt krächzend und scheppernd der Toreromarsch aus «Carmen», die weißgekleideten Kämpfer, «les razeteurs», marschieren ein. Nun wird es ernst: Ein Trompetensignal, und es erscheint seine Majestät «lo biou», der Stier. Die Männer in weiß, zehn bis fünfzehn an der Zahl, müssen nun versuchen, mittels einer Metall-Kralle dem Stier verschiedene Kokarden, Bommeln und Bänder zu entwenden, die ihm zwischen den Hörnern befestigt sind. Das erfordert Schnelligkeit und Mut und führt zu akrobatischen Leistungen beim rettenden Sprung über die hölzerne Barriere. Für den Fall, daß einer auf die Hörner genommen wird, steht draußen ein Ambulanzwagen bereit. Für jede der zu entreißenden Trophäen ist eine Prämie ausgesetzt, deren Betrag laufend erhöht wird. Während des Kampfgetümmels rattert die Lautsprecherstimme ohne Unterlaß die Namen der Stifter herunter, die jeweils zehn Francs zugelegt haben: der Zeitungshändler Duval, das «Café de Commerce», Charlie, «le roi de la pizza», der Regionalvertreter von «Pastis 51», die Weinhandlung «Cave des Costières» – für all die edlen Spender eine hervorragend billige Werbemöglichkeit. Zugleich wächst mit dem Einsatz die Risikofreude der «razeteurs», die immer gewagter um den Stier herumspringen.

Ist die Zeit abgelaufen, ertönt wieder das Trompetensignal, und der Stier, ganz Herr der Lage, trabt würdig unter den Klängen von «Carmen» und dem Applaus des Publikums dem geöffneten Tor zu, derweilen sein nächster Kollege angekündigt wird. Ist es ein bekannterer Stier, geht ein respektvolles Raunen durch die Menge: «Ooooh! Papayou! Il est dangereux, celui-là!» Eindeutig sind die Stiere hier die Hauptpersonen. Da sie jedesmal unversehrt in ihre Manade zurückkehren, können sie sich von Kampf zu Kampf weiterbilden, werden raffinierter und entwickeln so etwas wie «Persönlichkeit». Ihnen gelten denn auch nach den Kämpfen die Zeitungskommentare in der Lokalausgabe des «Provençal»: «Gute Leistung an der Barriere zeigte Toubib aus der Manade Guillerme» – «Mit großartiger Willenskraft ausgestattet. Hat ‹Carmen› beim Abgang sehr verdient!» – «Capelan gab seinen Gegnern große Probleme auf.»

Während der Ruhm meistens den Stieren reserviert ist, bleiben die Gegner im allgemeinen zweitrangig. Die jungen Männer in Weiß litten zudem früher unter einem äußerst geringen Sozialprestige. Sie, die in den Staub der Arena gingen, gehörten traditionell zur untersten Schicht der ländlichen Hierarchie, waren halb Landarbeiter, halb Herumtreiber und jedem anständigen Bauern ein Greuel. Denn so ein Filou ohne Haus, Hof und Weinberg könnte womöglich der Tochter den Kopf verdrehen, und dann gute Nacht. Unsolide Burschen waren das, die das eben gewonnene Geld gleich wieder im Bistro verschleuderten. Man beklatschte den Mut dieser Gesellen, hielt sie aber für Abschaum.

Das hat sich seither ein wenig geändert. In den siebziger Jahren wurde die «course» offiziell als Sport anerkannt, und eine Handvoll wirklich guter «razeteurs» schafft es, von den Prämien zu leben. Seit kurzem ist es einem von ihnen sogar gelungen, aus der Anonymität herauszutreten und zum Idol zu werden: Christian Chomel heißt er, ein langmähniger Draufgängertyp, dessen Name als einziger fett aufs Plakat gedruckt wird, weil er ein Publikumsmagnet ist. Chomel zögert nicht, seinen Glanz zu vermarkten. Vor der Arena werden seine Konterfeis verkauft, und er hat es auch schon gewagt, mit Werbung am Trikot aufzutreten – eine Art Boris Becker der Camargue. Während er nach der Veranstaltung von Autogrammjägern umlagert wird, sitzen die anderen «razeteurs» schon nebenan im «Café des Sportifs» im Kreis der fachsimpelnden Alten. Säuerlich klagen sie über den hereinbrechenden Starkult und die Kommerzialisierung des regionalen Brauchtums.

Gleich zwei Stier-Denkmäler gibt es in Beaucaire, eins für «Clairon», das andere für «Goya». Heidnische Rinder-Verehrung? Götzendienst? An den Theken der Cafés und in den einschlägigen Zeitschriften wird unverdrossen das Hohelied auf die großen «cocardiers» der Vergangenheit angestimmt. Goya, Cid, Ventadour, Prouvenco – ihre Heldentaten und ihre Stammbäume sind unerschöpfliche Palaverthemen. Aber der größte von allen bleibt der erwähnte «Sanglier», der von 1920 bis 1930 über die Arenen der Camargue herrschte. Über ihn wurden Gedichte geschrieben und Lieder gesungen, Postkarten verbreiteten sein Antlitz. Er wurde gefeiert als «le terrible et incomparable Sanglier, l'orgueil de la Camargue» – der schreckliche und unvergleichliche Sanglier, Stolz der Camargue. Schon zu Lebzeiten wurde eine volkstümliche Legende um ihn gestrickt. Am 22. Oktober 1933 verstarb er auf seinem Altersruhesitz in Le Caylar. In weiße Leinentücher gehüllt, wurde der Koloß am Ortseingang beigesetzt, ein würdiges Grabmal schmückt seither diese Stelle. Stierbegeisterte, die dort vorbeikommen, nehmen den Hut ab. ∎

Marseille

PUZZLE AUS WIDERSPRÜCHEN

«Warten aufs nächste Massaker» – «13 Tote im Bandenkrieg» – «Monster-Razzia der Taxifahrer» – «Heroin, Politik, Korruption» – «Marseille: Chicago des Mittelmeers» – «Marseille: Hochburg des Rassismus». Diese Stadt hat weiß Gott keine sehr gute Presse. Mit Ihrem Ruf steht es nicht zum besten. Kaputt sei sie, krank, verkommen, so hört man. Außerdem dreckig, laut, vulgär, voll von zwielichtigen Ausländern, Gangstern, Rassisten – je nachdem. Eine vage Erinnerung nur noch, das Marseille aus Marcel Pagnols populären Theaterstücken, das gemütlich-verschmitzte Hafenvölkchen aus «Marius» und «Fanny», wenn es das denn überhaupt je gegeben haben sollte. Man braucht heute den Namen der Stadt nur irgendwie in Frankreich zu erwähnen, und die

Leute schlagen die Hände über dem Kopf zusammen: Marseille – das Allerletzte.

Viel machen lieber einen Bogen um die Stadt. Doch sie ist aufregend, zugleich kreuzhäßlich und wunderschön. Aber man braucht eine Ader dafür. Zu allen Zeiten waren Reisende von Marseille fasziniert, gerade wegen der schroffen Gegensätze, wegen einer unvergleichlichen Atmosphäre und auch wegen des fragwürdigen Rufs. «Marseille – gelbes, angestocktes Seehundsgebiß, dem das salzige Wasser zwischen den Zähnen herausfließt», schwärmte Walter Benjamin, der dieser Stadt besonders zugetan war. Sie ist weder homogen noch elegant, hat keine ästhetische Identität. Sie ist eine Hafenstadt, sonst nichts. Aber das allein bedeutet schon eine

Menge an Mythen, Bildern, Spannungen.

Nun kann es tatsächlich sein, daß man, kaum eingetroffen, sofort wieder weg will, zumal aus dem stinkigchaotischen Verkehrshorror der Innenstadt. Dann sollte man am besten erstmal hinauf zum zentralen Ausguck, der Kirche Notre Dame de La Garde, die droben auf ihrem Felsen über die Millionenstadt wacht. Die Kirche ist ein Kitsch-Monument aus dem 19. Jahrhundert, das Marseiller Gegenstück zu Sacré Cœur in Paris, Ausdruck der klerikalen Gegenoffensive nach dem gottlosen Treiben der Revolutionen. Auf dem Turm steht die goldene Muttergottes und strahlt im Sonnenlicht. Sie hat allen Grund dazu, denn von dort aus ist die Szenerie atemberaubend. Kann sein, daß der Mistral pfeift, dann ist es zwar kühl, und man wird zerzaust, aber dafür ist die Luft besonders klar, alles bekommt scharfe Konturen, wird plastisch: das Gewirr der Dächer unten, die Schaumkronen auf dem Meer, die weißen Fährschiffe aus Tunis oder Algier, weiter draußen die Inselgruppe des Archipel du Frioul und landeinwärts die karstigen Berge, wo Marseille in Siedlungen aus monströsen Beton-Wohnriegeln ausfasert. Das urbane Gewebe ist unübersichtlich, voller Hügel und talartiger Einschnitte, aber mit einem zentralen Bezugspunkt: «Marseille, ein blendendes Amphitheater, baut sich um das Rechteck des Alten Hafens auf», schrieb 1926 Siegfried Kracauer, der etwas übrig hatte für charaktervolle Großstädte. «Den meergepflasterten Platz, der mit seiner Tiefe in die Stadt einschneidet, säumen auf den drei Uferseiten Fassadenbänder gleichförmig ein.»

Dieser Platz aus Wasser war von jeher der Mittelpunkt, war Lebensgrundlage, Sinn und Zweck der Stadt, war überhaupt die geographische Vorbedingung für ihr Entstehen. Denn die natürliche Hafenbucht bewog einst Seeleute aus dem kleinasiatischen Phokäa, eine Kolonie ins Leben zu rufen, die sie Massalia nannten. «Hier landeten ungefähr 600 vor Christus griechische Seeleute. Sie gründeten Marseille, von wo die Zivilisation in den Westen ausstrahlte» – so steht es unten am Hafen auf einer Tafel geschrieben. Marseille ist stolz darauf, die älteste Stadt Frankreichs zu sein, läßt sich gern «la ville phocéenne» nennen. Das ruhmreiche Phokäa heißt heute Foça, liegt in der Türkei und ist auf den Rang einer Kleinstadt zurückgefallen, während aus dem einstigen Ableger eine Metropole wurde. Von Anfang an war die Stadt aufs Meer hin orientiert, dem Festland drehte sie ihren Rücken zu. Über das Mittelmeer, diesen betriebsamen Handelsteich, kamen die Menschen, die Marseille groß gemacht haben, alles Ausländer, mit den Griechen angefangen.

Alle Mittelmeervölker sind in diesem Schmelztiegel vertreten – Korsen, Italiener, Spanier, Armenier, Juden, Araber. Die armenische Gemeinde, zum Beispiel, ist die größte in Frankreich. Sie hat 80 000 Mitglieder, ist stark vertreten in den Vierteln Beaumont, Saint-André und Saint-Loup, verfügt über mehr als fünfzig Vereine, neun Kirchen, diverse Zeitungen, Sportclubs und Kulturzirkel. 1988, nach der Erdbebenkatastrophe in der armenischen Sowjetrepublik, zeichnete sich die Marseiller Bevölkerung durch besonders großzügige und spontane Hilfe aus. «Nous sommes tous des arméniens», wir sind alle Armenier,

Marseille – gelbes, angestocktes Seehundsgebiß, dem das salzige Wasser zwischen den Zähnen herausfließt. Schnappt dieser Rachen nach den schwarzen und braunen Proletenleibern, mit denen die Schiffskompagnien ihn nach dem Fahrplan füttern, so dringt ein Gestank von Öl, Urin und Druckerschwärze daraus hervor. Der ist vom Zahnstein, der an den wuchtigen Kiefern festbackt: Zeitungskioske, Retiraden und Austernstände. Das Hafenvolk ist eine Bazillenkultur; Lastträger und Huren, menschenähnliche Fäulnisprodukte. Im Gaumen aber sieht es rosa aus. Das ist hier die Farbe der Schande, des Elends. Bucklige kleiden sich so und Bettlerinnen. Und den entfärbten Weibern der Rue Bouterie gibt das einzige Kleidungsstück die einzige Farbe: rosa Hemden ...

Geräusche. Oben in den menschenleeren Straßen des Hafenviertels sitzen sie so dicht und so locker wie in heißen Beeten die Schmetterlinge. Jeder Schritt schreckt ein Lied, einen Streit, Klatschen triefenden Leinzeugs, Brettergerassel, Säuglingsgejammer, Klirren von Eimern auf. Nur muß man sich allein hierher verloren haben, um ihnen mit dem Kescher nachzufolgen, wenn sie taumelnd in die Stille entflattern. Denn noch haben in diesen verlassenen Winkeln alle Laute und Dinge ihr eigenes Schweigen, wie es um Mittag auf Höhen ein Schweigen der Hähne, ein Schweigen der Axt, ein Schweigen der Grillen gibt. Aber die Jagd ist gefährlich und zuletzt bricht der Häscher zusammen, wenn ihn wie eine riesenhafte Hornisse von hinten ein Schleifstein mit dem zischenden Stachel durchbohrt.

Walter Benjamin: Denkbilder – Marseille. Aus: Gesammelte Schriften IV, 1. Suhrkamp Verlag, Frankfurt 1974

hieß es da. Mehrere Flugzeuge mit Medikamenten und Kleidung flogen von Marseille aus nach Eriwan, der Bürgermeister begab sich höchstselbst ins Katastrophengebiet, um als Arzt Hilfe zu leisten und wohl auch mit einem Seitenblick auf die armenischen Wähler. Großzügige Spenden kamen von den meist jüdischen Geschäftsleuten des Viertels der Kleidergroßhändler. Der Fußballverein «Olympic Marseille», allgemein «OM» genannt, zweigte von jeder Eintrittskarte etwas für die vom Unglück heimgesuchten Armenier ab. Manchmal zeigt Marseille auch seine anrührenden Seiten.

Verwirrter Planet

Die nördliche Seite des Vieux Port ist merkwürdig einheitlich bebaut mit Nachkriegswohnblocks, die eine bräunlich-fleckige Patina entwickelt haben. Dazwischen steht das alte Rathaus im Genueser Stil, das in dieser Umgebung einen zierlich-putzigen Eindruck macht. Drumherum muß es früher anders ausgesehen haben. Walter Benjamin hat das alte Quartier noch durchstöbert: «‹Les Bricks›, so heißt das Hurenviertel nach den Leichtern, die hundert Schritt davon an der Mole des alten Hafens vertaut sind. Ein unübersehbarer Fundus von Stufen, Bögen, Brücken, Erkern und Kellern.» Auch Siegfried Kracauer kannte es noch: «In den Schwammhöhlen des Hafenviertels wimmelt die menschliche Fauna, rein steht in den Lachen der Himmel. Verjährte Paläste sind zu Bordellen umgewandelt, die jede Ahnengalerie überdauern.» Nicht überdauert hat das Quartier die deutsche Besatzung. Der Gestapo war es ein Horror, mit seinen Treppen, Durchgängen, verwinkelten Gassen; ein Labyrinth, unordentlich, unsittlich, unheimlich, möglicher Schlupfwinkel für Résistance-Leute und Flüchtlinge. Rund vierzig Puffs soll es da nach offiziellen Erhebungen gegeben haben, man denke. So wurde das Hafenviertel denn geräumt und auf deutschen Befehl von den Vichy-Schergen in die Luft gejagt.

Ein Stück ist noch übrig von diesem ältesten Teil der Stadt: Le Panier, der letzte Rest des alten Marseille, oberhalb der neueren Blocks auf einem Hügel gelegen, ein enges, verschachteltes Quartier, fast eine kleine mediterrane Stadt für sich. Bei Mistral wird die Wäsche schön hochgewirbelt, die hier, wie sich das gehört, dekorativ über der Straße aufgehängt ist. Auf diesem Hügel siedelten schon die Griechen, die heutige place de Lenche war ihre Agora. In jüngerer Vergangenheit war dies ein Wohnviertel für Fischer, Seeleute und Hafengelichter. Auch jetzt wird es von niederem Volk jedweder Herkunft bewohnt, macht aber eher einen ruhigen Eindruck. Vielleicht wird es bald zu einer «besseren» Adresse. Seit kurzem sieht man hier schon schickere Menschen des «Tout-Marseille» auftauchen, die zuvor niemals einen Fuß in diesen Stadtteil gesetzt hätten, denn ausgerechnet mitten im Panier liegt Marseilles größte neue Kulturattraktion: die «Vieille Charité». Dieses Hospiz, im 17. Jahrhundert vom «Marseiller Michelangelo» Pierre Puget erbaut, diente ursprünglich der Zwangsunterbringung von Armen und Vagabunden – ein mächtiges Carré in hellrosa Stein, mit umlaufenden Arkaden auf drei Etagen, in der Mitte des Innenhofes steht eine elegante Barockkapelle.

Lange war dieses architektonische

Vom Armenhaus zum Kulturtempel: la Vieille Charité

Juwel mißachtet und vernachlässigt worden. Mal diente es als Kaserne, dann wurde es zum Notaufnahmelager für die von der Sprengung des Hafenviertels Betroffenen. Die hausten da immerhin bis 1962, dann mußten sie raus, weil das Gebäude baufällig war. Nach längerem Zögern wurde es schließlich doch nicht abgerissen, sondern renoviert, schön sauber geputzt und 1986 als Mehrzweck-Kulturtempel eröffnet, und zwar mit einer Ausstellung, die gleich zu einem Großereignis wurde und rangmäßig mit den Monster-Shows des Pariser Centre Pompidou verglichen wurde: «le Planète affolé», der verwirrte Planet. Es ging dabei um die Surrealisten in Marseille. 1940 nämlich kamen André Breton und seine Bande auf der Flucht vor den Deutschen hier zusammen und warteten auf Visa für die Ausreise nach Amerika. Während der Wartezeit stand ihre Kunstproduktion nicht still. Überhaupt war Marseille für kurze Zeit eine Stadt mit extrem hoher Künstler- und Intellektuellendichte – ungewohnt für die Hafenstadt und ein guter Grund für eine Großausstellung 45 Jahre später.

«Le Vieux Port», der Lacydon der Phokäer, wird heute nur noch von Segelyachten bevölkert. Manchmal kommt besuchsweise ein fähnchengeschmückter US-Zerstörer. An der Kopfseite, dem Quai des Belges, verkaufen die «Pêcheurs artisanaux», die kleinen Fischer, ihren Tagesfang. Unverkäufliche Reste und Eingeweide werden mit beiläufiger Nonchalance ins Hafenwasser expediert. Alle Waren dieser Welt wurden an diesen Quais einmal ausgeladen. Auf alten Gemälden des Hafens ist ein unglaubliches Durchein-

Die Bahnhofstreppe: verblichener Kolonialprunk

ander von Menschen verschiedenster Herkunft zu sehen: Schwarze, Weiße, Gelbe, mit oder ohne Turban, wuseln lastenschleppend, handelnd, debattierend vor einem dichten Wald aus Schiffsmasten herum. Marseille hatte praktisch das Monopol für den Levantehandel inne, besaß, wie es hieß, die Schlüssel zum Orient. 1830 wurde Algerien erobert und Marseille zum Brückenkopf und Kontor der nordafrikanischen Kolonien. Der alte Hafen reichte bald nicht mehr aus, ab 1844 entstanden die neuen Anlagen, die sich gut zehn Kilometer weit von La Joliette bis L'Estaque hinziehen. Noch steiler bergauf ging es für Marseille nach der Eröffnung des Suez-Kanals. Nun lagen auch Indien, Indochina und Japan vor der Tür. Für die Marseiller war das in gewisser Hinsicht «näher» als das eigene Hinterland.

In der zweiten Hälfte des 19. Jahrhunderts erlebte der Hafen und damit die Stadt eine boomartige Entwicklungsphase. Nun gehörten die Marseiller Reeder und Großhändler, die Profiteure des Kolonialgeschäfts, nicht zur diskreten Sorte der Kapitalisten: ihnen fehlte der Stil altgedienter Bourgeois-Eliten, sie waren Schnellaufsteiger, bauten sich Kitsch-Villen, trumpften auf, zeigten, was sie hatten. Sie bereicherten sich, investierten aber kaum in neue Industrien. Die Marseiller Fabriken beschränkten sich auf die Verarbeitung agrarischer Rohstoffe – Öl, Seife, Zucker, Schokolade, Nudeln. Es blieb eine Wirtschaft kolonialen Typs. Die Bourgeoisie schmückte sich das Heim mit «orientalistischer» Malerei und exotischen Beutestükken. Marseille war bekannt für seine glanzvollen Kolonialausstellungen.

«Große Eingeborenen-Feste» wurden da veranstaltet, «exotische Attraktionen» nachgebaut: Straßen aus Saigon und Hanoi, der Markt von Tombouctou, algerische Farmen und tunesische Basare, dazu gab es indochinesisches Theater und Musik aus Madagaskar – Hereinspaziert! Mit echten Wilden! Die koloniale Bereicherungsphase fand ihren Ausdruck im Stadtbild: Es entstanden die protzige Kathedrale «La Major», die Börse, das Opernhaus, die Prachtavenue «La Canebière» und die Monumentaltreppe zur Gare Saint-Charles, geschmückt mit den «Kolonien» in Gestalt lasziv hingelagerter Damen.

In dieser Stadt, die mit dem endgültigen Untergang des französischen Kolonialreichs, also ab 1962, in eine Dauerkrise geschlittert ist, wirken die Zeugnisse der «großen Zeit» wie nostalgische Einsprengsel. Zum Beispiel die Canebière: Für die Marseiller gab es früher keinen Zweifel, dies war die schönste Straße der Welt. Jetzt ist sie nur noch ein Schatten ihrer selbst. An die einstige Grandezza erinnern bloß noch die weltstädtischen Kandelaber. Dabei kannte alle Welt die Canebière mit ihren reich dekorierten Café-Häusern, den noblen Hotels, Theatern, Music-Halls. Sie wurde in Schlagern besungen, war berühmt nicht zuletzt wegen Vincent Scotto, dem Marseiller U-Musik-Komponisten, der 4000 Chansons und 60 Operetten hervorbrachte. La Canebière – eine glitzernde Lebensader, die Champs-Elysées des Südens. Aber sehr lange scheint es schon her, daß sich hier im abendlichen Lichterglanz die Idole aus Sport, Kino und Variété blicken ließen. Schäbig geht es zu zwischen dem Vieux Port und der Église des Reformes – Ramschläden, Fastfood, Porno-Mief, schmuddelige Fassaden. Abends flaniert hier niemand mehr, es ist unbehaglich geworden, die vielbesungene Meile gilt als unsicheres Pflaster.

«Sie haben uns die Canebière gestohlen!» lautet die oft wiederholte Klage. «Sie», das sind die Araber, die das benachbarte Quartier Belsunce dominieren, ein Immigranten-Ghetto mitten in der Innenstadt. Für viele Marseiller ist das der Horror schlechthin, ein deutlicher Beleg für den Niedergang ihrer Stadt. Belsunce war seit jeher ein Durchgangsviertel zwischen Bahnhof und Hafen, es gab früher Hotels aller Kategorien und eine sehr gemischte Bevölkerung. Aber dann ging es mit dem Quartier bergab, es wurde vernachlässigt, die Alteingesessenen zogen weg, irgendwohin, wo es komfortabler war, und überließen die heruntergekommenen Behausungen den Immigranten. «La Casbah» wird es nun genannt, mit Ekel in der Stimme, auch vom «Souk» ist abschätzig die Rede. Und tatsächlich, dieser Souk hat bereits Vorposten auf der anderen, der «weißen» Seite der Canebière gebildet. Hauptader dieses maghrebinischen Marktes aber ist der Cours Belsunce. Nichts, was es da nicht gäbe. Bestickte Tuchballen, Stahlkoffer, Imitatuhren, Regenschirme, Teppiche, Taschenrechner, Autoersatzteile... Dazwischen ein schmiedeeisernes Vordach mit dem Namenszug «Alcazar». Dies war mal die beliebteste Music-Hall der Stadt. Yvo Livi, bekannt geworden unter dem Künstlernamen Yves Montand, machte hier seine ersten Schritte auf der Bühne. Jetzt befindet sich hinter der Fassade ein Ramschlager. In den Seitenstraßen: Halal-Schlachter, islamische Buchläden, schummrige Couscous-

Dielen mit dem Farbdruck von Mekka über der Kasse. In der rue Thubaneau Nummer 25, wo zum erstenmal die «Marseillaise» gesungen wurde, im einstigen Revolutionsclub der Freunde des Konvents, ist jetzt ein Hammam, ein arabisches Schwitzbad. Vor der Tür breiten fellineske Prostituierte ihre quellenden Formen aus.

Die «Casbah» ist ein Basar nicht nur für die Ortsansässigen, sondern für mehr als eine Million Maghrebiner, die jährlich den Weg über die Hafenstadt nehmen. Marseille zählt rund 120 000 Moslems. In 23 Schulen sind Kinder aus mohammedanischen Familien in der Mehrheit. Während das zentral gelegene Quartier Belsunce vorwiegend von Junggesellen bewohnt ist, die oft in finsteren «Hotels» hausen, wo ihnen dreckige Matratzen vermietet werden, leben die Familien meist in den Betonriegeln der nördlichen Peripherie, in hastig hingeklotzten Silos für «sozial Schwache». Viele Marseiller, die ihrerseits meist von irgendwelchen Einwanderern abstammen, fühlen sich von den Zuletztgekommenen, den Nordafrikanern, heimgesucht, bedroht, überflutet.

Seit dem ersten Öl-Schock Mitte der Siebziger Jahre ist im Zuge der sich zuspitzenden Krise das Ressentiment gegenüber Arabern immer heftiger geworden. In dieser Stadt, die ihre angestammten wirtschaftlichen Grundlagen verloren hat, in der die Arbeitslosigkeit vierzehn Prozent überschreitet, hat sich ein brisantes Klima herausgebildet, das sich periodisch in rassistischen Exzessen entlädt. Auf einzelne Straftaten nordafrikanischer Jugendlicher folgen gelegentlich Anti-Araber-Nächte mit Lynch-Morden. 1982 nahmen über hundert Taxifahrer einen Diebstahl zum Anlaß für eine nächtliche Strafexpedition, bei der sie eine ganze Wohnsiedlung einkreisten und terrorisierten, geparkte Autos demolierten, Passanten verprügelten. Angeheizt wurde der Araberhaß besonders durch die rechte Tageszeitung «Le Méridional», die lange Zeit keine Gelegenheit ausließ, auf die Araber der «Zweiten Generation» einzudreschen: Schützenhilfe für die Nationale Front. Mit Slogans wie «Heute Beirut, morgen Marseille?» ist die zweitgrößte Stadt Frankreichs zur Hochburg dieser rechtsextremen Partei geworden. Mehr als 28 Prozent gaben hier bei den Präsidentschaftswahlen von 1988 ihre Stimme dem Extremistenführer Le Pen. Im Triumphmarsch schritt er mit ein paar zehntausend Anhängern die Canebière hinunter, links und rechts holten sich Araber blaue Augen. Für einen Tag eroberte sich das christliche Abendland die Prachtstraße des einstigen Kolonialhafens zurück. «Marseille ist Frankreichs größter Mülleimer für nordafrikanische Abfälle geworden», formulierte Le Pens Wochenzeitung «National Hebdo».

Kosmopolitisches Reizklima

Mitten im Viertel Belsunce, in der rue du-Tapis-Vert, liegt das Studio von «Radio Gazelle». Um reinzukommen, muß man sich über eine Sprechanlage vorstellen, sicher ist sicher. Aber dann ist der Empfang freundlich, Gäste bekommen «Thé à la menthe, es herrscht eine lockere Atmosphäre. Die jungen Leute, die den Sender betreiben, sind fast alle arabischer Herkunft. Der Flur ist mit Anti-Le-Pen-Plakaten geschmückt. Gerade läuft ein Pro-

Basar am cours Belsunce

In der «Casbah»

gramm mit «Raï», der neuen Popmusik aus der widerborstigen algerischen Jugendszene. Radio Gazelle ist ein «radio communautaire», es wird nicht ausschließlich von jungen Maghrebinern betrieben, obwohl sie in der Mehrheit sind. Es gibt auch Sendungen für Schwarzafrikaner, Kreolen, Armenier. Man versteht sich als Sprachrohr verschiedenster ethnischer Gruppen. Radio Gazelle beschränkt sich nicht auf Musikberieselung, sondern macht wirkliches Radio, sendet eigene Nachrichten und Informationsprogramme. Es gibt Debatten mit Politikern aller Parteien, FN ausgenommen, Gesprächsrunden über Themen, die von konkretem Interesse sind: Schulprobleme, Jobsuche, oder auch den für Marseille sehr wichtigen Hinweis, wann während des islamischen Fastenmonats Ramadan abends die Fastenzeit zu Ende ist.

Die Mitarbeiter engagieren sich für den Dialog zwischen den verschiedenen Bevölkerungsgruppen dieser an Minderheiten so reichen Stadt, der sie sich im übrigen voll und ganz zugehörig fühlen. «Vor jeder anderen Definition fühle ich mich als Marseiller», sagt Ahmed, 34 Jahre, in Tunesien geborener Radiomacher. «Marseille ist meine Stadt, in ihr bin ich aufgewachsen, sie kenne ich am besten. Ich habe den Akzent von Marseille, begreife mich als hundertprozentigen Marseiller und bin stolz drauf!» Von niemandem will er sich das streitig machen lassen. Das Besondere an dieser Stadt, ihre Einzigartigkeit liegt für Leute wie Ahmed in diesem kosmopolitischen Gemisch der Völker, die hier, wenn auch immer nach Anfangsschwierigkeiten, gelernt haben, miteinander auszukommen. Obwohl, zugegebenermaßen, das Klima derzeit sehr schlecht ist. Alarmierendes Indiz, meint Ahmed, seien die Zustände im Fußballstadion. Das Interesse am Fußballclub Olympic Marseille, OM, war trotz allem ein gemeinsamer Nenner aller Marseiller geblieben, das Stade du Vélodrome ein neutrales Gelände. «Egal, welcher Herkunft: wenn man ins Stadion ging, dann war der Typ neben dir vor allem erstmal auch ein Anhänger von OM. Heute kann man davon nicht mehr ausgehen. Selbst an so einem symbolischen Ort der Gemeinsamkeit hört man jetzt seltsame Bemerkungen, es gibt rassistische Anmache, und man fragt sich, ob man hier eigentlich noch in Marseille ist.»

Ahmed und seine Kollegen von Radio Gazelle gehören zu denen, die das nicht einfach hinnehmen. Angesichts der faschistischen Bedrohung hat sich eine breite Sammlungsbewegung namens «Marseille fraternité» gebildet, in der über hundert verschiedene Gruppen zusammenarbeiten, darunter auch Radio Gazelle. «Seit die Griechen die Völker des Mittelmeerraumes mit diesem Landstrich vermählten, hat Marseille Millionen von Einwanderern integriert, die seinen wirtschaftlichen und kulturellen Reichtum schufen... Kann Marseille akzeptieren, daß irgendwelche Zauberlehrlinge mit seiner Identität Schindluder treiben und es in eine Stadt des Ausschlusses verwandeln? Wir, Marseiller verschiedener Herkunft, verschiedener Philosophie und Religion, wir sagen nein», heißt es in einem Aufruf von «Marseille fraternité». Es gilt, der Vergiftung der Atmosphäre entgegenzutreten, zum Beispiel dem Gerede von den «Cités interdites», den «verbotenen», angeblich von arabischen Banden beherrschten Siedlungen, in die sich keine Polizeistreife mehr reintraut, ein Gerücht, das hundertfach nachgeplappert wird. Natürlich, so sagen die Mitarbeiter von Radio Gazelle, sind die Araber nicht besser als andere. Und oft befinden sich gerade die Jugendlichen in Situationen, die eine Karriere auf der schiefen Bahn nahelegen. «Wir wollen nichts beschönigen: Kleinkriminalität existiert tatsächlich in Marseille. Autoradios und auch Autos werden geklaut. Es gibt kleine Einbrüche, auf der Straße werden Taschen weggerissen. Das ist eine Delinquenz, die in den ‹quartiers populaires› unvermeidlich entsteht, weil da alle Bedingungen versammelt sind – Ghetto, Schulversagen, Arbeitslosigkeit als Lebensperspektive. Aber das ist doch weniger eine Frage der Rasse als ein soziales Phänomen, oder?» Was bleibt übrig, als sich mit aller

Fraternité – nicht für alle

Kraft zur Wehr zu setzen, gegen die rassistische Dreckflut? Es gibt ein anderes Marseille, das die Vielfalt der «communautés» als mögliche Bereicherung ansieht und den Rechtsextremisten nicht kampflos das Feld überläßt. «Das gab's hier schon mal, daß die Faschisten über die Stadt herrschten, zu Zeiten von Sabiani», sagt Ahmed. «Aber wenn es nicht gerade um die Phokäer geht, neigen die Marseiller dazu, ihre Geschichte zu vergessen.»

Politik und Verbrechen

Kurzer Rückblick: Der Korse Simon Sabiani, anfangs Sozialist, später Faschist, war in den dreißiger Jahren offiziell zwar nur stellvertretender Bürgermeister, in Wirklichkeit aber der wahre Herr der Stadt und schuf eine Art Rathaus-Faschismus mit Verbindungen zur Unterwelt. Die von ihm angeheuerten städtischen Angestellten stammten zu einem großen Teil aus dem «Milieu» und dienten als paramilitärische Miliz zur Kontrolle «problematischer» Stadtteile. Gegen Kommunisten und andere Störer wurden die Killertrupps der befreundeten Gangsterbosse Spirito und Carbone eingesetzt. Unter Sabianis Schutz konnten François Spirito und Paul Carbone, genannt «der Tätowierte», ihr Reich traumhaft erweitern und über die traditionellen Branchen Prostitution, Rackett, Glücksspiel und Absinthschmuggel hinaus das noch neuartige Heroingeschäft in Angriff nehmen. Mit Sabiani trat ein beträchtlicher Teil der Unterwelt 1936 in die Faschistenpartei PPF ein und bildete dort den «Ordnungsdienst». Den Sabianisten wurde dann zwar von den Sozialisten das Rathaus weggenommen, aber auch sie versackten derart im Korruptionssumpf der Hafenstadt, daß Marseille 1939 unter Staatsvormundschaft gestellt wurde. Unter dem Vichy-Regime waren dann die PPF und Sabianis Leute wieder dick da. Clans und Gangsterbanden kamen nun unter dem Vorzeichen der Kollaboration zum Einsatz. Spirito leistete der Gestapo als V-Mann wertvolle Dienste, bis er auf dem Weg nach Paris einem Résistance-Attentat zum Opfer fiel. 3000 Menschen wohnten seiner Beerdigung bei, unter ihnen der deutsche Botschafter Otto Abetz. Der korsische Publikumsliebling Tino Rossi sang das «Ave Maria». Ein hoher PPF-Funktionär, Victor Barthélemy, wurde übrigens später persönlicher Sekretär von Jean-Marie Le Pen.

Spirito und Carbone waren die ersten Großgangster, die begriffen hatten, wie nützlich gute Beziehungen zur Sphäre der Politik sind. Die mehr oder weniger offenen Kontakte zwischen Politikern und Ganoven prägten das lokale Leben für lange Zeit. Auch Gaston Defferre, der 1986 verstorbene sozialistische Bürgermeister, bediente sich zumindest zu Beginn seiner Karriere der Hilfe recht dubioser Gestalten. Jahrelang, so hört man, stammten seine Leibwächter aus dem Clan der Guérini-Brüder. Diese waren die Chefs einer Gangsterfraktion, die sich während des Krieges auf die Seite der Résistance geschlagen hatte; damit war sie um einiges weitsichtiger als die Konkurrenz. Die «Libération» von Marseille hatte sich unter maßgeblicher Beteiligung des Milieus vollzogen. Von seiner wilden Korsentruppe ließ sich Defferre auch die wichtigste Zeitung der Stadt erobern. Und so kam es, daß bei der feierlichen Siegesparade ein Gutteil Marseiller Unterwelt an den alliierten Würdenträgern vorbeidefilierte. Mémé Guérini erhielt den Orden der Ehrenlegion und die Tapferkeitsmedaille der Résistance. In den Nachkriegsjahren halfen Guérinis Leute handfest mit bei der Niederschlagung kommunistischer Dockerstreiks, dafür konnten sie weitgehend unbehelligt ihren eigenen Geschäften nachgehen. Die Guérinis wurden zu unumschränkten Herrschern über alle Unterwelt-Aktivitäten, es waren goldene Zeiten. Auch Auslandskontakte, zum Beispiel in die USA, konnten in aller Ruhe geknüpft werden.

Hatte der amerikanische Geheimdienst sich noch 1947 sehr erkenntlich gezeigt für die Vertreibung der Kommunisten aus dem Hafen, so machten in den siebziger Jahren auf einmal amerikanische Stellen heftig Front gegen die Marseiller Zustände. Eine Kommission des US-Senats behauptete, achtzig Prozent des in die USA gelieferten Heroins komme aus Marseille, und die Drogenschieber genössen dort Protektion. Ein führender Ganove namens Nick Venturi sei sogar ein persönlicher Freund des Bürgermeisters. Die amerikanische Presse beschimpfte Defferre als Beschützer der Marseiller Unterwelt. Aber das ging denn doch etwas zu weit – es gab da halt ein paar alte Dankespflichten und Rücksichtnahmen, nicht viel mehr. Jedenfalls, die sogenannte «French Connection» wurde zerschlagen. Der Karriere des Bürgermeisters und zeitweiligen Innenministers Gaston Defferre hat das alles nicht geschadet, sie endete erst 1986 mit einer Herzattacke. Vielleicht war er genau der Typ von Bürgermeister, den diese unregierbare Stadt brauchte, ein nüchterner, aber gerissener Protestant, dem es gelang, die verschiedenen ethnischen Bevölkerungsgruppen halbwegs ruhig zu halten, der den Brodeltopf Marseille am Überkochen hinderte, wenn auch mit Hilfe seltsamer Allianzen und Kompromisse.

Streit um die Erbfolge

«La pègre», das Volk der Gauner und Verbrecher, gehört einfach mit zum Leben beziehungsweise Sterben dieser Stadt. Auch nach dem Ende der «French Connection» ist in dieser Hinsicht dauernd etwas los. Es läßt sich nicht leugnen: Marseille ist – bei all dem, was die Stadt sonst noch ist – auch eine Gangster-Metropole. Als Leser der Lokalzeitungen oder als Stammgast am Tresen weiß man hier, daß «Onze-quarante-trois», 11.43, ein Pistolenkaliber mit besonderer Durchschlagskraft ist, welches Verwendung findet, wenn ganze Arbeit zu leisten ist. Abrechnungen, Bandenkriege, Brüche und Großbetrügereien sind der Zeitungsschreiber tägliches Brot. In einschlägigen Lokalen pflegen die Journalisten ihre Kontakte mit Polizisten, Anwälten und Ganoven. Viele dieser Bars liegen im Viertel um die Oper und im Carré Thiars, ungefähr da, wo früher die Galeerensträflinge des Sonnenkönigs untergebracht waren, und meist sind sie im Besitz der «voyous», wie die Marseiller ihre bösen Buben mit einer gewissen Hochachtung nennen. Dort kann man sie bewundern, die «caïds», die Gangsterbosse, dort zeigen sie sich dem Volke im Habitus erfolgreicher Geschäftsleute.

Ein Riesenreich aus Restaurants, Diskos und Nachtclubs hatte sich die Familie des letzten großen Paten, Gaëtan Zampa, zusammengekauft. Zampa, genannt Tany oder «Monsieur Z.», hatte die Nachfolge der Guérinis angetreten und war die beherrschende Figur im Milieu der siebziger und frühen achtziger Jahre. Am unnatürlichen Dahinscheiden von Antoine Guérini soll er nicht ganz unbeteiligt gewesen sein. Diesen Zampa umgab eine Aura des Geheimnisvollen. Allerlei wurde über ihn kolportiert. War er ein skrupelloser Killer? Ein treusorgender Vater für seine «Familie»? Ein sanfter Schöngeist? Eine Bestie? Oder all dies zusammen? Jedenfalls war er ein großer Fisch und schwer zu fassen, da er sich immer schön bedeckt hielt. Siegreich beendete er den Bandenkrieg gegen seinen schärfsten Konkurrenten Jacky Imbert, genannt «der Verrückte». Vierzig Gangster blieben dabei auf der Strecke. «Es schneit Kadaver im Marseiller Milieu», schrieb die Tageszeitung «Libération». Imbert selbst wurde von sieben Kugeln erwischt. Er kam zwar mit dem Leben davon, blieb aber physisch stark reduziert. Im Zusammenhang mit diesem Krieg steht vermutlich auch das bestialische Massaker 1978 in der «Bar du Téléphone», einer Kneipe im Arbeiterviertel Canet, wo zehn friedliche Kartenspieler von einem Exekutionskommando niedergemäht wurden.

Noch einen anderen Thronanwärter gab es, der Zampa ins Gehege kam: Francis Vanverberghe, genannt «der Belgier». Nach einer größeren Anzahl von Leichen hatte sich «Tany» auch gegen dessen Clan durchgesetzt. Genau wie Mackie Messer war ihm nie etwas zu beweisen. Auch nicht, daß er hinter dem aufsehenerregenden Mord am «Juge Michel» steckte, wie gleichwohl alle Welt annahm. Dieser Untersuchungsrichter Pierre Michel war 1974 in die «ville phocéenne» gekommen, um aufzuräumen. Gut gemeint, aber vielleicht ein wenig naiv. Er begann einen energischen Kampf gegen Drogenmafia und Geldfälscherbanden, verstieß gegen eingefahrene Gewohnheiten und machte sich allseits unbeliebt. Dieser im Milieu bestgehaßte Mann zielte nach ganz oben, er wollte den Kopf treffen. Ganz oben war Zampa. An einem Herbsttag des Jahres 1981 wurde der Richter Michel im Straßenverkehr von Motorradfahrern erschossen. Am Abend desselben Tages knallten in den Bars des Opernviertels die Champagnerkorken, und im Gefängnis «Les Baumettes» wurde das Ereignis durch ein lärmendes Konzert mit dem blechernen Eßgeschirr gefeiert.

Zampa, der Ungreifbare, ging der Justiz dann doch noch in die Fänge. Wie damals bei Al Capone lief es ganz banal über die Steuerfahndung, über eine Buchführungskontrolle seines Nachtclub-Reichs. Einsitzend in «Les Baumettes» mußte der entthronte Herrscher hilflos miterleben, wie draußen seine Leute von der Konkurrenz dezimiert wurden. Steckte der «Belgier» dahinter? Zampa war ein Sensibler. Im Knast wurde er als Verlierer verspottet, das hielt er nicht aus. Er drehte durch, hängte sich am Zellenfenster auf, im Juli 1984. «Die Tränen können den Schmerz nicht auswischen», steht auf seinem Grabstein.

Sollte die Zeit der Legenden, der Stars unter den Ganoven zu Ende gehen? Fast scheint es so. Nicht, daß das organisierte Verbrechen dabei wäre, zu verschwinden, keineswegs. Nur gehört, was in letzter Zeit an neuen Kräften auf den Plan getreten ist, irgendwie nicht mehr derselben Gangster-Kultur an. Zum Beispiel die «Pizza-Connection», deren Prozeß Ende 1988 begann und die so genannt wird, weil einer der Beteiligten Inhaber einer Pizzeria ist: ein Heroin-Händler-Ring mit internationalen Verbindungen und gewaltigen Umsätzen. Kriminalität in großem Stil, aber die Protagonisten sind gediegene Herrschaften über fünfzig, waren bis dahin angesehene Geschäftsleute. Rührenderweise hatten sie kurz vor ihrer Verhaftung eine große Kampagne der Ladeninhaber ihres Viertels gegen den Drogenmißbrauch organisiert. Diese Gangster, die ihren Geschäften ohne operettenhaftes Paten-Getue nachgehen, sind kriminell ohne Glamour. Damit aber sinkt ihr Unterhaltungswert.

Der neue Trend: graue langweilige Geschäftsleute auf der einen Seite, primitive Rambo-Typen auf der anderen. Epidemisch häufen sich in den letzten Jahren Überfälle auf gepanzerte Geldtransporte. Gewisse Kreise betrachten sie, scheint es, als rollende Sparbüchsen. Da die Geldbewacher anfangs auftragsgemäß zurückschossen und entkamen, wurde zu härteren Mitteln aus dem militärischen Arsenal gegriffen, etwa zu Magnetminen. Ein Panzerwagen der Transportfirma Protecval wurde sogar mit einer Bazooka, einer Panzer-Abwehr-Rakete, attackiert. Karumms! Da war das Ding aufgeknackt, die Besatzung tot, und es regnete Geld vom Himmel. Die Kinder aus den umliegenden Sozialwohnungsblocks sammelten jauchzend die halbangekohlten, weitverstreuten Banknoten auf.

Marseille gutbürgerlich

Zur Erholung etwas Menschenfreundlicheres: vormittags auf den Marché des Capucins, hinein in den Bauch von Marseille. In der rue Longue-des-Capucins und den umliegenden Gassen herrscht ein animiertes Gedränge und Geschiebe durch die Marktauslagen, Pizzen dampfen auf großen Blechen, seitwärts öffnen sich Wunderhöhlen mit dem Nahrungsangebot von Orient und Okzident – Datteln, Loukoum, Couscous-Gries, Tarama, eingelegte Pfefferschoten –, der Geruch der Gewürze mischt sich mit dem von Salzlake und Sardinenfässern. In diesen engen Freßgassen wirkt Marseille wieder außerordentlich human.

Bloß ein paar Schritte bergauf, und man ist ganz heraus aus dem Gewühl und Lärm; hier beginnt der Cours Julien, eine autofreie Flanierstrecke mit Ziergrün und Springbrunnen. Mit den benachbarten Sträßchen bildet er das Territorium der Insider- und Studenten-Lokale. Ostwärts schließt sich «La Plaine» an, die große place Jean-Jaurès. Hier oben liege, wird manchmal behauptet, das «echte», das «normale» Marseille, fernab der lästigen Klischees. Tatsächlich meint man hier fast in einer Stadt mit provinziellen Allüren zu sein. «Chicago», das Rassengemisch und die ganze Unordnung – all das scheint weit weg, liegt auch wirklich hundert Meter tiefer. Auf der weiten, windigen place Jean-Jaurès spielen Kinder, ein Denkmal erinnert an den ersten Ballonflug zwischen Marseille und Korsika. Auf den Bänken sitzen Rentner, auch ein paar Clochards. In den Straßen hier «oben», beiderseits des endlosen boulevard Chave, herrscht gedämpfte Kleinbürgerlichkeit und eine gewisse Tristesse. Mit dem Meer scheint dieser Stadtteil nichts zu tun zu haben. Das echte Marseille? Gewiß, hier wurde Fernandel geboren, hier wuchs Raimu auf im Kramladen seiner Eltern, beides Schauspieler, durch deren Filme ein folkloristisches Bild vom «marseillais» allgemeine Verbreitung fand. Hier erblickte aber auch, am boulevard de la Libération, Antonin Artaud, späterer Schöpfer des «Theaters der Grausamkeit», das Licht der Welt und litt unter der Kleinkariertheit der Umgebung. Und im Hôpital de la Conception starb Arthur Rimbaud, der mit zerrütteter Gesundheit aus Afrika zurückgekehrt war.

Auf dem boulevard Chave fährt die letzte Straßenbahn der Stadt, Endstation ist der riesige Friedhof Saint-Pierre, mit seinen vielen Namen und unzähligen Grabmälern in allen Stilrichtungen ist er auf seine Weise so etwas wie ein Geschichtsbuch der Stadt. Ein weiteres Ziel solch einer Tour durchs bürgerliche

Marseille: der Palais Longchamp, ein unglaublicher Palast, der die Zeit des kolonialen Reichtums und den ganzen übertriebenen Bombast des «Second Empire» zu verkörpern scheint. Vom zentralen Gebäude dieser symmetrischen Kolonnaden-Anlage stürzt schäumend das Wasser nieder. Tatsächlich verbirgt sich dahinter ein Wasserturm, das Palais ist Endpunkt eines im 19. Jahrhundert gebauten Kanals, der Wasser aus der Durance herbeibringt. In einem der Seitenflügel befindet sich das Kunstmuseum, im anderen das Naturkundemuseum. Ein Besuch im Musée des Beaux Arts empfiehlt sich schon wegen der Daumier-Sammlung. Ein ganzer Saal ist diesem in Marseille geborenen Genie der politischen und sozialen Karikatur gewidmet. Ebenfalls lohnt sich die Begegnung mit den «provenzalischen Orientalisten» – exotische Farbenpracht, Motive wie aus Tausendundeiner Nacht, inspiriert von Maler-Reisen, oder Phantasie-Produkte der Orient-Mode, die ein künstlerisches Nebenergebnis der Kolonialherrschaft war.

Facelifting

Die strahlende Epoche, die sich in solch kolossaler Pracht feierte, ist längst vorüber. Die Millionenstadt Marseille kann es sich nicht leisten, melancholisch ihrer großen Zeit nachzutrauern und dabei immer weiter in der Krise zu versacken. Der Kommerz im Hafen geht rapide zurück zugunsten anderer Mittelmeerhäfen, an den endlosen Quais verlieren sich ein paar wenige Schiffe. Rückläufig ist auch das Verkehrsaufkommen des Flughafens Marignane, ein deutliches Alarmzeichen. Neidisch blickt man auf andere Städte des Südens wie Aix, Nizza oder Montpellier, auf die man früher mitleidig herabgeschaut hat. Der Niedergang des Handels zwingt zum Nachdenken über Strategien. Kapital soll angelockt, Interesse bei Unternehmen und Investoren für den Standort Marseille geweckt werden. Das Rendezvous mit Europa darf nicht verpaßt werden, das «Marseille der Zukunft» ist zu planen. Aber wie?

Die Technopole von Chateau-Gombert, ein Wissenschafts- und Hightech-Nest in der Vorstadt, funktioniert schon ganz gut, aber das reicht nicht. Marseille leidet unter seinem miserablen Ruf, gegen den nun mit Entschlossenheit angegangen werden soll. Es gilt, nach außen das Image zu verbessern, im Innen ein neues Selbstbewußtsein zu finden. Dazu muß die Stadt aus ihrem jahrzehntelangen Provinzialismus herausgeholt und kulturell aufgemöbelt werden. Die große Kultur-Offensive ist in vollem Gange, gestartet hat sie noch Gaston Defferre. Aus der alten Fischauktionshalle am Vieux Port wurde das «Théâtre national de la Criée», eine Renommierbühne mit Spitzenpersonal. «Le Gymnase», ein halb vergessenes Theaterschmuckstück aus napoleonischer Zeit, wurde restauriert, neue Theatertruppen bekommen Fördergelder. Die Kulturabteilung des Rathauses ist rege wie nie. Das Paradestück, die «Vieille Charité», ist in kurzer Zeit zu einem überregional bekannten Magneten geworden. Für das Musée Cantini werden nun großzügig neue Werke der Gegenwartskunst angeschafft. Mit dem «Massalia» ist das einzige permanente Marionettentheater in Frankreich eröffnet worden, Marseille ist zur Heimat einer der besten Ballett-

Der «Vieux Port» vom Palais du Pharo

Truppen des Landes geworden und hat nun endlich auch sein eigenes Sommerfestival, «Eté marseillais». Zur Image-Optimierung gehören aber auch ganz vordringlich urbanistische Erneuerungen. Geträumt wird, nach all den Verschandelungen und Vernachlässigungen der Vergangenheit, von einer Totalkosmetik. Immerhin, einiges ist schon getan: Eine gut funktionierende Metro wurde gebaut, an der Corniche, der schönen Uferstraße des 7. Arrondissements, ist mit dem Abraum vom Metrobau dem Meer ein Stück Land abgewonnen und als Sandstrand hergerichtet worden. Im Stadtzentrum hat das große Sanieren und Fassadenreinigen eingesetzt. Auch die heruntergekommene Canebière soll ihre «Seele» wiederfinden. Was mit den Arabern des Quartier Belsunce geschehen soll, darüber schweigt man sich allerdings geflissentlich aus.

Ganz besondere Pläne hat man für den Hafen, dieses schmerzliche Symbol des Verfalls. Hier könnte, zu Füßen der gestreiften Kathedrale, wo jetzt der fleckige Beton alter Abfertigungsgebäude vor sich hin rottet, ein touristischer Großkomplex am Wasser geschaffen werden, mit Hotels, schicken Appartements und einem Anleger für Kreuzfahrtschiffe, die bisher Marseille immer gemieden haben. Und warum nicht gleich auch etwas Spitzentechnologie ansiedeln auf diesem privilegierten Fleckchen? Ein ganzer Teil des Hafens könnte so neuen Funktionen zugeführt werden. Dazu würde auch allerlei Freizeit-Animation gehören: Unterwasserparks wie in den USA, Flora und Fauna des Mittelmeers in Riesenaquarien, wo die Besucher auf Laufbändern in gläsernen Röh-

Auf dem Dach von Le Corbusiers Wohnmaschine

ren mittendurch gleiten. «Thétys» heißt dieses starke Projekt, das den Marseillern frischen Enthusiasmus einhauchen soll. Die Hafenfront als Freizeit-Eldorado: der Traum vom befriedeten Mittelklasse-Marseille.

Um Stadterneuerung war es auch schon dem großen Architekten Le Corbusier gegangen; der hatte allerdings weniger ein Disneyland für die Freizeitgesellschaft im Sinn als vielmehr ein Konzept des humanen Wohnens für die arbeitende Bevölkerung. Nach dem Krieg, als die Wohnungsnot groß war, bekam er den öffentlichen Auftrag zum Bau einer Wohneinheit im Süden der Stadt, am boulevard Michelet. Er hatte die Vision von einer ganzen Siedlung aus Wohnmaschinen, die er «Cité radieuse» nannte, strahlende Stadt. Es blieb aber bei diesem einen Gebäude, das zur Pilgerstätte für Architektur-Interessierte geworden ist. Manche sehen darin ein abschreckendes Beispiel. Eigensinnig schräg zur Straße steht es da, eine graue Kiste auf fast zierlich wirkenden Betonpfeilern, umgeben von Resten eines früheren Parks. «La maison du Fada», das Haus des Verrückten, so nannten die entsetzten Marseiller die «Unité d'habitation» Anfang der fünfziger Jahre. Inzwischen ist das Weichbild der Stadt mit so vielen brutalen Betonkästen vollgestellt, daß «Corbus» Maschine nichts Schockierendes mehr hat. Freilich, ihre besonderen Qualitäten vermag man von außen nicht recht zu erkennen, wie ungewöhnlich sie ist, erschließt sich erst im Inneren. Die «Unité», in der sich die modernsten Errungenschaften von Hygiene, Ästhetik und Komfort verbinden sollten, war geplant als quasi unabhängiges Gemeinwesen, in dem die Bewohner alles vorfinden, was sie brauchen: auf halber Höhe eine Einkaufsstraße mit Geschäften und Postamt, ein Trakt mit Hotelzimmern für Gäste, damit Besucher nicht zu räumlicher und psychischer Belastung werden; dazu Gemeinschaftsräume und Begegnungsekken, Kinderkrippe und Vorschule, und oben drauf ein Terrassendach zum Spazierengehen und Sonnenbaden, mit Turnhalle, einem Planschbecken für die Kleinen und einem weiten Blick über die Stadt und aufs Meer hinaus. Alle Wohnungen sind zweigeschossig, lichtdurchflutet und Musterbeispiele intelligenter Raumnutzung. Le Corbusier stellte sich ein sonnenbeschienenes, von unnötigen Anstrengungen befreites Sozialleben voller unbeschwerter Kontakte vor. Dabei hatte er wohl einen reichlich abstrakten Idealbewohner im Kopf. Wie so oft sah die Realität dann etwas anders aus. Die Appartements, gedacht für Leute mit bescheidenen Einkünften, wurden rasch zu begehrten Eigentumswohnungen. Die Läden der «Einkaufsstraße» sind zum Teil geschlossen, weil die meisten der 1600 Bewohner wie alle Welt im Supermarkt einkaufen. Im Planschbecken auf dem Dach ist schon lange kein Wasser mehr, und die Gästezimmer haben sich in ein normales, kommerzielles Hotel verwandelt. Das heißt: so normal nun auch wieder nicht. Es ist immer auf Wochen ausgebucht, denn es ist wohl doch etwas Besonderes, in einem Monument der Kunst- und Architekturgeschichte zu übernachten.

Außer der Kirche Notre-Dame-de-la-Garde und dem Parc du Pharo am südlichen Eingang des Alten Hafens ist das Dach der «Cité radieuse» der dritte empfehlenswerte Aussichtspunkt der Stadt. Nach Süden hin wird der Blick begrenzt durch ein nahes, sehr karstiges, nacktes Bergmassiv. Dort beginnt das Reich der Calanques, jener tief eingeschnittenen Meeresbuchten, die zu den beeindruckendsten Küstenpartien des Midi gehören. Sie liegen zwar noch auf dem Stadtgebiet von Marseille, aber wenn man einmal dort hinüber gekraxelt ist, mag man das kaum glauben, so wild und einzigartig ist diese Landschaft. Das Privileg der Calanques: Es gibt keine Autozufahrten. Im Sommer werden Bootstrips veranstaltet, ansonsten muß man zu Fuß gehen, um in diese Sonderwelt aus weißen Kalkfelsen und türkisblauem Wasser zu kommen. Zu meiden ist hier, wie so oft, die Hauptsaison, einmal wegen des verschärften Wander-, Kletter-, Tauch- und Badebetriebs, aber auch deshalb, weil es dann einfach zu heiß ist. Günstige Ausgangspunkte sind das Quartier Les Baumettes mit seinem berüchtigten Knast, Anfahrt mit dem Bus Nummer 43, oder der Universitätscampus von Luminy, Buslinie 21, von wo aus nach einem Dreiviertelstündchen die Calanques von Morgiou und Sormiou zu erreichen sind. Man kann auch mit dem Bus Nummer 20 nach Callelongue fahren und von dort über den Wanderweg GR 98 b zu den Calanques de Marseilleveyre und Sormiou vorstoßen – ein erholsamer Kontrast zu dieser verwirrenden Metropole. ■

Vaucluse

IM REICH DER PÄPSTE

UND RAKETEN

«Warnung an alle Besucher! Diebe schleichen oft in der Kirche herum, selbst während des Gottesdienstes!» So steht es – unter anderem auf deutsch – angeschlagen am Eingang der Kathedrale Notre Dame des Doms. Nichts scheint diesen Menschen mehr heilig zu sein. Allerdings: Alles, was man über die sonnenbestrahlte place du Palais schleichen sieht, sind unsicher wirkende Gruppen von Senioren – die Damen sommerlich geblümt, die Herren in Shorts, Kamera und Zubehör kreuzweise um den Leib geschnürt, so wie mexikanische Revolutionäre ihre Patronengürtel tragen. Viva Zapata. Hergebracht wurden sie von einem Bähnchen auf Gummirädern, das die Sehenswürdigkeiten abklappert. Kaum eine «sehenswerte» Stadt des Südens scheint mehr ohne ein solches Fahrgerät auszukommen. Hier, auf diesem weiten Platz vor dem Papstpalast und der Kirche ist Endstation für den Infantil-Express. In den Nischen und auf den Stufen des Palastes lagern die letzten Hippies – lange Mähnen, Stirnband – und zupfen an ihren Gitarren. «Künstler» haben schaurig bunte Kunst aufgebaut. Die berühmte Brücke Saint Benézet – «sur le pont d'Avignon» – ist nur ein kleines Stück weiter. Für das Betreten wird Eintritt erhoben.

Aber Avignon sollte nicht auf diese Aspekte reduziert werden. Deshalb besser erstmal auf der gratis benutzbaren Brücke daneben, dem Pont Daladier, die beiden Rhône-Arme überqueren – bei Mistral bitte Hut und Brille festhalten – und von Villeneuve-les-Avignon aus, dem schmucken Vorort auf der anderen Seite, Distanz gewinnen und zurückschauen. Von hier aus wirkt die Stadt einfach großartig. Möglichst noch von der Abendsonne vergoldet, erinnert ihr Panorama mit den massigen Palastbauten, den Mauern und Kirchtürmen an Phantasiestädte auf alten Gemälden oder an eine Kinokulisse. Es ist die Silhouette der Macht; man ahnt, was für ein außergewöhnlicher Ort diese Präfektur des Départements Vaucluse einst gewesen sein muß. Sieben Päpste und zwei Antipäpste haben hier residiert, hundert Jahre lang war Avignon die Welthauptstadt des katholischen Christentums. Das hat Spuren hinterlassen, die sich in der Stadt und ihrer Skyline wiederfinden.

Instabile Verhältnisse in Italien hatten Papst Clemens V. zum Umzug bewogen. Zunächst wohnten die Päpste gewissermaßen zur Untermiete, dann gelang es ihnen, die Stadt käuflich zu erwerben. Bis zur Französischen Revolution blieb Avignon in päpstlichem Besitz. Kapellen, Konvente, Seminare, Palazzi, Glockentürme wuchsen rund um die wuchtige Herberge des Pontifex Maximus empor. Allerlei Unschönes wird über dieses Avignon der allmächtigen Kirche kolportiert. Der große Historiker Michelet beschimpft es als «das Babel der Päpste, das Sodom der Legaten, das Gomorrha der Kardinäle. Monströser Palast, der die Kuppe des Hügels mit seinen obszönen Türmen bedeckt, Ort der Wollust und der Folter, wo die Priester den Königen zeigten, wie sehr sie ihnen überlegen waren in den schändlichen Künsten des Vergnügens». Vielleicht ein bißchen übertrieben, diese Vorstellung vom klerikalen Dauer-Sabbath, wenngleich die Gottesmänner sicher nicht schlecht gelebt haben. Die Weinberge, die die Päpste um ihr Wochenendschlößchen, Chateauneuf-du-Pape, anlegen ließen, zeugen von ihrer Genußfreude, und wir haben heute auch noch was davon. Vielen Dank, Johannes 22! Sicher ist, daß der Pontifex und sein Hofstaat die Stadt zu einer abendländischen Metropole machten, wo auf recht engem Raum Kardinäle, Kurtisanen, Händler, Diebe, Künstler, Mönche und Nonnen koexistierten. Gewiß, es wurde gepraßt und gehurt, wie das schon damals in herrschenden Kreisen üblich war, aber man tat auch etwas für die schönen Künste. Maler, Architekten, Handwerker, vornehmlich aus Italien, sorgten für das angemessene Dekor. Empfänge, Prozessionen, Feste lösten einander ab. Es war einiges los in der Stadt, jeder, der konnte, suchte sich ein Plätzchen im Brennpunkt des Geschehens. Das maßlos überfüllte Avignon war ein teures Pflaster. Der als Avignon-Kritiker vielzitierte Dichter Petrarca zum Beispiel konnte sich seine teure Bleibe nicht mehr leisten und mußte sich aufs Land zurückziehen, das er daraufhin in hohen Tönen lobte. Dafür schmähte er Avignon verbittert als «infekte Stadt», «schrecklich windig», «unbequem», «Hölle für die Lebenden», «Kloake», «die stinkendste Stadt, die ich kenne» – saure Trauben.

Gehen wir wieder hinüber in das Avignon von heute. Der interessante Teil ist das von Mauern komplett umschlossene Oval der Altstadt. Der Touristen-Nippes beschränkt sich letztlich auf wenige neuralgische Punkte, ansonsten hat das Leben einer normalen südlichen Stadt vom ehemaligen Sitz der Päpste Besitz ergriffen. Im 19. Jahrhundert, zur Zeit der großen urbanistischen Eingriffe des Pariser Präfekten Haussmann, hat man auch hier in das Gewebe der Altstadt mit der rue de la République eine gerade Schneise getrieben. Sie führt vom Bahnhof schnurstracks zur place de l'Horloge, dem großen rechteckigen Zentralplatz, der von den Stühlen der Cafés und den Tischen wenig empfehlenswerter Restaurants bedeckt ist. Die rue de la République ist die Hauptgeschäftsader. An ihr liegt auch, vom Bahnhof kommend zur Rechten, das Office du Tourisme. Dort haben sie einen genialen Informationsständer mit allen wichtigen Avignon-Stichworten. Unter M wie Mathieu, Mireille – große Tochter der Stadt – findet sich leider nur die Adresse ihrer Pariser Plattenfirma. Dafür kann man den praktischen Gratis-Stadtplan abstauben, zur Erleichterung beim Rumbummeln.

Zur Linken der «République»-Achse liegen belebte Geschäftsstraßen, wie die rue Saint-Agricole, in der die Librairie Roumanille einen besonderen Hinweis verdient: ein altmodisch-würdiges, auf Provence-Literatur spezialisiertes Unternehmen, gegründet von Joseph Roumanille, einem Freund und Mitstreiter des provenzalischen Dichterfürsten Mistral. Boutiquen der nobleren Art finden sich entlang der rue Joseph Vernet und an der place Crillon. Hingegen liegt rechts von der rue de la République und der place de l'Horloge das alte, verwinkelte Avignon, das in manchen Ecken etwas Verwunschenes, «Gotisches» hat: Düstere Paläste mit geschwärzten Fassaden gibt es dort, enge, gewundene Gassen mit beiderseits hohen Mauern, hin und wieder erinnern Hochwassermarken an die Launen der Rhône.

In der rue Banastère lehnt sich die Kapelle der «Pénitents noirs» an die Gefängnismauer. Grusel. Wer waren die schwarzen Büßer? Büßer-Bruderschaften finden sich im gesamten Midi; sie sind ein spezifischer Bestandteil südfranzösischer Religiosität. In einer kirchlichen Hochburg wie Avignon erlebten sie eine besondere Blüte. Das Urbild waren die Büßer-Trupps, wie sie im Mittelalter durch die Lande zogen, in der Hand die Geißel und auf dem Kopf eine sackartige Kapuze mit Sehschlitzen. Daraus entwickelten sich Laienvereinigungen, deren Mitglieder sich zu tätiger Frömmigkeit verpflichteten. Bei den Prozessionen marschierten sie als geschlossener Block mit, wobei sie Kruzifixe, Tabernakel und andere heilige Gerätschaften herumtrugen. Die «fraternités» unterschieden sich voneinander durch die Farbe ihrer Kapuzen. In Avignon gab es die Pénitents blancs, bleus, rouges, violets, gris und noirs, wobei sich die schwarzen Büßer um das Los der Geisteskranken und der Gefängnisinsassen zu kümmern hatten. Sie waren bei den Hinrichtungen dabei und hatten das Privileg, jedes Jahr an Sankt Johannis einen Gefangenen begnadigen zu lassen. Mit der Zeit sind manche der Bruderschaften zu begehrten Zirkeln geworden: Man praktizierte dort gegenseitige brüderliche Hilfeleistung beim sozialen Aufstieg. Die Gilden der Kapuzenmänner wurden zur religiös eingefärbten Variante der auch anderswo bekannten Vereinsmeierei und somit wichtige Elemente des urbanen Lebens. Die meisten verschwanden mit der Französischen Revolution, aber nicht alle. Die «Pénitents noirs» lösten sich erst 1948 auf, und eine letzte Bruderschaft funktioniert immer noch: die «Pénitents gris». Ihre Kapelle befindet sich in der rue des Teinturiers.

Diese «Straße der Färber» ist eine besonders anheimelnde Gasse. Früher wurden hier indische Baumwollstoffe gefärbt, daher der Name.

Gleich neben der von Bäumen überschatteten Straße fließt das Flüßchen Sorgue. Es entspringt unweit von l'Isle-sur-la-Sorgue aus einem Felsen, der das Tal verschließt – lateinisch «vallis clausa», das verschlossene Tal, Vaucluse. Brodelnd schwappt das Wasser aus einer Quellhöhle, in die immer wieder Taucher hinabsteigen, aber niemand hat bisher herausgefunden, wie tief sie ist. Einstmals war die «Fontaine» der Lieblingsplatz des Sonett-Dichters Petrarca, heute formieren sich Ausflügler-Trupps zum Gänsemarsch entlang der Souvenirbuden, um einen raschen Blick auf die berühmte Quelle zu werfen (Foto!), bevor die nächste Busladung herandräut. Die zu Tal rauschende Sorgue macht sich mit großer Geschwindigkeit davon und verzweigt sich alsbald in verschiedene Arme, die sattgrün sprudelnd die fruchtbare Ebene durchziehen. Einer davon erreicht die Rhône in Avignon. In der Färbergasse hat er eine seifige Tönung angenommen. Dekorativ drehen sich da noch, von strähnigen Algen behangen, die Schaufelräder der verschwundenen Färbereien. Es herrscht Kleinstadt-Idylle. Im hinteren Teil der Weinhandlung stehen die rotnasigen Rentner an der Theke und interpretieren das Weltgeschehen. Daneben, im «Maquis», einem ebenso guten wie preiswerten korsischen Restaurant, sitzt lärmend die Truppe vom gegenüberliegenden Café-Théâtre «Tache d'Encre» bei Ziegenbraten und süffigem Patrimonio. Der Bach gurgelt friedlich, sanft rauscht der Wind in den Platanen. Der Wirt erzählt stolz über die korsische Kulturvereinigung, der er angehört. Sie holt zum Festival im Juli regelmäßig junge Theatertalente und Musiker aus Korsika her und läßt sie im «Maquis» auftreten.

Die Stadt als Bühne

Ja, das Festival! Zu seinen Zeiten fällt alle Normalität ab von der Stadt, es herrscht Ausnahmezustand, das Ereignis ergreift von ihr Besitz. Diese große sonnenbeschienene Kirmes des Theaters ist *das* Festival schlechthin, Urahn und Vorbild aller übrigen. Entstanden nach dem letzten Krieg, war es inspiriert durch Ideen einer egalitären Volkskultur, die sich in linken Résistance-Kreisen herausgebildet hatten. Von Anfang an war es in besonderem Maße mit dem Namen seines Gründers, Jean Vilar, verbunden. Der 1971 Verstorbene ist inzwischen der Säulenheilige von Avignon. Zunächst hatte er als eine Art Kulturrevolutionär gegolten: weg von der Inzucht des Pariser Theaterbetriebs, hinaus ins Freie, unter den südlichen Himmel, sich öffnen für ein nichtelitäres Publikum! Bei Pariser Theaterleuten löste der Gedanke, in die kulturelle Wüste der tiefen Provinz hinunterzufahren, anfangs Kopfschütteln und hämisches Grinsen aus. Aber Vilar schaffte es. Sein Theaterfest wurde zum Ausdruck eines kulturellen Neubeginns nach dem Krieg. Verbrüderungsgefühle kamen auf unterm Sternenhimmel der Provence, ungewohnt lebendig war die Beziehung zwischen Künstlern und Publikum. Die Großen waren zum Anfassen nahe, Stars ohne Star-Allüren, der strahlende Gérard Philippe, die junge Jeanne Moreau ... Erst fanden die Aufführungen ausschließlich im Ehrenhof des Papstpalastes statt, dann wurden andere Spielstätten, Klosterhöfe, Kirchen, Gärten, Plätze einbezogen.

Mummenschanz beim Festival

Neben dem Theater kamen weitere Genres ins Programm: Ballet, bildende Kunst, Kino. 1967 fand die Uraufführung von Jean-Luc Godards «La Chinoise» im Papsthof statt.

Das Jahr '68 brachte in Avignon ein sommerlich-theatralisches Nachspiel des Pariser Mai, mit handgreiflichen Protesten, genereller Infragestellung des Festivals, Polizeieinsätzen und allen Schikanen. Tatsächlich gab es danach einen Knacks. Gegen Vilars Vorliebe für bewährte Stücke des klassischen Repertoires, für «sichere Werte», setzte sich größere Experimentierfreude durch. Das «Living Theatre» feierte nun seine Triumphe. Zum neuen Geist gehörte auch die Eroberung der Vorstädte. Ariane Mnouchkines «Théâtre du Soleil» zog mit seinem Zelt hinaus in die unschöneren Viertel, dorthin wo das Volk lebt. Anwohner hatten freien Zutritt. Arbeiterwohnheime und Lokomotivschuppen wurden als Spielorte entdeckt. Weitere Folge war die zeitweilige Invasion durch marginale Gestalten, das Herbeiströmen von Pantomimen, Gauklern, Straßenmusikanten, Feuerspeiern und anderen Einzelkämpfern. Für einige Jahre wurde Avignon zum Freiluftasyl einer Internationale von Freaks, Schnorrern und Kiffern, zum Leidwesen der braven Bürgersleut. Das hat sich wieder gelegt bis auf ein paar Restbestände.

Inzwischen hat sich «Avignon» zu einem Großfest mit weltweitem Renommee ausgewachsen, das vier Wochen lang die Stadt bis in die hintersten Winkel erfaßt. Im offziellen Teil tummeln sich Star-Regisseure wie Peter Brook, Bob Wilson, Patrice Chéreau oder Pina Bausch. Zur

Volles Programm

Abrundung und als schmückendes Beiwerk wird dazu jedes Jahr ethnisches Neuland entdeckt: Mal gibt es etwas Afrikanisches, mal Inder, mal pakistanische Musikgruppen. Daneben wächst stetig der Off-Sektor, das, was nicht zum offiziellen Programm gehört, die Unzahl der kleinen, oft unbekannten Theatergruppen. In der Hoffnung, den Durchbruch zu schaffen oder wenigstens einen Vertrag zu ergattern, haben diese Leute oft alle Ersparnisse in ihr Stück gesteckt. Jeder wittert die große Chance in dieser zur Bühne gewordenen Stadt, in der man nicht mehr weiß, was Theater ist und was nicht. Da bricht auf der place de l'Horloge ein Streit zwischen drei Leuten aus, eine Menschentraube bildet sich, es kommt zu wüsten Beschimpfungen und Handgemenge, einer zieht sein Messer – um Himmels willen! Aber nein, es ist nichts Ernstes, nur die Voranzeige für eine Off-Aufführung. Der Festivalbesucher ist allmählich darauf eingestellt, daß sich hinter jeder Art von auffälligem Verhalten auf der Straße irgendeine Form von Theater verbirgt. Hier könnte jemand vor aller Augen abgestochen werden, es gäbe noch Applaus.

Im Garten der Provence

Schon bevor die Päpste in Avignon einzogen, hatten sie das benachbarte Comtat Venaissin in Besitz genommen, das heute den größten Teil des Départements Vaucluse ausmacht. 1274 wurde die Grafschaft infolge der Kreuzzüge gegen die Katharer dem besiegten Grafen von Toulouse abgenommen und dem Papst zugeschanzt. Erst 500 Jahre später, während der Französischen Revolution, kam das Comtat an Frankreich. Bis dahin wurde es durch päpstliche Legaten, meist italienische Kardinäle, von der Hauptstadt Carpentras aus regiert. Damit nahm es eine von der französischen Umgebung teilweise unabhängige Entwicklung; es besaß eine eigene Gesetzgebung, und der italienische Einfluß hinterließ auch architektonische Spuren wie den für Frankreich untypischen Barock bei Schloß- und Kirchenbauten. Das päpstliche Symbol, die gekreuzten Schlüssel, ziert noch heute Stadtwappen und Weinetiketten, der abgetrennt im Département Drôme liegende Vaucluse-Zipfel nennt sich stolz «Enclave des Papes».

Die ebenen Gebiete des Comtat, die von den Armen der Sorgue durchflossen werden, bilden zusammen mit den südlich der Durance angrenzenden Gegenden den «Garten der Provence». Die Landschaft ist intensiv genutzt. Melonen, Erdbeeren, Spargel, Tomaten, Kirschen, Knoblauch, Zwiebeln, Zucchini wachsen, was das Zeug hält, gegen den Mistral geschützt durch dichtstehende Zypressen-Reihen und Schilfwände. Die Produktion ist immens, ganz Europa wird bedient. Eingeleitet wurde diese geradezu boomhafte Entwicklung durch den Bau der Eisenbahn. Die Strecke Paris-Lyon-Marseille ermöglichte den massenhaften und schnellen Transport der verderblichen Ware. Riesige Obst- und Gemüsebahnhöfe wie Chateaurenard oder Avignon sind entstanden, von denen aus die europäischen Märkte versorgt werden – goldenes Zeitalter der Frühgemüseproduzenten. Aber seit einigen Jahren haben die Spanier begonnen, sich unangenehm bemerkbar zu machen. Zum einen können sie noch früheres Frühgemüse anbieten, zum anderen profitieren sie von niedrigeren Lohnkosten. Die Antwort: verschärfter Wettbewerb durch Einsatz modernster Anbaumethoden. Plastikplanen-Gewächshäuser breiten sich aus, mit ausgetüftelten, computergesteuerten Heiz- und Bewässerungsanlagen ausgerüstet.

Die zu Agrar-Unternehmen mutierten Gemüsebauern sind oft hoch verschuldet wegen der teuren Investitionen, zu denen sie der «Crédit agricole» ermuntert hat. Also wird so knapp kalkuliert, wie es irgend geht. Den massiven Bedarf an Saison-Arbeitskräften zu Erntezeiten decken sie in großem Maße durch Nordafrikaner, meist Illegale, von denen es reichlich gibt: Viele Marokkaner, Tunesier, Ägypter wandern von Hof zu Hof, um ihre Arbeit anzubieten. Sie diskutieren nicht lange über den Lohn, nehmen alles, was sie kriegen können. Untergebracht werden sie in Verschlägen, zwischen den Jobs hausen sie in aufgegebenen Bauernhäusern oder in Autowracks – wilder Agrar-Kapitalismus wie in Kalifornien. Gelegentlich ist denn auch die Rede vom «französischen Kalifornien», aber dabei wird wohl nicht so sehr an die Ausbeutung der Farmhands gedacht, sondern mehr an die modernen Bio-Tech-Methoden und das tolle Klima. Die Praktiken sind allgemein bekannt, aber die Obrigkeit schließt meist die Augen. Sollte sich dem Arbeitsplatz doch mal ein verdächtiges Fahrzeug nähern, eins, in dem ein «Inspecteur du travail» sitzen könnte, haben die illegalen Arbeiter Anweisung, sich in die Büsche zu schlagen. Als in Thor, im Comtat, die Behörden versuchten, systematischer gegen den Einsatz von illegalen Erntearbeitern einzuschreiten, hagelte es Proteste, und alsbald wurde ein landwirtschaftliches Arbeitgeber-Syndikat gegründet, das sich empörte über die «gerichtliche Verfolgung von Landwirten, die in Notlagen gezwungen sind, auf die Hilfe ägyptischer Touristen zurückzugreifen».

Spielzeughauptstadt

Mitten in einer halbmondförmig in die Berge vorgeschobenen Einbuchtung der Ebene liegt Carpentras, geschäftige Kleinstadt am Rande des Obst- und Gemüse-Reiches, mit Banken, Gemüsegroßmarkt und Konservenfabrik. Aber was heißt hier «Kleinstadt»! Carpentras war und ist die Hauptstadt des Comtat, und damit Nabel einer kleinen Welt. Einige stattliche Reste aus päpstlichen Zeiten sind geblieben: Da ist das Palais de Justice, der einstige Regierungspalast, von einem Kardinal Bichi nach dem Vorbild des römischen Palazzo Farnese errichtet. Oder die Hinterlassenschaften des Monseigneur d'Inguimbert, der, 1735 vom Vatikan als Bischof nach Carpentras geschickt, nicht mit leeren Händen kam, sondern Tausende von wertvollen Büchern und Kunstobjekten aus Italien mitbrachte, um sie hier in einem «Hôtel» der Öffentlichkeit zugänglich zu machen. Der geistliche Büchernarr profilierte sich auch als Wohltäter, indem er das Hôtel-Dieu errichten ließ, ein Krankenhaus für die Armen, mit italienisch inspirierter Prunkfassade. Ein Besuch lohnt besonders wegen der großartigen, seit dem 18. Jahrhundert unveränderten Apotheke dieses noch immer funktionierenden Krankenhauses. Wunderschöne Töpfe und Gefäße stehen da, die Heilungsbestrebung paart sich mit einem ausgeprägten Sinn für Ästhetik. Wie ungewohnt, dieses Bedürfnis, es nicht nur gut, sondern auch schön zu machen, und dabei bloß für die Armen.

Hinaus aus dieser Schatzkammer der provenzalischen Kräutermedizin in die städtische Betriebsamkeit. Besonders am Freitag, wenn Markt ist, wuselt es in der Innenstadt. Die Masse schiebt sich an Haufen von Erdbeeren oder Spargel vorbei. Rechts Schinken und Pasteten, links eimerweise Oliven, die aromatischen kleinen, schwarzen aus Nyons, die großen «à la grècque» und die graugrünen, in Kräutersud eingelegten. Ein arabischer Händler steht vor seinem Karren voller lachsrosa Korsetts und voluminöser Büstenhalter, Strumpfbeinattrappen baumeln sanft im Wind. Ältere Zigeunerinnen bieten Weidenkörbe an oder eine Handvoll Zitronen. Daneben gibt es handwerklich hergestellte Seife in allen Farben und Geschmacksrichtungen. Irgendwann landet man in einer glasüberdachten Passage und wundert sich – ein großstädtisches Element aus dem letzten Jahrhundert, das deplaziert wirkt in diesem Provinzstädtchen. Die kuriose Passage ist ein Ergebnis der Revolution von 1848: In deren erster, «linker» Phase wurden, als Tribut ans Proletariat, die Nationalwerkstätten geschaffen. Das waren Beschäftigungsmaßnahmen für Arbeitslose, meist in Gestalt öffentlicher Aufträge zum Straßenbau. Hier ist daraus dieser sonderbare Nobel-Durchgang nach Pariser Geschmack geworden. Was weiterhin auffällt: die große Zahl von «Patisseries» und «Confiseries», das reiche Angebot von Süßwaren. «Berlingots de Carpentras», altmodisch gestreifte Bonbons, sind eine lokale Spezialität. Aber auch sonst findet sich in den Konditoreien erstaunlich elaboriertes Back- und Zuckerwerk. Für die hohe Zuckerbäckerkunst ist wohl auch die klerikal geprägte Vergangenheit verantwortlich, denn hatten nicht Kardinäle, Bischöfe und andere fromme Männer stets etwas für süßes Naschwerk übrig? Schließlich ist dem geistlichen Stand die Verbreitung der Schokolade im Abendland zu danken. Wer für Süßes anfällig ist, sei mit Nachdruck hingewiesen auf die Patisserie Clavel in der rue Porte d'Orange, ein großartiges Lädchen voll mit originellen Spezialitäten. Betörende Pralinen-Variationen gibt es da und große ziegelartige Schokoladenplatten, weiße wie schwarze, mit Pistazien, Mandeln, Orangen, von denen man sich Brocken abbrechen lassen kann – unwiderstehlich!

Das vielleicht beeindruckendste Gebäude von Carpentras ist die unauffällig in eine Ecke des Rathausplatzes gezwängte Synagoge. So unscheinbar sie von außen wirkt, so überraschend ist sie von innen: prächtige Kandelaber, marmorne Wandverkleidungen, elegante schmiedeeiserne Geländer – es ist dies der Zustand, den sie im 18. Jahrhundert bei einem Umbau erhielt. Aber sie stammt aus dem Mittelalter und ist die älteste Synagoge Frankreichs, obendrein auch noch in Betrieb. Auch dies hat wieder mit den Päpsten zu tun. Juden gehörten seit römisch-vorchristlichen Zeiten zur Bevölkerung des Midi und trugen wesentlich zu Wohlstand und kultureller Blüte der Städte bei. Lange bevor etwa die Bretonen, von denen der Ausländer-raus-Propagandist und Antisemit Le Pen abstammt, aus der «Grande Bretagne» ins Hexagon übersetzten, waren die jüdischen Bürger schon ein wichtiges Element der südfranzösischen Zivilisation. Dann aber folgte, nach den Anti-Ketzer-Kreuzzügen und der königlichen Machtausweitung auf den Süden, die Vertreibung der Juden aus dem gesamten französischen Königreich. Ausgenommen waren lediglich die «päpstlichen Staaten», also Avignon und das Comtat, die dem König nicht unterstanden und deshalb manchen Vertriebenen eine Zuflucht boten. Die «Juden des Papstes», wie man sie nannte, waren jahrhundertelang offiziell die einzigen Juden auf französischem Territorium. Wie in Rom wurden sie hier zwar geduldet beziehungsweise «geschützt», aber auch diskriminiert und drangsaliert. Als Angehörige des Volkes der «Christus-Mörder» waren sie starken Einschränkungen unterworfen: Sie durften kein Land erwerben, waren von vielen Berufen ausgeschlossen, mußten zeitweilig gelbe Mützen tragen und waren auf abgetrennte Wohnviertel beschränkt. «Carriero» nannte man die Ghettos, die es in vier Städten gab: Avignon, Cavaillon, l'Isle-sur-Sorgue und eben Carpentras. Bloß achtzig Meter lang war die dortige «Carriero», eine schmale, an beiden Enden mit Toren abgeschlossenen Gasse, die Häuser bis zu sieben Etagen hoch. Natürlich waren die Juden des Comtat auch Objekte missionarischer Bemühungen. So wird heute noch die Judenpforte an der Kathedrale Saint Siffrein vorgezeigt, durch die frisch bekehrte Juden die Kirche zu betreten hatten.

Die völlig auf sich selbst zurückgezogenen «Juden des Papstes» erlebten Jahrhunderte hindurch eine für jüdische Gemeinden ungewöhnliche Stabilität, ohne Verfolgungen größeren Ausmaßes, aber auch ohne Kontakte zu anderen Juden. Aus dieser Situation ergab sich eine gewisse Mittelmäßigkeit. Gemäßigt blieben sie in der religiösen Praxis, aus ihren Reihen kamen keine großen Mystiker oder Kabbalisten. Auch zu großen Reichtümern haben sie es nicht gebracht. Sie waren um Unauffälligkeit, um möglichst angepaßtes Verhalten bemüht, sprachen provenzalisch wie alle, bloß vermischt mit ein paar hebräischen Brocken. Als dann 1791 das Comtat ans revolutionäre Frankreich angegliedert wurde, brachen sie nach 500 Jahren Ghetto-Dasein endlich auf aus der bedrückenden Enge der Judengassen ins weitere provenzalische Umland, nach Aix oder Marseille, oder auch ins ferne Paris, wurden Advokaten, Ärzte, Geschäftsleute oder was auch immer. Als Spuren dieser langlebigsten jüdischen Gemeinden Frankreichs sind neben den Kultstätten die Familiennamen wie Monteux, Lunel, Milhaud, Crémieux, Vidal-Naquet geblieben. Einige von den Nachfahren der «juifs du Pape» sind als Wissenschaftler, Politiker und Musiker bekannt geworden. Die «carriero» von Carpentras ist heute verschwunden, übrig blieb nur die alte Synagoge. Die jüdische Gemeinde wurde erst in jüngster Zeit wieder neu belebt durch die Übersiedler aus Nordafrika. Die zweite erhaltene Synagoge des Comtat in Cavaillon hingegen dient nur noch als Museum.

Der Olymp des Midi

Nördlich von Carpentras erheben sich die Dentelles de Montmirail, ein Gebirgsmassiv, das mit seinen fotogenen Kalksteinzacken aussieht wie die Dolomiten in Kleinformat. Die Steilwände sind ein Magnet für Freunde alpiner Kletterei; in den Orten drumherum gibt es die ent-

Brantes und der Mont Ventoux

sprechenden Bergsteigerschulen. Aber auch für gemächlicheres Wandern ohne Seil und Pickel eignen sich die «Dentelles» (Zähnchen, Klöppelspitzen) ausgezeichnet, vor allem weil man als Zielort eines der Weindörfer ansteuern kann, die sich am Fuße des Massivs aufreihen. Für Weinspezis sind sie von großem Interesse, denn sie gehören zu den besten «villages» der Côtes-du-Rhône: Séguret, Sablet, Gigondas, Vacqueyras, Beaumes-De-Venise – was dort hervorgebracht wird, hat nichts mit dem Allerweltsrotwein zu tun, der unter dem Namen Côtes-du-Rhône in irgendwelchen Pariser Cafés ausgeschenkt wird. Alle Dörfer sind voll von Weingütern, in denen probiert werden kann. Spezialhinweis: Die «Caveau des Dentelles de Montmirail» am Kirchplatz in Vacqueyras ist ein Probier- und Verkaufskeller, der dreizehn Winzer aus verschiedenen «villages» zusammenfaßt und ein Maximum an Vergleichsmöglichkeiten gestattet.

Die Dentelles sind die westlichen Ausläufer des Mont Ventoux, eines der heiligen Berge der Provence, der gelegentlich auch als «Fudjijama der Vaucluse» bezeichnet wird. Er ist ein Einzelgänger unter den Bergen aufgrund seiner Höhe von 1900 Metern und auch wegen seiner eigentümlichen Form mit der abgerundeten Kuppe, die bis ins Frühjahr durch eine weiße Schneehaube verziert ist. Auch im Sommer sieht es aus, als läge Schnee drauf, es ist aber nur helles Geröll. Um diesen Mons Ventuosus, an dessen Nordseite Alpenflora und nach Süden hin mediterrane Pflanzen wachsen, sammeln sich die Winde, so heißt es, um dann gemeinsam als Mistral das Rhônetal runterzufegen. 1336 stieg als erster Petrarca hier hinauf, der unermüdliche Vorkämpfer des Vaucluse-Tourismus. Es war eine echte Pioniertat, die Leute unten in den Dörfern müssen ihn für verrückt gehalten haben. Heute machen es ihm viele nach; der Aufstieg ist eine anstrengende, aber schöne Erfahrung. Es empfiehlt sich, warme Klamotten mitzunehmen für weiter oben, denn da wird es zehn bis fünfzehn Grad kälter. Etwas enttäuscht kann man sein von der Ankunft auf dem Gipfel – die meisten Mitmenschen erledigen nämlich die Besteigung per Kraftfahrzeug, droben finden sich außer einer Wetter- und Radarstation banale Parkplätze und die unvermeidliche Imbiß-Gastronomie. Aber für den echten Wanderer gilt eh die Devise: «Der Weg ist alles, das Ziel nichts.» Aber auch der Blick von dort oben ist keineswegs zu verachten: Die Provence mit all ihren Höhenzügen breitet sich aus, bei klarer Sicht geht der Blick zu den Alpen.

Das Land, das diesem Olymp des Midi zu Füßen liegt, ist wohl der schönste Teil des alten Comtat. An der Nordflanke schlängelt sich eng und steil wie im Hochgebirge das Tal des wildschäumenden Toulourenc, mit dem vielfotografierten Felsennest Brantes. Nach Süden hin ist die Landschaft harmonisch bis lieblich, leicht onduliert, mal Weinhänge, mal Obstbäume, die im Mai weißleuchtend blühen. Die Rebstöcke bilden dann noch blattlose schwarzbraun-knorrige Reihen, das gibt dem Land eine graphische Struktur. Später im Jahr wandelt sich das Frühlings-Schwarzweiß um in ein Konzert von Grüntönen, komponiert aus Olivenbäumen, Weinlaub, Pinien und Zypressen. Ein Netz kleiner Feld-, Wald- und Wiesenstraßen – ideal für entspanntes Radfahren – zieht sich durch diese von Bergen umrahmte Gartenlandschaft und verbindet Dörfer wie Le Barroux, Caromb, Mazan, Mormoiron, Crillon-le-Brave, Malemort. Viel «los» ist da nirgends, mit Ausnahme von Bedoin, der Talstation für Ventoux-Touristen, und Venasque, dem ehemaligen Bischofssitz, von dem das Comtat Venaissin den Namen hat: ein winziger Ort mit Tee-Salon und Kunstgalerien, zwischen dessen saubergeputzten Natursteinhäusern sich die Besucher drängen. Schon wenige Kilometer weiter oben, in Le Beaucet oder La Roque-sur-Pernes, herrscht wieder tiefer Friede. In La Roque kann es passieren, daß man aus den Häusern merkwürdige deutsche Laute vernimmt. Die Vorfahren der Bewohner waren vor 250 Jahren aus Lothringen ins Banat auf dem Balkan abgewandert. Nachdem man sie dort nach dem letzten Krieg als «Volksdeutsche» interniert hatte, wurde ihnen auf Betreiben der französischen Regierung die «Rückkehr» nach Frankreich ermöglicht. Einige Familien, die an ihr gewohntes bäuerliches Leben anknüpfen wollten, fanden in diesem fast ausgestorbenen Dorf mit seinen verwilderten Feldern und Gärten günstige Entfaltungsmöglichkeiten und machten daraus wieder eine blühende Ansiedlung.

Etwas Besonderes hat auch das Nachbardorf Le Beaucet aufzuweisen, dessen Häuser eng an den Hang gequetscht sind, manche wurden in die überhängenden Felsen hineingebaut. Eigentlich ist es ein schläfriges Nest, in dem es nicht mal ein Café gibt. Oben in der Burgruine wachsen wilde Feigenbäume, es herrscht himmlische Ruhe, allenfalls kräht mal in der Ferne ein Hahn. Aber ein-

Auf der verwitterten Fassade des Cafés steht geschrieben: BOULES-TURNIER JEDEN SAMSTAGABEND UM NEUN UHR. Indem der «cafetier» diese Wettkämpfe organisiert und sein Café zum Treffpunkt für alle macht, die gern Boules spielen, wird mehr Kundschaft angezogen, und das Einkommen erhöht sich wesentlich.

Vom Frühling – wenn die Gärten in Ordnung gebracht sind – bis zum Beginn der Jagd im Herbst spielt auf der «place» vor dem Café immer irgend jemand Boules – und wenn es nur Voisin ist, der allein übt. Über der «place» sind Lampen aufgehängt (der «cafetier» bezahlt den Strom), damit alle, die Voisins Leidenschaft für Boules teilen, Tag und Nacht spielen können. Im Sommer spielt täglich etwa ein Dutzend Männer Boules bis ein, zwei oder drei Uhr morgens. Sie machen so viel Lärm, daß die Häuserpreise an der «place» gesunken sind.

Laurence Wylie: Dorf in der Vaucluse. S. Fischer Verlag, Frankfurt 1969

mal im Jahr wird Le Beaucet durch einen Massenansturm aufgeschreckt, wenn am 16. Mai die Leute aus der Ebene heraufkommen zur nahen Wallfahrtskapelle von Saint Gens. Schon am Abend des 15. Mai tragen junge Männer in weissen Hemden, auf dem Kopf ein orangefarbenes Tuch geknotet, das Standbild des Heiligen Gens vom achtzehn Kilometer entfernten Monteux im Laufschritt nach Le Beaucet. Am nächsten Tag folgen die Pilgerscharen mit Pferdewagen, Autos und Motorrädern. Dieser Gens Bournarel war ein «enfant du pays». Im 12. Jahrhundert war es, da verließ er in jungen Jahren seinen Heimatort Monteux mit zwei Kühen aus Vaters Stall, um in einer Höhle am Rande des Plateau de Vaucluse als Eremit zu leben. Seinem Heimatort hatte der fromme Jüngling den Rücken gekehrt, weil es ihm grauste vor dem nur an der Oberfläche christlich verbrämten Aberglauben, der dort herrschte. Vor allem gab es allerlei heidnische Regenkulte, weil ja der Regen so wichtig ist für die Landmenschen. Als Regengott benutzte man den Heiligen Raphael, dessen Statue rituell in den Brunnen getunkt wurde. Als das mal wieder nichts half, bot sich der listige Gens an, seinerseits den Herrn per Gebet um Regen zu bitten, wenn dafür auf den magischen Unfug verzichtet würde. Und siehe da, es klappte. Von da an wurde der jugendliche Eremit vom Volke als Regenmacher verehrt, und bis heute genießt er höchstes Ansehen. Immer wieder wird bei der Wallfahrt rituell ausgerufen: «Vivo Sant Gens, que plogue ben» – es lebe Sankt Gens, auf daß es schön regne. Den Heiligen, der aus dem Volke kam, erkannte die Kirche erst nach langem Zögern an, um die Verehrung unter Kontrolle zu halten. Die Pilgerfahrt zur Kapelle von Le Beaucet hat den Charakter eines heiteren Volksfestes, mit Picknick auf der Wiese, wobei der Pastis mit dem Wasser aus der Wunderquelle gemischt wird, die Gens einst aus dem Felsen hat fließen lassen, indem er den Finger reinbohrte. Für viele Jugendliche aus Monteux ist es eine Ehre und eine Art sportlicher Initiationsritus, den hölzernen Gens in die Berge und wieder zurück zu schleppen. Der Andrang ist groß, jeder darf nur einmal.

Auf dem Plateau de Vaucluse, dem bewaldeten Höhenzug, an dessen Rand diese Dörfer liegen, lassen sich an einigen Stellen die Überbleibsel eines denkwürdigen Bauwerkes aufspüren: Reste der hundert Kilometer langen Pestmauer, mit der das Comtat vor der Seuche geschützt werden sollte. Es war die letzte große Pestepidemie, die sich 1720 über die Provence ausbreitete. Das aus Syrien und Zypern kommende Schiff «Grand Saint-Antoine» hatte sie nach Marseille eingeschleppt. In Windeseile war die halbe Stadt dahingerafft, schon wütete der schwarze Tod in Aix. Der päpstliche Vizelegat verbot allen Handel mit der Provence und ordnete den Bau einer Mauer quer über das Plateau de Vaucluse an. Doch als die Mauer endlich fertig war, hatte sich die Pest schon hinten herum ins Comtat eingeschlichen. Geblieben sind von dieser letzten großen Pestepidemie die vielen Saint Roch geweihten Pestkapellen und einige Mauerstücke bei Le Pouraque und auf dem Gemeindegebiet des Dorfes Méthamis.

Ein paar Kilometer Richtung Osten liegt Villes-sur-Auzon, eines dieser unprätentiösen, zeitlos anmutenden Dörfer des provenzalischen Hinterlandes. Leer liegt der Kirchplatz in der Sonnenhitze. «République française» steht über dem Kirchenportal, und darunter «liberté-égalité-fraternité» – Erinnerungen an die antiklerikale Welle der Dritten Republik, als die Kirchengebäude in Staatsbesitz überführt wurden. Daneben eine eigenwillige Kombination aus Brunnen, Waschhaus und öffentlichem Klo, dicht mit KPF-Plakaten vollgeklebt. An den Platanen der Hauptstraße hängen handgemalte Schilder, auf denen ein Kleinzirkus «mit echtem Zelt» sein Kommen ankündigt. Vor den Fenstern trillern Kanaris zwischen Blumentöpfen. Karg ist die Schaufensterdekoration der Bäckerei: etwas trockenes Knüppel-Gebäck, drei symmetrisch hingestellte Bonbon-Dosen. Über dem Tresen neben den hochgestellten Laibern hängt ein gerahmtes Bildnis: kein Heiliger, sondern ein Radrennfahrer. Er heißt Eric Caritoux und ist der Lokalheld. Auch im Café über die Straße findet sich sein Konterfei, und die Winzer-Kooperative von Villes hat gar ein Sonder-Cuvée «Eric Caritoux» geschaffen – es ist ihr bester Wein, zu Ehren des Jungen von nebenan, der es zum Profisportler gebracht hat. Im guten und preiswerten Restaurant von Villes-sur-Auzon kann man diesen sehr anständigen «Côtes-du-Ventoux» probieren und sich zugleich über die aktuellen Leistungen des großen Eric informieren.

Gleich hinter diesem freundlichen Dorf geht es in die Nesque-Schlucht. Nach der harmonischen Wein- und Gartenlandschaft beginnt eine andere, weniger menschenfreundliche Welt. Durch trockenes, kratziges Buschwerk schlängelt sich die schmale Straße, an Abgründen entlang und durch Felsentore – grandios, aber auch einsam und abweisend. Bei Sault tritt die Straße aus den Bergen und erreicht dort eine Hochebene, auf der sich Lavendelfelder mit Steineichenwäldern abwechseln. Und dann stehen auf einmal seltsame Schilder am Wegesrand: «Circulation réglementée», «Fotografieren verboten», «Anhalten verboten». Halbversteckt liegt hinter Gestrüpp ein kleines, dreifach eingezäuntes Areal mit Wachturm, dann noch eins, die Straße wird ungewöhnlich breit – hier, auf dem Plateau d'Albion, schlummern tief in ihren Betonsilos achtzehn Atomgeschosse in verstreuten Raketenbunkern zwischen Lavendel und Bienenstöcken, allzeit bereit, ihre Zerstörungskraft – zusammengenommen mehr als das Tausendfache der Hiroshima-Bombe – zu entfesseln. Reichweite dieser «strategischen» Nuklearwaffen: zwischen 900 und 3 500 Kilometer. Neben den Raketen-U-Booten und den Mirage-Bombern sind sie das dritte Standbein der «Force de frappe». 2 500 Militärs «dienen» auf dem Plateau, im Kasernengelände von Saint Christol, vor dem zwei rostrote Raketenattrappen aufgestellt sind. Ein attraktiver Standort für die Soldaten: das angenehme Klima, der Duft der Kräuter, das Zirpen der Grillen... In zwei Kommandoposten bei den Dörfern Rustrel und Reilhanette sitzen rund um die Uhr 400 Meter unter der Erde junge Offiziere mit einem Zündschlüssel um den Hals und warten auf den Abschußbefehl des Staatspräsidenten (François Mitterrand: «Die Abschreckung bin ich!»). Der Leutnant Jean-Louis Cahu war einer von ihnen. Eines Tages hielt er es nicht mehr aus, desertierte und schloß sich den Pazifisten an. In einem Interview mit dem Anarcho-Sender «Radio Libertaire» sagte er über seine Kollegen vom Plateau d'Albion: «Diese Leute sind keineswegs gewalttätige Typen, die bereit wären, kaltblütig einen Menschen umzubringen, schon gar nicht auf Befehl.» Einen nicht, aber vielleicht ein paar Millionen.

Landleben de luxe

Nur wenige Kilometer weiter südlich liegt der Lubéron, ein kompakter, sechzig Kilometer langer Höhenzug, dessen Name zum Symbol für eine bestimmte Lebensart geworden ist. Hier tummelt sich den Sommer über eine arrivierte, links angehauchte Pariser Schickeria in ihren komfortabel ausgebauten Zweitresidenzen, eine Szene aus Politikern, Schreibern, Künstlern und Unterhaltungsstars. Die Nähe der Atomraketen stört sie offenbar kein bißchen, man lebt schließlich im Lande des Nuklear-Konsensus. Der Lubéron und seine Randzonen haben schon in den fünfziger Jahren Maler und Schriftsteller angezogen. Ihnen folgten, auf der Suche nach rustikaler Authentizität, die Pioniere der hauptstädtischen Intelligenz, ermüdet vom wirren Trubel der Côte d'Azur, die im übrigen dabei war zu verpöbeln. Hier aber gab es halb leerstehende Dörfer in pittoresker Hanglage, heruntergekommene Natursteinhäuser, die sich mit ein bißchen Geld und Geschmack zu schnuckeligen Landsitzen aufmöbeln ließen. Als sich das erst einmal im kleinen Weltmittelpunkt um den Boulevard Saint-Germain herumgesprochen hatte, kamen bald immer mehr und wollten dazugehören zum Stamm der Neo-Lubéronesen. «Lubéron», das hat einen speziellen Klang bekommen in höheren Insider-Kreisen. In den achtziger Jahren, mit dem Zustrom der sozialistischen Polit-Prominenz, ist das Bergland um Apt endgültig zum «dernier chic» geworden. Und weil das eine das andere nachzieht, wollen sich auch viele kleinere Lichter in der Nachbarschaft von Laurent Fabius, Robert und Elisabeth Badinter, Charles «Greenpeace» Hernu und dem Kulturhansdampf Jack Lang ansiedeln. Auch Leute wie Gérard Depardieu oder Daniel Auteuil haben hier ihre Datsche. Isabelle Adjani, Cathérine Deneuve und Jacques Dutronc lassen sich regelmäßig blicken, das heißt: eigentlich auch wieder nicht, denn die Präsenz der Stars ist für ungeübte Augen wenig sichtbar, man liebt das diskrete Unter-sich-Sein.

Der Lubéron ist bislang ein geruhsames «Beverly Hills» mit ruralem Charme geblieben. Es geht leise zu. Auch die Immobilienpreise klettern geräuschlos in die Höhe. Die Abwesenheit von Rummel ist ja gerade der Grund für die Attraktivität dieser Gegend. Nichts fürchtet die linke Elite so sehr wie eine volkstümliche Vermassung ihres Zweit-Domizils. In einigen Fällen konnte dies freilich nicht verhindert werden, so in Gordes, diesem postkartenmäßig am Berghang hinaufsteigenden Ort mit dem Vasarély-Schloß und den allgegenwärtigen Kunstgewerbe-Anbietern. Gordes ist ebenso ein Magnet für Kurzbesucher geworden wie das unvermeidliche Roussillon, dieses Dorf, das einst ein Zentrum des lukrativen Ocker-Abbaus war und dessen Häuser in allen Tönen dieser Erdfarbe leuchten. Die ganze Welt wurde von hier aus mit diesem einstmals extrem begehrten Farbstoff beliefert. Noch zwischen den beiden

Der Friedhof von Ménerbes

Weltkriegen waren die Ockerbergwerke die wichtigste Industrie in der Gegend. Dann kamen die synthetischen Farbstoffe, und die Betriebe machten dicht. In manchen der alten Stollen werden jetzt Champignons gezüchtet. Das Dorf kümmerte dahin, bis Roussillon mit den alten Okkerbrüchen der Umgebung zu einer Touristenattraktion wurde. Wo der Tagebau die Hügel angeknabbert hat, leuchtet die eisenoxydhaltige Farberde in allen Abstufungen von Weinrot über Orange bis Hellgelb und sorgt für ungewöhnliche Farbtupfer in der Landschaft. Der Gerechtigkeit halber muß gesagt werden, daß neben dem «Pariser Lubéron» noch ein ländlicher, das heißt landwirtschaftlicher Lubéron existiert. Es lohnt sich, diese Gegend zu erkunden, die vornehmen Siedler sollten keinen abschrecken.

Im Vorland und auf halber Höhe des langgestreckten Bergrückens reiht sich eine Kette von Dörfern aneinander, deren Namen – Mérindol, Robion, Ménerbes, Lacoste – die Erinnerung an das brutale Waldenser-Massaker aufleben lassen. Angehörige dieser Sekte waren nach den Verheerungen des Hundertjährigen Krieges aus dem Gebiet der Alpen in den veröderten, ausgebluteten Lubéron gezogen, um ihn neu zu beleben. Gründer der religiösen Gemeinschaft soll ein gewisser Valdo, Waldo oder Vaudes aus Lyon gewesen sein, genaues weiß man nicht. Auf jeden Fall war diese Richtung der katholischen Hauptkirche ein Dorn im Auge. Mit ihrem Programm – Armut, Bibellektüre für alle, Ablehnung des Heiligenkults und der Messe – gehörte sie zu jenen Bewegungen, die zum reinen Christentum zurückkehren wollten, als Antwort auf die Degeneration der römischen Kirche. Nach der Reformation wandten sich die Waldenser dem Protestantismus zu. Sie waren zwar schon längere Zeit in der Provence ansässig, aber mit der Reformation wurden kirchliche und weltliche Machthaber in besonderem Maße empfindlich gegenüber Abweichlern. Mit den Interessen der Kirche an der Ausmerzung dieses Übels verbanden sich materielle Gelüste ortsansässiger Potentaten. 1540 beschloß das Parlament von Aix, als erste Gemeinde das Dorf Mérindol für die Ketzerei zu bestrafen, soll heißen: zu zerstören und abzuschlachten, denn nur so kriegt man die Häresie wirklich weg. Diese Aufgabe übernahm freudig fiebernd der Edelmann Meynier d'Oppède. Vier Tage im April wütete seine Soldateska, brachte Tausende von Menschen um und zerstörte neunzehn Dörfer des Lubéron; einige sind damals endgültig von der Landkarte verschwunden. Die klerikalen Machthaber des Comtat machten auch eifrig mit. Einheimische in der Gegend von Murs wissen von der Höhle von Barrigoules. In die wurden Waldenser getrieben, die der Schlächterei von Cabrières und Lacoste entkommen waren. Ein Beauftragter des päpstlichen Vizelegaten ließ davor ein Feuer anzünden, 25 Frauen und ihre Kinder erstickten wunschgemäß. Mérindol, mit dessen Vernichtung alles begann, wurde für die Protestanten der Provence zu einem wichtigen Symbolort, dort hat die «Association d'études vaudoises du Lubéron» ein Studienzentrum eingerichtet.

Rund dreißig Einwohner hat derzeit Oppède-le-Vieux, einst eine kleine befestigte Stadt, die heute verfallen ist. Mehrere Maler und Bildhauer haben sich einige der Häuserzeilen wieder mühsam instandgesetzt. Viele Besucher kraxeln zu den Ruinen von Kirche und Schloß hinauf und ritzen dort ihre Initialen ins morsche Mauerwerk. Aber an stilleren Tagen entfaltet dieser halbüberwucherte Ort einen gespenstischen Reiz. Für gewöhnlich weit weniger besucht ist das benachbarte Ménerbes, das wie ein Ausguck auf einen vorgeschobenen Hügel gesetzt ist. Zur Zeit der Religionskriege war es eine Kalvinistenhochburg und konnte sich dank seiner Lage jahrelang gegen Attacken und Belagerungen verteidigen. Die Straßen des Dorfes sind nach Deportierten benannt und erinnern daran, daß Ménerbes auch während der deutschen Besatzung ein Widerstandsnest war. Man sollte dieses stille Dorf nicht verlassen, ohne auf dem Friedhof gewesen zu sein. Er liegt am äußersten Ende des Ortes hinter der trutzigen Kirche. Das rostige Gittertor führt auf ein Areal, das an den Rand des Felsens vorgeschoben ist wie eine Aussichtsterrasse. Verstreut und schief stehen abgeschliffene Grabsteine herum, einige sind umgekippt. Drei Zypressen geben der Szenerie eine feierliche Note. Weit geht der Blick über die Felder der Ebene, hinter denen im Dunst der Mont Ventoux auftaucht.

Ein unwürdiger Schloßherr

Sechs Kilometer weiter liegt Lacoste, dessen übereinandergetürmte Häuser von einer Burgruine überragt werden – ein liebevoll wieder bewohnbar gemachtes Dorf, einige Bildhauer haben es sich als Domizil erkoren, wie man an den Skulpturen im Vorgarten sieht. Sozialer Mittel-

Reste vom Schloß des großen Lüstlings

punkt ist das zentrale Café. Der zaghaft eintretende Fremdling wird dort sogleich von einem furchteinflößenden Riesenköter beschnuppert. «Beauceron» heißt die Rasse dieser schwarzbraunen Gesellen. Die Wirtsleute sind, so geht aus einer Plakette hervor, Mitglieder im Verein «les amis des beaucerons». Der Name ihrer Kneipe, «Café de Sade», hat aber nichts mit sadistischen Neigungen der Besitzer zu tun, sondern mit den früheren Herren der Gegend. Das Schloß droben war Stammsitz der Familie de Sade, und der legendäre Marquis Donatien Alphonse François (kurz DAF) de Sade war der letzte Seigneur von Lacoste. Übrig ist nur noch die mächtige Ruine. Eine Treppe mit zerborstenen Stufen führt an der Seite hinauf, Eidechsen huschen in die Mauerritzen.

Über vierzig Zimmer gab es hier einmal, die meisten hatte DAF de Sade geschmackvoll hergerichtet mit kostbaren Möbeln, Bildern, Wandteppichen. Er liebte es sehr, dieses sein Schloß. Um so weniger Sympathie hegte er für die Einwohner von Lacoste. «Gesindel, das man durchprügeln sollte» waren sie ihm allesamt. «Einen nach dem anderen sollte man sie rösten», und er, der Marquis, würde «ohne mit der Wimper zu zucken, den Reisig dazu liefern», so phantasierte der Erfinder des Sadismus. Aber die Abneigung beruhte auf Gegenseitigkeit. Für die Dorfbewohner war Herr de Sade weniger der radikale Schriftsteller der Aufklärung, der Philosoph und Stückeschreiber, als vielmehr der üble Libertin. Man stelle sich nur vor: Da steht nach langer Abwesenheit und frischer Eheschließung die

Café in Lacoste

Rückkehr des Seigneur nach Lacoste bevor, die Einwohner versammeln sich zum festlichen Empfang, wollen dem edlen Paar gar ein geschmücktes Lamm zur Begrüßung überreichen – und anstatt mit der Marquise erscheint der gnädige Herr mit einer Kurtisane.

Das kam nicht gut an beim Volk. Und bald sickerte auch einiges durch über den unkonventionellen Lebenswandel des Marquis. Tatsächlich waren seinem Übersiedeln nach Lacoste sittliche Verfehlungen vorangegangen, deretwegen man ihm «von oben» nahegelegt hatte, sich eine Weile dem Pariser Betrieb fernzuhalten, um den Skandal vergessen zu machen. In Lacoste vergnügte er sich denn auch zunächst recht diskret in seinen vier Mauern, aber auf Dauer reichte ihm das nicht. Da war zum Beispiel dieser verhängnisvolle Ausflug nach Marseille, den er zusammen mit seinem Diener Latour unternahm. Der trommelte ihm in der Hafenstadt drei jugendliche Prostituierte namens Mariette, Marianne und Marguerite zusammen. Erst fütterte de Sade sie mit Pralinen, die die Essenz der spanischen Fliege enthielten – ein Stoff, dem aphrodisiakische Wirkung nachgesagt wird. Dann wurden die jungen Dinger ein wenig gepeitscht, und gemeinsam mit dem Lakaien machte sich DAF an den Vollzug widernatürlicher Akte. Diese Vergnügung wurde immerhin großzügig bezahlt, Herr und Knecht fuhren danach guter Dinge nach Lacoste zurück, aber die Marseiller Mädchen, die doch einiges gewöhnt waren, hatten dergleichen noch nicht erlebt. Eine hatte von den Liebesbonbons ein heftiges Kotzen bekommen und wähnte sich vergiftet. Dies und die unüblichen Praktiken veranlaßte die Prostituierten, Anzeige zu erstatten. Sade bekam gerade noch Wind davon, daß er und sein treuer Diener verhaftet werden sollten, und machte sich davon. Derweil traten öffentliche Ausrufer unter Trommelwirbeln in Lacoste auf und informierten das ganze Dorf über die Beschuldigungen gegen den «gnädigen Herrn» und seinen Komplizen, und daß beide in einer Woche vor dem Richter zu erscheinen hätten. Der Prozeß gegen Sade und Latour fand in Abwesenheit der Angeklagten statt. Hauptanklagepunkte: Vergiftung und Sodomie. Das Urteil lautete auf Enthauptung für de Sade, den Adligen, Hängen für den bürgerlichen Latour. Vollstreckt wurde es in Aix, stellvertretend anhand von Puppen.

De Sade kam nach einiger Zeit nach Lacoste zurück, stets bereit, sich bei Gefahr schnell aus dem Staub zu machen. Seine Neigungen gestatteten ihm einfach kein würdiges Schloßherrendasein. Es gab noch einige Skandale, so etwa die Geschichte mit den «kleinen Mädchen», die er in Lyon engagiert hatte, für die Haushaltung undsoweiter, und die dann von aufgebrachten Eltern zurückgeholt wurden. Wieder Prozeß und zeitweilige Flucht nach Italien. Dann wurden mehrere «Köchinnen» angestellt, die alle nicht sehr lange blieben. Einmal kam ein wutschnaubender Vater nach Lacoste und ballerte, unterstützt von den Dörflern, vor dem Schloß mit seiner Pistole herum, bis er seine Catherine wieder mitnehmen konnte. Ach nein, sie hatten wenig übrig für diesen Seigneur, die Leute aus dem Dorf, und als dann die Revolution kam, wurde das Schloß ordentlich geplündert und demoliert. Als den Marquis diese Kunde in der Ferne erreichte, war er zutiefst getroffen. «Kein Lacoste mehr für mich! Welch ein Verlust! Ich finde keine Worte! Ich bin verzweifelt!» Er hatte doch sehr an seinem Stammsitz gehangen, der ihm übrigens das Modell abgab für die imaginäre Burg der «120 Tage von Sodom».

An den Mauern von Lacoste stehen heute Sprüche wie «Sade vit», «Sade est Dieu» oder kernigere Mitteilungen. Bis vor einigen Jahren sollen sich in der Ruine auch allerlei Sado-Maso-Aktivitäten abgespielt haben. Aber ihr Inneres ist nun nicht mehr zugänglich, seit Monsieur André Bouer sie erworben hat und sich seither auf geradezu besessene Weise damit beschäftigt, das Sade-Schloß Stein für Stein wieder aufzubauen. Ein sonderbarer Mann: Inzwischen über siebzig, betrachtet er das Château als die Mission seines Lebens, seine einzige, allesverschlingende Leidenschaft. Schon als Jugendlicher war der aus Lacoste gebürtige Bouer von dem Gedanken besessen, sein Leben diesem Schloß zu widmen. «Ich wurde traurig beim Anblick der zerborstenen Mauern, und ich konnte mich einer solchen Berufung einfach nicht entziehen.» Um dem Objekt seiner Sehnsucht nahe zu bleiben, wurde er Volksschullehrer im nahen Apt. Nach und nach gelang es ihm, die einzelnen Parzellen zusammenzukaufen, auf die die Ruine verteilt war. Durch seine Recherchen zum ursprünglichen Zustand des Schlosses entwickelte er sich zum anerkannten Spezialisten, der auf Sade-Kolloquien schon Vorträge hielt wie «Lacoste, Laboratorium des Sadismus». Den Südostturm und einen Teil der Hauptfassade hat Bouer im Laufe von vierzig Jahren bereits rekonstruiert, ebenso

Teile der Mauerumfriedung sowie einige Tore und Innenräume – eine Sisyphusarbeit, bei der manchmal Pfadfinder helfen oder die Armee. Und wozu das alles? Diese Frage hat sich Bouer nie gestellt. Er muß es tun. Keineswegs will er da drin mal wohnen, er will auch kein Geschäft daraus machen, mit Eintritt, Gastronomie oder dergleichen. Er ist einfach von diesem Schloß beherrscht; ein Spinner vielleicht, aber auch ein Mann mit Lebensinhalt.

Geheimnisse des Lubéron

In Apt wird man wohl vor allem zum Einkaufen vorbeischauen – samstags ist Markt. Das von Wassermelonenfeldern und Kirschbaumplantagen umgebene Apt ist nicht nur die «Hauptstadt» des Lubéron, sondern auch die «Welthauptstadt» der kandierten Früchte. Auch am Anfang dieser Entwicklung soll einst die Naschsucht der klerikalen Süßschnäbel aus den benachbarten päpstlichen Gebieten gestanden haben. Noch vor einigen Jahrzehnten war die ganze Stadt in diese Arbeit einbezogen, vor den Häusern saßen die Frauen und entkernten das Obst für die früher zahlreichen Fabriken. Auch heute ist die Confit-Industrie erster Arbeitgeber am Platze, aber es gibt neben ein paar handwerklich arbeitenden Kleinbetrieben nur noch eine Firma: Apt-Union, hochmodern, robotisiert. Vierzig Prozent ihrer Produktion gehen nach England, dort werden die Zuckerfrüchte den britischen Cakes beigemischt. Zur kommerziellen Belebung haben in letzter Zeit die Force-de-frappe-Militärs vom Plateau d'Albion beigetragen, die mit ihren Familien die Neubauviertel bevölkern – damit der Lubéron-Tourist weiß, wem das reichhaltige Konsumangebot mit zu verdanken ist.

Durch Apt kommt man meist durch, wenn man auf das reizvolle Plateau des Claparèdes hinauf will, eine für Wanderungen und Picknicks ideale Hochfläche zwischen den Dörfern Saignon, Buoux und dem winzigen Waldensernest Sivergues mit seinen knapp vierzig Einwohnern. Hier oben, zwischen Hartlaubgebüsch, Steineichenwäldchen und Lavendelfeldern stößt man immer wieder auf kleine kuppelartige Gebäude, ohne Mörtel aus Steinen hochgeschichtet, ohne Fenster, mit einer einzigen Eingangsöffnung: die Bories. Hunderte sind über den Lubéron verstreut, jeder hat eine etwas andere Form. Wenn man vom künstlich angelegten «Dorf der Bories» bei Gordes absieht, sind sie auf dem Plateau des Claparèdes am zahlreichsten. Rätselhafte Gebilde sind das. Was war ihre Funktion? Waren es Speicher, Ställe, menschliche Behausungen oder Zufluchten für schwere Zeiten? Manche waren vielleicht Verteidigungsposten der Waldenser. Einige der Bories, die hier oben herumstehen, stammen mindestens aus dem Mittelalter, aber der Ursprung dieser Bauweise bleibt im dunkeln. Neusteinzeit, ligurische Epoche? Die Forscher tun sich schwer, man weiß nicht mal, woher der Name «Bori» kommt.

Die archaischen Gewölbebauten tragen das Ihre zum geheimnisvollen Charakter dieser Landschaft bei. Manche der in Eichenwäldern versteckten Wiesen haben etwas von Hexentanzplätzen, und tatsächlich wird von Hexerei, heidnischen Zusammenkünften und gar Menschenopfern gemunkelt, die einstmals hier stattgefunden haben sollen. Auch wachsen da oben mancherlei frag-

Bori auf dem Plateau des Claparèdes

würdige Kräuter, heißt es, so die Mandragora-Wurzel, halb Pflanze halb Mensch, die man in Neumondnächten sammeln muß, um sie dann auf der Brust zu tragen. Wenn man sie anruft, verdoppelt sich das Vermögen, zugleich aber verringert sich jedesmal die Lebenszeit des Besitzers. Man muß sie übrigens unbedingt selber suchen, darf sie auf keinen Fall kaufen! Da war nämlich mal ein vorwitziger Priester in Rustrel, der eine Mandragora-Knolle gekauft hat, den fand man dann verkohlt im Glockenstuhl seiner Kirche wieder. Also bitte Vorsicht.

Dieses etwas schaurige Ambiente der Claparèdes hat freilich vor einigen Jahren die Firma Mercedes-Benz nicht davon abgehalten, mitten auf das stille Plateau unweit von Sivergues eine Holiday-Siedlung mit 2000 Ferienplätzen für ihre Angestellten hinsetzen zu wollen. Als dies bekannt wurde, gab es reichlich Krach, vor allem die Pariser Neu-Lubéronesen machten mobil, besorgt um Exklusivität und landschaftliche Unversehrtheit ihrer Sommer-Heimat. Soviel unerwarteter Wirbel bewog den Stuttgarter Autokonzern, einen Rückzieher zu machen.

Wer von hier aus weiter ins Lubéron-Massiv, das heißt in die eigentlichen Berge vordringt, gelangt in ein nahezu unbesiedeltes, bewaldetes Gebiet, mit steilabfallenden Kalkfelsen an den Rändern. Die schmalen Straßen sind Förstern und Feuerwehr vorbehalten und für den normalen Kfz-Verkehr gesperrt, bis auf eine Straße, die durch die Schlucht des Aigue Brun nach Lourmarin hinüberführt. Einst war dieser Übergang berüchtigt wegen seiner Wegelagerer, zottige Mordbuben, die aus der Dämmerung hervorbrachen. Manch braves Bäuerlein auf dem Rückweg vom Markt wurde hier seiner Börse und obendrein seines Lebens beraubt. Ungemütlich war der Bergrücken auch wegen der Wölfe, die den Wanderer schreckten. Das ist nun vorbei, weiterhin sehr häufig sind hingegen die Wildschweine, denen die weite Einsamkeit der Wälder günstige Entfaltungsmöglichkeiten bietet. Obendrüber kreisen Jean-le-Blanc, der Schlangen-Bussard, oder der extrem selten gewordene Bonelli-Adler, der auf Karnickel spezialisiert ist. Der Lubéron ist ein Eldorado für Zoologen und andere Tierfreunde: An den karstigen Rändern findet sich das gelbe «Scorpion d'Occitanie», daneben auch die ebenfalls giftige Riesen-Bandassel. Reptilien wie die bis zu zwei Meter lange Montpellier-Natter, einige erstaunlich große Eidechsensorten und die gefährlichen kleinen Vipern sonnen sich an den trockenen Hängen. Reichhaltig wie die Fauna ist die Flora: Wilde Orchideen und Lilien, der giftige Seidelbast und der stark riechende Mastixbaum sowie das gesamte Spektrum der duftenden Provence-Kräuter erwarten die Spaziergänger. Denn natürlich empfiehlt sich auch hier wieder das Zu-Fuß-Gehen. Auf den markierten Wanderrouten lernt man das Gebirge am besten kennen. So kann man ein Stück weit dem GR 9 folgen, der von Apt aus zunächst das romantisch gelegene Dorf Buoux erreicht. Es liegt abgeschieden in einem Tal, das schon zu prähistorischen Zeiten von Menschen bewohnt war. Die tierischen Lebensspuren gehen bis auf das Oligozän zurück, dreißig Millionen Jahre ist das her. Später tummelten sich in subtropischem Klima tapirähnliche Säuger in der Größe von Flußpferden, Riesenschildkröten, Urpferde. In Gestalt von Versteinerungen sind sie vorrätig. Einige geschäftstüchtige Burschen aus der Gegend betreiben mit Raubbau und Verkauf von Fossilien einen einträglichen Handel.

Durch dichten Wald, quer über den Buckel geht der Weg, rüber auf die milde, fruchtbare Südseite nach Vaugines, von wo sich ein Schlenker ins nahe Cucuron anbietet. Der Schriftsteller Alphonse Daudet, dem viele Südfranzosen die humoristisch-karikierende Art übelnehmen, mit der er sie darstellte, hat Cucuron als Modell für sein «Cucugnan» benutzt, das daher für seine nordfranzösischen Leser zum Inbegriff des Provence-Dorfes geworden ist. Dem erschöpften Wandervogel bietet sich hier die wohlverdiente Pause, vielleicht sogar die Übernachtung im Hotel-Restaurant «L'Étang» an. Dessen Tische stehen am mauereingefaßten, von hohen Bäumen umstandenen Rechteck des Löschteichs. Ein Dorfplatz in Gestalt eines großen, gut gefüllten Wasserbeckens, das hat etwas Luxuriöses in der südlichen Hitze. Wer sich vom Charme dieses Ortes nicht einwickeln läßt und noch weiterlaufen will: Der Weg führt nun über eine lange Strecke durch angenehm schattige Wälder an der Südflanke des Grand Lubéron entlang. Ein Abstecher zum Scheitel überrascht mit einem unerwarteten Ausblick: Da liegt, bei guten Sichtverhältnissen scheinbar zum Greifen nahe, die schneebedeckte Kette der südlichen Alpen.

Zum Abschluß der Lubéron-Tour noch der Hinweis auf eine der verwunschensten Stellen dieser an Geheimnissen so reichen Gegend. Wo der Wanderweg GR 9 nach Süden Richtung Durance abbiegt, kommt er nach dem Dorf Vitrolles und kurz vor Grambois an der verlassenen Pilgerkapelle Saint Pancrace vorbei. Dort liegt, ohne daß etwas darauf hinwiese, unweit der Straße D 33 auf einem bewaldeten Hügel ein vergessener kleiner Friedhof im vordringenden Dickicht, noch ungewöhnlicher und poetischer als der von Ménerbes. Das Tor steht offen, gibt den Weg frei auf unkrautüberwachsene Zypressen-Alleen; das Licht fällt gefiltert durch die dichten Bäume, im Halbschatten sind überwachsene Grabsteine zu erkennen. Mittendrin, verwittert und bemoost, eine große steinerne Pyramide aus dem Jahre 1819, Zeugnis jener Mode für Grabmäler, die Napoleon aus Ägypten mitgebracht hatte. Nur mit Mühe sind einige der Inschriften noch zu entziffern. Ein Douglas Woodworth Fitch aus Connecticut liegt da, gestorben im Juni 1848. Was um Himmels willen mag er hier getrieben haben? Die Pyramide schmückt das Grab einer 27jährigen Frau. Darauf steht ein halbzerbröseltes Gedicht vom Bruder der Jungverstorbenen: «Hier ruht diejenige, die für die Welt zu viele Tugenden besaß. Der Himmel war eifersüchtig auf sie, der Himmel hat sie uns hinweggerafft.» Auf den anderen Grabsteinen stehen klingende Namen wie Elisabeth Adelaide, Lina Castro Fuentes, Laetitia de Celigny – reiche Leute, so scheint es. Dies muß einst eine privilegierte Begräbnisstätte gewesen sein, ein Flecken wie auf Bildern der Romantik. Und über all dem der Kräuterduft, das Vogelgezwitscher und das Summen von Bienen – ein reizendes Plätzchen für die ewige Ruhe.

■

Die Haute-Provence

EINSAM UND HERB

«Am 1. September 1935 brachen wir von Manosque nach dem Gebirge des Lure auf. Wir waren ungefähr vierzig. Der dritte Tag brachte uns zum Plateau von Contadour, dorthin, wo im Schutz der langen braunen Hügelwellen vier Häuser und die Ruinen zweier Windmühlen stehen. Wir hatten die Absicht, noch weiter in die Einsamkeit vorzudringen. Ich sage noch weiter; denn hier kam uns die Einsamkeit bereits von allen Seiten mit einem so tiefen Schweigen entgegen, daß schon der Schrei der Lerchen ungeheuerlich wirkte.» So berichtet der Schriftsteller Jean Giono über eine Wanderung, die er mit seinen Anhängern unternahm. Diese Gegend zu Füßen des Lure-Gebirges hat wenig mit jener Provence zu tun, die so gerne in einschlägigen Reiseberichten bejubelt wird. Dieses Land hier ist herb, streng, verschlossen. Östlich von Sault beginnt das Hochland der unendlichen Lavendelfelder; wie mit dem Kamm geharkte Rillenmuster ziehen sich über die Hügel, soweit das Auge reicht. Giono gilt als der Dichter der Haute-Provence, besonders dieser Gegend des Plateau d'Albion und der Montagne de Lure, wo er zu Hause war. Manche Leser versuchen, seine Bücher als Reiseanleitung zu benutzen, aber sie kommen damit nicht weit. Er hat Orte und Landschaftselemente nach Bedarf zusammenkomponiert, hat sich für seine Romane eine fiktive Provence zurechtgeschneidert, in der sich reale Geographie mit erfundener mischt. In Le Contadour hatte sich der Schriftsteller in einer der Mühlen einquartiert und sie als Wohnsitz hergerichtet. «Le Contadour» heißt so viel wie «Zählstelle», der Name stammt aus der Praxis des Weidewechsels, hier zählten die Hirten ihre Tiere, wenn sie im Herbst talwärts zogen. Giono konnte hier

seine Jünger zählen, die auf der Suche nach einem erfüllteren, natürlicheren Dasein mit dem Rucksack nach Le Contadour heraufgepilgert kamen und sich um den Meister scharten. Man schlief auf Stroh, mittags speisten alle gemeinsam im Freien an einem langen Tisch. Jean Giono nannte sein Anwesen später etwas ironisch eine «intellektuelle Jugendherberge». Bis 1939 fanden jährlich zweimal die «Treffen von Contadour» statt, wobei die Begegnung mit dem verehrten Schriftsteller ebenso wichtig war wie der Aufenthalt inmitten einer ergreifenden Natur und der gewisse Hauch jenes einfachen Lebens, von dem viele der Städter träumten.

Le Contadour heute: ein paar verlorene Häuschen am Ende einer Stichstraße, einige sind bewohnt, der Rest besteht aus Ruinen. Der Flekken gehört zur weitläufigen Gemeinde von Redortiers, die insgesamt 75 Einwohner zählt. Etwas Ackergerät rostet vor einem halbverfallenen Schuppen, irgendwo gackern Hühner. Viel kann sich hier seit damals nicht verändert haben. Die asphaltierte Straße endet am Hof La Tinette, oben leuchtet bläulich der Rücken des Lure-Massivs, im Frühjahr ist er mit Schneeplacken verziert. Ein steiniger Weg windet sich in die Höhe, vorbei an verwildertem Lavendel und einem Scheunentor, an das Fuchsbälge genagelt sind; es sieht aus, als seien sie gekreuzigt.

Von hier aus, wie auch von La Rochegiron oder Saumane, führen Wege hinauf über die menschenleeren Hochweiden zum Grat der Montagne de Lure; unterwegs kommt man an verfallenen Schäferhäuschen und Tränken vorbei. Dort oben muß sich irgendwo die Geschichte von Elzéard Bouffier abgespielt haben, die Jean Giono in «Der Mann mit den Bäumen» erzählt. Vor dem Ersten Weltkrieg hatte Giono beim Herumstreifen im Hochland den Hirten Bouffier bei seiner Herde getroffen, einen schweigsamen, aber freundlichen Mann, der bei seinen Weidezügen über das kahle Hochplateau, wo immer er hinkam, Eicheln eingrub, also Bäume pflanzte in der Einsamkeit. Auch Buchen und Birken pflanzte er und schuf so in Jahrzehnten Wälder, wo vorher nichts war. Ohne Auftrag, ohne daß ihm das Land gehört hätte, aber ungestört von anderen Menschen, frönte er seiner Leidenschaft, machte aus der Wüste ein grünes Land, ließ alte Quellen wieder sprudeln, weil die Wälder Regen- und Schneefälle anzogen, veränderte Landschaft und Klima. «Im Jahre 1933 bekam er den Besuch eines Forstwarts. Dieser Beamte gab ihm die Weisung, doch ja draußen kein Feuer zu machen, um das Gedeihen dieses natürlichen Waldes nicht zu gefährden. Das sei nämlich das erste Mal, sagte ihm dieser naive Bursche, daß man einen Wald ganz von selbst hervorsprießen sehe.»

Elzéard Bouffier ist 1947 im Alter von 89 Jahren gestorben. Wer durch das Dorf Banon kommt, kann auf dem dortigen Friedhof sein Grab besuchen. Dieses hübsche, einen Berghang hochkletternde Dorf ist im übrigen bekannt durch den «Banon»-Käse aus Ziegen- oder Schafsmilch. Er wird in «Eau-de-vie» mariniert, in Kastanienblättern eingewickelt und mit Bast verschnürt. Inzwischen stellen ihn die großen Molkereien her, der beste kommt aber von den kleinen Höfen. In großer Auswahl ist er am Dienstag vormittag zu haben, dann ist in Banon Markt auf der place de la Ré-

Lavendelfeld: eine Art von «land art»

publique, die sonst als Boule-Platz dient.

Von Banon aus ist – nur zu Fuß – das ehemalige Dorf Haut-Montsalier zu erreichen, dessen Ruinen auf einem windigen Felsengrat stehen; es ist eins von vielen völlig verlassenen Dörfern dieses «pays», die man bei genauem Studium der IGN-Karten ausfindig machen kann. Es gibt hier aber auch Reste aus sehr viel früheren Epochen: Funde aus vorchristlicher Zeit wurden in einem hochgelegenen Tal bei Lardiers gemacht, wo sich ein gallisches Heiligtum mit großem Publikumsverkehr befunden haben muß. Und aus römischen Zeiten fand man dort mehr als 2000 Öllampen. Das Begräbnisfeld einer untergegangenen Stadt? Jedenfalls ein Beleg dafür, wie belebt diese Gegend zu Füßen des Lure einmal war. Hier führte nämlich die Via Domitiana vorbei, die wichtigste römische Fernverbindungsstraße, deren Bedeutung für die Entwicklung der berührten Gebiete gar nicht hoch genug veranschlagt werden kann. Was an dieser Straße lag, das befand sich im Brennpunkt des Geschehens – eine eigenartige Vorstellung heute in diesem abgeschiedenen Gebiet. Apropos Straße: Ein reger Straßenbau fand auf den hiesigen Hochplateaus in den Jahren 1936/37 unter der Volksfrontregierung statt, im Rahmen von Arbeitsbeschaffungsmaßnahmen. Die Arbeitslosen, die hier Straßen bauten, besserten ihren Lohn dadurch auf, daß sie die zahlreich vorhandenen Vipern einfingen und sie ans Institut Pasteur verkauften, wo aus den Schlangen Impfstoff gewonnen wurde.

Land der Beunruhigung

Mittelpunkt und Hauptort des «pays» ist Forcalquier, das einstmals sogar die Kapitale eines kleinen unabhängigen Staates war, im 12. Jahrhundert, bevor das Land in die Provence integriert wurde. Seine Herren führten einen glänzenden, weithin berühmten Hof, an dem sich Troubadoure und internationale Geschäftsreisende tummelten. Heute ist Forcalquier ein geruhsames Städtchen mit bescheidener administrativer Funktion. Um die große place du Bourguet ist das Wesentliche versammelt: das Fremdenverkehrsbüro, das Rathaus im ehemaligen Salesianierinnen-Kloster und, ein Hauch von Surrealismus, das Kino in der Klosterkapelle. Weiter verfügt Forcalquier über eine Destillerie, die allerlei kuriose provenzalische Alkoholika herstellt, und einen Friedhof, der wegen seiner kunstvollen Heckenskulpturen unter Denkmalschutz steht. Städtchen und Umland werden beschallt vom linksalternativen Lokalsender «Radio Zinzine», den die Übriggebliebenen der internationalen Kommune «Longo Maï» betreiben.

Ein paar Kilometer südlich von Forcalquier liegt die Prioratskirche Notre-Dame-de-Salagon. Die christlichen Kultur- und Wirtschaftszentren des Mittelalters entstanden beiderseits des alten Kultur-Korridors der Via Domitiana. Einige der romanischen Kirchen sind inzwischen halbverfallen wie die Dörfer, in denen sie stehen. Manche aber werden von einer Vereinigung namens «Alpes de Lumière» gerettet und restauriert, die im ehemaligen Kloster von Salagon ihren Sitz hat. Ziel von «Alpes de Lumière» ist es, das eigene Land, die Haute-Provence, ethnologisch zu erforschen. Im Konservatorium von Salagon ist ein beachtlicher Fundus zum wirtschaftlichen und sozialen Leben dieses weitgehend ärmlichen Gebiets zusammengetragen worden. Es geht bei diesem Inventar der Volkskultur weniger um folkloristisch-rustikale Aspekte. Viele der gesammelten Objekte sind Zeugnisse eines Lebens, das unendlich weit entfernt scheint von unserer Wegwerfgesellschaft. Dokumentiert wird unter anderem der Erfindungsreichtum der Armut, das Gebastel, die aus der Not geborene Wiederverwendung. Die zum Schöpflöffel umgebaute Konservenbüchse und ähnliche Schäbigkeiten sind da ebenso ausgestellt wie schöne bäuerliche Alltagsgegenstände.

Archaisches scheint mancherorts noch recht präsent. Das Leben in den Dörfern hat oft wenig von südlicher Heiterkeit und Gemütlichkeit. «Pays de l'inquiétude», Land der Beunruhigung, nannte Giono diese Gegend, wo die Menschen von einer Natur umgeben sind, der sie häufig unterliegen, die nicht lieblich und auch nicht gütig ist, sondern gnadenlos wie die Sonne. Archaisches und Beunruhigendes – dazu scheint auch die blutige Dominici-Affäre zu passen, die sich hier in den fünfziger Jahren ereignete und noch lange Jahre in ganz Frankreich und darüber hinaus die Gemüter erregte. Lange Zeit hat sie der Presse Futter gegeben, Journalisten aus ganz Europa in diese Weltecke gelockt. Bücher wurden darüber geschrieben, und 1973 entstand der Spielfilm «L'Affaire Dominici» mit Jean Gabin. Im August 1952 wurden am Rande einer Landstraße in der Nähe des Dorfes Lurs das englische Ehepaar Drummond und seine sechsjäh-

Araberfrauen am Brunnen von Lorgues

rige Tochter ermordet aufgefunden, gleich neben dem Hof «la Grande Terre» des Familienclans der Dominici. Dessen Mitglieder zogen den Verdacht schnell auf sich, äußerten sich aber in den Verhören total konfus. Erst gerieten die Söhne in Verdacht, dann der 76jährige Gaston Dominici, der wie ein klassischer Patriarch über seine Sippe herrschte und dem die Tatwaffe gehörte, die aus der Durance gefischt worden war. Ein Geflecht aus Lügen, Widersprüchen, gegenseitigen Beschuldigungen, merkwürdigen Selbstbezichtigungen und Widerrufen wurde zusammengesponnen von den Mitgliedern der Familie, zur Verzweiflung von Polizei und Untersuchungsrichter, aber zur großen Freude der Presse, die mit der Dominici-Affäre ein Dauerthema hatte. Der Alte, auf den sich der Verdacht schließlich konzentrierte, hielt offenbar alle Welt zum Narren, stellte sich dumm, sagte mal dies, dann das Gegenteil. Behauptete sogar, er habe mit Lady Drummond ein nächtliches Techtelmechtel gehabt, das fatalerweise von Sir Drummond gestört wurde, weshalb er zur Waffe greifen mußte. Deckte der Greis mit solchen Lügengeschichten ein anderes Familienmitglied? Warum gab er das Verbrechen zu und widerrief es dann wieder? Warum bezichtigte ihn darauf die Schwiegertochter, warum erklärte Sohn Gustave, der Vater sei unschuldig, und dann wieder das Gegenteil? Die Presse bauschte alle Arten von Gerüchten auf, raunte gar von Waffenhandel und Spionage. Der Prozeß, 1954, in Digne endete mit dem Todesurteil für den Patriarchen. Der alte Dominici wurde später von de Gaulle begnadigt und beendete sein Leben 1967 im Altersheim von Digne, ohne etwas zur Aufklärung des Mordfalls beigetragen zu haben.

Während des Prozesses war einigen Beobachtern aufgefallen, daß Gericht und Angeklagter völlig aneinander vorbeiredeten, weil Dominici offenbar die Sprache des Gerichts, das Französische, nur unzureichend beherrschte. Der Sozialwissenschaftler Roland Barthes hat sich über dieses Phänomen in seinen «Mythologies» ausgelassen: «Es hat in diesem Prozeß die Vorführung eines Schreckens gegeben, von dem wir alle bedroht sind, nämlich: von einer Macht gerichtet zu werden, die nur diejenige Sprache hören will, die sie uns gestattet.» Allem Anschein nach war Gaston Dominicis Sprache aber das Provenzalische, das keine Geltung hatte, das offiziell nicht mehr existierte. Bleibt trotz allem das Geheimnis des dreifachen Mordes. Jean Giono hat übrigens den Fall Dominici mit Genugtuung als Beweis für die Echtheit seiner gelegentlich als unrealistisch abgelehnten düsteren, abgründigen Bauerngestalten bezeichnet. Heute noch, wo kein Mitglied des Dominici-Clans mehr in der Gegend lebt, geistern die Phantome herum, wird der Vorfall mit diesem Landstrich verbunden. Das Grab der Familie Drummond auf dem Friedhof von Forcalquier wird in touristische Besuchsprogramme einbezogen, und das Restaurant, das sich im Hof von «la Grande Terre» eingenistet hat, ist ein Publikumsmagnet. Ansonsten ist Lurs ein stilles Dörfchen, etwas belebt durch ein Kulturzentrum, wo Kurse in grafischen Techniken abgehalten werden, die gerade bei Deutschen sehr beliebt sind. Lurs liegt, wie die benachbarte, sehr besuchenswerte Klosterkirche von Ganagobie, am Rande eines Plateaus, hoch über dem Tal der Durance. Von dort aus bietet sich ein faszinierendes Panorama bis zu den Alpen hin dar.

Gleich unterhalb des stillen Hochplateaus, der Kontrast könnte kaum abrupter sein, liegt das breite, verkehrsreiche Tal der Durance. Dieser Fluß galt einst als eine Geißel der Provence, so unberechenbar und gewaltig war er, ein reißender Wildbach mit den Ausmaßen eines Stroms. Inzwischen ist die Durance vollständig gezähmt, durchgängig kanalisiert, in einen reinen Nutzfluß verwandelt worden. Ihr Wasser, das mit fünfmal stärkerer Neigung zu Tal rauscht als das der Rhône, treibt fünfzehn Kraftwerke an, die eine Leistung von 2000 Megawatt bringen. Das Tal ist zu einer Landwirtschafts- und Industrieschneise geworden, hat die Bevölkerung aus den Gebirgen links und rechts abgesaugt. Größter Betrieb ist das nukleare Forschungszentrum von Cadarache südlich von Manosque, wo unter anderem der französische Plutoniumbedarf, der «zivile» wie auch der andere, produziert wird. Die einzelnen Gebäudekomplexe auf dem ausgedehnten Gelände von Cadarache haben hübsche Namen: «Rhapsodie», «Marius», «César», «Mazurka». Ebenfalls vor den Toren von Manosque schlummern, 300 Meter tief in Felsen-Bassins, zehn Millionen Kubikmeter Ölprodukte, Frankreichs Spritreserven für drei Monate. Es war der staatliche Elektrizitätskonzern EDF, der das Durance-Tal in eine völlig nutzenorientierte Industrie- und Energieschneise verwandelt hat. Wie hieß es noch bei Giono? «Da hörte man nichts anderes als das Grollen und

Reservat für Einzelgänger

Tosen des Wassers und den Schrei der Haselhühner, die sich auf den Felsvorsprüngen ausruhten.»

Im Naturtheater

Wenn die Durance-Bezwingung nur allzu sichtbar ist, dann ist ein anderes technisches Riesenwerk fast unsichtbar: der Canal de Provence. Bei Gréoux-les-Bains wird er aus dem ergiebigsten Durance-Zufluß, dem Verdon, abgezapft. «Eïci l'aigo es d'or» hieß es früher in der Provence – Wasser ist Gold wert. Seit eh und je haben die Menschen größten Aufwand betrieben, um die Trockenheit zu bekämpfen, man denke nur an die gewaltigen Wasserleitungen der Römer. Jeder Zivilisationsfortschritt ist hier abhängig vom Wasser. Man kann die Geschichte der Provence als einen langen Kampf gegen die Trockenheit lesen. Der Brunnenkult in den Dörfern, die ästhetische Überhöhung des rieselnden Wassers, läßt sich von daher leicht begreifen. Die Idee zu einem Provence-Kanal, der die Städte Aix und Marseille aus der Durance oder dem Verdon versorgen sollte, gab es schon sehr früh. Adam de Craponne, genialer Kanalbauer des 16. Jahrhunderts, hatte den ersten Plan dazu entworfen. Seither löste ein Projekt das andere ab, aber an irgendwas war die Sache immer gescheitert – Krieg, Pest, leere Kassen, mangelndes technisches Know-how. Kleinere Kanäle kamen im 19. Jahrhundert zustande, waren aber bald schon unzureichend und schließlich auch baufällig. 1964 wurde dann mit dem Bau des jetzigen Canal de Provence begonnen, dessen Arme in langen Tunneln unter verschiedenen Bergmassiven hindurchführen. Nur für kurze Strecken kommt er zum Vorschein auf den 3000 Kilometern des gesamten Systems. 116 Gemeinden, darunter die Städte Aix, Marseille und Toulon sowie die großen Industriegebiete und die touristisierte Küste werden aus dem Verdon mit Wasser versorgt. Von einer zentralen Kontrollstelle bei Le Tholonet bei Aix wird die Verteilung ferngesteuert.

Bevor der Verdon einen großen Teil seines Wassers an den Canal de Provence abtritt, sorgt er für ein vielgepriesenes Naturwunder: den «Grand Canyon» der Provence, die Gorges du Verdon. Zwanzig Kilometer lang ist dieser tiefe, abrupte Einschnitt in das karstige Bergland. Weit unten schlängelt sich grün der Fluß; fast senkrecht steigen die Felswände bis zu 700 Metern auf, an der schmalsten Stelle ist das Tal unten nur sechs Meter breit. Beiderseits der Schlucht führen Straßen entlang, auf denen sich zur Ferienzeit Pulks von Motorradfahrer-Familienkisten, teilweise mit Wohnanhängern, und Pullman-Busse langsam vorwärts quälen. Vollgestellt und von Touristenabfall verziert sind dann die wenigen engen Parkbuchten an den Aussichtspunkten. Diesen «circuit» sollte man allenfalls im Herbst oder Winter machen.

Das wirklich starke Erlebnis aber ist ohnehin der Verdon von unten. Fortgeschrittene Wildwasserfahrer wagen sich per Kayak in diesen Höl-

lenschlund, aber auch zu Fuß sind die «Gorges» überwältigend. Der klassische Weg ist der «Sentier Martel». Dies ist der leichteste Abschnitt in der Schlucht; er ist als Wanderweg markiert und beginnt in der Nähe des Dorfes Rougon beim «Point Sublime». Die Strecke führt über

«Grand Canyon» der Provence: Gorges du Verdon

eine steile Treppe bei der «Brêche d'Imbert» und geht dann hinunter zum «Carrefour de la Mescla». Einen Abstecher zur Einmündung des Flusses Artuby in den Verdon sollte man nicht auslassen. Ziel des anstrengenden, aber ungefährlichen «Sentier Martel» ist das Chalet de la Maline, wo ein kühles Getränk auf die wackeren Wandersleute wartet. Bis hierhin ist der Weg zwar stellenweise anstrengend, aber gut zu bewältigen. Der nächste Abschnitt, der bis zum «Imbut» geht, ist um einiges schwieriger. Für diese Strecke sollte man schon recht gut in

Dorfplatz von Bargemon

Form sein, schwindelfrei und physisch belastbar. Es gibt da ein paar kritische Passagen, wo es schlüpfrig werden kann. Hinter dem «Imbut», was so viel heißt wie «Ende der Welt», weil dort der reißende Fluß in einem Felsenloch verschwindet, beginnt der dritte Schwierigkeitsgrad. Das Wegstück von hier bis nach Mayreste ist wirklich nur noch was für sportliche Explorertypen, die gut klettern können und auch nicht davor zurückschrecken, den kalten Fluß zu durchschwimmen. Für die Ausflüge in die Tiefen der Schlucht, wo kein Sonnenstrahl mehr hinfällt, wo sich die Felsen so dicht über einem türmen, daß kein Himmel mehr zu sehen ist, empfehlen sich auf jeden Fall warme Klamotten und ein Rucksack mit Verpflegung. Wer sich in die riskante letzte Partie wagen will, sollte dies keinesfalls alleine tun und außerdem vor dem Aufbruch irgendwem Bescheid sagen. Die Verdon-Schlucht kann gefährlich sein. Jedes Jahr kommt es zu Unfällen, häufig wegen Fehleinschätzung der eigenen Kräfte.

Auf der Auto-Rundstrecke ums Naturwunder mag es zu Karawanenbildungen und Stauungen kommen, das Land in der Umgebung ist gleichwohl von ergreifender Wildheit und Einsamkeit. Nördlich des Verdon wächst das Gebirge des Mourre de Chanier bis fast 2000 Meter empor. Dort hinein schlängelt sich die kleine Straße D 17, die sich nach dem Hof «Les Louches» in eine Holperpiste verwandelt, bis sie das Zehn-Seelen-Dorf Majastres erreicht; dort beginnt dann der Asphalt wieder. Völlig verlassen sind die Dörfer Le Poil und Trevans, Gestrüpp wächst über die Gräber des Friedhofs. Aufgegeben sind die trutzigen Höfe Saule Mort und Gros-Jas. Die Landschaft hat etwas Tragisch-Großartiges. Ein leicht zu übersehender Fußweg führt zur Klosterruine von St. André und in das enge Tal des Baches Estoublaisse, wo sich bei Hitze gut baden läßt. Beim Herumstreunen ist auf Vipern zu achten. Wer sich die Rumpelstrecke von Rougon ersparen will, kann diese bergige Wüstenei mit dem Auto auch aus nordwestlicher Richtung von Mezel her erreichen.

Pathetisch leer und weit wird in diesen scheinbar ohne Ende aufeinanderfolgenden Bergketten die Provence. Einzelgänger und Zivilisationsflüchtlinge haben genug Platz, um unauffindbar verschwinden zu können. In verlassenen Tälern gibt es hier und da Einsiedlertypen mit ein paar Ziegen, die ein heiliges Robinson-Dasein führen, sich definitiv zurückgezogen haben aus der Welt der großen Städte. Auch im Süden der Verdon-Schlucht ist es menschenleer. Dort liegt das Kalkhochplateau von Canjuers, ein karges Land voller Höhlen und Dolinen, über das früher Schafherden zogen. Jetzt ist das immense Gebiet abgesperrt, die Armee benutzt es als Manövergelände. An den umliegenden Felswänden bricht sich der Geschützdonner so laut, daß es einem die Eingeweide verkrampft. 350 Quadratkilometer groß ist das Camp, ein Riesenspielplatz für Panzer, auf dem noch ein paar alte Dorfreste gespenstisch herumstehen.

Auf zwei Straßen ist die Durchquerung des Sperrgebiets gestattet, die schönere ist die kleine D 25, eine beliebte Strecke bei den zahlreichen Radfahrclubs, die jedes Wochenende ausschwärmen.

Auf der südlichen Seite des steppenartigen Plateaus ist auf einmal alles anders: Die Landschaft ist sanfter gewellt, die Natur üppiger, Zypressen und Weinfelder tauchen auf, ein deutlicher Kontrast zu den schroffen Bergen, alles wirkt freundlicher, lebendiger. Das erste Dorf heißt Bargemon – ein Nest wie aus dem Provence-Bilderbuch. Platanen-Plätzchen mit plätscherndem Brunnen und Café-Gestühl, an einem Haus die Plakette eines Félibrige-Dichters. In dem – höchst lobenswerten – Restaurant «Chez Pierrot» hängt ein leicht vergilbtes Plakat, das Isabelle Adjani zeigt, wie sie im Minirock am Rand des Dorfbrunnens sitzt. Denn in Bargemon war mal der Film «l'Été meurtrier» gedreht worden, und da ist man stolz drauf. Viele andere angenehme Dörfer sind am südlichen Rand des Canjuers-Plateaus aufgereiht. Nach dem Ausflug ins rauhe Hochland bieten sie eine attraktive Abwechslung. Schon die Römer bauten sich hier mit Vorliebe ihre Landvillen. Callas, Ampus, Lorgues, Villecroze, Aups – all diese Orte haben ihren eigenen Charakter, aber alle repräsentieren sie diese gelöste Lebensart, die unverbrüchlicher Bestandteil dieser ebenso schönen wie kontrastreichen Provence ist. ∎

Die Côte d'Azur

EIN BESCHÄDIGTER MYTHOS

«Hundert Jahre Côte d'Azur» wurden mit großem Trubel im Sommer 1988 gefeiert. Vor hundert Jahren nämlich hatte ein poetisch angehauchter Unterpräfekt namens Stephen Liegéard den Begriff geprägt, und seither hat er mythische Qualitäten bekommen. «Ah! Côte d'Azur!» Wie das klingt, was da alles mitschwingt! Irdisches Paradies unter Palmen, glitzernde Fluten, lockere Sitten in luxuriöser Umgebung. Leben wie die Reichen, wenigstens für ein paar Wochen... Sind es solche Vorstellungen, die Jahr für Jahr Ferienkohorten in Millionenstärke anrollen lassen? Die «Côte» ist für viele ein «must» geworden, etwas anderes kommt gar nicht in Frage. Aber ach – das azurblaue Märchengefilde ist durch einen bösen Zauber greulich verunstaltet. Das Paradies ist zum Fegefeuer, wenn nicht gar zur Hölle geworden. Dichtgedrängt müssen dort die armen, eingeölten Leiber rösten. Das süßliche Aroma von Piz Buin mischt sich mit dem herben Parfum der Autoabgase von der nahen Uferstraße, wo diejenigen, die nicht draußen grillen, in ihren Blechkisten gar kochen, im Stop-and-Go-Verkehr, bevor dann irgendwann die hoffnungslose Suche nach einem Parkplatz anhebt, bevor sie untergebracht werden in häßlichen Appartement-Silos oder auf überfüllten Campingplätzten, abgefüttert in Nepp-Lokalen und beklaut vom Heer der Taschendiebe. Reich ist die Azurküste an kleinen und größeren Katastrophen – da sind die flinken Wasser-Scooter, die durch die Wellen preschen und Badende verstümmeln; Campingplätze werden durch Unwetter fortgeschwemmt oder durch vorrückende Waldbrände bedroht; Yachten stoßen zusammen; Skinheads verprügeln Araber auf der Promenade; mitunter explodiert auch ein Tankwagen auf der Uferstraße. Aber tapfer harrt sie aus, die Kundschaft dieser Urlaubs-Reeperbahn.

Warum tun sich die Leute das an? Eigentlich ist es kaum möglich, auf den ersten Eindruck hin von der «Côte» nicht abgestoßen zu sein. Und auf den zweiten? Versuchen wir, die Augen zusammenzukneifen und uns vorzustellen, wie exklusiv und mondän es hier einmal zuging. Schon lange bevor das Markenzeichen «Côte d'Azur» erfunden wurde, war die Küste bei den Reichen in Mode gekommen, deren Revier sich allerdings auf einige herausgehobene Orte beschränkte. Angefangen hatte alles mit den Engländern, beziehungsweise mit einem Schotten: dem Schriftsteller und Heilkundigen Tobias Smollett, der als der eigentliche Entdecker von Nizza gilt. In seinen Reiseberichten pries er den britischen Landsleuten das wohltuende Klima an und lockte sie auf die langwierige Reise ans Ende der Welt. Nester wie Nizza, Cannes und Hyères, von Londoner Nobelärzten wärmstens gegen Schwindsucht empfohlen, waren bald fest in englischer Hand. «Die Engländer haben sich hier eingerichtet wie in einem eroberten Land. Sie haben fünfzig Villen und Schlösser gebaut, eins extravaganter als das andere. Man kann an diesen Scheußlichkeiten nicht vorbeigehen, ohne daß sich der Wunsch meldet, dort Feuer zu legen», schimpfte der französische Schriftsteller Prosper Mérimée. Es wurden aber immer mehr. Maurische Paläste, florentinische Villen und gotische Ritterburgen lagerten sich kokett in die Pinienhaine.

Außer der englischen Gentry, die den heimischen Winternebeln entfloh, kam bald noch die Aristokratie der übrigen europäischen Länder und bildete Luxuskolonien. Im Winterexil am Mittelmeer gab sich die Oberschicht ihr alljährliches Rendezvous, man war unter sich, die Monate November bis März waren die zwanglosere Zeit des Jahres. Die Eisenbahn-Ära ließ Luxuszüge in den Süden rollen, wie den legendären «Train bleu», nach dem jetzt das grandiose Bahnhofsrestaurant der Pariser Gare de Lyon benannt ist. Wie nirgendwo sonst florierten «les Palaces», die verschnörkelten Hotelpaläste. Zunächst wurden sie alle an den landeinwärts gelegenen grünen Hügeln errichtet. Erst später, mit dem «Negresco» in Nizza und dem «Carlton» in Cannes, wandten sie sich dem Meer zu. Dieses hatte

Individualisten en masse

Bröckelnder Glanz...

rein dekorative Funktion, niemand wollte darin baden. Dazu kam es erst, als nach dem Ersten Weltkrieg die Zaren, Könige, Fürsten und Prinzessinnen ausblieben. Ab 1931 öffneten die Grand Hotels auch im Sommer; sie trugen den Bedürfnissen der neuen Kundschaft Rechnung. Der Sonnenkult hatte Einzug gehalten, sportliches Auftreten war gefragt. Tennisspieler, Segler und Industriekapitäne gaben den Ton an, die Reichen aus der Neuen und die Neureichen aus der Alten Welt. Scott Fitzgerald stritt sich mit seiner Zelda in Juan-les-Pins, während in der Nachbarschaft die Filmdiva Gloria Swanson ihre Verlobung mit einen echten Marquis feierte.

Angesichts der heutigen Barbarei und Küstenverschandlung wirken die baulichen Hinterlassenschaften aus jenen verflossenen Phasen wie nostalgische Denkmäler des besseren Geschmacks. Zu finden sind solche Spuren oft ein wenig abseits von den Kernbereichen des aktuellen Remmidemmis, beispielsweise in Hyères. Diese Stadt, einst sehr beliebt in besseren Londoner Kreisen, ist heute in eine gewisse Normalität zurückgefallen. Die Hotelkästen wurden in Appartementhäuser für Pensionäre verwandelt. Geblieben sind nur die imposanten Fassaden und die Karyatiden am Portal. An der berühmten Palmenallee hat man ein altes, verschnörkeltes Schild stehenlassen, auf dem zu lesen ist, daß dort keine ländlich-bäuerlichen Gespanne, sondern nur bessere Kutschen fahren dürfen. Hyères liegt nicht am Meer, das war der Grund für den Bedeutungsverfall. Der neuere Ferienrummel ist auf die nahe Halbinsel von Giens gezogen.

...der Belle Epoque

Die winklige Innenstadt ist dadurch erträglich, ja angenehm geblieben. Eine lange, enge Straße voller nahrhafter Auslagen führt zum Marktplatz hinauf, der obere Teil der Altstadt ist von Arabern bevölkert. Einen schönen Überblick über die Stadt und die vorgelagerte Halbinsel, die wenig Erfreuliches bietet, hat man vom «Château» aus, das über dem Zentrum im Parc Saint-Bernard liegt.

Im oberen Teil dieses Parks steht die Villa de Noailles, auch das «kubistische Schloß» genannt. Sie war arg heruntergekommen und ist erst vor ein paar Jahren wiederentdeckt und als wertvoll erkannt worden. Gebaut hatte sie 1924 der Avantgarde-Architekt Robert Mallet-Stevens für das junge steinreiche Ehepaar Noailles, das ein außergewöhnliches Mäzenatentum pflegte. In seinem weitläufigen, luftigen Domizil empfing es illustre, damals allerdings noch umstrittene Vertreter der modernen Kunst. Zu den Gästen, die sich oft für längere Zeit im «kubistischen Schloß» einquartierten, gehörte der Bildhauer Giacometti, der im Garten arbeitete, Man Ray, der einen Film über Haus und Bewohner drehte, und Luis Buñuel, der hier das Drehbuch zu seinem Skandalfilm «L'Age d'Or» schrieb. Mißtrauisch wurde das nonkonformistische Treiben von den Bürgern beobachtet. Charles de Noailles war sogar von Exkommunikation bedroht, weil er es war, der das blasphemische Werk «L'Age d'Or» finanzierte. Die Villa geriet später in Vergessenheit, verrottete und ist erst vor kurzem restauriert und in ein Kulturzentrum verwandelt worden.

Unsaubere Geschäfte

Engländer, Mäzene und Avantgardisten sind schon lange weg. Auch die Art der Skandale hat sich verändert. Da gab es kürzlich die häßliche Geschichte um das lange schon leerstehende Kasino, das endlich wieder renoviert und als Attraktion aufpoliert werden sollte. Der vormalige Bürgermeister hatte den Auftrag allen Einwänden zum Trotz einem fragwürdigen, aber ihm nahestehenden Unternehmer zugeschanzt, der sich dann prompt als Betrüger erwies und in den Knast wanderte. Seither schlummert das Kasino von Hyères als melancholische Bauruine; hinter seinen leeren Fensterhöhlen träumt es von alten Zeiten. Unschön auch, was über die Praktiken der Police municipale dieses charmanten, palmengeschmückten Städtchens herauskam: Die dem Rathaus unterstehende Gemeindepolizei hatte illegale Datenbanken angelegt, ein heimliches Video-Überwachungssystem an den wichtigsten Punkten der Stadt installiert; nebenher bedienten sich einige Ordnungshüter freizügig aus den Einnahmen der Parkautomaten.

Für Schiebereien und Korruption ist die gesamte Traumküste berüchtigt. Die Gemeindepolizeien sind ein besonderes Phänomen der Côte-d'Azur-Städte. Es handelt sich dabei um Milizen, die von rechtsgewirkten Gemeindevätern zusätzlich zur normalen Staatspolizei eingeführt wurden. Ehemalige Flics oder Gendarmerie-Offiziere leiten diese Truppen aus knallharten Jungs, die bestens bewaffnet und mit schnellen Autos und Motorrädern ausgerüstet sind. Parallel zum Ansteigen des Rechtsextremismus und dem lauter werdenden Sermon über die allgemeine «Unsicherheit» haben sich diese Sondertruppen in einigen Jahren multipliziert. Die Côte ist auch ein großes Altersheim, ein Drittel der Bevölkerung ist älter als 65. Die alten Leute sind besonders anfällig für Sicherheitspropaganda. Die Existenz einer Gemeindemiliz ist deshalb auch ein Wahlargument, stellt Tatkraft und Law-and-Order-Gesinnung unter Beweis. Allerdings neigen die verwöhnten Lokalpolizisten dazu, sich als Superbullen aufzuführen und ihre Zuständigkeit so schamlos zu überschreiten, daß die Police nationale schon Demonstrationen gegen die unlautere Konkurrenz veranstaltet hat. Besonders machen sich die Rambos von Hyères, Cannes, Nizza oder Grasse um die Säuberung des Stadtbilds verdient: Sie haben arabische Immigranten auf dem Kieker, machen auf Wunsch der eingesessenen Geschäftsleute ambulanten Händlern das Leben schwer oder entfernen Clochards von der Promenade und schieben sie über die Stadtgrenze ab. Etwas außerhalb der Legalität, gewiß, aber wo soll man sich beschweren? Bei der Polizei?

Es stimmt schon, daß an dieser Goldküste Gaunereien so verbreitet sind wie kaum anderswo. Diebstahl jeder Art, Einbrüche in Wohnungen und Ferienhäuser, Aufknacken von Touristenautos sind extrem häufig. Die Côte scheint das ideale Umfeld für unlautere Machenschaften zu sein. Hier finden Heiratsschwindler ein günstiges Terrain, hier sind gefälschte Kreditkarten, Titel und Diplome zu haben, ebenso wie ein fast echter Chagall für lumpige 10000 Mark. Der kriminelle Elan nimmt keine Berufsgruppe aus. Krankenhausärzte lassen sich von Beerdigungsunternehmen schmieren, ein

Priester aus Antibes hat in seiner Gemeinde für die notleidenden Christen in Polen gesammelt – über eine Million Francs an Spendengeldern konnte der Gottesmann für sich abzweigen. «Magouille», der hiesige Ausdruck für «unsaubere Geschäfte», «betrügerischer Klüngel», bezeichnet eine Art von örtlicher Folklore. Man denke beispielsweise an die küstennahen Waldbrände: Wie von Zauberhand verwandeln sich als unbebaubar deklarierte Hänge in wohlfeiles Bauland, oft wachsen schon ein Jahr nach der Feuersbrunst nicht Bäume, sondern lukrative Feriensiedlungen aus der Asche. «Magouille» findet zuweilen auch in den Amtsstuben der Stadtverwaltung und in den Büros der Sozialversicherung statt. Beliebt sind die «fausses factures», Rechnungen für imaginäre Dienstleistungen, die das Geld der öffentlichen Hand auf private Konten umleiten. Mancherorts sind höhere Ebenen ins Geflecht der «Magouille» einbezogen; hohe Beamte, Stadträte, Bürgermeister haben mitunter Dreck am Stecken, unterhalten bisweilen merkwürdige Beziehungen zu den «Paten» der lokalen Unterwelt.

Bonjour Tristesse

«Saint-Tropez steht auf allen Karten als Winterkurort aufgemalt. Bei aller Liebe – aber dann schon lieber Neuruppin! Es ist dunkel, als ich ankomme... Die Laternen brennen trübe. Am Hafen liegt ein Gewirr von Tauen und Segelleinwand, überall drücken sich Männer herum, es ist schmutzig und dürftig.» So schreibt 1925 Kurt Tucholsky. Einunddreißig Jahre später erlösen Roger Vadim und seine Gattin Brigitte Bardot durch den Film «Und immer lockt das Weib» das beschauliche Fischerdorf aus seinem Halbschlaf und machen es zum potentiellen Reiseziel von 400 Millionen Kinobesuchern aus aller Welt. Der Ausbruch der Saint-Tropez-Mode ist gleichzeitig Startschuß für die generelle Heimsuchung der azurblauen Küste durch die von Jahr zu Jahr stärker motorisierten Touristenscharen. In den sechziger Jahren wird die Zweitresidenz am Mittelmeer zum Inbegriff erfolgreicher Lebensgestaltung. Erst sind es die Wohlhabenderen, die sich eine Dependance an der Côte leisten, bald drängen aber auch Krethi und Plethi nach. Die Zeit der Baukräne und Betonmischmaschinen beginnt. Bauunternehmer und Immobilienspekulanten erleben eine Glanzepoche, das freie Spiel der Kräfte beschert der Mittelmeerlandschaft eine neue Visage.

Gewiß, Saint Tropez war schon vorher «entdeckt» worden. Um die Jahrhundertwende hatten sich impressionistische Maler in dem abgeschiedenen Idyll niedergelassen, das zum Sujet vieler Bilder geworden ist. Nach dem letzten Krieg wurde der Ort dann zur Zweigstelle der Pariser Nonkonformisten-Szene; manchmal nannte man ihn gar Saint-Tropez-des-Prés. Stars wie die aufsehenerregende Jungschriftstellerin Françoise Sagan («Bonjour Tristesse») und das Gespann Vadim/Bardot machten aus Saint Tropez dann «Saint Trop». Das Kürzel wurde zum Symbol für unbeschwertes Leben, leichte Kleidung und warme, ereignisreiche Nächte, kurz: für «la fête». Bald rückte die Clique der internationalen Playboys und Yachtbesitzer an sowie das Völkchen der Paparazzi, denn es gab ja so viel zu fotografieren! Im Sommer 1964 wurden am Strand von Pampelonne die ersten freigelegten Damenbrüste gesichtet, und von Saint Trop aus erreichte diese Revolution bald alle Strände Europas. In hohen Tönen gelobt werden immer noch die nächtlichen Champagner-Parties am Strand, die Gunther Sachs einst feierte. Augenzeugen schwärmen auch von Mick Jaggers Hochzeit mit Bianca, die 1971 in Saint Trop stattfand.

Heutzutage kommen im Sommer täglich um die 50 000 Besucher, die riesigen Parkplätze am Ortsrand reichen schon nicht mehr aus. Mit gereckten Hälsen pilgern die Massen an den Terrassen der überteuerten Cafés und Restaurants vorbei und mustern die Gesichter der Kundschaft auf der Suche nach Prominenz. Nahe am Wasser des Hafens stehen die Kitschbildmaler und schaffen im Akkord. Die verbliebenen Prominenten verbergen sich unterdessen wie scheues Wild in ihren etwas außerhalb gelegenen Villen oder im Inneren ihrer weißen Motoryachten. Dafür tun andere so, als seien sie prominent. Unter den Sonnensegeln der Bars entfalten Blender mit Goldkettchen und Ray-Ban-Sonnenbrillen ihren zuhälterhaften Charme. Die Makler, Gastronomen und Diskobetreiber verdienen sich dusselig. Auch der Sonnenschirm- und Matratzenvermieter von Tahiti Plage ist längst Millionär und fährt einen dicken Schlitten aus Stuttgart. Das Ortsbild von Saint Tropez ist denkmalsgeschützt, damit alles bleibt wie früher. «La fête continue».

Irgendwie noch authentischer wirkt die Hafenidylle fünf Kilometer westlich. Dort liegt Port Grimaud, ein mediterranes Fischerdorf wie es im Buche steht: die typische Kirche, die typischen Häuschen in diesen südlich verwaschenen Farben, typische Brücken über dem Kanal, ein alter Wachturm an der Hafeneinfahrt. Aber das Ganze ist aus angemaltem Beton, das Dorf ist eine synthetische Ferienanlage mit modernen Appartements für Besserverdienende, die praktischerweise das Segelboot gleich vor ihrer luxuriösen Fischerkate vertäuen können. Die Autos stehen derweil auf einem bewachten Großparkplatz. Auch hierher kommen Kurzbesucher in Mengen, um das falsche Echte zu bewundern, bei dem selbst der abbröckelnde Putz simuliert ist – konsequenter Gegenkitsch zur chaotischen Betonierung.

Dollars und Träume

In Cannes ist immerhin einiges von der alten Pracht in die Gegenwart hinübergerettet worden. Die Stadt ist, wenigstens zum Teil, ein Reservat der Stinkreichen geblieben. An der Croisette, der kilometerlangen, palmengesäumten Strandpromenade, stehen neben modernen Wohnkisten der oberen Kategorie die alten Stuckpaläste der Nobelklasse: «Majestic», «Carlton», «Martinez». Früh morgens schon fahren Sprengwagen die Uferstraße entlang und benetzen sie mit Wasser. Die Kundschaft der sündhaft teuren Hotelterrassen soll durch kein Stäubchen gestört werden, ebensowenig wie die mehr oder weniger wohlhabenden «Senioren», die in Mengen ihren goldenen Lebensabend in Cannes verbringen. Mit ihren Sonnenhüten sitzen sie auf den grünen Promenadenstühlen, hinter sich gepflegte Blumenbeete und Palmen, vor sich das endlos glitzernde Meer, und blicken etwas muffig auf die Jeunesse dorée, die in ihren luftigen Modeklamotten vorbeiflaniert. Der

Künstliches Paradies Port Grimaud

teuer bezahlte Alterssitz bringt wohl doch nicht das gesteigerte Lebensgefühl zurück.

Daneben ist die Croisette bevölkert von Tagesausflüglern, die es sensationell finden, mal in der Nähe der ganz Reichen zu sein. Auch wenn man sie kaum zu sehen bekommt, sondern nur die mittlere Kategorie, die sich unten in den streng abgeteilten Strandabschnitten auf Liegestühlen aalt und mittags in den Strandrestaurants Meeresfrüchte vertilgt, während das gaffende Publikum von oben auf die Teller starrt. Cannes lebt traditionell vom Müßiggang der Betuchten und verkauft den anderen die Illusion, ein bißchen dazuzugehören. Die Wunderwelt der Illustrierten von einst, hier gibt es sie noch. Für Stoff zum Klatschen sorgen die Petrodollars aus den Golfstaaten. Prinz Ibn Abdulaziz hat seinen Töchtern für 23 Millionen Dollar die Villa Gould gekauft, ein Schloß am Meer, das sich mal ein amerikanischer Eisenbahnkönig hatte bauen lassen. Und der Emir von Katar zahlte für einen Monat im Hotel sechs Millionen Francs! Und dann dieser Prinz aus Bahrein oder wo er her war, der im Palm-Beach-Casino ohne mit der Wimper zu zucken einen Drei-Millionen-Verlust wegsteckte – das ist die Art von Araber, die man gerne sieht, für die man sich interessieren kann.

Im Wohnviertel La Californie oberhalb des Palm Beach floriert das Geschäft mit Luxus-Immobilien. Dort an den Hängen beginnt die Welt der abgeschirmten Villen und Schlößchen. Abseits von der Hektik des Zentrums liegen da Quartiers, in denen es sich gut aushalten ließe. Man kann schon neidisch werden, wenn man durch die Pinienhaine nach La Croix des Gardes hochwandert oder nach Super-Cannes hinauf, an traumhaften Anwesen vorbei, durch diskrete Avenuen mit prachtvollem Blick aufs Meer und das Esterel-Gebirge. In so einem Paradiesgarten, wo duftende Jasminsträucher über die Mauern wachsen, umgeben von Palmen, Bougainvillea und Rhododendron, möchte man wohl auch gerne ein Weilchen leben. Hier ahnt man, was «Côte d'Azur» auch bedeuten kann.

Drunten in der Bucht und im Hafen leuchten weiß die Schiffe amerikanischer, saudischer, libanesischer Geldmenschen. Aber da dümpelt auch eine sonderbare Antiquität, ein Piratenschiff wie aus einem Comicstrip. Tatsächlich stammt es aus dem Film «Piraten» von Roman Polanski, und es erinnert daran, daß Cannes jedes Jahr im Mai zum Babel der internationalen Kinoszene wird. «Cannes», das ist eben auch ein Filmfestival, das größte Kino-Rendezvous der Welt, ein glamouröses Ereignis, hinter dessen schillernder Fassade ein Großmarkt der Kulturindustrie stattfindet, wo die Manager des Filmbusiness um Projekte, Rechte und Lizenzen pokern. Das Geschäftliche ist glänzend umrahmt. Zur Abendvorstellung des Wettbewerbs stehen an der Freitreppe des «Bunker» genannten Festivalpalastes weißbehandschuhte Polizisten in Gala-Uniform Spalier, unter Blitzlichtgewittern wallen Abendkleider und Smokings hinauf. Hunderte drängen sich an den Absperrgittern, Tag für Tag, vierzehn Tage lang. Kino scheint für diese Zeit die wichtigste Sache der Welt zu sein. Selbst die Palmen wirken wie Studiodekor.

Während dieses sonderbaren Karnevals ist Cannes mehr noch als sonst ein Freigehege für Exzentriker und Verrückte. Am Strand ziehen sich «Starlets» aus und werden in Null Komma nichts von Fotografen umlagert. Exhibitionismus trifft auf Voyeurismus – ein ideales Zusammenspiel. Über der Bucht drehen Flugzeuggeschwader ihre Runden, sie ziehen Bänder mit Werbung für Filme hinter sich her. Im Gewusel der Profis und Journalisten gibt es auch echte Kinofanatiker, die sich ihren Cannes-Aufenthalt mühsam zusammengespart haben, Studenten etwa, die jedes Jahr anreisen, um sich eine Überdosis Film reinzuziehen oder im geliehenen Dinnerjakket zu versuchen, sich in eine der Parties einzuschleichen, die Produzenten auf ihren schwimmenden Palästen geben. Teilhabe am Jet-Set-Feeling, Eintauchen ins Delirium, Dabeisein ist alles.

Der Festivalpalast sorgt auch außerhalb der Sommersaison für kommerzielle Belebung der Stadt. Dort finden neben den Internationalen Filmfestspielen noch diverse andere Ereignisse statt, wie der Markt für TV-Produktionen oder das Werbefilm-Festival, das jedes Jahr die deutschen Freunde des Genres mit der «Cannes-Rolle» versorgt. Denn schließlich sind die Petrodollars und der Zaster internationaler Waffenschieber auf Dauer unsichere Größen. Die ganz großen Zeiten sind ohnehin vorbei, als Krösusse von Weltruf ganzjährig an der Côte praßten wie der feiste ägyptische Ex-König Faruk mit seinen zahlreichen Gespielinnen oder die berühmten griechischen Reeder mit ihrem Hofstaat. Typen wie Onassis und Niarchos waren die letzten echten Luxus-Dinosaurier, offensiv und hemmungslos. Dagegen sind die

Vergoldete Harley Davidsons in Cannes

Scheichs unserer Tage doch viel diskreter, bleiben auch meist nur ein paar Wochen. Es gibt auch keine richtigen Exil-Könige mehr, höchstens so ein Würstchen wie den Ex-Diktator von Haiti, Baby Doc Duvalier, der unweit von Cannes in seiner Datsche sitzt und sich mit Dom Perignon die Zähne putzt.

Alles unter Kontrolle

Das andere Prestige-Refugium an der Côte d'Azur ist natürlich Monaco. Lächerlich klein ist dieses Operettenfürstentum, ein Fliegendreck auf der Landkarte, nur 195 Hektar groß. Aber die sind vollgebaut mit gestaffelten Reihen aus Betontürmen mit ein paar Belle-Epoque-Überbleibseln dazwischen – eine Skyline, die an Hongkong oder Manhatten gemahnt. Es läßt sich nicht verleugnen: Das Traumreich ist kreuzhäßlich. Aber wie Elke Heidenreich alias Else Stratmann schon sagte: «In Monaco liegen Glanz un Elend sowatt von dicht zusammen, ich kann Ihn sagen...»

Monaco ist ein Kuriosum, das einzige Land, in dem Ausländer sechsmal zahlreicher sind als die Einheimischen. Es ist ein souveräner Zwei-Quadratkilometer-Staat von Frankreichs Gnaden. Als es 1962 eine französisch-monegassische Krise gab wegen gewisser Eigenmächtigkeiten des stolzen Fürsten Rainier, ließ die Pariser Regierung an den «Grenzübergängen» Zöllner aufmarschieren, und die Elektrizitätsgesellschaft EDF drehte dem Fürstentum kurzerhand den Saft ab. Bald war die Harmonie wiederhergestellt – der Zwergfürst sah ein, daß es wenig Sinn hatte, gegen die Schutzmacht aufzubegehren. Diese besorgt für die «Principauté» die Verteidigung, stellt Regierungschef und Innenminister sowie die Spitzen der Administration. Im Reich der Grimaldis gilt die französische Währung, und der AS Monaco, für den die teuersten Spieler gerade gut genug sind, spielt in der ersten französischen Fußball-Liga.

Am Anfang der Monaco-Saga stand die von Fürst Charles III. Ende des letzten Jahrhunderts getroffene Entscheidung, in seinem vor sich hin mickernden Miniaturstaat eine Spielbank nach dem Vorbild von Bad Homburg zu eröffnen, um vom Aristokratenzustrom der glücklicheren Nachbarorte zu profitieren. Der Hügel, auf dem das Kasino entstand, wurde fortan nach dem weisen Herrscher Karlsberg beziehungsweise Monte Carlo genannt. Die Spielbank zog Geburts- und Geldadel aus aller Welt an und begründete den Reichtum des Grimaldi-Imperiums. Heute ist die Bedeutung des berühmten Kasinos vergleichsweise gering, nur noch fünf Prozent der Gesamteinnahmen der Firma Monaco stammen von den Spieltischen. Schon in den fünfziger Jahren transformierte sich Fürst Rainier vom Bilderbuch-Monarchen zum aktiven Business-Mann, auch wenn in den bunten Blättern bloß von den Liebschaften seiner Töchter die Rede ist. Von amerikanischen Beratern inspiriert, machte er aus seinem Zwergstaat ein Steuerparadies, und schon begannen auf dem schmalen Staatsgebiet die Türme in den Himmel zu wachsen. Firmen aus aller Welt verlegten ihre Sitze in die Oase, Großverdiener legten sich einen Wohnsitz zu. Björn Borg, Placido Domingo, Johannes Mario Simmel, Boris Becker und viele andere haben sich so von der Einkommenssteuer auf Auslandseinkünfte befreit. Pech haben nur die Franzosen, die unter den 30 000 Einwohnern dieser absurden Kleinstadt das größte Kontingent bilden: Für sie gelten die französischen Steuergesetze.

In den achtziger Jahren entwickelte sich Monaco zu einem internationalen Finanzplatz, es schickt sich allmählich an, die frühere Rolle von Beirut als Kapital-Drehscheibe zwischen der westlichen und der arabischen Welt zu übernehmen. Französische Banken machen dabei das Hauptgeschäft, das kleine Monaco wird für Frankreich zum höchst nützlichen Devisensparschwein, denn bei den derzeit vierzig Milliarden Franc Bankeinlagen herrschen ausländische Währungen vor. Um die rund 4000 eingeborenen Monegassen sammelt sich das Geld der Welt an. Eine bedeutende Rolle spielen in diesem Luxuskaff außer den Steuerflüchtlingen und Banken die zahlreichen Kongresse und der Fremdenverkehr. Die Hotelzimmerpreise sind immens hoch, da mag das Betonghetto noch so unschön sein. Fast können sie einem leid tun, die armen Reichen. Aber andererseits: Man fühlt sich hier so sicher! Viel wird nämlich dafür getan, daß die Happy few ohne Angst auch spät abends noch ihre Pelze und Brillanten spazierenführen können. Überfälle gibt es hier nicht. Monaco ist die vergoldete Version eines perfekten Polizeistaates. Die gesamte Stadt wird mit Kameras überwacht. Von einem zentralen Kontrollsaal aus kann jeder beliebige Passant auf seinem Weg durch die Stadt verfolgt werden. Sogar in den Aufzügen, die verschiedene Teile der Stadt verbinden, sind Kameras installiert, außerdem auch Mikrophone zur akustischen Überwachung. Für Ordnung sorgen heißt aber in Monaco nicht nur, Straftaten zu verhindern, sondern auch ein ungestörtes Ambiente zu gewährleisten. Wer das Bild von Sauberkeit und Prosperität irgendwie stört, zum Beispiel Leute mit Rucksäcken oder arabische Arbeiter, die sich nach ihrer Tätigkeit auf der Baustelle noch weiter im Fürstentum herumdrücken, der wird alsbald von einem der zahlreichen Uniformierten (die Uniformen wurden von einem namhaften Modeschöpfer entworfen, die Kanonen stammen von Smith and Wesson) höflich, aber bestimmt zur Grenze geleitet. Sofort eingeschritten wird auch gegen jede Art von politischer Demonstration, das ist ja wohl klar. Denn irgendwo haben die schwerarbeitenden Konzernchefs, Finanzbarone und sonstigen Geldmenschen schließlich das Recht auf ein klein wenig Ruhe, auf eine Welt ohne Armut, auf ein abgeschottetes Paradiesgärtlein. Auch wenn es so häßlich ist wie Monaco.

Die Côte ist ein beschädigter Mythos, völlig unerträglich in der Hauptsaison. Dennoch hat sie ihre attraktiven Seiten. Durch die neueren Wucherungen schimmert immer noch die alte südliche Landschaft. Sie ist mit einer reichen Vegetation gesegnet, die vieles gnädig verhüllt. Die sonnenschirmförmigen Pinien, die Palmen und Agaven setzen mildernde Akzente, sorgen für ein ästhetisches Gegengewicht zu den baulichen Zumutungen. Landschaftsgestalter der Belle Epoque haben üppige Gärten hinterlassen, wie den «Jardin Thuret» in Antibes mit seinen unzähligen Eukalyptusarten oder die stark besuchte «Villa Ile-de-France» in Saint-Jean-Cap-Ferrat. Zu den herausragenden Beispielen früherer Gartenlust, als die

Kunst noch über die Schaffung von «espaces verts», öden Grünflächen, hinausging, zählen mehrere Anlagen in Menton: der «Jardin des Colombières», die etwas in Vergessenheit geratene «Serre de la Madone» des englischen Gartenkünstlers Lawrence Johnstone, die vom spanischen Schriftsteller Vicente Blasco Ibanez geschaffene «Fontana Rosa» und der botanische Garten «Val Rahmeh». Sie alle sind ein Grund, dem ansonsten ziemlich nervigen Menton einen Besuch abzustatten.

Tatsächlich lassen sich auch an der Azur-Küste noch einige unverschandelte Flecken ausfindig machen, wo gebadet werden kann, ohne diese ölsardinenhafte Nähe zum Mitmenschen, jedenfalls in der Nebensaison. Dazu gehören die Strände von Cabasson am Cap de Brégançon, unweit Bormes-les-Mimosas, ebenso wie der südliche Teil der Halbinsel von Saint Tropez. Dort liegen, zum Cap Lardier hin, zwischen Felsvorsprüngen kleine versteckte Badebuchten mit klarem Wasser, nur zu Fuß zu erreichen. Manche erfordern etwas Kletterei, man wird aber für die Mühen belohnt. Auch das Esterel-Gebirge zwischen dem unschönen Saint Raphael und dem lärmigen Cannes ist von allzu brutaler Zersiedelung verschont geblieben – ein wildes Einsprengsel in der fast kompletten Meeres-Randsiedlung. Das nationale Konservatorium für die französischen Küsten hat größere Teile aufgekauft und damit vor Bebauung geschützt. Dunkelrot schieben sich die Porphyrfelsen ins Meer. Nur einige kleinere Orte haben in den Nischen Platz gefunden: Agay, Anthéor, Le Trayas, Théoule-sur-Mer. Dazwischen gibt es ein paar intime Ministrände.

Wenn es nicht zu heiß ist, kann man auch sehr schön im Esterel-Massiv herumwandern. Das Gebirge war einst Fluchtgebiet für entlaufene Galeerensträflinge aus dem «Bagne» von Toulon und wurde lange von Räuberbanden beherrscht. Heute herrscht hier die Nationale Forstbehörde und trägt Sorge, daß keine Touristenautos in die Waldbrand-Schutzzone eindringen. Von den höchsten Punkten aus, Pic de l'Ours, Pic du Cap Roux und Mont Vinaigre, geht der Blick weit über das blaue Meer, ein paar Segelboote leuchten weiß – einfach prachtvoll. Fast versöhnt es einen mit der Côte d'Azur. ∎

Nizza
SONNENSTADT MIT SCHLAGSCHATTEN

Nizza, die einzige Großstadt der Côte d'Azur, ist eine außergewöhnliche Stadt – faszinierend, zwiespältig, verlockend, abstoßend. «Apropos de Nice» heißt ein berühmter Film von Jean Vigo, dem jung verstorbenen Zelluloid-Anarchisten und verehrten Ahnherrn der Nouvelle Vague. Impressionen von der Strandpromenade, elegante Damen, Tennisspieler, Meeresbrandung, Hotelfassaden sind da zusammengeschnitten mit Bildern aus der ärmlichen Altstadt, mit Straßenkehrern und Schuhputzern, dann wieder Karnevalsszenen. Eine provokante, mit surrealistischen Elementen durchsetzte Dokumentation über die Welt der Privilegierten und den anstrengenden Betrieb des Müßiggangs.

Dieser kurze Montagefilm enthält Nizza als Konzentrat. Die spezielle Atmosphäre der Stadt ist auch nach sechzig Jahren noch wiederzuerkennen, der Streifen hat seinen Biß behalten.

Ständiger Flanierbetrieb herrscht weiterhin auf der «Promenade des Anglais», der langen Uferstrecke vor der Kulisse der Strandhotels, deren schönstes und teuerstes, das «Négresco», mit seiner roten Kuppel als Orientierungsmarke leuchtet, wie ein Seezeichen für den Strom der gelassen einherschlendernden Promeneure. An den Rändern der Piste stehen Stühle herum, auf denen sitzen Nichtstuer und schauen aufs Meer, beobachten die Jets, die vom Flughafen Nice-Côte d'Azur über dem Wasser steil in den Himmel steigen, die Leiber, die sich unten auf dem Kiesstrand zur Bräunung ausstrecken, oder die Fröhlich-Tollkühnen, die sich am Fallschirm hängend von einem Motorboot durch die Lüfte schleppen lassen. Kein Wölkchen am Himmel, sanft bewegen sich die Palmwedel, im warmen Wind flattern Hunderte von Fahnen, die Szenerie hat etwas Sonnig-Heiteres, erinnert an impressionistische Gemälde. Eine angenehme Stadt, wo die Leute in der Mittagspause aus ihren Büros kommen und kurz mal ins Mittelmeer springen.

Nizza ist zwar eine lebendige Großstadt von 400 000 Einwohnern, gleichzeitig aber sind ganze Quartiers noch geprägt vom vergangenen Splendeur. In großzügig angelegten Straßen und auf den mediterran bewachsenen «squares» weht ein Hauch von Jahrhundertwende: schmiedeeiserne Gitter, blaßblaue Markisen, Palmen und Oleander im Vorgarten cremefarbener Residenzen – Belle-Epoque-Grandezza, als sei die Zeit stillgestanden. Ganze Straßenzüge entfalten noch diesen etwas welken Charme.

Am exklusivsten ging es früher in Cimiez zu. Dieser etwas außerhalb am Hang gelegene Stadtteil war Ende des 19. Jahrhunderts als Reservat der obersten Oberschicht entstanden, eine Ansammlung ebenso grandioser wie luxuriöser Hotelpaläste. Um nach Cimiez hinaufzukommen, nimmt man am besten den Bus, die zentrale Busstation befindet sich an der Avenue Félix-Faure, auf dem überdeckten Flußbett des Paillon. Vorbei am Chagall-Museum und am «Haus der Pieds noirs und ihrer Freunde» geht es hinauf bis zu den Arènes, den von einem Park umgebenen Ausgrabungsstätten des römischen Nizza beziehungsweise «Cemenelum» (Cimiez!). Wer von hier aus den boulevard de Cimiez hinunterschlendert, kommt an vielen ehemaligen Edelhotels vorbei. Da steht, unübersehbar, das ehemalige «Regina Palace», das größte und prächtigste Hotel von allen, in dem mit Vorliebe die englische Königin Victoria abstieg. Ein wenig staubig ist die gläserne Veranda, der zentrale Treppenaufgang wirkt etwas düster. Das alte Prunkhotel ist heute in Appartements aufgeteilt; neben Wohnungen beherbergt der Bau Arztpraxen, Werbeagenturen und ein Gymnastikstudio. «C'est privé, Monsieur!» zischt giftig-dünkelhaft eine alte Dame, als ein fotografierender Fremdling es wagt, den Privatpark zu betreten. Auch die anderen von Parkanlagen umgebenen Großhotels, «Winter-Palace», «L'Hermitage» und das «Alhambra» mit seinen orientalischen Minarett-Türmen, fungieren jetzt als Luxuswohnhäuser für die begüterte Mittelklasse. In der Villa «El Paradiso», gebaut für

Queen Victorias Absteige

die Baronin van Zuylen de Nyevelt, geborene Rothschild, ist heute das Musikkonservatorium untergebracht.

Nur noch die verschwenderischen Ausmaße der alten Kästen lassen ahnen, welch brausender Betrieb hier geherrscht hat, als Nizza die «Winterhauptstadt Europas» war; auch vom «mediterranen Babylon» war damals die Rede. Der Hochadel hatte in den Hotels von Cimiez seine Suiten: der König von Schweden, die Königin von Portugal, der Prince of Wales, die Königin von Serbien und auch das württembergische Königspaar, alle begleitet von einem Heer von Dienern, Köchen, Gouvernanten. Um die hohen Herrschaften wuselte eine Demi-monde aus Hochstaplern mit falschen oder gekauften Titeln, Wirtschaftsmagnaten, Kunstschaffenden und Geistesgrößen. Geblieben sind allenfalls Phantome. Und Immobilien. Dazu die vielen Gotteshäuser aller denkbaren Konfessionen, darunter eine große russisch-orthodoxe Kirche mit Zwiebeltürmen, einst auf Geheiß des Zaren höchstselbst errichtet. Die großen Paläste fielen dem Wandel im Ferienverhalten zum Opfer, sie verloren ihr Publikum, wurden unrentabel. Aber wenigstens hat man sie nicht abgerissen.

Pittoresker König

Das Schicksal, vom kleinen Hafen des Königreiches Sardinien zur zeitweilig mondänsten Hotelmetropole des Kontinents aufzusteigen, hat dieser Stadt einen besonderen Charakter beschert. Nicht die Industrie, sondern der Tourismus hat Nizza

Flaneure und Nichtstuer

groß gemacht. Eine auf Gastronomie fußende Wirtschaft bestimmt die Atmosphäre der Stadt bis heute. Die großen Hoteliers und Bauunternehmer herrschen über das ökonomische und gesellschaftliche Leben und halten die politischen Fäden in der Hand. Mit ihrem Gewicht in den lokalen Institutionen sorgen sie für die «richtigen» Entscheidungen, zum Beispiel für große öffentliche Bauvorhaben – Kongreßpalast, Flughafenkomplex, Marina, Autobahnzubringer. Weil das Unternehmertum von Anbeginn quasi organisch mit dem Tourismus verbunden ist, gilt die eiserne Regel: Was gut für das Hotelgewerbe ist, ist gut für Nizza. Die kleine Kaste, die in der Stadt das Sagen hat – mißgünstige Journalisten sprechen von der «Camorra» – schafft sich die passenden politischen Figuren. Deren Parteizugehörigkeit ist dabei zweitrangig. Wichtiger ist ein System persönlicher Beziehungen und Verpflichtungen, und unerläßlich ist auch die Fähigkeit, dem spezifischen Nizzeser Identitätsgefühl Rechnung zu tragen. Schließlich gehört die Grafschaft Nizza erst seit 1860 zu Frankreich, man ist hier was Besonderes.

Dieses Partikularbewußtsein läßt sich politisch ummünzen. Mehr als sechzig Jahre lang war das Rathaus in den Händen der Médecin-Dynastie. 1928 wurde Jean Médecin zum Chef des lokalen Clansystems und integrierte aufs fruchtbarste Gemeindeverwaltung und Unternehmerinteressen. Geschickt verstand er es, den Klientelismus mit öffentlichen Wohltaten und der Pflege des Nizzeser Brauchtums zu verbinden. Er gehörte nacheinander den unterschiedlichsten Parteien an, war aber über parteipolitische Aspekte hinaus ein Monarch nach Nizzeser Art. In Nizza ist der Bürgermeister keineswegs bloß der gewählte Sachwalter öffentlicher Angelegenheiten. Er ist so etwas wie ein Stammeshäuptling und genießt als Förderer der «Nizzeser Interessen» die entsprechende Verehrung. Folgerichtig wurde er denn auch «le Roi Jean» genannt. Nach seinem Tod wurde mit tatkräftiger Unterstützung der interessierten Kreise sein Sohn Jacques zum Nachfolger gekürt, der schon lange als Kronprinz in Wartestellung ausgeharrt hatte.

«Le Roi Jacques», wie er dann auch bald genannt wurde, war als Politiker in dem an schillernden Figuren nicht eben armen Frankreich eine pittoreske Ausnahmeerscheinung: ein temperamentvoller Draufgängertyp mit herausforderndem Schnurrbart, der sich mal in der Rolle des mediterranen Charmeurs gefiel, mal sich als unbeherrschter Grobian aufführte. Als «König» sprach er die Sprache des Volkes und wußte den Lokalpatriotismus zu kitzeln; so hat er es sich nicht nehmen lassen, ein Kochbuch zur Nizzeser Küche zu schreiben. Jacques Médecin betrieb selbst mit großer Inbrunst den Kult der Médecin-Dynastie, keine Gelegenheit ließ er aus, seinen Vater zu verherrlichen. Nach dem ist der Hauptboulevard der Stadt benannt, das größte Schwimmbad und ein Studentenheim. Außerdem künden diverse Plaketten von den Großtaten des Königs Jean. Sein Sohn meint im übrigen, durch persönliche Ahnenforschung herausgefunden zu haben, daß die Médecins Nachfahren des berühmten Florentinergeschlechts der Medicis sind. Allen Ernstes nannte er sich bei privaten Geschäftemachereien in den USA auf seinen Briefköpfen «Graf von Medicis». Dies wurde von einer respektlosen Fernsehsendung enthüllt, ebenso wie des Bürgermeisters schiefgegangener, mit herben Bußgeldern geahndeter Versuch, Cartier-Uhren und Schmuck in die Staaten zu schmuggeln. Médecin, der auch noch als Präsident des Generalrats dem Departement Alpes-Maritimes vorstand und Giscard d'Estaing zeitweilig als Minister für Tourismus diente, war von Skandalen umwittert wie kein zweiter. Aber was andere Politiker schnell erledigt hätte, konnte ihm lange Zeit nichts anhaben. Die alte Garde des konservativen Klüngels vor Ort war sehr zufrieden mit ihm, das Nizzeser Wahlvolk liebte ihn, er saß fest im Sattel. Seinem langjährigen sozialistischen Gegenspieler, dem Schriftsteller Max Gallo, blieb kaum anderes übrig, als die Geschichte der Stadt und ihrer Grauzonen in Romanform zu verarbeiten.

Rien ne va plus

Entgegen dem friedlichen Anschein der lustwandelnden Scharen auf der Promenade des Anglais und der gedämpften Diskretion und Gediegenheit der Belle-Epoque-Viertel, ist Nizza ein heißes Pflaster, mit einer gut entwickelten Kriminalität, die kaum hinter der von Marseille zurücksteht. Den besonderen Appetit des «Milieus» erregt die Welt der Spielbanken. Um die Kasinos gab es jahrelange Auseinandersetzungen, die etliche Todesopfer forderten. Am Anfang stand ein ehrgeiziger und verführerischer Plan, den der König Jacques entwickelt hatte, um den etwas verblaßten Glanz Nizzas aufzupolieren; die Hotels waren immer weniger ausgelastet, die Stadt drohte in Melancholie zu versinken. Was ihm vorschwebte und denen, die ihm nahestanden, war, Nizza zum Las Vegas am Mittelmeer zu machen. Die amerikanischen und arabischen Milliardäre sollten von Cannes und Monte Carlo weggelockt werden in eine neue, hochmoderne Glücksspiellandschaft an der Engelsbucht. Die vorhandene Spielbank, das alte, leicht verstaubte Palais de la Méditerranée, war für ein solches Vorhaben nicht dynamisch genug. Ein funkelnagelneues Kasino mußte her, das «Ruhl», ebenfalls an der Promenade des Anglais gelegen.

Partner bei dem Vorhaben, Nizza nach amerikanischem Muster zu erneuern, war Médecins enger Jugendfreund Jean-Dominique («Jean-Do») Fratoni, der bereits an anderen Spielbanken beteiligt war. Er wurde Chef des 1975 im Beisein von allerlei Unterhaltungskünstlern glanzvoll eingeweihten «Ruhl». Die Croupiers holte sich Fratoni aus seinem korsischen Heimatdorf, andere Mitarbeiter freilich kamen aus Kreisen der italienischen Mafia, die die französischen Kasinos als Geldwaschanlage nutzen wollten. Mit ihrer Hilfe nahm der Schützling des Bürgermeisters die Ausdehnung seines Imperiums in Angriff. Das Sun-Beach-Casino im nahen Menton wurde von einem Mafiosi-Trupp durch Spielbetrug in den Bankrott getrieben, so daß Jean-Do es problemlos übernehmen konnte. Das versuchte er auch beim konkurrierenden Palais de la Méditerranée in Nizza, einem Familienunternehmen, geleitet von der eigenwilligen Madame Le Roux. Die legte sich quer, ging auf Fratonis Übernahmeangebot nicht ein. Daraufhin wurde ein Verführer auf ihre Tochter Agnes angesetzt, bis die sich ihre Stimmrechte im Méditerranée-Aufsichtsrat von Jean-Do abkaufen ließ, der dadurch die Kontrolle über das Kasino gewann. Von Tochter Agnes hatte man nun, was man wollte; sie wurde nicht mehr benötigt und verschwand spurlos.

Das Palais de la Méditerranée ging unter den neuen Herren bald pleite. Absicht oder Unfähigkeit? Jedenfalls steht es seither mit Brettern vernagelt an der Uferstraße. Peinliche Palmen- und Mittelmeer-Motive sind auf den Absperrzaun gemalt. Aus dem Leuchtröhrenwort «Casino» sind schon einige Buchstaben herausgefallen. Aber auch auf dem «Ruhl», der Keimzelle des neuen Las Vegas, lag trotz der helfenden Hand des Bürgermeisters kein Segen. Die etwas speziellen Partner Fratonis ließen es bald in Verruf kommen. Milieu-interne, blutige Abrechnungen, Mißmanagement und Betrügereien – es ging bergab, die Mafia-Kumpels waren schlechte Manager. Steuerfahndung und Staatsanwaltschaft begannen, den Laden unter die Lupe zu nehmen. Fratoni konnte sich gerade noch – rechtzeitig gewarnt – aus dem Staub machen und wurde in Abwesenheit zu dreizehn Jahren Haft und Zahlung von 360 Millionen Francs an den Fiskus verurteilt. Das «Ruhl» wurde zwangsgeschlossen.

Gelegentlich meldete sich Jean-Do über den von Médecin kontrollierten Privatsender «Baie des Anges» aus dem Ausland. Das Radio wie auch das Médecin-Monatsblatt «Action Nice – Côte d'Azur» ermöglichten ihm mehrfach, sich als Unschuldslamm und politisch Verfolgter des Linksregimes zu präsentieren. Über die Schweiz und Brasilien hat er sich nach Paraguay

Hotel Regina

aufgemacht, wo man ein Herz für politische Asylanten seines Kalibers hat. Über Strohmänner aber blieb Jean-Do in Nizza weiter aktiv. 1987, während der Rechtsregierung unter Chirac, genehmigte Innenminister Charles Pasqua, auch er übrigens Korse, die Wiedereröffnung des «Ruhl». Die neuen Betreiber stammen – reiner Zufall – aus Fratonis Heimatdorf Cuttoli-Corticchiato. Bei der feierlichen Eröffnung war diesmal auch der Industrieminister aus Paraguay zugegen. Jacques Médecin strahlte. Zwar hatte sich der Las Vegas-Traum nicht realisieren lassen, aber während der Zwangsschließung waren der Stadt jährlich immerhin 50 Millionen Francs durch die Lappen gegangen.

Seine Beziehungen zum Jugendfreund Jean-Dominique hatten Jacques Médecin nichts anhaben können, genausowenig wie zuvor die kriminellen Aktivitäten, die aus dem Umfeld seines Hôtel de Ville hervorgingen, von denen am bekanntesten der sogenannte «Bruch des Jahrhunderts» wurde: ein genialer Bankraub unter Führung von Albert Spaggiari, offizieller Rathaus-Fotograf, Médecin-Parteifreund und ehemaliger OAS-Kämpfer. Teile der beträchtlichen Beute landeten bei rechtsextremen Organisationen. Daß jemand wie Spaggiari im Rathaus unterkommen konnte, ist kaum verwunderlich: Stramm rechte Gesinnung bildete den ideologischen Kitt des «Médecinismus». Als in Paris die Linke ans Ruder kam, bezeichnete der «König» sein Reich Nizza als «Oase der Freiheit im französischen Gulag». Schon 1974 hatte er Nizza mit Kapstadt verschwistert. Im Rathaus umgab er sich mit ultrarechten

Mitarbeitern. Dem Front-National Führer Le Pen ist er freundschaftlich verbunden, wen wundert's. «Zu 99,9 Prozent teile ich seine Ansichten», verkündete er. Von rechts außen drohte ihm also keine Gefahr. Aber dann kam das finstere Jahr 1990: Justiz und Fiskus begannen sich für die finanziellen Machenschaften des Law-and-order-Mannes zu interessieren und stellten fest, daß zig Millionen Francs öffentlicher Gelder in den zahlreichen von Médecin gegründeten Vereinen versickert waren, ein Netzwerk der Kumpanei wurde entdeckt. Anklage wegen Korruption und Steuerbetrugs, verbunden mit einer Nachforderung von 16 Millionen Francs, möglicherweise zehn bis fünfzehn Jahre Knast: Es sah diesmal wirklich nicht gut aus für den König Jacques. Und so machte es der Bürgermeister von Frankreichs fünftgrößter Stadt und Präsident des Generalrats wie irgendein normaler Bankräuber oder Großbetrüger: Er ergriff die Flucht und setzte sich nach Lateinamerika ab. Jetzt handelt er in Uruguay mit T-Shirts. Hin und wieder meldet er sich aus der Ferne, zum Beispiel, um seinen Freund Le Pen zu unterstützen. Der hat sich in Nizza einen Zweitwohnsitz geschaffen und träumt davon, demnächst das Rathaus zu übernehmen.

Nahrhafte Altstadt

Nizza ist eine sonderbare Stadt. Aber trotz der lastenden politischen Atmosphäre und der etwas bizarren Exponenten des Lokal-Klüngels – es ist auch eine sehr attraktive Stadt. Das Eintauchen ins Dreieck der Altstadt zum Beispiel läßt einen manches leicht vergessen. Das alte Nizza, diese Kleinstadt des Königreiches Piemont-Sardinien, das spätere Wohnquartier der armen italienischen Arbeiter, ist heute nur noch ein kleines Anhängsel der Großstadt, eine gehegte Sonderwelt, eingequetscht zwischen Uferpromenade, Burgberg und den Parkanlagen des Paillon. Gelbe und rosa Häuserfassaden, Barockkirchen – der italienische Akzent ist unverkennbar.

Auf dem langgestreckten Cours Saleya, dem Marktplatz, sind die überbordenden Stände durch buntgestreifte Planen vor der Sonne geschützt. Der Nahrungsaufnahme ist überhaupt ein großer Teil des Vieux Nice geweiht. Vom Cours Saleya sollte man sich hineinsaugen lassen in die schattigen krummen Sträßchen, wo aus dem Halbdunkel das Innere der Stehkneipen leuchtet oder das Licht der Opferkerzen aus den Kirchen und Kapellen. Aus einer Rösterei dringt der Duft von Kaffee, aus einer Weinhandlung der von Weinfässern. Bei Tosello in der rue Sainte-Reparate werden köstliche Raviolis hergestellt, außerdem Gnocchis, Capelettis und Panisses; einige Schritte weiter verkauft ein moslemischer Metzger knallrote Merguez und gegrillte Hammelköpfe, und die Boulangerie Espuno in der rue Droite bietet Fougasse aux olives an. Das alte Nizza ist eine kulinarische Orgie, wenngleich die Antiquitäten-Trödler und Klamotten-Boutiquen allmählich Land gewinnen. Zwischendurch öffnet sich das enge Gewirr auf die Piazza Rossetti mit der zierlichen Kathedrale. Zur Hälfte ist der Platz mit Caféhaustischen bedeckt, unter den Sonnenschirmen wird Pastis getrunken oder an exotischen Eisbechern gelöffelt. Die Stühle sind allesamt aus gestanztem Plastik, pflegeleicht und

Im Labyrinth der Altstadt

stapelfreundlich, für Puristen ein bedauerlicher Stilbruch. Trotzdem hat dieses Quartier viel Atmosphäre zu bieten. Nur ein paar Schritte weiter wird es wieder ganz authentisch. Da wird Stockfisch – nizzesisch: estocaficada – in Wasserbecken eingeweicht, und ein geröstetes, gefülltes und verschnürtes Ferkel, «porcchetta», wartet mit tragischem Lächeln darauf, in Scheiben geschnitten zu werden. Auf der kleinen place Saint François wird vormittags der Fischmarkt zelebriert, mit heiseren Lobgesängen auf Doraden, Merlane, Seeteufel, Rochen, Wolfsbarsche, die dekorativ auf Tang und zerstoßenem Eis ausgebreitet sind. Nervös warten die Katzen der Nachbarschaft, ob für sie was abfällt.

Das Wandern durch so viel nahrhafte Pracht macht hungrig, doch gleich winkt Abhilfe. An der Ecke rue Pairolière und rue Miralheti bildet sich eine Schlange vor dem Verkaufsfenster eines Wunderladens: dort gibt es phantasievolle Pizzen stückweise vom Blech, auch Nizzeser Spezialitäten wie Pissaladiera und Tourta de Bléa, Mangoldtorte, vor allem aber gibt es Socca, von großen runden Pfannen, dampfend heiß, für wenig Geld. Socca sieht aus wie Eierkuchen, ist aber aus Kichererbsenmehl. In Windeseile ist der Inhalt der wagenradgroßen Pfanne ans Publikum verteilt, aber sofort wird die nächste herbeigewuchtet. Der Betrieb läuft bestens. Dankbar sitzen die Socca-Freunde an kleinen Holztischen auf der Straße und schieben sich mit fettigen Fingern die gelben Fladen rein. Nizza ist ein Paradies für Billig-Esser.

Wieder ein kleines Stück weiter: die von Arkaden umgebene place Garibaldi. Der große Sohn der Stadt und Einiger Italiens – für diese Einigung mußte schmerzlicherweise seine Heimatstadt an Frankreich abgetreten werden – steht in der Mitte der eleganten Anlage als Denkmal auf dem Blumenbeet. Unter den Bogengängen geht es eine Treppe hoch in die Kapelle der blauen Büßer, alte Weiblein sind hier ungestört allein mit der Muttergottes. Unten im «Grand Café de Turin», einem altmodisch-kargen Etablissement mit vergilbten Wänden, schlürft das Volk der kleinen Leute frühmorgens schon genüßlich Austern zu einem Glas trockenen Weißwein. Weitere preiswerte Freuden werden um die Ecke in der «Cave Ricord» geboten. Diese Kneipe in der rue Neuve ist eine Institution. Jovial und laut geht es zu, bis zum frühen Morgen hat sie geöffnet; auch hier gibt es Socca, ebenso wie «Tripes à la niçoise» oder Muscheln und eine Neonleuchtschrift an der Wand, die klar und deutlich auffordert: «Buvez du vin!»

Von der Altstadt aus, etwa von der rue Rossetti, führen von Treppen unterbrochene Wege hinauf auf den Hügel, der nach einer früheren Festung «le Château» genannt wird. Der Berg ist parkartig bepflanzt, Feigenbäume und Schirmpinien wachsen über Gartenmauern, man kommt vorbei an Gedenktafeln für Lokalpoeten, die in der örtlichen Sprache, dem Nissard, schrieben. Droben liegt der Friedhof mit herzzerreißenden Marmorkitsch-Monumenten. Weiter gibt es dort einen künstlichen Wasserfall und die Terrasse Frédéric Nietzsche – auch er war ein Nizza-Fan. Vielleicht war dies sein Lieblingsplatz, es wäre verständlich. Von dort schaut man über das Dächerchaos des Vieux Nice und auf die ganze übrige Stadt, die sich weiß entlang der blauen Bucht erstreckt. Bei Sonnenuntergang

Am Sonntag versorgte sich das Volk in der Altstadt. Alle Läden, alle Stände waren geöffnet, und die engen Gassen der Metzger bildeten ein einziges Gewirr von Tierleichen und Fliegen. Die Kaldaunen, aus denen die schmackhaften Tripes à la mode de Nice gekocht werden, hingen wie ekle bleiche Waben in langen Riemen an den Haken. In einer Fischhalle weilte ein weißgekutteter aufrechter Mönch und hielt den Hausfrauen mit sanfter Beharrlichkeit eine Sammelbüchse hin, während unter den Händen der Händlerin die zuckenden Fische erschlagen und ausgenommen wurden und ihr Blut die weiße Tonbank färbte. Hundert Sorten Käse gab es wohl, die meist vom Hausherrn mit Kennerschaft für das Mahl ausgesucht wurden, Kinder trugen die meterlangen Brote heim, und der Blumenmarkt zeigte noch die volle Farbenpracht der Ansichtspostkarten aus Großmutters Album, der Grüße, der Erinnerung an Nizza.

Wolfgang Koeppen: Reisen nach Frankreich. Suhrkamp Taschenbuch 530

flammt die lange Reihe der Promenadenlichter auf und glitzert im Meer – wunderschön!

Per Schiene in die Berge

Nizza ist ein guter Ausgangspunkt für Ausflüge ins gebirgige Hinterland der Alpes-Maritimes, in die hochgelegenen «villages perchés», auf Bergkuppen klebende Dörfer, die unendlich weit entfernt zu sein scheinen vom Trubel der Küste. Stille Dorfplätze, Felswände, schluchtartige Täler, gurgelnde Wildbäche – in kürzester Zeit ist ein totaler Szenenwechsel möglich. Zwei höchst originelle Eisenbahnstrecken führen von Nizza aus ins Gebirge, die Tagesausflüge oder auch längere Trips mit eingeschobenen Bergtouren gestatteten.

Die erste Linie geht vom SNCF-Hauptbahnhof aus bis zum Grenzort Tende oder weiter ins italienische Cunéo. Der rot-gelbe Triebwagen biegt von der Hauptstrecke ab und fährt erst durch das schäbige Hinterzimmer Nizzas, durch Vorstadtsiedlungen aus Sozialwohnklötzen, dann schraubt sich die Bahn in die Höhe. Die Strecke ist reich an Tunneln und Brücken, ab Breil-sur-Roya ist die Bahn halb italienisch, denn die Linie Ventimiglia-Turin führt durch diesen abgelegenen Zipfel Frankreichs. Fast überall lohnt es sich auszusteigen: im mittelalterlichen Nest Saorge, das einmal als Festung das obere Roya-Tal gegen französische Übergriffe abriegelte, oder in La Brigue, erreichbar von der Station Saint Dalmas, wo in der Wallfahrtskirche Notre Dame des Fontaines erstaunliche Fresken des italienischen Meisters Canavesio zu betrachten sind; die biblischen Szenen in brutalem Realismus – schaurig hängen dem Judas die Eingeweide aus dem Leib – wurden 1492 gemalt, im Jahr der Entdeckung Amerikas. In Saint Dalmas fällt der immens große Bahnhof auf, der gar nicht zu dem kleinen Ort passen will. Dies war aber einmal die Grenzstation. Der letzte Zipfel um das Dorf Tende herum kam erst 1947 zu Frankreich. Auch in Tende kann man staunen über die Architektur der übereinandergeschichteten Ortschaft. Im Charakter des Dorfes mischen sich schon mediterrane und alpine Elemente, die Dächer stehen weit vor zum Schutz vor Schnee. Von unten, vom Fluß betrachtet, hat Tende fast etwas Tibetanisches. «Tenda» heißt der Ort auf dem italienischen Kriegerdenkmal. An manchen Häusern finden sich noch italienische Inschriften, und es gibt alte verhutzelte Männer, die sich über die Straße «Ciao bello!» zurufen.

Der zweite Zug fährt nicht vom SNCF-Bahnhof ab, sondern von der Gare du Sud, zu erreichen über die Hauptgeschäftsstraße avenue Jean Médecin, die übergeht in den boulevard Malausséna. Betrieben wird er von den Chemins de Fer de la Provence (CP). Diese private Eisenbahngesellschaft verfügte einst über ein weitverzweigtes Streckennetz, das bis nach Toulon reichte. In manchen Dörfern des provenzalischen Hinterlandes stößt man noch auf die stillgelegten Bahnhöfe aus der Dampf-Ära. Übriggeblieben ist eine einzige Strecke, von Nizza nach Digne. Während der Sommersaison fahren fünf Züge pro Tag, sonst sind es vier, der erste um 6.15 Uhr. «Train des Pignes» wird diese Schmalspureisenbahn genannt, weil sie so langsam fährt, daß man während der Fahrt Pinienzapfen pflücken kann.

Nur in der Ferienzeit ist die Bahn voll. Die meisten Leute fahren bloß in die Vororte, benutzen den CP-Zug als Metro. Heißer Tip: nicht in den Anhänger reinsetzen, sondern immer in den Triebwagen – es rüttelt sonst infernalisch. Nachdem das Gespann ächzend die Halle verlassen hat, kriecht es durch Nizzas Straßen, steigt bergan und verschwindet bald im ersten der 26 Tunnel, ohne daß dabei das Licht anginge. Beim Auftauchen aus der Finsternis bietet sich eine berauschende Aussicht über die Dächer von Nizza, die Zwiebeltürme der russischen Kirche, den Parc Impérial und einen schmalen Streifen Mittelmeer in der Ferne. Weiter klettert die Bahn das breite Var-Tal hinauf, das voll ist von Gewächshäusern, Gemüsekulturen, gestapelten Kisten, Lagerhallen. Auf Abstellgleisen rotten alte Waggons und Loks vor sich hin. 1980 stand auch diese letzte Strecke der Provence-Eisenbahn kurz vor ihrer Stillegung. Aber mit Hilfe der Städte Nizza und Digne und der beiden betroffenen Départements konnte die 150 Kilometer lange Linie mit ihren 158 Arbeitsplätzen gerade noch mal gerettet werden. Den strukturschwachen Bergregionen blieb dadurch ein bißchen Leben erhalten.

Die Bahn befördert Päckchen und Briefe, stellt Kontakt mit der Außenwelt her und schafft ein paar Touristen heran. Zum Beispiel nach Touët-sur-Var, einem Dorf wie aus dem Bilderbuch, dessen ockerfarbene Häuser eng aneinandergeschmiegt am Berghang kleben. Besonders spektakulär ist auch Entrevaux, wo das Züglein anderthalb Stunden nach Abfahrt einläuft. Mächtige Befestigungsanlagen ziehen sich den Bergkamm entlang, der Ort ist zwischen zwei Felsbrocken eingeklemmt und wird von einer Vauban-Zitadelle dominiert. Dies war lange die letzte französische Stadt vor der Grenze zum Herzogtum Savoyen. Von hier aus, ebenso wie von Annot oder den noch höher gelegenen Stationen, lassen sich reizvolle Tageswanderungen unternehmen. Die Landschaft wird immer alpenähnlicher. Über Serpentinen und durch Tunnel windet sich die Bahn nach oben. Die Tunneleingänge haben Türen, die im Winter nach der Durchfahrt des letzten Zuges zugesperrt werden, damit kein Schnee hineinweht und sich keine Eiszapfen bilden. In manchen Wintern ist der Zug schon steckengeblieben. An den meisten der 64 Stationen hält der Lokführer nur auf Anfrage. An gottverlassenen Bahnhöfchen geht es vorbei, Zweige schlagen an die Fenster, rhythmisch zirpen die Grillen. Und tatsächlich, man hat es schon kaum mehr erwartet, erreicht der Zug nach etwas mehr als drei Stunden Fahrtzeit die Endstation Digne, den kleinen Präfektursitz des Départements Alpes de Haute-Provence. ∎

SERVICETEIL

SÜDFRANKREICH

Wissenswertes für unterwegs

Vorbereiten	317	**Alltag vor Ort**	325
Infoquellen	317	Essen und Trinken	325
Reisezeit	317	Einkaufen	326
Reisekasse	318	Notfälle	326
		Post und Telefon	326
Hinkommen	318	Presse und Radio	327
Mit dem Auto	318		
Mitfahrzentralen	319	**Länger bleiben**	328
Mit dem Zug	319	Jobs	328
Mit dem Flugzeug	319	Studium	329
		Französisch lernen	329
Rumkommen	321		
Bahn und Bus	321	**Minibibliothek**	330
Mit dem Auto	321	Reisebücher	330
Mit dem Rad	321	Geschichte	330
Zu Fuß	322	Literarisches	331
Zu Wasser	322		

Übernachten 323
Hotels 323
Gîtes ruraux (Ferienhäuser) 323
Jugendherbergen 324
Camping 324

VORBEREITEN

Infoquellen

Prospektmaterial, Auskünfte über Preise und Unterkunftsmöglichkeiten gibt es bei den amtlichen Fremdenverkehrsbüros:

Staatliches Französisches Fremdenverkehrsbüro
Kaiserstraße 12
6000 Frankfurt/M 1
Tel. 069/75 20 29
und
Berliner Allee 26
4000 Düsseldorf 1
Tel. 02 11/8 03 75

In Österreich:
Walfischgasse 1
1010 Wien
Tel. 2 22/31 28 50

In der Schweiz:
Bahnhofstraße 16
8001 Zürich
Tel. 01/2 11 30 85

Touristische Informationen aller Art, Hinweise auf Veranstaltungen und Festivals sind auf Anfrage auch von den regionalen Fremdenverkehrsbüros zu erhalten:
Comité Régional du Tourisme
Provence-Alpes-Côte-d'Azur
22, avenue Louis-Maurel
13006 Marseille
Tel. 91 37 91 22
Comité Régional du Tourisme du Languedoc
12, rue Foch
34000 Montpellier
Tel. 67 60 55 42
Comité Régional du Tourisme Midi-Pyrénées
12, rue Salambo
60000 Perpignon
Tel. 61 47 11 12

Besondere Angebote für Klassen und Jugendgruppen mit Betreuung vor Ort macht:
Mistral-Échanges
Haus Demes
23 B, boulevard Rabelais
34000 Montpellier
Tel. 67 65 23 02

Reisezeit

In den Monaten Juli und August ist es bis auf ein paar entlegene Bergregionen rappelvoll im Süden: überfüllte Strände, Hotels, Campingplätze, Staus auf den Straßen. Dazu kommt, daß es brütend heiß werden kann, die meisten Waldbrände fallen in diese Zeit. Ideale Reisemonate sind hingegen Juni und September: Es ist schon beziehungsweise noch sommerlich warm, aber man findet trotzdem überall genügend Platz und kann sich auch ohne Voranmeldung auf den Weg machen. In der Küstenzone ist das Klima auch im Winter meistens recht mild, selten sinkt in Nizza oder Perpignan das Thermometer unter 12 Grad. Sehr kalt ist es dafür manchmal in den höheren Lagen. Im Frühling kann es zwar sehr schön sein, aber man sollte bedenken, daß März und April die Monate mit den meisten Niederschlägen sind. Auch im Mai ist das Wetter oft unbeständig, dafür blühen, etwa im Département Vaucluse, die Bäume besonders prächtig. Auch wenn das Wetter von Juni bis Oktober am stabilsten ist, kann es doch zu jeder Jahreszeit Überraschungen geben: heftige Gewitter, plötzliche intensive Regengüsse und, nicht zu vergessen, die berühmt-berüchtigten Winde des Südens, vor allem Mistral und Tramontane, die bei schönstem Sonnenschein Stürme entfesseln.

Reisekasse

Ob man zu Hause oder in Frankreich sein Geld umtauscht, kommt im wesentlichen aufs gleiche raus. Nicht in allen französischen Banken wird gewechselt, sondern nur in solchen, die durch ein «Change»-Schild ausgewiesen sind. Üblicherweise sind Banken montags bis freitags von 9 bis 16.30 Uhr geöffnet, meist mit einer Stunde Mittagspause. Die günstigste Form des Umtausches bietet das Postsparbuch. In Postämtern, die mit dem blauen bundesdeutschen Posthorn-Symbol gekennzeichnet sind, können ohne Umtauschgebühren in einem Monat bis zu 2000 Mark in Francs abgehoben werden.

Nicht sehr zweckmäßig sind in Frankreich Euroschecks, sie werden fast nur von Geldinstituten und größeren Hotels akzeptiert. Äußerst verbreitet sind hingegen Kreditkarten, allen voran «Visa», aber auch mit Master- und Eurocard kommt man gut über die Runden. Im Einzelhandel, in Restaurants, Hotels und an Tankstellen wird mehr und mehr bargeldlos bezahlt. Das Plastikgeld hat sich in Frankreich sehr viel stärker durchgesetzt als in Deutschland, überall findet sich ein Geldautomat in Reichweite.

Entgegen manchen Vorurteilen ist Frankreich kein besonders teures Reiseland, es ist jedenfalls billiger als Italien. Die allgemeinen Lebenshaltungskosten liegen etwas unter denen der Bundesrepublik. Für 40 Mark kann man zu zweit ein einigermaßen anständiges Hotelzimmer bekommen, zwischen 20 und 30 Mark ist pro Person für ein komplettes Menü zu rechnen.

HINKOMMEN

Mit dem Auto

Die klassische Anreise führt über die «Autoroute du Soleil», die A 7, und dann bei Orange je nachdem weiter in östlicher Richtung über die A 7 Richtung Marseille–Toulon, die A 8 nach Aix, Cannes, Nizza oder Richtung Westen auf der A 9 über Avignon, Nîmes, Montpellier, Narbonne bis Perpignan. Französische Autobahnen sind gebührenpflichtig. An der «Péage»-Station ist eine Magnetkarte zu ziehen, an der Ausfahrt wird bezahlt, und nicht zu knapp: Von Lyon nach Marseille kostet es umgerechnet rund 60 Mark. Man kann natürlich auch über die Nationalstraßen fahren, in die Provence und an die Côte d'Azur etwa über Grenoble, durchs Rhônetal über die geruhsame N 86 am rechten Ufer oder durchs Zentralmassiv in die Region Languedoc-Roussillon. Aber dafür braucht man viel Zeit, gegebenenfalls sind mehrere Übernachtungen einzuplanen, was wiederum eine Bereicherung sein kann, weil die Landschaften und Städte recht reizvoll sind.

Höchstgeschwindigkeit auf Autobahnen: 130 km/h. Auf Landstraßen allgemein 90, auf vierspurigen Strecken 110 km/h. In Ortschaften 60 km/h. Die Einheimischen halten sich selten daran. Frankreich hält den traurigen Weltrekord an Verkehrstoten und nimmt gleichzeitig den Spitzenplatz im Alkoholkonsum ein. Kontrollen sind höchst selten, und einen TÜV oder Vergleichbares gibt es (noch) nicht.

Mitfahrzentralen

Ein aktuelles Verzeichnis deutscher Mitfahrzentralen erhält man beim *Verband Deutscher Mitfahrzentralen*
Postfach 10 15 05
6900 Heidelberg
Tel. 06221/16 11 12

In Frankreich haben sich Mitfahrzentralen nicht recht durchsetzen können. Mehrere regionale Versuche sind wieder eingegangen. Nur die Pariser Zentrale ist übriggeblieben. Für eine Einzelreise unter 300 Kilometer sind rund 10 Mark Vermittlungsgebühr zu zahlen, über 300 Kilometer 20 Mark. Für Oft-Fahrer gibt es Jahres- und Halbjahres-Abonnements mit einer unbegrenzten Anzahl von Vermittlungen.
Allo-Stop Provoya
84, passage Brady
75010 Paris
Tel. 42 46 00 66

Regionale Zentren:
Provoya
8, rue de la Bombarde
69005 Lyon
Tel. 78 42 38 29, von außerhalb:
78 42 30 43
Provoya
9, rue du Plan de l'Olivier
34000 Montpellier
Tel. 67 66 02 29
Provoya
1, place Gabriel-Péri
13001 Marseille
Tel. 91 56 50 51

Mit dem Zug

Die französische Eisenbahn ist pünktlich, komfortabel und bietet diverse Vergünstigungen, über die man an jedem Bahnhof Auskunft

bekommt, ebenso wie bei der *Generalvertretung der Französischen Eisenbahnen SNCF*
Rüsterstraße 11
6000 Frankfurt/M
Tel. 069/72 84 44

Hingewiesen sei etwa auf die Karte «France Vacances»: Sie kostet rund 600 Mark, dafür kann innerhalb eines Monats an sechzehn beliebigen Tagen das Schienennetz unbegrenzt genutzt werden. Bis zum Alter von 26 Jahren gibt es die «Carte Jeune»: fünfzig Prozent Ermäßigung in der Zeit vom 1. Juni bis zum 30. September, der Liegewagenplatz ist gratis. Der Reiseantritt muß dabei in die «periode bleue» fallen. Die ändert sich jedes Jahr, je nach allgemeinem Ferienbeginn und den Daten der Feiertage. Kalender für die günstigen Perioden sind in jedem Bahnhof oder an der obigen SNCF-Adresse in der BRD zu bekommen.

Von Paris aus sind mit dem Hochgeschwindigkeitszug TGV direkt erreichbar: Lyon, Valence, Montélimar, Avignon, Marseille, Toulon, Cannes, Antibes, Nizza, Nîmes, Montpellier, Béziers, Toulouse. Wer diesen Zug benutzen will, braucht auf jeden Fall eine Reservierung. Die ist bis spätestens eine Stunde vor der Abfahrt möglich, es empfiehlt sich aber, gerade in der Ferienzeit möglichst lange im voraus zu reservieren.

Mit dem Flugzeug

Von den größeren deutschen Flughäfen gibt es Linienflüge von Air France und Lufthansa nach Lyon, Nizza, Marseille und Toulouse – manche direkt, andere mit Umsteigen in Paris. Die Lufthansa bietet nach Frankreich ihre Super-Flieg & Spartarife an, mit Einsparungen bis zu sechzig Prozent. Die innerfranzösischen Fluggesellschaften Air Inter und TAT fliegen von Paris-Orly aus außer zu den genannten Zielen auch nach Avignon, Montpellier, Nîmes, Perpignan und Toulon. Für Leute aus dem grenznahen Raum könnten auch die elsässischen Flughäfen Straßburg und Mülhausen von Interesse sein; auch von dort gibt es innerfranzösische Linienflüge in den Süden. Je nach Abflugzeit wird unterschieden in rote, weiße und blaue Flüge. Die blauen sind die günstigsten: Die Preise liegen hier rund fünfzig Prozent unter dem vollen Tarif. Ein «blauer» Flug Paris–Marseille hin und zurück kostet etwa 200 Mark. Es lohnt sich also, vorher Erkundigungen einzuholen. Von zusätzlichen Sondertarifen können Jugendliche bis 25 und Studenten bis 27 profitieren. Mit Dumpingpreisen in den Süden lockt auch der Reiseveranstalter *Nouvelles Frontières*.

Auskünfte in Paris:
Air Inter: Tel. 45 39 25 25
TAT: Tel. 42 61 82 10
Nouvelles Frontières: Tel. 42 73 10 64

Filialen der *Nouvelles Frontières* in der BRD:
Graf-Adolf-Straße 80, 4000 Düsseldorf, Tel. 02 21/35 03 48
Schillerstraße 44, 6000 Frankfurt, Tel. 069/29 04 61
Augustenstraße 54, 8000 München, Tel. 089/5 23 40 56

In der Schweiz:
Kernstraße 57, 8004 Zürich,
Tel. 01/2 41 93 11

RUMKOMMEN

Bahn und Bus

Das Eisenbahnnetz reduziert sich immer mehr auf Verbindungen zwischen den großen Städten. Die Prestige-Objekte wie der TGV gehen auf Kosten der Nebenstrecken. Es ist kein Problem, von Toulouse nach Nizza zu kommen, aber ins bergige Département Ardèche fährt kein einziger Zug mehr.

Bleiben die Busverbindungen. Überlandbusse fahren in größeren Städten von den «Gares Routière», den Busbahnhöfen ab, die sich meistens, aber nicht immer neben dem SNCF-Bahnhof befinden. Zwar kommt man mit Bussen ziemlich überall hin, aber manche Strecken werden bloß dreimal am Tag bedient. Preise entsprechen denen der Bahn.

Auskunft über Fahrpläne sind in den örtlichen Fremdenverkehrsbüros zu bekommen.

Mit dem Auto

In Südfrankreich wird gelegentlich recht forsch, um nicht zu sagen ruppig gefahren. In größeren Städten wie Marseille, Toulouse oder Montpellier darf auch mit chaotischen Staus gerechnet werden. Einbrüche in geparkte Wagen mit ausländischem Kennzeichen sind – zumal an der Küste – keine Seltenheit. Die Straßen im Hinterland sind gut ausgebaut, auch die entlegensten Bergnester sind bequem mit dem Kfz zu erreichen. Es gibt auch keine Probleme mehr für Katalysator-Autos: nach langer Verzögerung hat sich seit 1989 das Netz der Bleifrei-Tankstellen in Frankreich rapide ausgebreitet. «Essence sans plomb» ist inzwischen sogar ein paar centîmes billiger als der verbleite Sprit: ein Liter Super kostet rund 1,60 Mark.

Mit dem Rad

Wenn man die verkehrsreichen Straßen meidet, ist das Fahrrad geradezu das ideale Fortbewegungsmittel, ausgenommen, wenn der Mistral bläst – dann ist alles Strampeln vergebens.

In manchen Zügen kann man sein Rad gratis mit im Gepäckwagen fahren lassen. Sie sind auf den Fahrplänen durch ein Fahrrad-Symbol gekennzeichnet. In einigen anderen Fällen ist es möglich, das Rad eine Stunde vor Abfahrt am Gepäckschalter aufzugeben und es im selben Zug gegen Gebühr mitfahren zu lassen. Natürlich kann man das «vélo» auch schon ein paar Tage vorher aufgeben. Falls der Transport länger dauert als fünf Tage, erstattet die SNCF die Gebühr zurück.

In einem Faltblatt, das auf jedem Bahnhof zu haben ist, dem «Guide du train et du vélo», sind die SNCF-Stationen aufgeführt, an denen Räder zu mieten sind. Der halbe Tag kostet rund 8 Mark, der ganze 11, übersteigt die Mietdauer 10 Tage, wird es erheblich billiger. Nach der Tour kann das Rad auch an einem anderen «Train + Vélo»-Bahnhof abgegeben werden.

Eine Broschüre mit Vorschlägen für Fahrradtouren in verschiedenen Regionen Frankreichs bekommt man bei der
Fédération française de cyclotourisme
8, rue Jean-Marie Jégo
75013 Paris
Tel. 45 80 30 21

Empfehlenswert für Fahrradurlauber sind die Karten der «Série verte» vom «Institut géographique national» (IGN) im Maßstab von 1:100 000. Aber auch die gelben Michelin-Karten im Maßstab 1:200 000 sind brauchbar.

Zu Fuß

Wer gerne wandert, kommt im Midi voll auf seine Kosten. Quer durch die Cevennen auf den Mont Lozère, von der Sainte Victoire über die Sainte Baume nach Toulon, über den Lubéron oder in die Seealpen nördlich von Nizza – überall gibt es markierte Fernwanderwege, die von der «Fédération Française de la Randonnée Pédestre» (FFRP) betreut werden. Sie gibt auch die nützlichen «topo-guides» heraus, die eine detaillierte Streckenbeschreibung mit Kartenauszügen sowie Angaben zu Unterkunfts- und Transportmöglichkeiten enthalten.

Sie sind zu beziehen beim
Centre d'Information de la Randonnée Pédestre
64 rue de Gergovie
75014 Paris
und in Deutschland über die
Französische Buchhandlung
Kurfürstendamm 211
1000 Berlin 15
Tel. 030/881 41 56

Kartenmaterial wie die IGN-Wanderkarten im Maßstab 1:50 000 oder die ebenfalls sehr guten Karten der Editions Didier-Richard sind gewöhnlich in allen größeren Zeitungsläden zu haben.

Zu Wasser

Auf dem Canal du Midi von Toulouse nach Sète und seiner Verlängerung, dem Canal du Rhône à Sète läßt es sich geruhsam über Land schippern. In verschiedenen Häfen können Hausboote für zwei bis acht Personen gemietet werden. Sie sind meist mit allem Nötigen wie Herd, Kühlschrank, Waschbecken ausgestattet, Bootsführerschein ist nicht nötig. Festgemacht werden kann überall am Kanalufer. Die Bootsmieten sind sehr verschieden, je nach Saison. Ganz billig ist der Spaß nicht, mit 1000 Mark pro Woche für ein Vier-Personen-Boot ist mindestens zu rechnen.

Eine nützliche Broschüre über befahrbare Wasserwege mit Tips und Ratschlägen ist zu beziehen vom

Bureau des Voies Navigables
244, boulevard St. Germain
75007 Paris
Tel. 45 44 39 93

Auskunft über die ihm angeschlossenen Bootsverleihe gibt das
Syndicat National des Loueurs de Bateaux de Plaisance
Port La Bourdonnais
75007 Paris
Tel. 45 55 10 49

Einige Vermieter vor Ort:
Blue Line Cruisers
Le Grand Bassin
B. P. 21
11400 Castelnaudary
Tel. 68 23 17 51
Midi Cruisers
Port la Robine – Mirepeisset
11120 Ginestas
Tel. 68 46 11 46
Nautic Voyages
Port de Plaisance
30220 Aigues Mortes
Tel. 66 51 04 34

ÜBERNACHTEN

Hotels

Außerhalb der Hauptreisezeit gibt es kaum Probleme, aufs Geratewohl ein Hotelzimmer zu finden. Wenn die Etappenziele jedoch vorher feststehen, spart man durch eine Reservierung Zeit und Nerven.

Ausführliche Hotelverzeichnisse kann man sich von den Fremdenverkehrsbüros zuschicken lassen. Französische Hotels sind durch ein bis vier Sterne klassifiziert, die Kategorie ist am Eingang auf einem blauen Schild angegeben.

Häuser der Ein-Stern-Klasse sind manchmal arg bescheiden, können aber auch recht ordentlich sein. Auf jeden Fall sind sie billig: Für 30 Mark, manchmal für weniger, kann man ein Doppelzimmer mit großem französischem Bett bekommen, wobei egal ist, ob man es allein oder zu zweit bewohnt. Der Preis muß an der Innenseite der Zimmertür angeschrieben stehen. Frühstück ist generell nicht im Zimmerpreis enthalten. Man kann es im Hotel einnehmen, muß aber nicht. In stark frequentierten Urlaubsorten bekommt man allerdings manchmal nur ein Zimmer, wenn man mindestens eine Hauptmahlzeit, Déjeuner (Mittagessen) oder Diner (Abendessen), im Hotelrestaurant einnimmt.

Gîtes ruraux (Ferienhäuser)

In vielen Dörfern gibt es Ferienwohnungen oder -häuser, deren Standard von der «Fédération des Gîtes de France» überwacht wird. Diese «Gîtes» – man kann sie für eine Woche oder länger mieten – sind meist bestens ausgestattet und vor allem in der Nebensaison erstaunlich preisgünstig. Sie bieten eine gute Möglichkeit, mit der einheimischen Bevölkerung in Kontakt zu kommen und dabei doch nach Gusto schalten und walten zu können.

Ein separates Haus – in den Cevennen oder den Corbières – für vier Personen, eingerichtet mit Dusche, kompletter Küche, Gartenterrasse und allen Schikanen, das alles in schönster Lage und himmlischer Ruhe, für 220 Mark die Woche ist keine Seltenheit. Wie ist so was zu finden? Es gibt für alle Départements Kataloge mit präzisen Beschreibungen, Fotos, Preisen und Anmeldeformularen. Sie sind zu beziehen über das
Maison des Gîtes de France
35, rue Godot-de-Mauroy
75009 Paris
Tel. 47 42 25 43

Man kann sie sich dort auch vor Ort besorgen.

Wer von dieser sehr reizvollen Möglichkeit Gebrauch machen will, sollte sich allerdings halbwegs auf französisch verständigen können und seinen Aufenthalt langfristig vorplanen.

Jugendherbergen

Der Süden ist mit «Auberges de Jeunesse» gut bestückt. Sie bieten die billigste Unterkunft und stehen allen ohne Altersbegrenzung offen. Voraussetzung ist ein Mitgliedsausweis, den man notfalls auch vor Ort bekommt, je nach Altersgruppe für 15 bis 20 Mark. Die Übernachtungspreise variieren nach Standard und Komfort (ungefähr zwischen 7 und 13 Mark). Oft kann man in den Herbergen preiswert essen; manche bieten auch diverse Ferienaktivitäten an (Segeln, Tennis, Kanu...). Verzeichnisse und Informationen über die jeweiligen Aktivitäten bekommt man bei der
Fédération unie des Auberges de Jeunesse (F.U.A.J.)
27, rue Pajol
75018 Paris
Tel. 42 41 59 00
und auch bei der kleineren
Ligue Française pour les Auberges de la Jeunesse (L.F.A.J.)
38, boulevard Raspail
75007 Paris
Tel. 45 48 69 84

Camping

An Campingplätzen herrscht wahrlich kein Mangel; die meisten Franzosen machen in Wohnwagen und Zelt Urlaub, weshalb zumal an der Küste in den Ferienmonaten alle Plätze proppenvoll sind. Auch die Campingplätze sind, wie die Hotels, mit ein bis vier Sternen klassifiziert, die Ausstattung reicht von spartanisch bis luxuriös. Wildes Campen ist offiziell verboten, und manche Gemeinden weisen mittlerweile mit Schildern am Ortseingang darauf hin. Auf gar keinen Fall sollte man sein Zelt in den Wäldern der Provence aufstellen: den alljährlichen Waldbränden fallen immer wieder Menschen zum Opfer.

Ein ausführliches Verzeichnis aller Campingplätze ist der jedes Jahr erscheinende «Guide officiel» der

Fédération française de Camping et de Caravaning
78, rue de Rivoli
75004 Paris
Tel. 42 72 84 08

Eine beschaulichere Alternative ist «Camping à la ferme». Höchstens zwanzig Personen sind da auf einer Wiese beieinander. Der Standard ist zwar oft recht einfach, dafür ist man aber nicht bloß eine anonyme Nummer, sondern zu Gast beim Bauern und seiner Familie. Informationen über «Camping à la ferme» im erwähnten «Guide officiel» und noch ausführlicher in den Katalogen der «Gîtes ruraux».

ALLTAG VOR ORT

Essen und Trinken

Mit dem Frühstück (petit déjeuner) hat man allgemein in Frankreich nicht viel im Sinn. Ein großer Milchkaffee, ein Croissant oder Baguette mit Marmelade – das ist alles. Ihre Aufnahmekapazitäten sparen sich die Franzosen für Déjeuner und Diner auf. Das Mittagessen findet in der Regel zwischen 12 und 14 Uhr statt. In kleineren Orten sind dann die Straßen wie ausgestorben. Die Zeit der Nahrungsaufnahme, «l'heure du repas», ist heilig. Abends wird allgemein zwischen 19.30 und 22 Uhr gegessen, in großen Städten auch noch später.

Jedes Restaurant hat seine Speisekarte vor der Tür ausgehängt. Meist werden, preislich gestaffelt, mehrere Menüs angeboten, die aus drei oder vier Gängen bestehen. Wer ein komplettes Essen mit Vor-, Haupt- und Nachspeise verzehren will, steht sich beim Menü günstiger, als wenn er «à la carte» ißt. Der Wein ist meist im Preis nicht inbegriffen, ebensowenig wie der Aperitif, den man auch vorher billiger im Café einnehmen kann. Das muß nicht unbedingt ein Pastis sein: warum nicht mal einen Banyuls, Rivesaltes, Beaumes-de-Venise, Noilly-Prat, Rasteau? In den auf der Speisekarte ausgewiesenen Preisen ist seit einiger Zeit die Bedienung enthalten. Trotzdem sind ein paar Francs Trinkgeld üblich. Man bezahlt erst die Rechnung und läßt das «pourboire» dann diskret auf dem Tisch liegen.

Eine gute Gelegenheit, regionale Gerichte kennenzulernen, bieten die «fermes-auberges», Bauernhöfe mit einem kleinen Restaurationsbetrieb, die für ihre bodenständige Küche vor allem eigene Produkte verwenden. Man findet sie in den Katalogen der «Gîtes de France». Vorherige Reservierung ist obligatorisch.

Während der Ferienzeit ist es auch

in Restaurants angeraten, telefonisch einen Tisch vorzubestellen.

Einkaufen

Frankreich ist ein Land ohne klar festgelegte Ladenschlußzeiten, was für den Kunden unbestreitbar große Vorteile mit sich bringt. Zwar schließen im allgemeinen die Geschäfte zwischen 19 und 20 Uhr, aber viele Supermärkte haben einmal wöchentlich eine «nocturne» bis 21 oder 22 Uhr, und in größeren Städten gibt es kleinere, meist von Arabern geführte Lebensmittelläden, die bis Mitternacht auf sind. Samstag gilt für die Geschäfte als normaler Wochentag. Auch am Sonntagvormittag sind viele Läden geöffnet, dafür ist montags häufig Ruhetag. Die meisten Einzelhandelsgeschäfte machen Mittagspause zwischen 13 und 15 beziehungsweise 16 Uhr.

In jeder Stadt ist mindestens einmal wöchentlich Markt, das heißt, es findet sich fast immer ein Ort in der Nähe, wo gerade Markttag ist, und auf Märkten macht das Einkaufen einfach am meisten Spaß.

An den Ausfallstraßen der Städte liegen die großen «Hypermarchés», gigantische Supermärkte mit Allround-Angebot. Sie sind gewiß nicht romantisch, aber für Autofahrer praktisch und preisgünstig. Bei manchen von ihnen, zum Beispiel bei «Leclerc», gibt es stets auch ein größeres Angebot regionaler Produkte.

Notfälle

Wer zum Arzt oder ins Krankenhaus muß, ist auch in Frankreich über seine deutsche Krankenkasse versichert. Sehr ratsam ist es, sich vor Reiseantritt einen Auslandskrankenschein bei seiner Versicherung zu besorgen. Sonst wird, angesichts der exzessiven französischen Bürokratie, die Angelegenheit leicht nervig. In jedem Fall muß man die Behandlung zunächst selbst bezahlen, der Betrag wird dann zu Hause von der Kasse zurückerstattet. Günstig ist eine Reisekrankenversicherung, die einem eventuellen Ärger erspart, nicht viel kostet (etwa 20 Mark) und mindestens einen Monat gültig ist.

Apotheken heißen «Pharmacie» und sind durch ein leuchtendes grünes Kreuz gekennzeichnet. Wenn sie abends oder am Sonntag geschlossen sind, weist ein Schild an der Tür auf die nächste «pharmacie» mit Nacht- oder Sonntagsdienst hin.

Wer sein Auto aufgeknackt wiederfindet oder sonstwie Opfer eines Diebstahls wird, sollte die Angelegenheit der Polizei melden, nicht aus der Hoffnung heraus, die «flics» würden irgendwas wiederfinden, sondern wegen der heimischen Versicherung, die hoffentlich abgeschlossen wurde. Was immer an Diebesgut aus Deutschland wieder im Süden auftaucht, wird an das Konsulat in Marseille weitergeleitet.
Adresse:
Generalkonsulat der Bundesrepublik Deutschland
388, avenue du Prado
13008 Marseille
Tel. 91 77 60 90

Post und Telefon

Die französische Post, die früher P.T.T. hieß (Postes, Télégraphes,

Téléphones) hat sich aufgespalten in «La Poste» (klassische Brief- und Paket-Beförderung, Postsparkasse) und «France Télécom» (Telefon und Minitel-Bildschirmservice). Postämter sind montags bis freitags von 8 bis 19 Uhr geöffnet, samstags von 8 bis 12 Uhr. In kleineren Orten wird manchmal zwischen 12 und 14 Uhr eine Mittagspause eingelegt. Für Päckchen gibt es auf den Postämtern praktische Verpackungen in drei Größen. Maximales Gewicht für Päckchen ins Ausland: zwei Kilo. Büchersendungen sind nur halb so teuer und dürfen bis fünf Kilo schwer sein. Postämter, in denen es möglich ist, Geld vom deutschen Postsparbuch abzuheben, sind erkennbar am blauen Postsparkasse-Zeichen der Deutschen Bundespost. Briefmarken gibt es auch in allen Tabac-Verkaufsstellen, sie sind mit einem roten, zigarrenförmigen Rhombus gekennzeichnet.

In den größeren Städten werden die Telefonzellen zunehmend auf «Télécartes» umgerüstet, das heißt, sie funktionieren nicht mehr mit Münzen, sondern mit Magnetkarten. Die bekommt man entweder auf dem Postamt oder im «Tabac». Es gibt sie in zwei Versionen: mit 50 oder 120 Einheiten. In Telefonzellen mit dem Symbol einer bimmelnden Glocke und einer Nummer kann man sich auch anrufen lassen. Von fast allen Kabinen ist es inzwischen möglich, ins Ausland zu telefonieren: 19 wählen, Tonzeichen abwarten, dann die 49 (Österreich 43, Schweiz 41), dann die Vorwahl ohne Null, schließlich die Rufnummer. In Frankreich haben alle Rufnummern acht Ziffern und gehören zu einer von zwei Telefonzonen: Paris/Ile-de-France und «Provinz», das heißt der ganze Rest des Landes. Um innerhalb der Provinz zu telefonieren, etwa von Perpignan nach Nizza, wählt man einfach die achtstellige Rufnummer. Von der Provinz nach Paris: erst die 16, dann 1, dann erst die 8 Ziffern. Von Paris in die Provinz: die 16 und dann die Rufnummer. Die Telefonauskunft für Frankreich erreicht man über die 12, internationale Auskünfte über 19 33 12 plus Vorwahl des jeweiligen Landes (also 49 für BRD).

Presse und Radio

«Midi libre», «La Dépêche du Midi», «Le Provençal», «Nice Matin» – so heißen einige der Regionalzeitungen mit Großauflage, die sich den Süden untereinander aufgeteilt haben. Jedes Blatt hat ein ausgedehntes Kerngebiet, in dem es das Monopol besitzt. Nur an den Rändern macht man sich ein bißchen Konkurrenz. Das Niveau dieser Provinzgiganten ist meist tatsächlich provinziell: bunte Bildchen und Show-Stars auf der Titelseite, viel Sport, viel Reklame. Die politische und soziale Aktualität ist oft in irgendein Eckchen geklemmt und nimmt weniger Platz ein als die Bildreportage über das C-Jugend-Turnier des Rugby-Clubs. Einige dieser Zeitungen gelten als eher links, andere als eher rechts, aber bis auf wenige Ausnahmen – zu ihnen gehört der (PS-freundliche) Marseiller «Provençal» – sind solche Unterschiede kaum auszumachen. Dennoch sind die Blätter wegen ihrer Lokalinformationen und der Veranstaltungshinweise brauchbar.

Verwirrende Vielfalt herrscht, wie überall in Frankreich, beim Rundfunk. Das UKW-Band ist dicht mit Gedudel und Geschnatter belegt. Das meiste freilich ist Hitparaden-Kommerzfunk. Unter den vielen Privatstationen entwickeln nur einige wenige «radios associatives», die nicht von Werbung leben, den Ehrgeiz, die Fröhliche-Wellen-Norm zu unterlaufen und eigene Programme zu machen. Zusätzlich zu den privaten Lokalstationen beschallen zwei große Kommerzsender den Süden: von Westen her das ursprünglich in Andorra beheimatete «Sud Radio» und von Osten der Gigant «RMC» (Radio Monte Carlo), mit «RTL» vergleichbar. Die seriösesten Informationen kommen immer noch über den öffentlichen Rundfunk, die Regionalsender von «Radio France», die man inzwischen Mühe hat, im allgemeinen Wellensalat ausfindig zu machen.

AFS-Interkulturelle Begegnungen e. V.
Warburgstraße 35
2000 Hamburg 36
Tel. 040/45 85 18
Carl Duisberg Gesellschaft
Hohenstaufenring 30–32
5000 Köln 1
Tel. 0221/2 09 80
Agence nationale pour l'emploi (ANPE)
Service spécialisé C.E.E.
53, avenue du Général-Leclerc
92136 Issy-les-Moulineaux

LÄNGER BLEIBEN

Jobs

Langfristige Aufenthalte für junge Berufstätige (18 bis 30 Jahre) fördert das Deutsch-Französische Jugendwerk. Bedingungen sind abgeschlossene Berufsausbildung und ein Jahr Berufserfahrung. Näheres bei:

Relativ einfach lassen sich Saison-Jobs bei der Obst- und Gemüseernte beziehungsweise Weinlese finden. Man kann es vor Ort bei den lokalen Arbeitsämtern, eventuell auch direkt bei Bauern und Winzern versuchen oder sich vermitteln lassen von:
Accueil et Travail
4 bis, rue St. Sauveur
75002 Paris
Tel. 003 31/42 33 86 72

Centre de Documentation et d'Information rurale
92, rue du Dessous-des-Berges
75013 Paris
Tel. 00331/4583 0492

Nützlich für Job-Interessenten sind die Bücher «Leben, studieren und arbeiten in Frankreich» (ECON-Verlag), «Emplois d'été en France» und «Arbeiten und Helfen – Europa», erhältlich bei
Interconnections
G. Beckmann
Belfortstraße 55
7800 Freiburg

Interessentinnen für Au-Pair-Aufenthalte finden Adressen zahlreicher Veranstalter in den Broschüren: «Familienaufenthalte in Frankreich», kostenlos erhältlich beim
Deutsch-Französischen Jugendwerk
Rhöndorfer Straße 23
5340 Bad Honnef 1
Tel. 02224/18080
«Das Au Pair Handbuch», erhältlich bei
Interconnections
G. Beckmann
Belfortstraße 55
7800 Freiburg

Studieren

Über Bedingungen und Formalitäten für Studienaufenthalte in Frankreich sollte man sich informieren bei
Deutscher Akademischer Austauschdienst (DAAD)
Kennedyallee 50
5300 Bonn 2
Tel. 0228/8820
    Dort gibt es auch die nützlichen Broschüren «Studium in Frankreich» und «Auslandsstipendien für Deutsche».

Französisch lernen

Zahllos sind die privaten Sprachschulen, die Französischkurse anbieten. Einen kommentierten Überblick vermittelt die Broschüre «Nach Frankreich der Sprache wegen», erhältlich bei
Aktion Bildungsinformation e. V.
Alte Poststraße 5
7000 Stuttgart 1
Tel. 0711/223682

Nützlich ist ebenfalls der Sprachschulführer «Apprendre le français», erhältlich bei
IWH-Verlag
Postfach 2464
5300 Bonn
Tel. 0228/223086

Über Universitätskurse informiert das Heft «Cours de français pour étudiants étrangers», erhältlich bei
Association pour la Diffusion de la Pensée française
9, rue Anatole-de-la-Forge
75017 Paris

WISSENSWERTES FÜR UNTERWEGS

MINIBIBLIOTHEK

Reisebücher

Rolf Legler *Languedoc-Roussillon*
Thorsten Droste *Die Provence*
Rolf Legler *Côte d'Azur*
gehören zur Reihe der DuMont-Kunstreiseführer. Sie geben ausführliche Informationen über Geschichte und kulturelle Sehenswürdigkeiten, leider sind sie ziemlich teuer.

Peter Seidler, *Südfrankreich*, aus dem Oase-Verlag, nennt sich Landschafts- und Erlebnisführer für Individualreisende, schwelgt in teuren Adressen, wirkt aber ziemlich flüchtig hingehauen.

Weitaus besser ist der ebenfalls bei Oase erschienene Führer *Roussillon* von André Dominé, der über das Roussillon hinaus auch die übrigen Pyrenäen mit einbezieht.

Subjektiver gehalten, aber ebenfalls voller brauchbarer Informationen und sehr anregend ist das Taschenbuch von Madeleine Claus *Roussillon – das französische Katalonien* (Edition Aragon).

Hans Roth, *Okzitanische Kirschen – Auf Nebenwegen durch Frankreichs Süden* (Anabas) ist reich gespickt mit historischen und politischen Hinweisen. Die penetrante Glorifizierung alles «Okzitanischen» mindert allerdings die Lesefreude.

Traditionellen Touristenservice bieten die dtv MERIAN reiseführer *Provence* und *Côte d'Azur*; Restaurant- und Hotel-Tips gehören meist in die höheren Preisklassen.

Geschichte

Lothar Baier *Die große Ketzerei* (Wagenbach Verlag) beschreibt Verfolgung und Ausrottung der Katharer und damit die Unterwerfung des bis dahin autonomen Südens unter die Herrschaft des Nordens.

Emmanuel Le Roy Ladurie *Montaillou – Ein Dorf vor dem Inquisitor* (Ullstein) bezieht sich ebenfalls auf die Zeit der Ketzerverfolgung. Aus den Verhörprotokollen der Inquisition entsteht ein detailliertes Bild des Alltags in einem okzitanischen Dorf im 14. Jahrhundert.

Jacques Derogy, Jean-Marie Pontaut *Enquête sur les mystères de Marseille* (Livre de poche). Korruption und Unterweltkriege – die Skandalchronik einer Hafenstadt.

Lisa Fittko *Mein Weg über die Pyrenäen* (dtv). Bewegender autobiographischer Bericht über das Schicksal der Emigranten in Südfrankreich in den Jahren 1940/41.

Lion Feuchtwanger *Der Teufel in Frankreich* (Fischer Taschenbuch). Feuchtwangers Erlebnisse in südfranzösischen Internierungslagern während des Zweiten Weltkrieges.

Anne Tristan *Von innen* (Kiepenheuer und Witsch). Erfahrungen mit Le Pen-Anhängern in einem Marseiller Arbeiterviertel.

Ingeborg Tetzlaff *Drei Jahrtausende Provence* (DuMont). Reichbebildertes Geschichtsbuch von der Vorzeit bis heute, mit praktischen Reisehinweisen.

Literarisches

Lothar Baier *Jahresfrist* (Fischer). Auf einem abgeschiedenen Hochplateau im Département Ardèche richtet sich ein Deutscher im Laufe eines Jahres ein verfallenes Bauernhaus her. Der Städter macht dabei neue Erfahrungen mit der Natur, mit den Menschen des benachbarten Dorfes und mit sich selbst.

Walter Benjamin *Über Haschisch* (Suhrkamp). Marseille vor dem Krieg: Benjamins Haschisch-Experimente am Alten Hafen.

Jean Carrière *Der Sperber von Maheux* (rororo) beschreibt die archaischen Lebensverhältnisse einer Kleinbauernfamilie in den Cevennen, ihren Versuch, sich trotz der allgemeinen Abwanderung in den Bergen festzukrallen, und ihren Untergang.

Jean Giono *Der Berg der Stummen* und *Das Lied der Welt* (beide Fischer): zwei Romane des bedeutendsten Schriftstellers der Provence, über wilde Leidenschaften und die Urgewalten der Natur.

Ludovic Massé *Katalanischer Wein* (Manholt Verlag). Roman aus dem Roussillon über den Lebensweg eines Holzfällersohns.

Patrick Modiano *Sonntage im August* (Suhrkamp). Poetisches Verwirrspiel mit Krimi-Elementen und dem leicht melancholischen Ambiente von Nizza.

Anna Seghers *Transit* (Luchterhand) erzählt von der Flucht deutscher Antifaschisten in die «unbesetzte Zone» und von den chaotischen Überlebensbedingungen in Marseille.

Ludwig Tieck *Der Aufruhr in den Cevennen* (rororo). Historischer Roman über Verfolgung und Rebellion der Protestanten.

Provence – ein Reisebuch, herausgegeben von Karl-Heinz Götze (Ellert & Richter Verlag). Eine Anthologie literarischer Reisebilder, mit Texten von Stendhal, Gustave Flaubert, Jean Giono, Walter Benjamin, Christa Wolf und anderen.

Regionale Tips

Aix-en-Provence	333
Albi	335
Arles	336
Avignon	337
Carcassonne	339
Marseille	341
Montpellier	344
Nîmes	347
Nizza	349
Perpignan	350
Toulouse	352

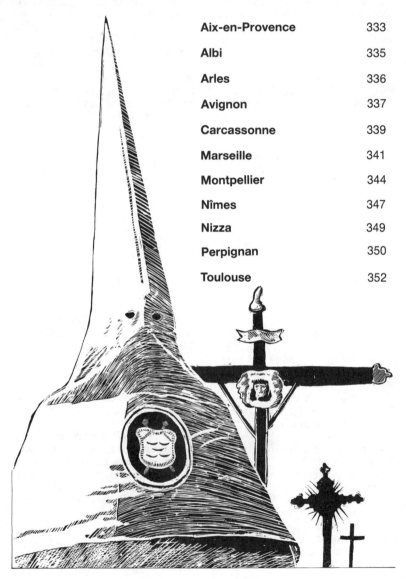

AIX-EN-PROVENCE

AIX-EN-PROVENCE

Postleitzahl 13100

Information

Office du Tourisme
2, place du Général-de-Gaulle
Tel. 42260293

Notfälle

Polizeinotruf ist wie überall die 17.
Ansonsten: Commissariat de Police
place Jeanne-d'Arc,
Tel. 42260481
Notarzt: SOS-Médecin
Tel. 42262400
Wenn das falschgeparkte Auto abgeschleppt worden ist:
Tel. 42642293

Post und Telefon

Hauptpost:
2, rue Lapierre
Tel. 42276800
Ein weiteres Postamt befindet sich im Rathaus,
place de l'Hôtel-de-Ville
Tel. 42234417

Züge

Gare SNCF
avenue Blondel
Tel. 42275163

Aix liegt an einer Nebenstrecke. Der Zug nach Marseille braucht eine gute halbe Stunde.

Busse

Der Busbahnhof liegt neben der Hauptpost in der rue Lapierre, unweit des Fremdenverkehrsbüros. Von hier aus fahren Busse nach Marseille und in die weitere Umgebung von Aix.

Taxi

Telefonisch unter 42276212

Flüge

Aéroport de Marignane
Tel. 42899010
Busverbindungen stündlich vom Busbahnhof, Fahrtzeit zum Flughafen 35 Minuten.

Unterkunft

Jugendherberge:
Auberge de Jeunesse
avenue Marcel-Pagnol
Tel. 42201599
Etwas außerhalb gelegen. Zu erreichen mit dem Bus Nr. 8 bis zur Haltestelle «Fondation Vasarély».
Camping:

Arc-en-Ciel
Pont des Trois Sautes,
Route de Nice
Tel. 42261428
Vier-Sterne-Platz mit Edel-Komfort

Chantecler
Val St. André
Tel. 42261298
Autobahn Richtung Nizza, Ausfahrt Aix-Est
Vier-Sterne-Platz

Preiswerte Hotels:
Hotel de France
63, rue Espariat
Tel. 42279015

La Caravelle
29, boulevard du Roi René
Tel. 42215305

Hotel Cardinal
24, rue Cardinal
Tel. 42383230

Essen und Trinken

La Brocherie
5, rue Fernand Dol
Tel. 42383321
Etwas teurer, sehr gute Fischgerichte, provenzalische Spezialitäten

Les Deux Garçons
55, cours Mirabeau
Berühmtes Café an der zentralen Flaniermeile, mit einem Saal aus dem 19. Jahrhundert
Tel. 42260051

333

REGIONALE TIPS

Le Dernier Bistrot
19, rue Constantin
Tel. 42 41 13 02
Authentische provenzalische Küche

Le Petit Verdot
7, rue Entrecasteaux
Tel. 42 27 30 12
Wein-Bistrot mit Speisekarte

Kéops
28, rue de la Verrerie
Tel. 42 96 59 05
Ägyptisch? Ägyptisch!

Buchhandlung

Vents du Sud
7, rue Maréchal-Foch
Der bestsortierte Buchladen. Treffpunkt der Intelligentsija.
Tel. 42 23 03 38

Kinos

Das «Cinéma Cézanne Renoir» in der rue Goyrand ist der große Kinokomplex der Stadt. Vornehmlich von Studenten frequentiert ist das Programmkino «Mazarin», 6, rue Laroque

Märkte

Dienstags, donnerstags und samstags Lebensmittelmarkt auf der place des Prêcheurs, der place Richelme und der place de Verdun. Rund um Justizpalast und Gefängnis gleichzeitig ein Markt für Klamotten und Haushaltswaren.

Monumente und Museen

Musée Granet
13, rue Cardinale
geöffnet 10 bis 12, 14 bis 18 Uhr
Das wichtigste Museum von Aix, mit einem Cézanne-Saal, in dem es seit 1984 endlich auch ein paar Gemälde dieses großen Sohns der Stadt gibt. Im Erdgeschoß keltisch-ligurische Ausgrabungsfunde aus dem vorrömischen Entremont, der Ur-Siedlung von Aix.

Atelier Cézanne
9, avenue Paul-Cézanne
10–12, 14.30–18 Uhr außer dienstags
Das Atelier des Malers mit all seinen Utensilien, so wie er es bei seinem Tod 1906 hinterlassen hat.

Fondation Vasarély
avenue Marcel-Pagnol
9.30–12.30, 14–17.30 Uhr außer dienstags
Im Vorort Jas de Bouffan auf einem Hügel gelegenes Gebäude von Victor Vasarély, dem kinetischen Künstler, mit einem Museum seiner Werke und einem Studienzentrum. Erreichbar mit dem Bus Nr. 8.

Festival

In der zweiten Julihälfte findet das internationale Opernfestival statt, ein Haupt- und Staatsereignis mit berühmtesten Orchestern und größten Gesangsstars. Plätze, wenn man sie überhaupt kriegt, sind verdammt teuer. Wer sich trotzdem dafür interessiert: Tel. 42 23 37 81

Ausflüge

Gleich vor der Tür liegt das Bergmassiv der Sainte Victoire, Lieblingsmotiv von Paul Cézanne. «Die Sainte-Victoire ist nicht die höchste Erhebung der Provence, aber, wie man sagt, die jäheste. Sie besteht nicht aus einem einzigen Gipfel, sondern aus einer langen Kette, deren Kamm in der fast gleichmäßigen Höhe von tausend Metern über dem Meer annähernd eine Gerade beschreibt» (Peter Handke «Die Lehre der Sainte-Victoire»). Von Vauvenargues aus (mit dem Bus von Aix erreichbar) führt ein Fußweg auf diesen Symbolberg. Beiderseits des Grats bieten sich phantastische Ausblicke. Man kann ihn kilometerweit entlangwandern und entweder nach Puyloubier oder nach Vauvenargues zurück hinabsteigen.

ALBI

Postleitzahl 81 000

Information

Office de Tourisme
19, place Sainte-Cécile
81000 Albi
Tel. 63 54 22 30

Informationen über das gesamte Département Tarn beim
Comité départemental du tourisme
81014 Albi, Cedex
Tel. 63 47 56 50

Notfälle

Krankenhaus: Tel. 63 54 33 33
Polizei-Kommissariat: Tel. 63 54 12 95

Post und Telefon

Hauptpostamt:
place Vigan
Tel. 63 54 17 85

Transport

Gare SNCF
place Stalingrad
Tel. 63 54 12 95
Die Busse halten an der zentral gelegenen place Jean-Jaurès.

Unterkunft

Jugendherberge:
Auberge de Jeunesse
13, rue de la République
Tel. 63 54 53 65

Camping:
An der Ausfallstraße in Richtung St. Juéry,
Tel. 63 60 37 06

Preiswerte Hotels:
Hotel du Vieil Alby
23, rue Toulouse-Lautrec
Tel. 63 54 14 69

Hotel St. Clair
8, rue St. Clair
Tel. 63 54 25 66

Hotel Cantepau
9, rue Cantepau
Tel. 63 60 75 66

Essen und Trinken

Aux Vieux Fusils
9, rue de la Piale
Tel. 63 54 15 52
Preiswertes Menü in einem Kellergewölbe. Mo geschl.

Le Vieil Alby
23, rue Toulouse-Lautrec
Tel. 63 54 14 69
Solide Regionalküche, gutbürgerlich. So und Mo geschl.

Moulin de la Mothe
rue de la Mothe
Tel. 63 60 38 15
Terrasse am Tarn-Ufer, etwas teurer

Monumente und Museen

Die Kathedrale Sainte-Cécile, place Sainte Cécile, ist ein überwältigendes backsteingotisches Kirchenmonstrum, hochaufragende architektonische Drohgeste gegen die Häresie der «Albigenser».
Gleich daneben im Palais de la Berbie, dem früheren Bischofspalast, liegt das Musée Henri de Toulouse-Lautrec. Öffnungszeiten: 10–12, 14–18 Uhr. Einmalige Sammlung von Werken dieses aus der Art geschlagenen Grafen, der in Albi geboren wurde.

Verrerie Ouvrière d'Albi
146, avenue Dembourg
Tel. 63 60 75 00
Von Jean Jaurès, dem Ahnvater des französischen Sozialismus eingeweihte Arbeiterkooperative, die einmal als Meilenstein des Klassenkampfes galt.

Musée Jean Jaurès in Castres
Hôtel de Ville
Dokumente über das Leben dieses in Castres geborenen Politikers. Im selben Gebäude befindet sich das Musée Goya mit einer erstaunlichen Sammlung von Stichen dieses spanischen Künstlers, die ein besessener Sammler der Stadt geschenkt hat. Geöffnet: 9–12, 14–17 Uhr (im Juli und August bis 18 Uhr), montags geschlossen (außer Juli und August).

REGIONALE TIPS

Festival

Jedes Jahr Ende Juni, Anfang Juli findet vor der beeindruckenden Kulisse von Albi ein Theaterfestival statt, das sich bemüht, die Besucher nicht durch allzu viele Experimente zu schockieren.

ARLES

Postleitzahl 13200

Information

Office de Tourisme
35, place de la République
Tel. 90 96 29 35

Notfälle

Commissariat de Police
caserne Calvin
boulevard des Lices
Tel. 90 93 98 34

Krankenhaus:
Centre hospitalier
quartier Fourchon
Tel. 90 49 29 29

Post und Telefon

Postamt:
boulevard des Lices
Tel. 90 96 07 80

Züge

Gare SNCF
rue Talabot
Tel. 90 82 50 50
Arles liegt an der Hauptstrecke Paris–Marseille, ist allerdings keine Station des Hochgeschwindigkeitszuges TGV, der hält fünfzig Kilometer entfernt in Avignon.

Busse

Gare routière
1, rue Frédéric-Mistral
Tel. 90 96 87 47

Unterkunft

In Arles selbst gibt es keine Jugendherberge. Die nächsten sind in
Tarascon
31, boulevard Gambetta
Tel. 90 91 04 08
und in
Les Saintes-Maries-de-la-Mer
Hameau de Pioch Badet
Tel. 90 97 91 72

Campingplätze:
Le City
67, route de Crau
Tel. 90 93 08 90

Les Rosiers
Pont de Crau, Route Nationale 453
Tel. 90 96 02 12

Les Portes de la Camargue
Route Nationale 570
Richtung Tarascon
Tel. 90 96 71 40

Preiswerte Hotels:
Gauguin
5, place Voltaire
Tel. 90 96 14 35

Hotel Diderot
5, rue Diderot
Tel. 90 96 10 30

Hotel Calendal
22, place Pomme
Tel. 90 96 28 05

Hotel du Musée
11, rue Grand-Prieuré
Tel. 90 93 88 88

Essen und Trinken

Hostellerie des Arènes
62, rue du Refuge
Tel. 90 96 13 05
Preiswert und anständig, gleich neben der Arena

Lou Caleu
27, rue Porte-de-Laure
Tel. 90 49 71 77
Gehobene Küche, trotzdem noch erschwinglich

Le Tambourin
65, rue Amédée-Pichot
Tel. 90 96 13 32
Spezialisiert auf Fischgerichte. Auch hier ruiniert man sich nicht.

Der angenehmste Platz, um den «apéro» oder sonst irgendwas einzunehmen, dürfte die place du Forum sein, das windgeschützte, von Cafés gesäumte Carré mit dem Standbild des Dichters Frédéric Mistral.

Buchhandlung

Actes Sud
passage du Méjean
Der Buchladen des gleich-

ARLES–AVIGNON

namigen Verlages fungiert auch als Kulturzentrum.

Märkte

Märkte finden mittwochs auf dem boulevard Emile-Combes statt, samstags auf dem boulevard des Lices.

Monumente und Museen

Das römische Amphitheater, in dem früher mal Hunderte von Menschen lebten, wirkt besonders beeindruckend, weil es eng von Häusern umbaut ist und deshalb voll in die Stadt integriert zu sein scheint.
Früh am Morgen sollte man die Alyscamps besuchen, den Rest des riesigen Friedhofs, auf dem alle Welt beerdigt sein wollte. Es ist nur noch eine Allee mit ein paar Sarkophagen übrig, aber man darf seine Phantasie ruhig etwas anstrengen.

Muséon Arlaten
29, rue de la République
Provenzalisches Heimatmuseum, gegründet vom Provence-Dichter Mistral mit dem Geld seines Literatur-Nobelpreises.

Musée Réattu
10, rue du Grand-Prieuré
Gemälde aus verschiedenen Jahrhunderten. Ein besonderer Schatz: 57 Zeichnungen von Picasso.

Feste und Festivals

Ostern beginnt mit der «Feria» von Arles die Stierkampfsaison in Südfrankreich. Über das Kampfgeschehen in der Arena hinaus spielt sich in den Straßen drumherum eine Art Volksfest ab.
Im Juli finden die «Rencontres internationales de la Photographie» statt, ein großes Festival der Lichtbildnerei, mit Ausstellungen überall in der Stadt; die Stars der Zunft vermitteln ihr Know how in Workshops.
Am 24. und 25. Mai strömen Massen von Menschen zur Zigeunerwallfahrt nach Les Saintes-Maries-de-la-Mer. Sie ist zu einem riesigen Touristenrummel geworden, gleichzeitig bleibt sie aber für die «gitans» aus ganz Frankreich und darüber hinaus ein Hauptereignis des Jahres.

Ausflüge

Arles ist das Tor zur Camargue. Das wilde Schwemmland des Rhône-Deltas wird zwar stark vom Urlaubsverkehr heimgesucht, der sich aber auf jene Zonen beschränkt, die mit Autos erreichbar und zu durchfahren sind. Wer sich eine gute Karte besorgt und mit dem Fahrrad fährt oder zu Fuß geht, kann in Gegenden vorstoßen, wo er/sie mit Reihern, Flamingos und schwarzen Stieren alleine ist.

AVIGNON

Postleitzahl 84000

Information

Office du Tourisme
41, cours Jean-Jaurès
Tel. 90 82 65 11

Chambre Départementale de Tourisme
place Campagna
B.P. 147
Tel. 90 86 43 42
Für Informationen über das gesamte Département Vaucluse.

Notfälle

Commissariat de Police
boulevard St. Roch
Tel. 90 85 17 17

Krankenhaus:
Hôpital de la Durance
305, rue Raoul-Follereau
Tel. 90 89 91 31

Post und Telefon

Hauptpostamt:
avenue du Président-Kennedy
Tel. 90 82 99 40

Züge

Gare SNCF
place de la République
Tel. 90 82 50 50

REGIONALE TIPS

Der TGV schafft die Strecke Paris–Avignon in viereinhalb Stunden.

Busse

Die Gesellschaft Lieutaud besorgt den Bus-Anschlußverkehr zur SNCF. Tel. 90 86 36 75

Flüge

Aéroport Avignon Caumont
acht Kilometer südöstlich an der Nationalstraße 7 Richtung Marseille
Tel. 90 31 20 39
Tägliche Flüge nach Paris und Straßburg

Unterkunft

Jugendherberge:
Auberge de Jeunesse
32, boulevard Limbert
Tel. 90 85 27 78
und
35, rue d'Ananelle
Tel. 90 85 13 34
außerdem in Fontaine-de-Vaucluse
chemin de la Vignasse
Tel. 90 20 31 65

Camping:
Camping Bagatelle
Ile de la Barthelasse
Tel. 90 86 30 39

Camping Municipal T.C.F. du Pont St. Bénezet
Ile de la Barthelasse
Tel. 90 82 63 50

Les Deux-Rhônes
Ile de la Barthelasse
Tel. 90 85 49 70
Alle diese Plätze liegen auf einer Rhône-Insel und sind über den Pont Daladier zu erreichen.

Preiswerte Hotels:
Hotel Innova
100, rue Joseph-Vernet
Tel. 90 82 54 10

Hotel Mignon
12, rue Joseph-Vernet
Tel. 90 82 17 30

Hotel du Parc
18, rue Agricol-Perdiguier
Tel. 90 82 71 55

Essen und Trinken

La Tache d'Encre
22, rue des Teinturiers
Tel. 90 85 46 03
Café-Théâtre plus Restaurant. Lockere Atmosphäre

Les Félibres
14, rue Limas
Tel. 90 27 39 05
Buchhandlung mit Tee-Salon: Kuchen, Salate, Terrinen

Le Petit Bedon
70, rue Joseph-Vernet
Tel. 90 82 33 98
Gepflegte Provence-Küche
So geschl.

Le Pain Bis
6, rue Armand-Pontmartin
Tel. 90 86 46 77
Vegetarische Küche

Die place des Corps-Saints (Platz der Heiligen Leiber) ist ein angenehmer Platz zum Draußensitzen unter Bäumen, bei plätscherndem Brunnen und mit einem kühlen Getränk.

Buchhandlungen

Le Monde Méditerranéen
16, rue Bonneterie
Tel. 90 82 47 93
Literatur, Kunst, Politik

Librairie Roumanille
19, rue Saint-Agricol
Tel. 90 86 01 24
Altehrwürdiger Laden, der von einem Mitstreiter des provenzalischen Dichters Mistral gegründet wurde.

Märkte

Die Markthalle liegt an der place Pie und ist Dienstag bis Samstag von 8 bis 12 Uhr geöffnet. Samstag und Sonntag vormittag findet ein weiterer Markt zu Füßen der Stadtmauer an der Porte Magnanen statt.
Auf der place des Carmes gibt es außerdem jeden Sonntag einen Flohmarkt.

Monumente

Palais des Papes
Öffnungszeiten: von Juli bis September 8 bis 11.30 Uhr und 14 bis 18.30 Uhr, sonst 9 bis 11 und 14 bis 16 Uhr.

CARCASSONNE

Der Papstpalast ist nicht zu übersehen, er ist das beherrschende Gebäude am Platze und wird von ziemlich allen Avignon-Besuchern besichtigt. Ein unablässiger internationaler Gänsemarsch zieht durch das etwas unbehagliche Riesengemäuer.

Pont St. Bénezet
quai de la Ligne
Für das Betreten dieser berühmten halben Brücke («sur le pont d'Avignon...») ist Eintritt zu bezahlen. Auch hier: gesteigerter Andrang.

Festival

Das jährliche Theaterfest von Mitte Juli bis Mitte August ist *das* Festival schlechthin. Die Stadt scheint sich dann in eine einzige quirlige Bühne zu verwandeln. Hotelzimmer und Campingplätze sind in dieser Zeit total ausgebucht, man sollte sich also rechtzeitig überlegen, ob man an dieser Theater-Volksfest-Orgie teilnehmen möchte. Information und Kartenvorbestellung beim Office de Tourisme, telefonisch unter der Nummer 90 86 24 43.
Im nach dem Gründer des Festivals benannten Maison Jean Vilar, 8, rue de Mons, Tel. 90 86 59 64 befindet sich ein Theater-Dokumentationszentrum mit Bibliothek und Videothek.

Ausflüge

Nordöstlich liegen am Fuße einer karstigen Gebirgskette, der Dentelles de Montmirail, die interessantesten Côtes-du-Rhône-Villages-Weindörfer – Séguret, Sablet, Gigondas, Vacqueyras. Weinfreunde haben hier hervorragende Möglichkeiten zu Kellerproben. Gleichzeitig bieten sich im kleinen Bergmassiv der Dentelles reizvolle Wandermöglichkeiten. Hübsche Dörfer liegen auch rund um das Marktstädtchen Carpentras in einer freundlichen und fruchtbaren Landschaft, die sich besonders für Fahrradtouren eignet. Ein Fahrradverleih in Avignon:
Dopieralski
84, rue Guillaume-Puy
Tel. 90 86 32 49

In Orange, 25 Kilometer nördlich, dem gallo-römischen Arausio, sind ein verblüffend gut erhaltenes antikes Theater und ein dreitoriger Triumphbogen zu bewundern. Wie beiläufig steht dieses Siegestor auf einer Verkehrsinsel der lebendigen Kleinstadt. Auffallend im Straßenbild: die strammen Jungs von der Fremdenlegion.

CARCASSONNE

Postleitzahl 11 000

Information

Office de Tourisme
15, boulevard Camille-Pelletan
Tel. 68 25 07 04

Comité départemental du Tourisme
39, boulevard Barbès
Tel. 68 71 30 09
Informationen über das Département Aude

Notfälle

Commissariat de Police
40, boulevard Barbès
Tel. 68 25 19 01

Krankenhaus:
Centre Hospitalier
route de Saint-Hilaire
Tel. 68 25 60 30
Notarzt, Krankenwagen:
Tel. 15

Post und Telefon

Hauptpostamt:
rue Jean-Bringer
Tel. 68 25 03 53

Züge

Gare SNCF
quai Riquet
Tel. 68 47 50 50
Carcassonne liegt an der Hauptstrecke Toulouse–Narbonne. Hier beginnt auch eine schöne kleine Nebenstrecke durch das Aude-Tal nach Quillan.

REGIONALE TIPS

Busse

Die zentrale Haltestelle für die Stadtbusse ist am square Gambetta, der Busbahnhof für Überlandstrecken befindet sich am boulevard de Varsovie, Tel. 68251274

Unterkunft

Jugendherberge:
Auberge de Jeunesse
rue du Vicomte-Trencavel
Tel. 68252316
In der mittelalterlichen Festung gelegen

Preiswerte Hotels:
Hotel Central
27, boulevard Jean Jaurès
Tel. 68250384

Hotel de la Poste
21, rue de Verdun
Tel. 68251218

Royal Hotel
22, boulevard Jean Jaurès
Tel. 68251912

Ein schönes, etwas teureres Hotel aus der Belle Epoque:
Hotel Terminus
2, avenue Maréchal-Joffre
Tel. 68252500

Essen und Trinken

La Divine Comédie
29, boulevard Jean Jaurès
Tel. 68723036
Confit, Cassoulet & Co.

La Crémade
1, rue du Plô
Tel. 68251664
In der spektakulären «Cité» gelegen. Regionale Küche, mittlere Preisklasse, erschwingliches Menü

außerhalb:
Hotel d'Alibert
Caunes-Minervois
place de la Mairie
Tel. 68780054
Hotel-Restaurant in einem schönen Minervois-Dorf

Hostellerie de l'Evêché
Alet-les-Bains
avenue Nicolas-Pavillon
Tel. 68699025
Sehr preiswertes Essen in einem prächtigen, leicht vergammelten Bischofspalast. Auch Hotelzimmer.

Buchhandlung

Librairie de la Cité
43, rue Georges-Clémenceau
Gepflegter, ambitionierter Buchladen mit regionalem Akzent.

Märkte

Dienstag, Donnerstag und Samstag vormittag: Gemüse-, Obst- und Blumenmarkt auf der place Carnot. Klamotten werden auf der place d'Eggenfelden verkauft, Fisch und Geflügel in den Hallen zwischen rue de Verdun und rue Aimé-Ramon.

Monumente

Carcassonne ist für viele gleichbedeutend mit der «Cité», der von mächtigen Befestigungsanlagen umgebenen, auf einem Hügel gelegenen Altstadt, mit der sich die grausige Episode des Albigenserkriegs verbindet. Die «Cité», von zwei Mauer-Ringen mit 26 Türmen umschlossen, beherbergt das Chateau Comtal, die Burg der Herren von Carcassonne, die Kathedrale Saint Nazaire und eine Vielzahl von Souvenirläden und gastronomischen Betrieben; sie ist eine Touristenattraktion ersten Ranges.

Feste und Festivals

Ein so erlesenes Dekor wie die «Cité» will genutzt sein! Im Juli spielt sich dort das «Festival de la Cité» ab, Theater- und Ballett-Truppen, Sinfonieorchester und Chöre wechseln sich ab mit Stars der U-Musik auf der großen Freilichtbühne hinter der Kathedrale. Jedes Jahr am 14. Juli fällt die Festung einer inszenierten Feuersbrunst zum Opfer, die in ein üppiges Feuerwerk übergeht. Ein Mittelalterfest mit Banketten, Straßentheatern und Gauklern gibt es im August im Corbières-

MARSEILLE

Dorf Villerouge-Termenès, auch an die Geschichte der Katharer wird dabei erinnert.
Von Juni bis September finden im ehemaligen Zisterzienserkloster Fontfroide Konzerte mit klassischer Musik statt, Auskunft: 68 45 11 08.
In Limoux, 24 Kilometer südlich von Carcassonne, hat sich die Tradition des Karnevals gehalten. An allen Sonntagen des Februar und am Mardi-Gras findet auf der place de la République lärmendes Narrentreiben statt.

Ausflüge

Carcassonne ist umrahmt von den Weinanbaugebieten Minervois und Corbières, die beide solide Tropfen hervorbringen, deren Qualität in den letzten Jahren erfreulich nach oben geht. Im Minervois liegt das spektakuläre Dorf Minerve auf einem Kalksteinsockel, eine natürliche Festung, die während der Albigenserkriege den Truppen des Nordens sieben Wochen standhielt.
Reizvolle Ziele sind auch die grüne Montagne Noire im Norden und die schachbrettförmig angelegte Stadt Mirepoix, 45 Kilometer südwestlich gelegen, eine der vielen «Bastiden», der Planquadratsiedlungen des Mittelalters.

MARSEILLE

Postleitzahl 13 000

Information

Office de Tourisme
4, La Canebière
Tel. 91 54 91 11

Comité Départemental du Tourisme
6, rue du Jeune-Anacharsis
Tel. 91 54 92 66
Für das gesamte Département Bouches-du-Rhône

Centre Information Jeunesse
4, rue de la Visitation
Tel. 91 49 91 55
Informationen für Jugendliche über Kulturangebot, Kurse, Jobs, Unterkunft

Notfälle

Hôtel de Police
rue du Commissaire-Bekker
Tel. 91 91 90 40

Generalkonsulat der BRD
338, boulevard du Prado
Tel. 91 77 08 98

Krankenhaus:
Centre hospitalier
9, rue Lafon
Tel. 91 37 33 33
Notarzt: SOS-Médecin,
Tel. 91 52 91 52

Post und Telefon

Hauptpost:
place de l'Hôtel-des-Postes
Tel. 91 90 00 16

Züge

Gare Saint Charles
Metro: St. Charles
Tel. 91 08 50 50
Die Thomas-Cook-Wechselstube im Bahnhof hat täglich bis 20 Uhr geöffnet, samstags und sonntags bis 18 Uhr.

Busse

Gare routière
place Victor-Hugo
Tel. 91 08 16 40

Flüge

Aéroport Marseille-Marignane
Tel. 42 89 90 10
Bus zum Flughafen alle 15 Minuten von der Gare St. Charles

Schiffe

Regelmäßige Linien nach Korsika, Tunesien und Algerien. Auskunft bei *S.N.C.M.*
61, boulevard des Dames
Tel. 91 91 92 20

Taxi

Telefonisch unter
91 95 92 20,
91 02 20 20 oder 91 66 68 10

REGIONALE TIPS

Unterkunft

Es gibt zwei Jugendherbergen:
Auberge de jeunesse Bois Luzy
76, avenue de Bois-Luzy
Tel. 91 49 06 18
Mit Bus Nr. 6 oder 8 zu erreichen

Auberge de jeunesse Bonneveine
47, avenue Joseph-Vidal
Tel. 91 73 21 81
Metro: Castellane, dann Bus Nr. 19

Camping:
Bonneveine-Municipal
187, avenue Clot-Bey
Tel. 91 73 26 99

Les Vagues
52, avenue de Bonneveine
Tel. 91 73 76 30

Preiswerte, günstig gelegene Hotels:
Hotel Le Béarn
63, rue Sylvabelle
Tel. 91 37 75 83

Hotel Caravelle
5, rue Guy-Mocquet
Tel. 91 48 44 99

Hotel Edmond-Rostand
31, rue Dragon
Tel. 91 37 74 95

Le Provençal
32, rue Paradis
Tel. 91 33 11 15

An der Uferstraße:
Hotel Le Richelieu
52, corniche Kennedy
Tel. 91 31 01 92

In Le Corbusiers «Cité Radieuse»:
Hotel Le Corbusier
280, boulevard Michelet
Tel. 91 77 18 15

Essen und Trinken

Viele Restaurants aller Stilrichtungen und Preisklassen liegen im studentischen Ausgehviertel rund um den Cours Julien, zum Beispiel:
L'Avant-Scène
59, cours Julien
Tel. 91 42 19 29

Le Contre-Jour
6, rue des Trois-Rois
Tel. 91 48 74 24

Le King
12, rue des Trois-Rois
Tel. 91 42 88 47
Der Inhaber ist ein Elvis-Freak. Das Essen ist trotzdem anständig.

Le Terroir
20, place Notre-Dame-du-Mont
Tel. 91 48 32 86

Im alten Quartier Le Panier:
Chez Angèle
50, rue Caisserie
Tel. 91 90 63 35
Preiswerte, provenzalische Hausmannskost

Für eine echte Bouillabaisse:
Chez Fonfon
140, vallon des Auffes
Tel. 91 52 14 38
Ein Klassiker. Sehr gute Fischgerichte, ziemlich teuer, aber man erinnert sich später dran.

Au Roi du Couscous
63, rue de la République
Tel. 91 91 45 46
Nordafrikanische Küche, niedrige Preise

Le Chiraz
52, rue Edmond-Rostand
Tel. 91 37 78 36
Armenische Spezialitäten

L'Auberge In
23, rue du Chevalier-Roze
Tel. 91 90 50 59
Vegetarisches Restaurant

Les Arcenaulx
25, cours d'Estienne d'Orves
Tel. 91 54 76 33
Südliche Gerichte, intellektuelles Publikum, mittlere Preise.
So geschlossen

Byblos Prado
61, promenade de la Plage
Tel. 91 22 80 66
Libanesische Küche der höheren Kategorie.
Mo geschl.

La Passerelle
26, rue des Trois Mages
Tel. 91 48 46 40
Restaurant in einer verrückten Comic-Buchhandlung

Schwulen-Treffs:
Le Kempson
22, rue Beauvau
Tel. 91 33 79 20
Preisgünstige Bar, von 17.30 bis 2 Uhr

MARSEILLE

Buchhandlungen

FNAC
Centre Commercial
Bourse
Tel. 91 39 94 00
Medien-Kaufhaus mit
großer Buchhandlung

Les Arcenaulx
25, cours d'Estienne
d'Orves
Buchladen, Tee-Salon
und Restaurant

Kulturzentren

L'Avant-Scène
59, cours Julien
Tel. 91 42 19 29
Ist gleichzeitig Theater,
Kunstgalerie, Zeitungsla-
den, Bar und Restaurant.

Espace Julien
33, cours Julien
Tel. 91 47 09 64
Jazz, Ballett, Theater,
Kunstausstellungen

Goethe-Institut
171, rue de Rome
Tel. 91 47 63 81
Umfangreiche Biblio-
thek, Filmserien, Vor-
träge

La Maison de l'Etranger
8–16, rue Antoine-
Zattara
Tel. 91 95 90 15
Sitz verschiedener Verei-
ne der ausländischen
«communautés», regel-
mäßige Ausstellungen

Theater

Théâtre d'Essai
Chapelle des Bernardines
17, boulevard Garibaldi
Tel. 91 42 45 33
Experimentier-Theater in
einer alten Klosterkapelle

Théâtre du Gymnase
4, rue du Théâtre-Fran-
çais
Tel. 91 48 10 10
Schöner Theatersaal aus
dem vorigen Jahrhundert,
anspruchsvolle Programm-
mation

*Théâtre National de la
Criée*
30, rue de Rive-Neuve
Tel. 91 54 70 54
Renommierbühne, die
weit über Marseille hinaus
bekannt ist; unterge-
bracht in der ehemaligen
Fischauktionshalle.

Massalia
60, rue Grignan
Tel. 91 55 66 06
Das einzige ständige Ma-
rionettentheater in Frankreich

Märkte

Der zentralste von 24 Le-
bensmittelmärkten ist der
Marché des Capucins, der
sich vormittags über das
ganze Quartier zwischen
boulevard Garibaldi und
rue d'Aubagne erstreckt.
Jeden Morgen findet am
quai des Belges ein klei-
ner Fischmarkt statt, wo
die Marseiller Fischer ihren Fang verkaufen.

Monumente und Museen

Alles überragend: Notre-
Dame-de-la-Garde, von
den Marseillern auch lie-
bevoll «la Bonne Mère»
genannt. Diese Wall-
fahrtskirche aus dem
19. Jahrhundert, die über
Stadt und Hafen wacht, ist
nicht schön, aber schön
kitschig, und man hat von
dort oben einen unver-
gleichlichen Rundblick.

Vieille Charité
2, rue de la Charité
Tel. 91 56 28 38
Geöffnet täglich von 12
bis 19 Uhr, samstags und
sonntags von 10 bis 19 Uhr
Mehrzweck-Kulturtem-
pel im restaurierten Ar-
menhaus; architektoni-
sches Meisterwerk aus
dem 17. Jahrhundert, wird
vor allem für thematische
Großausstellungen be-
nutzt.

Musée Cantini
19, rue Grignan
Tel. 91 54 77 75
Täglich von 12 bis 19 Uhr
Historisches Kunstgewer-
be und eine bedeutende
Sammlung moderner Ma-
lerei

Musée Grobet-Labadie
140, boulevard Longchamp
Tel. 91 62 21 82
Täglich außer Dienstag von 10 bis 12 und 14 bis 18.30 Uhr
Gemälde und andere Kunstobjekte in einem prachtvoll ausgestatteten Stadtpalais

Palais Longchamp
boulevard Longchamp
Metro: Cing Avenues–Longchamp
Pompöser Bau aus dem Zweiten Kaiserreich. Im linken Flügel das Musée des Beaux Arts, dahinter liegt der Zoo.

Cité Radieuse
280, boulevard Michelet
Le Corbusiers Wohneinheit aus grauem Beton, mit Hotel, Restaurant, Geschäften und einer großartigen Dachterrasse, die auch Besuchern zugänglich ist.

Ausflüge

Vom Alten Hafen fahren Boote auf die Marseille vorgelagerte Ile de Frioul, zum Château d'If und im Sommer in die Calanques. Diese beeindruckenden fjordartigen Buchten im Süden der Stadt lassen sich ansonsten nur zu Fuß erreichen, entweder vom Quartier Les Baumettes aus, wo man mit dem Bus Nr. 43 hinkommt, oder vom Uni-Campus Luminy, Bus Nr. 21.

MONTPELLIER

Postleitzahl 34 000

Information

Bureau municipal du Tourisme
CORUM, Esplanade Charles de Gaulle
Tel. 67 79 15 15
Im neuen Kongreß- und Kulturpalast

Notfälle

Commissariat central
22 ter, avenue Georges-Clemenceau
Tel. 67 58 74 22

Krankenhaus:
Centre hospitalier
555, route de Ganges
Tel. 67 33 90 50
Notarzt: SOS-Médecins,
Tel. 67 72 22 15

Post und Telefon

Hauptpostamt:
rue Rondelet
Tel. 67 34 50 00
Zentraler gelegen ist das Postamt an der Préfecture,
place des Martyrs de la Résistance
Tel. 67 60 67 95

Züge

Gare SNCF
place August-Gibert
Tel. 67 58 50 50

Paris–Montpellier mit dem TGV: 4 Stunden 50 Minuten

Busse

Gare routière
Abfahrt der Busse place Auguste Gilbert,
vor und über dem Bahnhof.
Tel. 67 92 01 43

Taxi

Telefonisch unter
67 92 04 55 und
67 58 74 82

Flüge

Aéroport international Montpellier-Fréjorgues
acht Kilometer südöstlich
Tel. 67 65 02 00

Unterkunft

Jugendherberge
impasse de la Petite-Corraterie
Tel. 67 79 61 66 (Bus Nr. 16)

Camping:
Camping l'Oasis Palavasienne
route de Palavas, im südlichen Vorort Lattes
Tel. 67 68 95 10

Camping Le Parc
an der D 172
Tel. 67 65 85 67
und viele mehr.

MONTPELLIER

Preiswerte Hotels:
Hotel Nova
8, rue Richelieu
Tel. 67 60 79 85

Hotel Plantade
10, rue Plantade
Tel. 67 92 61 45

Hotel de la Paix
6, rue Loys
Tel. 67 66 05 88

Ein bißchen teurer:
Hotel du Palais
3, rue du Palais
Tel. 67 60 47 38

Essen und Trinken

Le Colombier
11, boulevard de l'Observatoire
Tel. 67 66 05 99
Regionale Küche, viele Fischgerichte, preiswert, ungezwungen

Le Margaux
1, rue Vanneau
Tel. 67 58 85 28
Traditionsküche, Gute Weine

Chez Marceau
7, place de la Chapelle Neuve
Tel. 67 66 08 04
Preiswert, viel Fisch. Man kann draußen sitzen

Le Puits du Temple
17, rue des Sœurs Noires
Volle Szenekneipe

Le Vieux Four
59, rue de l'Aiguillerie
Tel. 67 60 55 95
Gute Fleischgerichte, nicht teuer

Le Vieil Ecu
1, rue des Ecoles-Laïques
Tel. 67 66 39 44
An einem hübschen Platz gelegen. Bewährt und erschwinglich.

Etwas teurer:
La Coryphène
21, rue Vallat
Tel. 67 60 77 23
Interessante Fischgerichte auf der place St. Côme

Buchhandlungen

FNAC
Centre Commercial Polygone
Tel. 67 64 14 00
Großer Multi-Media-Laden

Sauramps
Le Triangle, allée Jules-Milhaud
Tel. 67 58 85 15
Mehrstöckiges Bücherparadies am Rand des neuen Einkaufszentrums, das sich an die place de la Comédie anschließt.

Einkaufen

Täglicher Lebensmittelmarkt vormittags in den Halles Castellane, rue de la Loge, und auf der danebenliegenden place Jean Jaurès. Hauptgeschäftsstraße ist die rue Saint-Guilhem, die hinter der Markthalle von der rue de la Loge abbiegt.
Alle Arten von Geschäften finden sich im Centre Commercial du Polygone. Hinweis für Weinfreunde: im Hôtel Montpelliérain des Vins du Languedoc, 7, rue Jacques-Cœur, kann man die besseren Crus der «Coteaux de Languedoc» probieren und kaufen.

Kulturaktivitäten

Opéra de Montpellier
place de la Comédie
Tel. 67 66 31 11
Neben Opern gibt es viel Ballett in diesem Schmuckstück aus dem 19. Jahrhundert.

Centre Culturel du Languedoc
20, rue Lakanal
Tel. 67 79 65 51
Mehrzweckzentrum mit breitgefächertem Programm (Filme, Ausstellungen, Vorträge)

La Maison de Heidelberg
4, rue des Trésoriers-de-la-Bourse
Tel. 67 60 48 11
Deutsches Kulturzentrum in einem schönen Stadtpalais

Kinos

Gaumont
place de la Comédie
Tel. 67 52 72 00
Kinokomplex im Herzen der Stadt

Salle Rabelais
boulevard Sarrail
Tel. 67 60 53 70
Kommunaler Mehrzwecksaal mit historischer Kinofassade, anspruchsvolles Filmangebot.

REGIONALE TIPS

Musik

Rockstore
20, rue de Verdun
Tel. 67 58 70 10
Stark besuchter Live-Rock-Tempel mit Jugendszene-Café

Le Cotton Pub
9, place Laissac
Tel. 67 92 21 60
Bar mit Jazz-Beschallung

Monumente und Museen

Monumentales Symbol für das neue Selbstwertgefühl der Regionalhauptstadt ist der neoklassizistische Gebäudekomplex «Antigone». Das symmetrisch-bombastische Quartier westlich der place de la Comédie wurde vom postmodernen Architekturstar Ricardo Bofill aus der Partnerstadt Barcelona entworfen. Unbedingt ansehen! Eine wirklich klassische Anlage ist die Promenade du Peyrou, ein zweietagiger Park aus der Zeit des Absolutismus, mit einem Reiterstandbild des Sonnenkönigs und einem Zierturm, der das Ende eines Aquädukts markiert.
Montpellier verfügt über ein bedeutendes Kunstmuseum, das
Musée Fabre
13, rue Monpellieret
Öffnungszeiten: 9 bis 12, 14 bis 17.30 Uhr
Van Gogh und Gauguin waren extra von Arles hergekommen, um sich die Gemälde von Delacroix, Courbet, Ingres und Corot anzuschauen – sie waren begeistert.

Versteckt im Inneren der alten medizinischen Fakultät ist das gruselige Anatomiemuseum. Der Grundstock ist eine während der Französischen Revolution angelegte Sammlung von Wachsmodellen zur Unterrichtung der Studenten.
Musée d'Anatomie
rue de l'Ecole-de-Médecine
Öffnungszeiten: von 14 bis 18 Uhr, samstags und sonntags geschlossen

Festivals

«Montpellier Danse» versammelt von Mitte Juni bis Mitte Juli Spitzenkräfte des internationalen Ballett-Geschehens. Auskünfte: Montpellier Danse, 7, boulevard Henri IV, 34000 Montpellier,
Tel. 67 61 11 20
Es folgt dann von Mitte Juli bis Anfang August das Festival International de Radio France et de Montpellier, ein Großaufgebot von französischen und ausländischen Orchestern.
Das Festival du Cinéma Méditerranéen im Herbst widmet sich dem Film der Anrainerländer des Mittelmeers.

Ausflüge

Südlich von Montpellier auf einer Landzunge zwischen Lagune und Meer liegt die alte Kathedrale von Maguelone.
Von der Antike bis ins Hochmittelalter war Maguelone eine bedeutende Stadt; sie lag damals auf einer Insel ohne Verbindung mit dem Festland. Sie war zunächst weitaus bedeutender als Montpellier. Erst durch die Gründung der Universität und den daraus folgenden Bedeutungszuwachs wurde Maguelone überflügelt. Im 16. Jahrhundert wurde der Bischofssitz nach Montpellier verlagert, Maguelone sank herab zur Bedeutungslosigkeit und verlor seine Bewohner. Die Kirche und ein paar Wirtschaftsgebäude stehen heute inmitten von Weinfeldern. Vom Ferienort Palavas führt eine Straße her, das letzte Stück muß zu Fuß gegangen werden.

Nördlich von Montpellier beginnt die Garrigue, eine steinige Hügellandschaft mit krüppeligen Eichen, kratzigem Buschwerk und aromatisch duftenden Kräutern. Dominiert wird sie vom Pic Saint Loup,

NÎMES

einem spitzen Felsen, der einstmals den Reisenden als Orientierungsgröße diente. Zu seinen Füßen liegt das prähistorische Dorf von Cambous, das 1967 entdeckt wurde und das belegt, daß rund 2000 Jahre vor unserer Zeitrechnung die Garrigue bereits bewohnt war. Eine Tour rund um den Pic Saint Loup sollte durch die Besteigung dieses merkwürdigen Berges gekrönt werden. Vom Dorf Cazevieille ist es eine Stunde Fußweg.

NÎMES

Postleitzahl 30000

Information

Office de Tourisme
6, rue Auguste
Tel. 66672911

Comité départemental de Tourisme
3, place des Arènes
Tel. 66210251
Informationen über das Département Gard

Notfälle

Polizei-Kommissariat:
avenue Feuchères
Tel. 66679691

Krankenhaus:
5, rue Hoche
Tel. 66274111

Post und Telefon

Hauptpost:
boulevard de Bruxelles
Tel. 66674084

Züge

Gare SNCF
boulevard Talabot
Tel. 66235050

Busse

Der Busbahnhof befindet sich neben dem SNCF-Bahnhof. Fahrplanauskünfte für Überlandbusse bei den Transportunternehmen Les Courriers du Midi, Tel. 66849686 und Cévennes Car, Tel. 66673700

Flüge

Aéroport Nîmes-Garons
9 Kilometer südlich
Tel. 66700688
Täglich mehrere Verbindungen mit Paris

Unterkunft

Jugendherberge:
Auberge de Jeunesse
chemin de la Cigale
Tel. 66232504
Erreichbar mit dem Bus Nr. 6

Camping:
La Bastide
route de Génerac, 5 Kilometer vom Bahnhof
Tel. 66380921

La Camargue Marguerite
route de Remoulins, ca. 15 Kilometer
Tel. 66264095

Preiswerte Hotels:
Hotel des Voyageurs
4, rue Roussy
Tel. 66674652

Hotel de l'Amphithéâtre
4, rue des Arènes
Tel. 66672851

Hotel Carrière
6, rue Grizot
Tel. 66672489

Essen und Trinken

Le Chapon Fin
3, rue Château-Fadaise
Tel. 66673473
Solide Bistro-Küche, milde Preise.
So geschl.

Nicolas
1, rue Poise
Tel. 66675047
Typische Midi-Gerichte.
Mo geschl.

Le Lisita
2 bis, boulevard des Arènes
Tel. 66672915
Teurer. Qualitätsküche mit regionalen Akzenten.
Samstags zu.

Le Caramel Mou
5, rue Reboul
Tel. 66212708
Phantasievolle südfranzösische Küche.
Geschl. Mo und August

REGIONALE TIPS

Buchhandlungen

Librairie Teissier
11, rue Régale
Tel. 66 67 44 06
Tempel der Literaturfreunde

Lacour-Devoisin
25, boulevard Amiral-Courbet
Tel. 66 67 33 06
Viele Bücher zur Lokal- und Regionalgeschichte

Märkte

Die Halles centrales an der rue des Halles, die Markthalle der Innenstadt, ist jeden Vormittag geöffnet.
Sonntags Flohmarkt vor der Kirche Saint Baudile, ebenfalls am Montagvormittag auf der avenue Jean-Jaurès.

Monumente und Museen

Nîmes ist reich versehen mit Monumenten aus der Römerzeit. Größtes Objekt ist das Amphitheater, die heutige Arena, zu besichtigen von 8 bis 20 Uhr in der Zeit vom 16. Juni bis zum 15. September. Sonst von 9 bis 12 und von 14 bis 18 Uhr.
La Maison Carrée, place de la Maison Carrée, ist ein komplett erhaltener, eleganter römischer Tempel, errichtet wahrscheinlich im Jahr 5 nach Christus zu Ehren zweier Söhne des Kaiser Augustus. Besichtigung vom 16. Juni bis 15. September von 9 bis 19 Uhr, sonst von 9 bis 12 und von 14 bis 18 Uhr.
Ein weiteres «must»: Les jardins de la Fontaine, die barocke Gartenanlage um das einstige Quellheiligtum des Nemausus, die Keimzelle der Stadt.
Bei Remoulins, nordöstlich von Nîmes, liegt der Pont du Gard, ein römischer Aquädukt mit drei Etagen, der wie durch ein Wunder komplett erhalten ist. Der Touristenauftrieb ist dementsprechend.

Musée archéologique
13, boulevard de l'Amiral-Courbet
von 9 bis 19 Uhr geöffnet
Reichhaltige Sammlung von Fundstücken aus vorrömischer und römischer Zeit.

Musée du Vieux Nîmes
place de la Cathédrale
Möbel und Alltagsobjekte aus den letzten Jahrhunderten. Ein Saal ist der Stierkampftradition gewidmet, das Ganze im Dekor des ehemaligen Bischofspalastes.

Feste und Festivals

Außer Rand und Band gerät die sonst so geruhsame Stadt anläßlich der «Féria», die jedes Jahr zu Pfingsten hereinbricht: Rund um die (blutigen) Stierkämpfe in der römischen Arena spielt sich ein Volksfest mit viel Musik und Alkohol ab, zu dem mehrere hunderttausend Menschen nach Nîmes kommen.
Anfang Juli findet in der Arena ein internationales Jazz-Festival mit Staraufgebot statt.

Ausflüge

Mehrere archäologische Fundstätten westlich von Nîmes belegen die frühe Existenz von Städten in diesem Zivilisationskorridor. Die bedeutendsten sind das Oppidum von Nages, nach 8 Kilometer über die D 40 erreichbar, und Ambrussum bei Lunel, das während der Römerzeit eine wichtige Station an der Via Domitiana wurde: 200 Meter gepflasterte Römerstraße und ein Stück Brücke sind übriggeblieben zwischen heutiger Nationalstraße und Autobahn.
Die D 40 führt bis Sommières, ein Städtchen am Fluß Vidourle, dessen Patrizierhäuser auf vergangenen Reichtum hinweisen. Beim Flanieren durch diesen hübschen Ort trifft man vielleicht den alten Lawrence Durrell, der sich dort niedergelassen hat.

Nordwestlich von Nîmes beginnen die Cevennen, in deren Dörfern und Kleinstädten sich trotz königlicher Ausrottungsversuche der Protestantismus halten konnte. Beeindruckende Zeugnisse aus der Zeit der Verfolgung und des Kamisardenkrieges sind im Musée du Désert bei Mialet, nördlich von Anduze, gesammelt.

NIZZA

Postleitzahl 06000

Information

Office de Tourisme
avenue Thiers, neben dem SNCF-Bahnhof
Tel. 93 87 07 07

Comité départemental du Tourisme
55, promenade des Anglais
Tel. 93 44 50 49
Informationen über das Département Alpes-Maritimes

Notfälle

Commissariat principal
Tel. 93 62 12 12

Krankenhaus:
87, route de Levens
Tel. 93 80 80 80

Post und Telefon

Hauptpost:
place Wilson
Tel. 93 88 55 41

Züge

Gare SNCF
avenue Thiers
Tel. 93 87 50 50

Chemins de fer de Provence
33, avenue Malausséna
Tel. 93 84 89 71
Schmalspurbahn nach Digne

Busse

Busbahnhof
promenade du Paillon
Tel. 93 85 61 81

Taxi

Telefonisch unter
93 52 32 32

Schiffe

3, avenue Gustave V.
Tel. 93 89 89 89
Auskünfte über die Fähren nach Korsika

Flüge

Aéroport International Nice Côte d'Azur
Tel. 93 21 30 30
Viele Direktverbindungen mit der BRD

Unterkunft

Jugendherberge:
Auberge de Jeunesse
route Forestière du Mont Alban
Tel. 93 89 23 64
Mit dem Bus Nr. 14 von der place Masséna

Relais international de la jeunesse
avenue Scudéri
Tel. 93 81 27 63
Schön ruhig in einem Park gelegen

Preiswerte Hotels:
Hotel du Centre
2, rue de Suisse
Tel. 93 88 83 85

Hotel Novelty
26, rue d'Angleterre
Tel. 93 87 51 73

Star Hotel
14, rue Biscarra
Tel. 93 85 19 03

Viele Ein-Stern-Hotels finden sich in den Straßen am Bahnhof.

Essen und Trinken

Caves Ricord
2, rue Neuve
Tel. 93 85 30 87
Wein, Socca, Tripes, Pissaladièra bis morgens um vier

Chez Acchiardo
38, rue Droite
Tel. 93 85 51 16
Billig und voll

Le Grand Café du Turin
5, place Garibaldi
Tel. 93 62 29 52
Meeresfrüchte zu volkstümlichen Preisen

La Meranda
4, rue de la Terrasse
Alle klassischen Gerichte der Nizzeser Küche. Etwas teurer, kein Telefon, samstags abends,

REGIONALE TIPS

sonntags und montags geschlossen.

Le Nissa Socca
5, rue Sainte-Reparate
Tel. 93 80 18 35
Der Name deutet es an: Nizzeser Spezialitäten

La Trappa
2, rue Jules-Gilly
Tel. 93 62 02 88
Einfache, lokale Küche, preiswert

Zwei weitere Adressen für authentische, gepflegte Regionalküche:
La Nissarda
17, rue Gubernatis
Tel. 93 85 26 29

Lou Pistou
4, rue de la Terrasse
Tel. 93 62 21 82

Cotton Club
10, boulevard Lech-Walesa
Tel. 93 26 96 64
Restaurant und Bar der Schwulenszene

Buchhandlungen

FNAC – Centre Nice Etoile
30, avenue Jean-Médecin
Supermarkt für Bücher und Platten

Rudin
12, avenue Félix-Faure
Literatur und Kunst

Märkte

Obst, Gemüse und Blumen täglich außer montags auf dem Cours Saleya.

Fischmarkt vormittags auf der place Saint-François in der Altstadt.

Monumente und Museen

Das ehemalige Hotel Regina auf dem Hügel von Cimiez läßt etwas von der Atmosphäre ahnen, die Nizza als «Winterhauptstadt Europas» einst gehabt haben muß.

Musée des Beaux-Arts Jules Cheret
33, avenue des Baumettes
Tel. 93 44 50 72
Impressionisten in der Belle-Epoque-Villa der Prinzessin Kotschoubey

Musée Marc Chagall
avenue du Dr. Ménard
Tel. 93 81 75 75
In einem schönen Park im unteren Teil von Cimiez gelegen. Vorherrschend sind biblisch inspirierte Gemälde.

Musée Matisse
16, avenue des Arènes
Tel. 93 81 59 57
Ein schloßartiges Anwesen im Park von Cimiez. Die Werke wurden von der Familie des Malers gestiftet, der in der Nähe gewohnt hatte. Montags geschlossen.

Festivals

Anfang Juli wird die römische Arena von Cimiez alljährlich von einem internationalen Jazz-Festival heimgesucht.
Im Februar findet der «Carnaval de Nice» statt, ein durchgestyltes Spektakel mit blumengeschmückten Festwagen und Pappmaché-Figuren, einst geschaffen zum Amüsement der Wintergäste.

Ausflüge

Nizza hat den unvergleichlichen Vorteil, einerseits am Mittelmeer, andererseits fast schon in den Alpen zu liegen. In kürzester Zeit ist man im Hochgebirge und weit weg von allem Trubel. Eine originelle Möglichkeit, in die Berge zu kommen, bieten die Bahnstrecken Nizza–Tende (vom SNCF-Bahnhof) und Nizza–Digne (Chemins de fer de Provence).

PERPIGNAN

Postleitzahl 66 000

Information

Bureau Municipal du Tourisme
Palais des Congrès
place Armand-Lanoux
Tel. 68 34 13 13

PERPIGNAN

Comité départemental du Tourisme
quai de Lattre-de-Tassigny
Tel. 68342994
Auskünfte über das Département Pyrenées-Orientales

Notfälle

Commissariat principal
avenue de Grande-Bretagne
Tel. 68356601

Krankenhaus:
avenue du Maréchal-Joffre
Tel. 68616633

Post und Telefon

Hauptpost:
quai de Barcelone
Tel. 68344065

Züge

Gare SNCF
avenue du Général-de-Gaulle
Tel. 68355050

Busse

Der Busbahnhof liegt am Têt-Ufer, erreichbar von der avenue Général-Leclerc aus.

Flüge

Aéroport Perpignan-Rivesaltes
Tel. 68612898
Verbindungen mit Paris und Straßburg

Taxi

Telefonisch unter 68345949

Unterkunft

Jugendherberge:
Parc de la Pépinière
avenue de Grande-Bretagne
Tel. 68346332

Mehrere billige Hotels gibt es in der Nähe des Bahnhofs in der avenue de Gaulle. Etwas komfortabler, trotzdem preisgünstig:

Hotel du Centre
26, rue des Augustins
Tel. 68343969

Hotel Athéna
1, rue Quéya
Tel. 68343763

Hotel Maillol
14, impasse des Cardeurs
Tel. 68511020

Hotel Mallorca
2, rue Fontfroide
Tel. 68345757

Hotel Poste et Perdrix
6, rue Fabriques Nabot
Tel. 68344253

Essen und Trinken

Le Sud
12, rue Louis Bausil
Tel. 68345571
Billig, belebt, junges Publikum. Häufig Live-Musik

Le Festin de Pierre
7, rue du Théâtre
Tel. 68512874
Der Koch begreift sich als ein Apostel der katalanischen Küche. Das hat seinen Preis.

Casa Sansa
3, rue Fabriques-Convertes
Tel. 68342184
Preiswerte katalanische Küche

La Mesa
3, rue Petite-la-Monnaie
Tel. 68350385
Beliebtes Mittagsrestaurant, preisgünstige Fischgerichte

Opéra Bouffe
1, impasse de la Division
Tel. 68348383
Trendig, viele katalanische Gerichte, mittlere Preise

Le Baroque
41, avenue de l'Agly in Claira
Tel. 68282317
Sehr gutes Fisch-Restaurant in einem Dorf nordöstlich von Perpignan.

Buchhandlungen

Le Futur Antérieur
5 bis, rue du Théâtre
Tel. 68342045
Literatur, Krimis, Comics und Regionales

REGIONALE TIPS

Torcatis
10, rue Mailly
Tel. 68342051
Neben dem allgemeinen Sortiment viel über Katalonien

Märkte

Lebensmittel, Kleidung, Hausrat täglich außer Dienstag an der place Cassagne. Besonders dig am Sonntagmorgen. Eine moderne Markthalle befindet sich auf der place de la République.

Monumente und Museen

In der Zitadelle steht der Palast der Könige von Mallorca, beeindruckendes Relikt aus jener großen Zeit, als Perpignan Hauptstadt eines Königreiches war. Der elegante Innenhof wird gelegentlich für Konzerte benutzt. Mitten in der Einkaufszone steht die Loge de Mer; das Prachtstück aus dem 14. Jahrhundert diente als Börse für den Levante-Handel. Jetzt hat sich in diesem würdevollen Gebäude ein unwürdiger Fastfood-Betrieb eingenistet.

Im Castillet, einem wuchtigen Rest der Stadtbefestigung, befindet sich das *Musée Catalan des Arts et Traditions Populaires (Casa Pairal)*
Tel. 68356630
Öffnungszeiten: 9.30 bis 12 Uhr, 14.30 bis 19 Uhr.

Landwirtschaft, Handwerk, häusliches Leben, Feste, religiöse Traditionen des Roussillon werden dort dokumentiert.

Feste und Festivals

Mit spitzen Kapuzen ziehen am Karfreitag zu dumpfem Trommelklang die Mitglieder der «Confrérie de la Sanch» durch die Straßen. Die Karfreitagsprozession von Perpignan ist zu einem Touristenmagneten geworden. Weniger bekannt sind die Prozessionen in Arles-sur-Tech und in Bouleternère (in der Nacht auf Karfreitag).

In der Abtei von Saint Michel de Cuxa bei Prades findet von Mitte Juli bis Mitte August das Festival de musique Pablo Casals statt. Unter den vielen sommerlichen Musikveranstaltungen gehört diese zu den seriösesten.

TOULOUSE

Postleitzahl 31000

Information

Office du Tourisme
Donjon du Capitole
Tel. 61233200

Centre Régional Information Jeunesse
17, rue de Metz
Tel. 61212020

Informationen über Jobs, Kurse, Sportmöglichkeiten, billige Reisen

Notfälle

Commissariat principal
17, rue Rémusat
Tel. 61219192

Krankenhaus:
Centre Hospitalier de Purpan
place du Dr. Baylac
Tel. 61491133

Post und Telefon

Hauptpostamt:
9, rue Lafayette
Tel. 61223311

Züge

Gare Toulouse-Matabiau
boulevard Pierre-Sémard
Tel. 61625050

Busse

Gare Routière
68, boulevard Pierre-Sémard
Tel. 61487184

Taxi

Telefonisch unter
61423838,
61237373, 61803636

Flüge

Aéroport Toulouse-Blagnac
Tel. 61711114

TOULOUSE

Es gibt unter anderem Direktflüge nach Frankfurt

Unterkunft

Jugendherberge:
Villa des Rosiers
125, avenue Jean-Rieux
Tel. 61 80 49 93
Erreichbar mit dem Bus Nr. 22

Camping:
Camping municipal du Pont-de-Rupé
Chemin du Pont-de-Rupé
Tel. 61 70 07 35
Nationalstraße 20 Richtung Montauban

Camping La Bouriette
201, chemin de Tournefeuille
Tel. 61 49 64 46
Richtung Auch, dann in St. Martin du Touch bei der 2. Ampel nach links

Preiswerte Hotels:
Hotel des Arts
1 bis, rue Cantegril
Tel. 61 23 36 21

Hotel Anatole France
46, place Anatole France
Tel. 61 23 19 96

Hotel Trianon
7, rue Lafaille
Tel. 61 62 74 74

Hotel Ours Blanc
25, place Victor Hugo
Tel. 61 23 14 55

Essen und Trinken

Au Gascon
9, rue de Jacobins
Tel. 61 21 67 16
Südwestfranzösische Gerichte, reichhaltig und preiswert

Le Ver Luisant
41, rue de la Colombette
Tel. 61 63 06 73
Beliebtes Szene-Restaurant.
So geschl.

Le Bibent
5, place du Capitole
Tel. 61 23 89 03
Prächtiges Café-Restaurant am zentralen Platz der Stadt

Les Caves de la Maréchale
3, rue Jules Chalande
Tel. 61 23 89 88
Gepflegte Küche in einem beeindruckenden Kellergewölbe

Fazoul
12, rue Tolosane
Tel. 61 53 72 09
Confit, Cassoulet und andere Traditionsgerichte

Le Bistro des Vins
5, rue Riquepels
Tel. 61 25 20 41
Immense Weinkarte, kleine Gerichte

Chez Manolo
24, rue des Trois Piliers
Tel. 61 23 85 06
Tapas, Tortilla, Paella und Flamenco. Mo und Di geschl.

Le Père Bacchus
20, place Saint-Georges
Tel. 61 21 09 55
Große Trink- und Eß-Kneipe mit Terrasse auf einem sehr belebten Platz. Bis 1 Uhr.

Le Père Louis
45, rue des Tourneurs
Tel. 61 21 33 45
Vorne eine originelle Stehkneipe, hinten ein kleines Restaurant mit jüngerer Kundschaft

La Table Ronde
59, rue Pargaminières
Tel. 61 21 53 10
Studentisch, billig

La Tantina de Burgos
27, rue de la Garonnette
Tel. 61 55 59 29
Stark bevölkerte Taverne mit spanischem Einschlag. Wein und Tapas ab 19.30 Uhr.

Heimweh

Goethe Institut
6 bis, rue Clémence-Isaure
Tel. 61 23 08 34

Buchhandlungen

La Lune Vague
9, rue Mirepoix
Tel. 61 21 64 44
Auf Kino spezialisiert, gleichzeitig Tee-Salon und Galerie

Ombres Blanches
48, rue Gambetta
Tel. 61 21 44 94
Literatur und Kunst

Privat
14, rue des Arts
Tel. 61 23 09 26
Großer Laden mit umfassendem Angebot

Märkte

Der Marché Victor-Hugo ist eine von außen häßliche Markthalle auf der place Victor-Hugo, die aber im Inneren einige Überraschungen bereithält. In der ersten Etage eine Reihe billiger kleiner Restaurants, wo man mittags gut und stimmungsvoll essen kann.
Markt im Freien an allen Vormittagen, montags den ganzen Tag lang, bietet der Marché du boulevard Strasbourg.
Ramsch und Antiquitäten rund um die Basilika gibt es auf dem Marché Saint Sernin samstags, sonntags und montags.
Den Marché de la place Saint Aubin kennzeichnet ländliches Ambiente (lebendes Geflügel). Sonntag vormittag.

Initiativen

CIDES
1, rue Joutx-Aigues
Tel. 61 25 02 32
Verschiedene Gruppen (Kriegsdienstverweigerer, Anti-Apartheid usw.) sind hier unter einem Dach versammelt.

Institut d'Études Occitanes
Espace St. Cyprien
1, rue Jacques-Darré
Tel. 61 42 78 55
Beschäftigt sich mit der Rettung und Verbreitung der okzitanischen Sprache und Kultur.

Kino

L'ABC
13, rue Saint Bernard
Tel. 61 21 20 46
Programmkino, Filme in Originalversion

Cinématheque de Toulouse
12, rue du Faubourg-Bonnefoy
Tel. 61 48 90 75

Musik

Théâtre du Capitole
place du Capitole
Tel. 61 23 21 35
Die Toulouser Oper. Veranstaltungen von Oktober bis Juni.

Erich Coffie
11, rue Joseph Vié
Tel. 61 42 04 27
Szenetreff nach Berliner Vorbild. Regelmäßige Konzerte, bis 2 Uhr morgens geöffnet

La Halle aux Grains
place Dupuy
Tel. 61 22 24 40
Sitz des Toulouser Nationalorchesters

Rag Time
14, place Arnaud-Bernard
Tel. 61 22 73 01
Jazzlokal in einem animierten Viertel

Museen

Musée des Augustins
21, rue de Metz
Tel. 61 23 55 07
Öffnungszeiten: Täglich außer dienstags 10 bis 12 und 14 bis 18 Uhr, mittwochs 14 bis 22 Uhr.
Großartiges Kunstmuseum in den alten Konvent der Augustiner. Romanische und gotische Skulpturen. Malerei vom 14. bis zum 19. Jahrhundert.

Musée du Vieux Toulouse
7, rue du May
Geöffnet vom 1. Juni bis 30. September
15–18 Uhr, außer Sonntag
Die Geschichte der Stadt von der Antike bis in die Gegenwart.

Galérie Municipale du Château d'Eau
place Laganne
Tel. 61 42 61 72
Städtische Foto-Galerie in einem ehemaligen Wasserturm

Bildnachweis

Französisches Fremdenverkehrsbüro, Frankfurt: 4, 17, 19, 62/63, 64/65, 66, 67, 69, 90/91, 96/97, 121, 157, 160, 172/173, 176, 179, 182, 184, 184/185, 189, 190, 213, 249, 250, 277

Thomas Hennig: 2/3, 74/75, 108/109, 278/279, 298/299, 302, 309

Günter Liehr: 8/9, 10, 23, 26, 31, 33, 37, 40, 43, 49, 52, 58, 59, 72, 81, 82/83, 98/99, 102, 105, 115, 116, 118, 131, 134, 137, 138, 141, 144, 145, 147, 150, 154, 156, 166, 196, 201/202, 203, 204, 205, 208/209, 217, 221, 224/225, 227, 229, 230, 233, 234, 235, 241, 242, 244, 255, 256, 261, 263, 264, 267, 271, 273, 280, 282, 283, 285, 286, 287, 293, 301, 305, 307, 312/313

Ria Lussi: 15

Angela Schwarz: 44/45, 110/111, 125, 163, 180, 220, 275, 291, 296, 312/313

Alexander Urban: 314/315, 316, 317, 318, 321, 323, 325, 328, 330, 332

Register

Kursive Ziffern verweisen auf den Serviceteil.

Agay 297
Agde 11, 24, 41
Aigues Mortes 50, 127
Aix-en-Provence 27, 66, 70, 73, 240, 258, 265, 277, 278, *333, 334*
Alba 117
Albi 15, 70, 135–138, *335, 336*
Alès 44, 67, 86, 129, 130, *132*
Alet-les-Bains 149
Ampus 281
Anduze 126, 127, *131*
Annonay 112
Annot 311
Ansouis 89
Antibes 11, 67, 70, 289, 295
Antraigues 114
Apt 266
Argelès 178
Argeliers 143
Arles 11, 18, 70, 71, 73, 208–212, *336, 337*
Aubagne 76, 83, 89
Aubenas 113, 120
Aups 281
Avignon 18, 65, 104, 246–249, 251, 254, *337–339*
Azille 142

Balazuc 114
Bandol 107
Banon 57, 272, 273
Banyuls 95, 101, 181, 182, 183
Barcelona 177, 178, 191
Bargemon 281
Beaucaire 219, 222, 223
Beaumes-de-Venise 255
Béziers 18, 24, 30, 55, 103, 145, 146, 147
Bize-Minervois 142
Bonnevaux 115
Bormes-les-Mimosas 297
Bouleternère 185
Bourg-Madame 191

Bouzigues 95
Bram 18, 142
Brantes 255, 256
Breil-sur-Roya 310
Buoux 266

Cadarache 276
Cagnes-sur-Mer 46
Cairanne 106
Callas 281
Canigou 174
Canjuers 281
Cannes 39, 46, 68, 85, 86, 284, 288, 290, 291, 292, 297
Cap d'Agde 41
Caramany 101
Carcassonne 18, 46, 95, 103, 146, 147, 148, 152, *339–341*
Carmaux 25, 36, 136, 138
Caromb 256
Carpentras 66, 251–254
Cassis 107
Castelnaudary 95
Castres 25, 36, 51, 136, 140
Caunes-Minervois 142
Cavaillon 92, 254
Chateauneuf-du-Pape 106
Collioure 67, 101, 179
Cordes 139
Couiza 149, 150
Cournonterral 87
Crillon-le-Brave 256
Cruas 57, 58, 59
Cucuron 269
Cuxac-Cabardès 141

Décazeville 36
Digne 66, 275, 276, 310, *311*
Draguignan 46

Entrevaux 311
Esperaza 149
Eus 186
Evenos 107
Evol 79

Faugères 103
Félines-Minervois 142
Fitou 103, 152
Florac 122, 124, 133
Fontfroide 151, *341*
Font-Romeu 189
Fontvieille 75
Forcalquier 274, 276
Fos 36, 38, 40
Fréjus 46

Gallician 103
Ganagobie 276
Ganges 131
Gigondas 106, 255, 339
Gordes 260
Grambois 269
Grau-du-Roi 94
Gréoux-les-Bains 277
Gruissan 40, 41

Homps 144
Hyères 39, 284, 286, 287, 288

Îlle-sur-Têt 183, 184, 186

Jaujac 120
Juan-les-Pins 286

La Brigue 310
La Cadière 107
La Ciotat 36, 84
Lacoste 261–265
La Couvertoirade 68
La Grand-Comber 129, 132
La Grande Motte 40, 66
Lagrasse 73, 151
Lamastre 112
La Parade 130
Lardiers 273
Largentière 114
Larnas 117
La Roque d'Anthéron 66
La Roque-sur-Pernes 256
Larzac 55, 56, 68, 86
Lasalle 124, 131
La Seyne 36, 46
La Souche 120

356

Lastours 141, 142
Latour-de-Carol 191
La Treille 89
Laure-Minervois 142
Le Barcarès 178
Le Barroux 256
Le Beaucet 256, 258
Le Castellet 107
Le Caylar 223
Le Contadour 78, 79, 270, 272
Les Saintes-Maries-de-la-Mer 214, 215
Les Sallèles 117
Le Truel 133
Les Vans 115
Le Vigan 81, 131
L'Hopital du Lozère 124
Limoux 103, 148, 149, 341
Lirac 106
Llivia 191
Lodève 103
Lombers 139
Lorgues 281
Lunel 194
Lurs 274, 276
Lyon 60, 110

Malbosc 115
Malemort 256
Manosque 77, 81, 270, 276
Marcoule 58
Marseille 11, 28, 32, 46–48, 50, 76, 78, 83, 84, 86, 88–90, 96, 183, 224–243, 258, 264, 277, 278, 341–344
Maury 101
Mazamet 36, 140
Mazan 256
Ménerbes 261, 262
Menton 45, 95, 297
Mérindol 261, 262
Méthamis 258
Meysse 58
Mialet 127
Mijavols 130
Minerve 143
Mirabeau 89
Miramas 46
Missègre 151
Molitg-les-Bains 187
Monaco 294, 295
Montélimar 58, 60, 61

Monteux 258
Mont-Louis 189
Montolieu 141
Montpellier 24, 28, 32, 42, 55, 72, 87, 101, 103, 127, 177, 202–207, 240, 344–347
Montpeyroux 103
Montredon 34
Montségur 18, 153
Mormoiron 256
Mosset 187
Muret 18

Narbonne 24, 103
Nîmes 12, 44, 46, 67, 70, 72, 73, 75, 94, 103, 127, 130, 192–195, 198–202, 347–349
Nizza 11, 19, 29, 39, 46, 47, 67, 70, 84, 94, 97, 107, 240, 284, 288, 298–311, 349, 350
Nyons 92

Odeillo 189, 191
Olonzac 143, 144
Oppède-le-Vieux 262
Orange 66, 339

Palavas-les-Flots 67
Paris 24, 25, 55, 64, 73, 75, 86, 117, 136, 137, 151, 152, 170, 171, 260, 268
Paziols 103
Pépieux 142
Perpignan 24, 47, 172, 174, 177, 178
Peyrepertuse 153
Peyriac 142
Pierrelatte 58
Pont-de-Montvert 126
Port-Bou 183
Port Grimaud 290
Port Vendres 179–181
Pouzols 103
Pradelles-Cabardès 142
Prades 186
Privas 113
Puigcerda 191
Puivert 87
Puylaurens 153

Quéribus 153

Rasiguères 101
Rasteau 106
Réalmont 140
Reilhanette 259
Rennes-le-Château 150, 151
Rians 107
Rieux-Minervois 142
Rivesaltes 101, 178
Robion 261
Rochecolombe 114
Roquebrune 103
Roussillon 261
Rustrel 259, 268

Sablet 106, 255, 339
Saignon 266
Saint Chinian 103
Saint Christol 259
Saint Dalmas 310
Saint Eulalie 114
Saint Germain-de-Calberte 123, 128
Saint Hippolyte-du-Fort 131
Saint Jean-Cap-Ferrat 67, 295
Saint Maurice-d'Ibie 117
Saint Michel-de-Cuxa 186, 187
Saint Montan 117
Saint Paul-de-Vence 68
Saint Raphaël 297
Saint Saturnin 103
Saint Tropez 67, 68, 86, 289, 290, 297
Salin-de-Giraud 67, 216
Salsigne 141
Sanary 27
Sault 259
Sauve 131
Séguret 255, 339
Sète 32, 66, 95, 144, 145
Sivergues 266, 268
Sommières 89
Sophia Antipolis 43

Tarascon 208
Targassonne 189
Taurinya 187
Tavel 106
Tende 310
Théoule-sur-Mer 297
Touët-sur-Var 311

Toulon 27, 32, 46, 47, 51, 87, 278, 297, 310
Toulouse 12, 13, 15, 18, 22, 28, 36, 42–44, 54, 56, 73, 86, 95, 145, 155–171, 191, 202, 353, 354
Tournon 112

Vacqueyras 106, 255, 339
Vallon Pont d'Arc 116
Vauvenargues 68, 334
Venasque 256
Verdon 277–280
Vernet-les-Bains 187
Vienne 104
Villecroze 57, 281

Villefranche-de-Conflent 188
Villeneuve-de-Berg 119
Villerouge-Termenès 153, 341
Villes-sur-Auzon 258, 259
Viviers 117
Vogüé 114

Europa

Günter Roland
Amsterdam *Ein Reisebuch in den Alltag*
(rororo sachbuch 7506)

Zitty /Hg.)
Berlin *Ein Reisebuch in den Alltag*
(rororo sachbuch 9061)

Zitty Hg.)
Planbuch Berlin *Stadtplan mit Kurzinfos*
(rororo sachbuch 7581)

Günter Liehr
Paris
(rororo sachbuch 9060)

Günter Liehr
Südfrankreich
(rororo sachbuch 7582)

D. Beckmann / U. Strauch
Elsaß *Ein Reisebuch in den Alltag*
(rororo sachbuch 7585)

I. Jue / N. Zimmermann
Sprachbuch Frankreich
(rororo sachbuch 7520)

Michael Kadereit
Großbritannien *Ein Reisebuch in den Alltag*
(rororo sachbuch 9064)

Jürgen Schaufer
London
(rororo sachbuch 9075)

Christoph Potting / Annette Weweler
Irland *Ein Reisebuch in den Alltag*
(rororo sachbuch 9062)

E. O'Sullivan / D. Rösler
Sprachbuch Großbritannien / Irland
(rororo sachbuch 7564)

Gunnar Köhne
Norwegen *Ein Reisebuch in den Alltag*
(rororo sachbuch 7593)

Helmut Steuer / Herbert Neuwirth
Schweden
(rororo sachbuch 9071)

Gunnar Göhne
Baltische Länder *Litauen, Lettland, Estland*
(rororo sachbuch 9074)

Hubertus Knaber
Ungarn *Ein Reisebuch in den Alltag*
(rororo sachbuch 7584)

Ute Frings
Polen
(rororo sachbuch 9065)

Falter (Hg.)
Wien *Ein Reisebuch in den Alltag*
(rororo sachbuch 7563)

rororo anders reisen

Mittelmeer

Helmuth Bischoff
Spanien *Ein Reisebuch in den Alltag*
(rororo sachbuch 7567)

Christof Kehr
Andalusien *Ein Reisebuch in den Alltag*
(rororo sachbuch 7575)

Till Bartes / Ulrike Wiebrecht
Barcelona / Katalonien *Ein Reisebuch in den Alltag*
(rororo sachbuch 9070)

Christof Kehr /
Ana Rodríguez Lebrón
Sprachbuch Spanien
(rororo sachbuch 7588)

Michael Kadereit
Toskana / Umbrien *Ein Reisebuch in den Alltag*
(rororo sachbuch 7521)

Peter Kammerer /
Henning Klüver
Rom *Ein Reisebuch in den Alltag*
(rororo sachbuch 7514)

Frida Bordon
Venedig mit Venetien *Ein Reisebuch in den Alltag*
(rororo sachbuch 7570)

Frida Bordon
Sizilien *Ein Reisebuch in den Alltag*
(rororo sachbuch 7595)

Michaela Wunderle
Süditalien
(rororo sachbuch 7592)

Senzaparole
Sprachbuch Italien
(rororo sachbuch 7571)

Rolf Schwarz
Ägypten
(rororo sachbuch 9068)

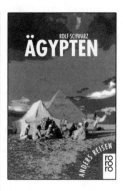

Hanna Straube
Türkei *Ein Reisebuch in den Alltag*
(rororo sachbuch 7597)

Ute Frings / Rolly Rosen
Israel / Palästina *Ein Reisebuch in den Alltag*
(rororo sachbuch 7596)

Rainer Karbe /
Ute Latermann-Pröpper
Griechische Inseln / Nördliche Ägäis *Ein Reisebuch in den Alltag*
(rororo sachbuch 9067)

Rainer Karbe /
Ute Latermann-Pröper
Kreta *Ein Reisebuch in den Alltag*
(rororo sachbuch 7569)

rororo anders reisen wird herausgegeben von Till Bartels. Ein Gesamtverzeichnis der Reihe finden Sie in der *Rowohlt Revue*. Jedes Vierteljahr neu. Kostenlos. In Ihrer Buchhandlung.

Übersee

Dirk Wegner
Australien *Ein Reisebuch in den Alltag*
(rororo sachbuch 7598)

Werner W. Wille
New York *Ein Reisebuch in den Alltag*
(rororo sachbuch 7512)
Für alle, die wissen wollen, wie Babylon funktioniert. Mit ausführlichem Serviceteil.

Manfred Waffender
San Francisco *Ein Reisebuch in den Alltag*
(rororo sachbuch 7507)

Till Bartels
Kalifornien *Oregon · Washington*
(rororo sachbuch 7590)
Mit ausführlichen Routenvorschlägen für Städte und Landschaften entlang des legendären Pazifik-Highway bis an die Grenze zu Kanada.

Alexander Busch / Petra Schaeber / Martin Wilke
Brasilien
(rororo sachbuch 7594)
Stiftet an zu eigenen Entdeckungen in den verschiedenen Regionen.

Hartwig Bögeholz
China
(rororo sachbuch 7580)
Hintergrundwissen zu Politik, Alltag und Kultur. Ausführlicher Serviceteil mit allen Hilfen, von Einreise bis Unterkunft, von Einkaufen bis Verständigung, von Transport bis Lesetips.

Erika Brettschneider
Indonesien *Ein Reisebuch in den Alltag*
(rororo sachbuch 9066)

Stefan Biedermann
Japan
(rororo sachbuch 7591)

rororo anders reisen wird herausgegeben von Till Bartels. Ein Gesamtverzeichnis der Reihe finden Sie in der *Rowohlt Revue*. Jedes Vierteljahr neu. Kostenlos. In Ihrer Buchhandlung.

rororo anders reisen

Französisch

Französisch von Anfang an. Ein Sprachkurs nah an der Umgangssprache und dem französischen Alltag.

Armelle Damblemont / Petra Preßmar
Français Un *Französisch reden und verstehen. Ein Grundkurs*
(rororo sachbuch 9106)

Français Un *Toncassette Zum Auffrischen, Vertiefen und Ergänzen für mehr oder minder Sprachgewandte*
(rororo sachbuch 9107)

Claire Bretécher / Isabelle Jue / Nicole Zimmermannn
Le Français avec les Frustrés *Ein Comic-Sprachhelfer*
(rororo sachbuch 8423)
Plus de Français avec les Frustrés *Ein Comic-Srachhelfer*
(rororo sachbuch 8539)

Ahmed Haddedou
Questions grammaticales de A à Z *Tout ce que vous avez toujours voulu savoir sur la grammaire sans jamais oser le demander*
(rororo sachbuch 8445)

Robert Kleinschroth
La Conversation en s'amusant *Sprechsituationen mit Witz gemeistert*
(rororo sachbuch 8873)

Robert Kleinschroth / Dieter Maupel
La Grammaire en s'amusant *Wichige Regeln zum Anlachen*
(rororo sachbuch 8714)

Marie-Thérèse Pignolo / Hans-Georg Heuber
Ne mâche pas tes mots *Nimm kein Blatt vor den Mund! Französische Redewendungen und ihre deutschen Pendants*
(rororo sachbuch 7472)

Jacques Soussan
Pouvez-vous Français? *Programm zum Verlernen typisch deutscher Französischfehler*
(rororo sachbuch 6940)

rororo sprachen wird herausgegeben von Ludwig Moos. Das Gesamtverzeichnis der Reihe finden Sie in der *Rowohlt Revue*. Jedes Vierteljahr neu. Kostenlos in Ihrer

Spanisch und Italienisch

Ein Sprachkurs von Anfang an. Der Zugang zu Spanien und Lateinamerika.

Christof Kehr / Ana Rodríguez Lebrón
Español Uno *Spanisch reden und verstehen. Ein Grundkurs*
(rororo sachbuch 8793)
Español Uno *Toncassette*
(rororo sachbuch 8794)

Español Dos *Spanisch reden und verstehen. Ein Aufbaukurs*
(rororo sachbuch 8845)
Español Dos *Toncassette*
(rororo sachbuch 8846)

Die Sprachbücher von *Senzaparole* stützen sich auf die lebendigen Erfahrungen aus dem Sprachunterricht. Anhand von Dialogen, Gesprächen und Erzählungen lernen Sie den italienischen Alltag kennen:

Senzaparole
Partire per l'Italia
Italienischkurs für Anfänger
(rororo sachbuch 8795)
Partire per l'Italia *Toncassette*
(rororo sachbuch 8796)

Finalmente in Italia
Italienischkurs für wenig und weiter Fortgeschrittene
(rororo sachbuch 8471)
Finalmente in Italia *Toncassette*
(rororo sachbuch 8472)

Jutta J. Eckes / Franco A. M. Belgiorno
Italiano Uno *Italienisch reden und verstehen. Ein Grundkurs*
(rororo sachbuch 9144)
Italiano Uno *Toncassette*
(rororo sachbuch 9145)

Mario Parisi / Liborio Pepi
Palavare Italiano? *Typirsch deutsches italienisch und wie man es verbessert*
(rororo sachbuch 9178)
Parole Espresse *Italienisches Quasselbuch mit Sprüchen und Widersprüchen*
(rororo sachbuch 8434)

rororo sprachen wird herausgegeben von Ludwig Moos. Ein Gesamtverzeichnis der Reihe finden Sie in der *Rowohlt Revue*. Jedes Vierteljahr neu. Kostenlos. In Ihrer Buchhandlung.

rororo sprachen

Englisch

Englisch von Anfang an. Ein Sprachkurs zur wichtigsten Weltsprache, nach dem Alltag, orientiert am britischen und amerikanischen Sprachgebrauch.

U. Kreisel / P. A. Tabbert
English One *Englisch reden und verstehen. Ein Grundkurs*
(rororo sachbuch 9180)
English One *Toncassette*
(rororo sachbuch 9181)

Gunther Bischoff
Speak you English? *Programmierte Übung zum Verlernen typisch deutscher Englischfehler*
(rororo sachbuch 6857)
Better Times *Ein leichtes Programm zum richtigen Gebrauch der englischen Zeiten*
(rororo sachbuch 7987)
Managing Manager English *Gekonnt verhandeln lernen durch Üben an Fallstudien.*
(rororo sachbuch 7129)

René Bosewitz / Robert Kleinschroth
Joke by joke to Conversation *Sprechsituationen mit Witz gemeistert*
(rororo sachbuch 8797)
Joke your Way through English Grammar *Wichtige Regeln zum Anlachen*
(rororo sachbuch 8527)

Hartmut Breitkreuz / René Bosewitz
Do up your Phrasals *500 Wendungen wichtiger Verben*
(rororo sachbuch 8344)
Getting on Top of Idiomatic Verbs *Tausend Wendungen im Kontext*
(rororo sachbuch 8523)

Hartmut Breitkreuz
More False Friends *Tückische Fallen des deutsch-englischen Wortschatzes*
(rororo sachbuch 9172)
False Friends *Stolpersteine des deutsch-englischen Wortschatzes*
(rororo sachbuch 8492)

Ernest Pasakarnis
Grammar Questions from A - Z *Everything you always wanted to know about Grammar but were afraid to ask*
(rororo sachbuch 8491)
Master your Idioms *Der Schlüssel zu englischen Redewendungen*
(rororo sachbuch 8491)
The Word Lover^s Guide to How Words Work *Ein moderner Vokabeltrainer*
(rororo sachbuch 8426)
Those Pesky Prepositions! *Der heikle Umgang mit Präpositionen*
(rororo sachbuch 8785)

Emer O'Sullivan / Dietmar Rösler
Modern Talking *Englisches Quasselbuch mit Sprüchen und Widersprüchen*
(rororo sachbuch 8427)

rororo sprachen

Horizonte

Bruce Chatwin
In Patagonien *Reise in ein fernes Land*
(rororo 12836)
Bruce Chatwin hat auf einer langen Reise dieses malerisch schöne, wilde Land am Ende der Welt erkundet.

Jimmy Burns
Jenseits des silbernen Flusses *Begegnungen in Südamerika*
(rororo 12643)
Fünf Jahre lang lebte Jimmy Burns in Buenos Aires und bereiste Argentinien, Brasilien, Peru, Ecuador, Bolivien und Chile.
Burns war 1988 Preisträger des Somerset Maugham-Award.

Amos Elon
Jerusalem *Innenansichten einer Spiegelstadt*
(rororo 12652)

Eddy L. Harris
Mississippi Solo *Mit dem Kanu von Minnesota nach New Orleans*
(rororo 12646)

Katie Kickman
Im Tal des Zauberers *Innenansichten aus Bhutan*
(rororo 12651)
Es gibt nur noch wenige Gegenden auf der Erde, die Geheimnisse geblieben sind, und eine davon ist Bhutan. Als eine der ersten Europäerinnen gelang es Katie Hickman, das Land im Himalaya und das wilde Bergvolk der Bragpas zu besuchen.

Ursula von Kardorff
Adieu Paris *Streifzüge durch die Stadt der Bohème*
(rororo 13159)

John Krich
Wo, bitte, liegt Nirwana? *Eine Reise durch Asien*
(rororo 12642)

John David Morley
Grammatik des Lächelns *Japanische Innenansichten*
(rororo 12641)

Charles Nicholl
Treffpunkt Café «Fruchtpalast» *Erlebnisse in Kolumbien*
(rororo 12582)
«Eines der spannendsten Reisebücher überhaupt – und brillant geschrieben!» *New York Times*
Im Goldenen Dreieck *Eine Reise in Thailand und Burma*
(rororo 13173)

Stuart Stevens
Spuren im heißen Sand *Abenteuer in Afrika*
(rororo 12647)

Theodore Zeldin
«Ich liebe das Leben, und das Leben liebt mich» *Was es heißt, Franzose zu sein*
(rororo 12644)

rororo Unterhaltung

Lesebücher

Bücher für jeden Geschmack und viele Gelegenheiten. Zum Geburtstag oder als kleine Aufmerksamkeit zwischendurch. Für Urlaub, Freizeit und lange Lese-Nächte.

Lesebuch der Freunschaft
(rororo 13100)
«Ein Freund ist ein Mensch, vor dem man laut denken kann.»
R. W. Emerson

Lesebuch der Liebe
(rororo 13102)
In diesem Band spiegeln sich die vielen Facetten der Liebe wider – vom ersten spielerischen Verliebtsein bis zu den Herausforderungen der großen Liebe.

Lesebuch des schönen Schauders
(rororo 43050)

Lesebuch «Gute Besserung!»
(rororo 13103)

Lesebuch Perlen der Lust
(rotfuchs 13104)

Lesebuch für Katzenfreunde
(rororo 13101)
Nicht nur humorvolle oder spannende Geschichten von Katzen–Freunden für Katzenfreunde, in denen die Spezies Mensch nicht selten entlarvt wird.

Thriller Lesebuch
(rororo43051)

Lesebuch der «Neuen Frau»
Araberinnen über sich selbst
(rororo 13106)

Rotfuchs–Lesebuch Kinder, Kater & Co.
(rororo 20642)

Schmunzel Lesebuch
(rororo 13105)
In sieben Kapiteln werden hier Texte von mehr als 35 berühmten Autoren präsentiert – von «Klassikern» wie Kurt Tucholsky, James Thurber, Karel Capek, Alfred Polgar und Frank Wedekind ebenso wie von modernen Autoren à la Robert Gernhardt, Richard Rogler, James Herriot und Wolfgang Körner.

rororo Unterhaltung